凤凰文库
PHOENIX LIBRARY

凤凰出版传媒集团
PHOENIX PUBLISHING & MEDIA GROUP

凤凰文库·马克思主义研究系列

主　　编　　张一兵

项目总监　　府建明

项目执行　　戴亦梁

国家社会科学基金一般项目"新中国社会形态研究"结项成果

凤凰文库·马克思主义研究系列

Xinzhongguo shehuixingtai yanjiu

新中国社会形态研究

吴波 著

江苏人民出版社

图书在版编目(CIP)数据

新中国社会形态研究/吴波著.--南京:江苏人
民出版社,2014.4
(凤凰文库.马克思主义研究系列)
ISBN 978-7-214-12369-5

Ⅰ.①新… Ⅱ.①吴… Ⅲ.①社会形态-研究-中国
-现代 Ⅳ.①K270.7

中国版本图书馆 CIP 数据核字(2014)第 080859 号

书 名	新中国社会形态研究	

著 者	吴 波
责 任 编 辑	戴亦梁
责 任 校 对	王 溪
装 帧 设 计	许文菲
出 版 发 行	凤凰出版传媒股份有限公司
	江苏人民出版社
出 版 社 地 址	南京市湖南路 1 号 A 楼,邮编:210009
出 版 社 网 址	http://www.jspph.com
	http://jspph.taobao.com
经 销	凤凰出版传媒股份有限公司
照 排	江苏凤凰制版有限公司
印 刷	江苏凤凰新华印务有限公司
开 本	652 毫米×960 毫米 1/16
印 张	13.75 插页 4
字 数	351 千字
版 次	2014 年 6 月第 1 版 2014 年 6 月第 1 次印刷
标 准 书 号	ISBN 978-7-214-12369-5
定 价	38.00 元

(江苏人民出版社图书凡印装错误可向承印厂调换)

出版说明

　　要支撑起一个强大的现代化国家,除了经济、政治、社会、制度等力量之外,还需要先进的、强有力的文化力量。凤凰文库的出版宗旨是:忠实记载当代国内外尤其是中国改革开放以来的学术、思想和理论成果,促进中外文化的交流,为推动我国先进文化建设和中国特色社会主义建设,提供丰富的实践总结、珍贵的价值理念、有益的学术参考和创新的思想理论资源。

　　凤凰文库将致力于人类文化的高端和前沿,放眼世界,具有全球胸怀和国际视野。经济全球化的背后是不同文化的冲撞与交融,是不同思想的激荡与扬弃,是不同文明的竞争和共存。从历史进化的角度来看,交融、扬弃、共存是大趋势,一个民族、一个国家总是在坚持自我特质的同时,向其他民族、其他国家吸取异质文化的养分,从而与时俱进,发展壮大。文库将积极采撷当今世界优秀文化成果,成为中外文化交流的桥梁。

　　凤凰文库将致力于中国特色社会主义和现代化的建设,面向全国,具有时代精神和中国气派。中国工业化、城市化、市场化、国际化的背后是国民素质的现代化,是现代文明的培育,是先进文化的发展。在建设中国特色社会主义的伟大进程中，中华民族必将展示新的实践，产生新的经验，形成新的学术、思想和理论成果。文库将展现中国现代化的新实践和新总结，成为中国学术界、思想界和理论界创新平台。

凤凰文库的基本特征是：围绕建设中国特色社会主义，实现社会主义现代化这个中心，立足传播新知识，介绍新思潮，树立新观念，建设新学科，着力出版当代国内外社会科学、人文学科的最新成果，同时也注重推出以新的形式、新的观念呈现我国传统思想文化和历史的优秀作品，从而把引进吸收和自主创新结合起来，并促进传统优秀文化的现代转型。

凤凰文库努力实现知识学术传播和思想理论创新的融合，以若干主题系列的形式呈现，并且是一个开放式的结构。它将围绕马克思主义研究及其中国化、政治学、哲学、宗教、人文与社会、海外中国研究、当代思想前沿、教育理论、艺术理论等领域设计规划主题系列，并不断在内容上加以充实；同时，文库还将围绕社会科学、人文学科、科学文化领域的新问题、新动向，分批设计规划出新的主题系列，增强文库思想的活力和学术的丰富性。

从中国由农业文明向工业文明转型、由传统社会走向现代社会这样一个大视角出发，从中国现代化在世界现代化浪潮中的独特性出发，中国已经并将更加鲜明地表现自己特有的实践、经验和路径，形成独特的学术和创新的思想、理论，这是我们出版凤凰文库的信心之所在。因此，我们相信，在全国学术界、思想界、理论界的支持和参与下，在广大读者的帮助和关心下，凤凰文库一定会成为深为社会各界欢迎的大型丛书，在中国经济建设、政治建设、文化建设、社会建设中，实现凤凰出版人的历史责任和使命。

凤凰文库出版委员会

目　录

作者的话

马克思的社会形态理论是历史唯物主义的基本原理之一。这一理论的科学性及其当代价值,构成当代马克思主义研究的一个重大课题。以马克思社会形态理论为指导研究新中国社会形态演变的历史,是论述马克思社会形态理论当代意义的具体实践。同时,新中国社会形态的研究与对中国社会主义道路探索的思考密切相关。新中国成立以来不同历史阶段社会形态的变化,折射的是中国共产党带领中国人民探索中国自己的社会主义建设道路的艰辛而曲折的奋斗历程。基于上述思考,本书在深入阐释马克思社会形态理论的基础上,回顾了近代中国社会形态的演变,具体阐明了新中国成立以来社会形态的变化,以对初级形态社会主义内在结构及其矛盾的论述为基础,对中国社会形态的变化趋势作出了预测性的探讨。

本书内容由前言和九章构成。

第一章在阐释马克思社会形态理论内在逻辑的基础上,深入思考了社会发展的规律性与人的目的性的关系、社会形态更替的顺序性与跳跃性的关系等基本理论问题。第二章首先对第一次鸦片战争前的西方与中国的社会形态进行了概括性的说明,论述了影响近代中国社会向半殖民地半封建社会转变的关键因素,对近代中国社会形态的具体变化予以了比较全面的说明,着力从社会形态和现代化的双重视野对中国走上社会主义道路的历史必然性进行了论证。第三章基于马克思主义革命观探讨了中国新民主主义革命的特殊性,阐述了中国共产党人带领全国人民建设新民主主义社会的努力,从社会形态的视角揭示了新民主主义社会的性质与特征。第四章对社会主义改造的原因进行了再探讨,具体阐述了中国共产党人带领全国人民向社会主义过渡的奋斗历程,并结合马克思关于未来社会的设想对中国所建立的社会主义进行了比较研究。

第五章分别阐述了"大跃进"和人民公社化运动期间、国民经济调整期间和"文化大革命"期间三个历史期间的社会形态的具体变化。第六章基于理论和历史的统一论述了生产力、生产关系与中国特色社会主义这一重大课题,具体分析了1978年改革开放拉开序幕到1992年提出建立社会主义市场经济体制任务这一历史时期社会形态内部要素的具体变化,并着重论述了社会主义初级阶段历史定位的问题。第七章对社会主义市场经济的特殊性作了辨析,阐明了1992年提出建立社会主义市场经济体制任务到2001年加入世界贸易组织这十年间社会形态内部要素的具体变化,深入分析了全球化与资本主义、社会主义之间的关系,阐明了新世纪新阶段以来社会形态内部要素的具体变化。

第八章分别从经济、政治、文化和社会等四个方面对社会主义初级阶段中国社会的内在结构及其矛盾进行了全面、系统的论述,以此阐明初级形态社会主义的基本特征。第九章论述了中国特色社会主义道路的内涵与实质,结合两个30年的关系对中国模式的概念和属性作出了辨析,基于中国问题的系统解读,论述了科学发展观之于完善中国特色社会主义道路的意义,在此基础上审慎地提出中国社会形态未来变化的两种可能性。

　　本书坚持马克思主义的立场、观点和方法,坚持理论与实践的统一,坚持史与论的统一。本书力图实现的价值在于,构建社会形态内在结构的分析框架,完整地勾勒出新中国社会形态演变的历史图景,以此丰富马克思社会形态理论研究的论域;全面展现中国共产党人关于中国社会主义建设道路的理论探索和实践探索的历史,以此论证中国道路探索的重大意义;系统提出关涉中国特色社会主义的若干重大理论和现实问题并予以深入论述,为中国特色社会主义道路的未来探索提供有价值的参考。

前　言

一

　　马克思社会形态理论是历史唯物主义的一个重要原理,以马克思社会形态理论为指导进行新中国社会形态史研究是一个重大的理论课题。应该看到,在不同的理论基础支持下,新中国社会形态史已经有了各种不同的解说版本。当我们明确将马克思的社会形态理论作为考察新中国社会形态史的理论基础时,不能不面对这样一个事实,这一理论一直以来存在着对其科学性及当代价值的质疑或否定。美国学者弗朗西斯·福山2011 年在访问中央编译局时就明确指出:"我完全没有马克思主义意义上的历史决定论的意识。在我看来,人类社会是按照不同方式发展演进的,而完全不是被决定的。我最近的著作围绕一系列政治制度的起源问题展开,它们被放在历史的背景中予以考察。我们可以看到,不同的政治制度产生的方式很不一样,其中许多都是受到偶然的未曾料到的情况影响。因此,完全不应该被理解为'历史决定论'"①。由此,本课题研究

---

① 李义天、薛晓源、陈家刚:《民主、全球化与历史的未来——弗朗西斯·福山访谈录》,载《马克思主义与现实》2011 年第 2 期。

1

的意义不仅体现为提供一种新中国社会形态史的叙事方式,还体现为这一叙述过程本身成为论证马克思社会形态理论科学性与当代价值的具体实践。

今天重新审视马克思社会形态理论的基本观点,既应听取马克思强调社会形态的历史性质,认为人类社会的演变是一个自然历史过程的"客观性告诫"①,同时也需要对于历史主体的选择给予特别的重视;既应认识到社会主义实践史上曾将对经济因素的重视发挥到极致的偏差,也需要对于经济因素在归根到底的意义上起决定作用的原理给予基本的尊重;在强调社会形态顺序演进的规律性的同时,也需要注意把握社会形态演变的跳跃性。总之,马克思社会形态理论的当代阐释,应该在马克思主义的立场、观点和方法的基础上展开而不能偏离或脱离这一基础。

新中国社会形态史的研究与中国共产党党史和中华人民共和国国史的研究,既有区别又有联系。本书的基本思路在于,基于生产力、生产关系、政治形态、社会意识和阶级状况等马克思社会形态理论的基本范畴,以整体性视野搭建新中国社会形态研究的分析平台,从实践活动和实践结果出发,梳理和分析新中国成立以来各个不同历史阶段社会形态的具体变化,展示新中国成立以来社会形态变迁的历程。

以马克思的社会形态理论为指导对若干关涉新社会形态的重大理论与实践问题进行深入的理论分析,既是本书的一个意旨也是本书努力体现的一个特色。这些重大问题主要包括:马克思所设想的未来社会与现实的社会主义社会的关系,新民主主义社会的历史定位,新民主主义社会与社会主义初级阶段的关系,社会主义与市场经济的关系,全球化与社会主义、资本主义的关系,等等。显然,这些重大问题是新社会形态研究领域的基本问题和热点问题,在这些问题上的突破,不仅意味着中国特色社会主义理论的发展,也标志着马克思社会形态理论的丰富。期

---

① 吴晓明:《中国问题和经验的哲学把握》,载《中国社会科学报》2010 年 6 月 15 日。

望本书对这些重大问题的思考,能为丰富和深化社会形态理论的研究提供一点有价值的参考。

二

新中国社会形态的研究与对中国社会主义道路探索的思考密切相关。新中国成立以来不同历史阶段社会主义社会形态的具体变化,折射出的是中国共产党带领中国人民探索中国自己的社会主义建设道路的艰辛历程。通过新中国社会形态史的叙述,展现和论述中国道路的探索历程,是本书的另一个意旨。

自 2004 年雷默提出"北京共识"以来,关于中国道路、中国模式和中国经验的问题,就成为国内外学界高度关注的热点并持续至今。30 多年时间里,中国为何取得如此巨大的成就? 换言之,中国道路取得成功的原因是什么? 中国问题解决的出路何在? 换言之,中国下一步向何处去? 在各种不同甚至对立的观点交锋的背后,是所依托的基本理论和基本方法的差异甚至冲突。

显然,中国故事如何叙说,构成当代中国学术领域的核心问题和前沿问题。一些人可能已然忘却了毛泽东在 1949 年所写的《唯心历史观的破产》中的一段话:"自从中国人学会了马克思列宁主义以后,中国人在精神上就由被动转入主动。从这时起,近代世界历史上那种看不起中国人,看不起中国文化的时代应当完结了。"[①]2010 年 5 月 21 日,由中国社会科学杂志社主办,广东省文化产业研究中心、复旦大学当代国外马克思主义研究中心协办的"社会形态理论与历史价值观"高级研讨会在广东汕头召开。应该说,这次研讨会为这一问题的研究明确提供了马克思社会形态理论的关键依据,为深化这一问题的研究提供了重要契机,集中反映了当代中国马克思主义研究者的理论自觉。中央文献研究室

[①]《毛泽东选集》第 4 卷,人民出版社 1991 年版,第 1516 页。

的《中国道路——马克思主义中国化经典文献回眸》(中央文献出版社2011年版)、王伟光的《马克思主义社会形态理论与中国发展道路》(《中国社会科学》2011年第1期)等众多著述,证明了这样的一个道理:只有马克思的社会形态理论才能对中国道路的实质和内涵作出正确的阐释,达至本质的程度,形成难以超越的理论穿透力。

以马克思社会形态理论为指导,本书着力论述以下三个方面关涉中国道路的问题。

第一,中国发展道路的历史规定性。当代中国是历史中国的延续。虽然中国特色社会主义发展道路成于改革开放的年代,但这一道路的探索要追溯到中国近代史的开端。对于我们今天正在探索的中国特色社会主义道路,需要置于近代以来中国100多年历史发展的框架之中进行思考。第一次鸦片战争后,随着中国逐步陷入半殖民地半封建社会的深渊,中国的先进分子对如何实现民族独立和如何实现现代化这两大历史课题实现了三次重大的理论自觉:第一次重大的理论自觉是认识到民族独立与现代化的一致性并构成现代化的前提,第二次重大的理论自觉是认识到社会主义与现代化的一致性,第三次重大的理论自觉是认识到社会主义与中国特色的一致性。正是这两大历史课题的求解历程,构成本书的重要内容。

第二,中国发展道路的理论科学性。改革开放以来开辟的中国特色社会主义发展道路,是中国共产党人带领中国人民运用马克思社会形态理论的成功实践。事实上,中国特色社会主义作为"新道路的最高范畴"①,本身就是马克思社会形态理论的赋予。无论是社会主义初级阶段的历史定位还是社会主义初级阶段基本路线的制定,无论是社会主义市场经济体制的建立还是积极参与经济全球化的重大举措,都是在马克思社会形态理论指导下的正确选择,都能在马克思社会形态理论那里找到

① 冷溶:《历史的基本结论和新道路的最高范畴——对邓小平同志提出"建设有中国特色的社会主义"重大命题的一点认识》,载《光明日报》2012年10月9日。

最为深刻而有力的理论支撑。

　　第三,中国发展道路的相对特殊性。随着经济全球化在广度和深度上的展开,每一个民族和国家社会发展特点的变化既受到自身的历史和国情等因素的内在影响,也离不开其他民族和国家具有自身特点的社会发展过程的影响。把握这一原则非常重要,它要求我们在思考中国道路问题时既注意避免陷入"西方中心论",视西方发展道路的特殊性为东方国家发展必须遵循的普遍性,又注意避免陷入"绝对特殊论",以自身发展道路的特殊性拒斥现代化过程中所蕴涵的一般性。正如有学者所指出的,"既不能以中国社会的发展特点虚无化西方社会的发展特点,也不能以西方社会的发展特点虚无化中国社会的发展特点,而应在历史发展过程中把握这两种特点间的多向度、多层面的联系"①。

三

　　新中国社会形态研究的目的并不仅仅停留于新中国社会形态史叙述和中国道路阐释的层面,还蕴涵着关于中国问题的辩证分析以及中国道路未来的战略思考,以上三个方面的统一全面反映了本书写作的初衷。

　　毫无疑问,在中国特色社会主义这个最高范畴的基础上提出的社会主义初级阶段理论,是新道路获得成功的最为关键的理论支撑。经过 30 多年的改革开放,中国社会在从整体上展现其初级形态社会主义的复杂结构的同时,也深刻地展示出初级形态社会主义的内在矛盾。贫富差距、生态环境等中国问题,正是在这一系列内在矛盾的作用下生成并发展起来的。中国问题的出现表明中国成就是以一系列的代价换取的,这个代价并非无足轻重,它不仅削弱了中国道路肯定性评价的基础,还造成"中国向何处去"问题的高调出场,导致中国道路的性质和发展方向问

---

① 叶险明:《确立历史评价科学性的理论基础的三个重要逻辑环节》,载《哲学研究》2008 年第 4 期。

题的激烈争论。中国问题的解决过程就是中国道路的完善过程。对于中国问题的生成,需要从客观必然性和主观失误两个方面展开论述,这两个方面的论述必须上升到马克思社会形态理论的分析框架之中。显然,只有依托马克思的社会形态理论,才能为中国问题形成原因和解决途径的研究提供正确的理论和方法的指引。

由此明确提出了马克思主义理论创新的紧迫任务。中国道路的探索历程和马克思主义中国化的探索历程相辅相成、相互促进。应该看到,当前中国的理论创新实践存在着一系列值得忧虑的倾向。这一工作不是打着创新马克思主义的口号标新立异,招摇过市,哗众取宠,所谓创新成果或者毫无创新价值可言,或者已经严重脱离了中国的实际需求和人民群众的立场,实质上严重败坏了马克思主义的声誉;也不是打着创新的旗号兜售私货,根本目的在于改弦易辙,循就西方所谓的"普世价值"的立场;更不是消极地反映现实,乱贴马克思主义的标签,让思想屈服于现实。正如有学者指出的,"马克思主义中国化这个概念本来就不是从书本研究中产生的,而是从中国人民的解放斗争的实践中产生的。这个概念提出的历史背景和条件,就决定了它的性质和内容,决定了它是一个标志实践目的、实践过程和实践结果的概念,同时也就逻辑地蕴涵了它的检验方式和检验标准"①。

本书的意旨还在于,以马克思社会形态理论为指导,通过对中国问题的辩证分析,阐明未来探索的思路与方向。对于理论与实践之间关系的问题,马克思说过:"光是思想力求成为现实是不够的,现实本身应当力求趋向思想。"②就此而言,从当下的实际状况出发,理论创新的出发点决不能仅仅为现实作出正当性的辩护,还必须在理想性的引导下开展批判性的反思,并在此基础上提出实践的规范性要求。

中国共产党是中国道路探索的核心力量。有学者指出,其实,俄国

---

① 陶德麟:《对马克思主义中国化研究中两个问题的理解》,载《中国社会科学》2009年第1期。
②《马克思恩格斯选集》第1卷,人民出版社1995年版,第11页。

跨越"资本主义制度的卡夫丁峡谷"的前提是爆发俄国革命,而俄国革命的前提则是俄国共产党的领导。因此,没有俄国共产党的领导,以后的一切都不可能发生。这种情形同样适合于中国。没有中国共产党的领导,现有的一切也不可能发生。[①]在一定意义上可以说,这一力量的状况决定了中国社会形态变化的可能性方向。作为中国道路的开创者和开拓者,在改革发展处于关键时期的历史条件下,中国共产党有着自身特殊的担当和使命,由此决定了自身特殊的品质要求。在改革开放和市场经济条件下,作为执政党的中国共产党如果不能从整体上保持自身的纯洁性和先进性,保持工人阶级先锋队的性质和全心全意为人民服务的宗旨,中国道路的探索就有可能偏离正确的方向。

四

关于本书写作的缘起,要提到中国社会科学院马列所李延明研究员和他主持的中国社会科学院重大课题(A 类)"唯物史观与中国发展道路"。我承担了其中的子课题"中华人民共和国社会形态研究",初稿写了近 10 万字,李老师对之做了认真的审改。后来,我以此为基础向国家社科规划办申报了国家社会科学基金一般项目"新中国社会形态研究",获得批准。经过几年的努力,最终形成了 25 万字左右的研究成果,成果结项评定的等级为"良好"。中国社会科学院原副院长朱佳木研究员认为这一成果"在有关这一领域的研究中不仅有相当的开创性,而且取得了较大的进展"。这些肯定给了我继续完善成果公开出版的动力。

在李老师主持的重大课题最终成果出版前夕,他建议,我的这一部分书稿将来可单独出版。这样,该课题的部分研究成果以《近代中国社会形态的演变》为书名先由安徽大学出版社 2010 年出版。《新中国社会形态研究》一书就成为了《近代中国社会形态的演变》的姐妹篇。在本书

---

① 参见俞吾金《社会形态理论与中国发展道路》,载《上海师范大学学报(哲学社会科学版)》
   2011 年第 2 期。

修改的过程中,李老师多次打电话询问修改和出版的情况。衷心感谢他对我的学术研究工作一直以来的关心!

感谢江苏人民出版社杨建平主任的热情支持,他积极协调本书申报该社凤凰文库。感谢中国社会科学院哲学所李景源老师的推荐。在杨建平主任和李景源老师的共同关心与支持下,拙著荣幸地获得了进入凤凰文库的机会。

感谢本书编辑戴亦梁的一再宽容。本书在写作和修改过程中,还得到了黄志斌教授、王淑荣教授、沈昕教授和韩小南、樊依颉同学的支持与帮助。书中不当甚至错误之处,敬请批评指正!

第一章　马克思社会形态理论的当代阐释

马克思社会形态理论是唯物史观的基础性组成部分和核心思想,它所着重说明的是人类社会的进步是一个社会形态更替和发展的有规律的历史过程。面对新中国社会形态研究这一重大课题,对于马克思社会形态理论的正确解读,无疑是一项具有前提性意义的工作,它决定了新中国社会形态研究的基本观点和基本方法。众所周知,关于对唯物史观包括社会形态理论的理解,学术界多年来一直存在着诸多争议,因此需要在坚持马克思主义立场、观点和方法的基础上,以当代视野加以澄清和辨明。

一、马克思社会形态理论的内在逻辑

1. 马克思社会形态理论的两大构成

历史的进程是否存在着内在的规律以及这一规律的特殊规定性如何,一直是历史观的核心问题,也是众多哲学流派之间论争的重大主题,其中的原则分歧构成不同哲学流派的分水岭。众所周知,马克思的一生中有唯物史观和剩余价值学说两个重大发现,其中唯物史观就是马克思对上述问题的总体回答。对于这个"人类对历史探索的最光辉的结晶"①,恩格斯在马克思墓前的讲话中曾这样高度评述道:"正像达尔文发现有机界的发展规律一样,马克思发现了人类历史的发展规律,即历来为繁芜丛杂的意识形态所掩盖着的一个简单事实:人们首先必须吃、喝、住、穿,然后才能从事政治、科学、艺术、宗教等等;所以,直接的物质的生活资料的生产,从而一个民族或一个时代的一定的经济发展阶段,便构成基础,人们的国家设施、法的观点、艺术以至宗教观念,就是从这个基础上发展起来的,因而,也必须由这个基础来解释,而不是像过去那样做得相反。"②马克思不仅明确认为历史进程总是受内在的一般规律支配的,更为重要的是,他还为这一规律的说明确立了生产关系的起点和基点。列宁准确地把握住了这一历史性的超越。他说,马克思以前的社会学家,在错综复杂的社会现象中总是难于分清重要现象和不重要现象,而历史唯物主义"把生产关系划为社会结构,并使人有可能把主观主义者认为不能应用到社会学上来的重复性这个一般科学标准,应用到这些关系上来"。"一分析物质的社会关系……立刻就有可能看出重复性和常规性,把各国制度概括为社会形态这个基本概念,只有这种概括才使人有可能从记载(和从理想的观点来评价)社会现象进而以严格的科学态度去分析社会现象,比如说,划分出一个资本主义国家和另一个资本主义国家的不同之处,研究一切资本主义国家的共同之处。"③

"社会形态"这一概念最早出现在马克思恩格斯合著的《德意志意识形态》中,马克思用它作为历史主体的活动形式的范畴。在最先使用"社会"一词时,马克思并非直接指向的是社会关系的总体,而是生产关系的总和。他说:"各个人借以进行生产的社会关系,即社会生产关系,是随着物质生产资料、生产力的变化和发展而变化和改变的。生产关系总和起来就构成为所谓社会关系,构成为所谓社会,并且是构成为一个处于

---

① 陈先达:《走向历史的深处——马克思历史观研究》,中国人民大学出版社 2006 年版,第 2 页。
② 《马克思恩格斯选集》第 3 卷,人民出版社 1995 年版,第 776 页。
③ 《列宁选集》第 1 卷,人民出版社 1995 年版,第 8 页。

一定历史发展阶段上的社会,具有独特的特征的社会。古代社会、封建社会和资产阶级社会都是这样的生产关系的总和,而其中每一个生产关系的总和同时又标志着人类历史发展中的一个特殊阶段。"①马克思后来用"社会的经济结构"一词解释生产关系总和,而用"社会"一词来概括包括经济结构和上层建筑在内的各种要素和关系的总体。关于"形态"一词,据日本学者大野节夫考证,形态(Formation)在地质术语中表示为在地壳的历史中先后形成的不同岩层,一个形态就是一个岩层单位。这一语词被马克思借用来表达人类社会发展的不同层次和阶段。可见,马克思借用自然科学的这个概念,其实业已蕴涵着对历史的进程是一种逐步演进过程的理解。《马克思恩格斯全集》中文第一版翻译时是"形态",但是在中文第二版翻译时改为"形式",实际上,两者之间在含义上并没有严格的区别。本文沿用"形态"一词。

在马克思的视野中,社会形态既是一个结构性概念也是一个历史性概念。换言之,这个概念不仅标识的是社会关系的总和,而且还有与之相联系的人类社会的发展阶段。正是从这一意义上,马克思的社会形态理论可以划分为社会结构理论和社会发展理论两个方面的内容。如果将马克思的社会形态理论概括为对人类社会的横向说明和纵向阐释的话,那么,其中的社会结构理论就是对人类社会发展的横向说明,而社会发展理论就是对人类社会发展的纵向阐释。显然,只有基于社会结构的横向说明,才有论述社会历史纵向发展的基础;而只有基于社会发展的纵向阐释,才能深刻地揭示出社会结构的内在逻辑。这是在马克思社会形态理论框架中对社会结构理论与社会发展理论之间关系所作出的一个基本结论。

如果进一步具体划分的话,还有学者进一步将社会发展理论划分为社会发展的一般理论和具体理论两个层次。在他们看来,前者即历史观意义上的社会发展理论,主要阐述社会历史发展中诸如社会历史的前提

---

① 《马克思恩格斯选集》第 1 卷,人民出版社 1995 年版,第 345 页。

与基础、社会发展的主客体关系以及社会发展的内在矛盾及其运动规律等问题的基本看法;后者即以特定社会为对象的发展理论,主要研究某种社会形态的起源、发展和未来走向,为分析社会发展提供具体性的意见。① 就两者关系而言,没有对前者的深入研究,就难以正确阐释和解读马克思的社会发展理论,也难以为后者的研究提供科学的理论和方法。而没有对后者尤其是当下社会发展阶段的深入探讨,就难以正确认识当下社会的具体特征和把握存在的种种问题以及提出解决问题的思路和方法,也就不仅难以展现前者的理论意义,而且使马克思社会发展理论失去了现实意义。因此,关于社会发展理论的两个层次应该是一个具有内在联系的统一体。只不过,长期以来,人们较多地关注和论述前者而对后者存在着一定的忽视。随着改革开放的逐步深入,我们看到后者的研究呈现出逐步展开和深入的态势。以前者为理论基础主要着墨于后者是本书的基本立意。

2. 社会结构的横向逻辑

关于社会结构的分析无疑是社会形态研究的基础性工作。社会形态是一个整体性概念。生产关系、生产方式、交换关系和上层建筑等构成社会结构的基本要素。对于生产力,马克思使用过"直接生活的物质生产"、"直接生产力"和"物质生产力"等称谓。需要明确的是,作为人类改造自然获得物质产品的能力的生产力,由于属于主体活动的能力,因此并不是主体活动的形式。② 马克思并没有把生产力视为社会结构的一个基础性要素,只是把它看作整个社会结构的深层基础,"全部历史的基础"。因此,这一要素并不具备社会结构内在构成的意义,而是具有社会结构基础的意义。马克思的这一观点不仅没有削弱生产力之于社会结

---

① 参见丰子义《发展的反思与探索——马克思社会发展理论的当代阐释》,中国人民大学出版社 2006 年版,第 48 页。

② 参见李延明《在历史的序列中》,中国人民大学出版社 1989 年版,第 13 页。

构的意义,反而是一种根本意义上的提升。生产关系是生产过程中人与人之间的关系,它包括人们与生产资料的关系、劳动过程中人们之间的职能分配关系以及生产过程结束时人们之间的收入分配关系。生产关系的本质是劳动者同物的生产条件在经济主体内部结合的社会方式,即生产要素相互结合的方式。① 如果说生产力是社会结构基础的话,那么,生产关系则构成社会结构的核心范畴。居于生产力和生产关系之间的生产方式是劳动的进行方式,它指的是劳动者使用劳动资料的方式,包括在直接生产过程中劳动者之间的分工和协作。在马克思看来,具有劳动进行方式含义的生产方式在社会结构中处于生产力和生产关系之间的位置上,它是生产力与生产关系的中介。生产关系只表示各经济主体内部人与人的关系,不表示也不能表示各经济主体之间人与人的关系。个别劳动同社会总劳动的关系问题要由交换关系来决定。② 并且,交换的深度、广度和方式是由生产的发展和结构决定的。上层建筑包括思想上层建筑和政治上层建筑两个方面,前者主要指的是思想观念,后者主要是指政治法律制度和设施等。恩格斯将后者称为前者的"物质的附属物"③。

　　对于社会结构基本要素间的关系,马克思恩格斯在《德意志意识形态》中就进行了较为全面的说明,尽管这时马克思社会形态理论中的一些概念尚未完全定型。马克思指出:"这种历史观就在于:从直接生活的物质生产出发阐述现实的生产过程,把同这种生产方式相联系的、它所产生的交往形式即各个不同阶段上的市民社会理解为整个历史的基础,从市民社会作为国家的活动描述市民社会,同时从市民社会出发阐明意识的所有各种不同理论的产物和形式,如宗教、哲学、道德等等,而且追

---

① 参见李延明《马克思恩格斯的未来世界——科学共产主义原理》,安徽人民出版社 2006 年版,第 12 页。
② 参见李延明《交换关系不应该被包容在生产关系中——与吴易风同志商榷》,载《马克思主义研究》1997 年第 4 期。
③《马克思恩格斯选集》第 4 卷,人民出版社 1995 年版,第 171 页。

溯它们产生的过程"①。在后来的《〈政治经济学批判〉序言》中,马克思对此进行了经典性的论述。他指出:"人们在自己生活的社会生产中发生一定的、必然的、不以他们的意志为转移的关系,即同他们的物质生产力的一定发展阶段相适合的生产关系。这些生产关系的总和构成社会的经济结构,即有法律的和政治的上层建筑竖立其上并有一定的社会意识形式与之相适应的现实基础。物质生活的生产方式制约着整个社会生活、政治生活和精神生活的过程。不是人们的意识决定人们的存在,相反,是人们的社会存在决定人们的意识。社会的物质生产力发展到一定阶段,便同它们一直在其中运动的现存生产关系或财产关系(这只是生产关系的法律用语)发生矛盾,于是这些关系便由生产力的发展形式变成生产力的桎梏。那时社会革命的时代就到来了。随着经济基础的变更,全部庞大的上层建筑也或慢或快地发生变革。"②在这里,马克思不仅运用生产关系、上层建筑和社会意识形式等基础性范畴完整地勾勒出社会结构的基本框架,而且对这些基础性要素之间的关系进行了科学阐述。也正是通过对社会结构各个基本要素之间关系的说明,马克思不仅清楚地表达了社会形态概念的整体性,也阐述了社会发展的动力机制。

　　用社会结构概念讨论社会形态问题,需要将之与结构主义区别开来,否则很容易陷入结构主义的认识误区。马克思从来都不是把社会结构看成是纯粹的形式,而是看成人类活动的存在方式。③ 这是由马克思对生产力与社会结构关系的理解所决定的。在他看来,社会结构的基础是一定的物质生产。马克思指出:"从物质生产的一定形式出发:第一,一定的社会结构;第二,人对自然的一定关系"④。一定的物质的生产决

---

①《马克思恩格斯选集》第 1 卷,人民出版社 1995 年版,第 92 页。
②《马克思恩格斯选集》第 2 卷,人民出版社 1995 年版,第 32—33 页。
③参见陈先达《走向历史的深处——马克思历史观研究》,中国人民大学出版社 2006 年版,第 300 页。
④《马克思恩格斯全集》第 26 卷(I),人民出版社 1972 年版,第 296 页。

定人和人的关系与人和自然的关系。人们在生产中不仅仅同自然界发生关系。他们如果不以一定方式结合起来共同活动和互相交换其活动，便不能进行生产。为了进行生产，人们便发生一定的联系和关系；只有在这些社会联系和社会关系的范围内，才会有他们对自然界的关系，才会有生产。马克思强调："经验的观察在任何情况下都应当根据经验来揭示社会结构和政治结构同生产的联系，而不应当带有任何神秘和思辨的色彩。社会结构和国家总是从一定的个人的生活过程中产生的。"①与马克思在使用社会结构概念的同时也揭示社会结构背后更为深刻的基础所不同的是，结构主义者只关注结构本身。在阿尔都塞看来，马克思的历史科学中决定和识别社会形态性质的决定因素是特定历史条件下的经济基础合成的一个整体生产关系结构。因此，历史过程的真正主体不是作为生产关系承受者的个人，而是社会生产关系本身，而这是一种多元决定的结构。② 其结果是，在阿尔都塞那里，历史过程的真正主体是并不包含人在内的社会生产关系本身，由人的活动所形成的社会结构将人彻底地淹没了，这一观点实际上将反人本主义立场推向了极端。强调马克思视野中社会结构的这一特性的一个重要意义在于，对于马克思社会形态理论的理解，始终要将作为历史活动主体的人的实践活动与社会形态的变化联系在一起，而不能将两者割裂开来。

3. 社会发展的纵向逻辑

在社会结构各基本要素中，马克思对生产关系可谓情有独钟，认为它是国家的"最深的秘密"和"隐蔽的基础"。马克思说："任何时候，我们总是要在生产条件的所有者同直接生产者的直接关系——这种关系的任何形式总是自然地同劳动方式和劳动社会生产力的一定的发展阶段

---

① 《马克思恩格斯选集》第1卷，人民出版社1995年版，第71页。
② 参见张一兵、胡大平《西方马克思主义哲学的历史逻辑》，南京大学出版社2003年版，第285页。

相适应——当中,为整个社会结构,从而也为主权和依附关系的政治形式,总之,为任何当时的独特的国家形式,找出最深的秘密,找出隐蔽的基础。"①在他看来,作为"各个人借以进行生产的社会关系",生产关系随着物质生产资料、生产力的变化和发展而变化和改变。这个变化和改变所具有的重大意义在于,它为不同社会形态的本质区别确立了标志。马克思指出:"不论生产的社会形式如何,劳动者和生产资料始终是生产的因素。但是,二者在彼此分离的情况下只在可能性上是生产因素。凡要进行生产,就必须使它们结合起来,实行这种结合的特殊方式和方法,使社会结构区分为各个不同的经济时期。"②显然,马克思明确地将生产关系指认为不同社会形态划分的核心依据。

对于人类社会的历史分期,马克思有过不同角度的表述。他在1859年《政治经济学批判》序言中指出,"大体说来,亚细亚的、古代的、封建的和现代资产阶级的生产方式可以看作是经济的社会形态演进的几个时代"。"资产阶级的生产关系是社会生产过程的最后一个对抗形式,这里所说的对抗,不是指个人的对抗,而是指个人的社会生活条件中生长出来的对抗;但是,在资产阶级社会胎胞里发展的生产力,同时又创造着解决这种对抗的物质条件。因此,人类社会的史前时期就以这种社会形态而告终。"③马克思还从主体的视角把全部人类历史划分为三大历史阶段。他认为:"人的依赖关系(起初完全是自然发生的),是最初的社会形态,在这种形态下,人的生产能力只是在狭窄的范围内和孤立的地点上发展着。以物的依赖性为基础的人的独立性,是第二大形态,在这种形态下,才形成普遍的社会物质交换,全面的关系,多方面的需求以及全面的能力的体系。建立在个人全面发展和他们共同的社会生产能力成为他们的社会财富这一基础上的自由个性,是第三个阶段。第二个阶段为

---

① 《马克思恩格斯全集》第25卷,人民出版社1972年版,第891—892页。
② 马克思:《资本论》第2卷,人民出版社1975年版,第44页。
③ 《马克思恩格斯选集》第2卷,人民出版社1995年版,第33页。

第三个阶段创造条件。"①另外，在 1881 年致查苏利奇的复信初稿中，马克思还用"原生类型——次生类型——再次生类型"表达社会形态依次演进的纵向过程。在他看来，原生类型对应的是原始社会，再次生类型对应的是共产主义。

不难看出，"三形态"说所对应的人类社会三个发展阶段，与从交换关系的视角将人类社会的发展分为自给经济、市场经济、直接社会化经济一一对应。比如，自给经济阶段与人的依赖关系阶段相对应。马克思指出："正因为人身依附关系构成该社会的基础，劳动和产品也就用不着采取与它们的实际存在不同的虚幻形式。它们作为劳役和实物贡赋而进入社会机构之中。在这里，劳动的自然形式，劳动的特殊性是劳动的直接社会形式"②。显然，不同角度的划分，自然会涉及不同的划分标准的问题。需要明确的是，在不同的划分标准之间，生产关系的标准无疑是反映马克思社会形态理论的根本标尺。

对马克思关于人类社会历史分期的思想，一直存在着不同的理解。比较有代表性的理解有"三形态"说、"四形态"说和"五形态"说等几种。一种是斯大林在《论辩证唯物主义和历史唯物主义》中明确提出了"原始公社制的、奴隶占有制的、封建制的、资本主义的、社会主义的"③"五形态"理论。长期以来，这个论点是辩证唯物主义和历史唯物主义教科书的主导观点，也广为人们所熟知。另一种是在经过对马克思文本的深入考证的基础上认为，马克思没有提出过"五形态"说，而只是提出过"四形态"说和"三形态"说两种观点。还有一种是，有学者基于马克思的"三形态"说，认为存在着"四形态"说（文明社会形成以前的阶级社会、前资本主义社会、资本主义社会、资本主义以后阶级分化消亡的历史发展阶段）、"三形态"说（文明社会形成以前的非阶级社会、包括资本主义在内的所有阶级社会、阶级消亡以后的历史发展阶段）、"两形态"说（"史前社

---

① 《马克思恩格斯全集》第 46 卷（上），人民出版社 1979 年版，第 104 页。
② 马克思：《资本论》第 1 卷，人民出版社 1975 年版，第 94 页。
③ 《斯大林选集》下卷，人民出版社 1979 年版，第 446 页。

会"、无阶级社会）。①

上述不同观点的分歧主要集中在对马克思社会形态理论的理解上。不同的解读有着一个共同的基点，即谁都没有否认马克思社会形态理论的科学性和客观性，都是在承认马克思社会形态理论作为世界历史发展总规律的基础上展开的。显然，强调马克思只提出"四形态"说而没有提出过"五形态"说，并不意味着对"五形态"说的否定性评价，因此，在这个问题上有着不同的理解，对于丰富和深化马克思社会形态理论研究的有益性是显而易见的。应该看到，无论是"五形态"说（或"四形态"说）还是"三形态"说，都是马克思依据唯物史观的理论和方法从不同视角考察人类社会发展历史过程所得出的科学结论，它们之间具有内在的统一性，具有相互补充和完善的意义。正如有学者指出的，"五形态"说和"三形态"说，其实"是在历史唯物主义的客观向度和历史辩证法的主观向度的不同视角中分立成说的"②。因此，不宜简单地将它们对立起来。但可以肯定地说，马克思的"四形态"说和"三形态"说确实没有囊括人类社会发展进程的每一种社会形态。

4. 马克思社会形态理论科学性的当代辩护

马克思研究社会形态问题，根本目的是揭示人类社会发展规律的科学性和客观性，并在此基础上论证资本主义社会的暂时性和历史性。正如有学者指出的："马克思社会形态理论最核心、最根本的旨趣就在于说明，人类社会发展是由不同的历史阶段构成的，其中资本主义社会同样只是人类社会历经的一个阶段，随着生产力与生产关系的矛盾运动，人类社会形态必将驰入一个全新的行程，从而结束'人类社会的史前时期'。"③马克思和恩格斯基于社会形态理论作出了资本主义的必然灭亡

---

① 参见魏小萍《从双重关系的角度重新理解马克思的社会形式论》，载《现代哲学》2009 年第 6 期。
② 张一兵：《进步史观的合理性与合法性》，载《中国社会科学报》2010 年 6 月 15 日。
③ 王伟光：《使马克思主义理论话语在中国实践中获得时代的升华》，载《中国社会科学报》2010 年 6 月 15 日。

和共产主义的必然胜利同样是不可避免的即"两个必然"的历史结论,使得这一理论自诞生以来就饱受资产阶级思想家们的攻击和责难。波普尔就认为,马克思主义是一种具有宗教迷信色彩的观点,类似于《旧约全书》中的神话预言。在当代,由于资本主义和社会主义的现实命运,"历史终结论"的声音不时响起。苏东剧变后,福山就声称:"共产主义对自由构成的威胁是如此直接和明确,其学说如今这样的不得人心,以至于我们只能认为它已经被完全赶出发达世界。"①

　　在当代中国社会,马克思的社会形态理论也遭遇了种种质疑或否定的声音。有人认为,以所谓生产力决定生产关系这个"规律"来说,在人类历史实际进程中根本就不存在,找不出任何一条历史事实来支持这个规律存在,因此它纯粹是一种思辨的思维运动。这种明确反对唯物史观的观点,其客观结果之一是为"共产主义渺茫论"提供了理论论证。还有人以文明形态论、文化形态论以及后现代史学等思潮淡化或否定马克思的社会形态理论。这在有的学者看来是一种"非社会形态化"的倾向。从本质上说,文明史观或文化观都蕴涵着一种历史观念,以文明史观或文化史观替代唯物史观的做法,最终必然陷入唯心史观的泥沼。在一些学者的眼中,中国走上改革开放之路的实质,并不是一种社会主义自我完善的努力,而是向着人类文明的正途回归。马克思社会形态理论的现实命运,折射的是当代中国经济社会结构的深刻变化。可以看出,现实中的人们对于马克思社会形态理论的分析和理解,主要不在于对于以往社会形式的具体认知,而在于对于现实社会的分析和判定以及对于未来走向的关注。从这一意义上讲,对于马克思社会形态理论的认同与否和不同解读,其实都蕴涵着对于现实和未来的价值判定与政治诉求。

　　对于那种认为经济的社会形态并不具备历史性质的观点,马克思其实早在《哲学的贫困》中就有过淋漓尽致的批驳:"经济学家所以说现存

---

① [美]弗兰西斯·福山:《历史的终结及最后之人》,黄胜强、许铭原译,中国社会科学出版社2003年版,第334页。

的关系(资产阶级的生产关系)是天然的,是想以此说明,这些关系正是使生产财富和发展生产力得以按照自然规律进行的那些关系。因此,这些关系是不受时间影响的自然规律。这是应当永远支配社会的永恒规律。于是,以前是有历史的,现在再也没有历史了。"①应该明确的是,认为马克思主义是偏离人类文明大道的学说的观点,是资产阶级意识形态的一贯看法。列宁对此也早已指出:"哲学史和社会科学史都十分清楚地表明,马克思主义同'宗派主义'毫无相似之处,它绝不是离开世界文明发展大道而产生的一种故步自封、僵化不变的学说。恰恰相反,马克思的全部天才正是在于他回答了人类先进思想已经提出的种种问题。他的学说的产生正是哲学、政治经济学和社会主义极伟大的代表人物的学说的直接继续。"②

马克思社会形态理论是以人类历史为依据的历史科学,而不是一种思辨历史哲学。人类历史发展的进程业已用铁一般的事实证明了这一理论的科学性,它仍然是我们观察当代社会变化、思考人类走向的唯一科学的方法论。一方面,历史的发展不仅没有证伪反而一次次证明了马克思社会形态理论的科学性。"历史至今为止,没有超越马克思主义五种社会形态学说,没有发现第六种社会形态。这才是历史唯物主义关于人类社会五种社会形态的精髓。"③另一方面,历史还并未终结。对于一些西方学者所作出的"历史终结"的诊断,有学者指出,事实上,马克思和圣西门又一次处在正确无误地揭示我们这种类型的社会发展趋势的位置上。马克思社会形态理论是人类正确认识现存社会和正确分析未来趋向的唯一科学的方法。对于这些质疑或否定马克思社会形态学说的努力,正如列宁所说的那样:"他们曾经一百次、一千次地宣告唯物主义

①《马克思恩格斯选集》第1卷,人民出版社1995年版,第151页。
②《列宁选集》第2卷,人民出版社1995年版,第309页。
③ 本报记者吕莎:《马克思主义哲学的时代思辨——访陈先达教授》,载《中国社会科学报》2010年7月8日。

已被驳倒,可是直到现在,他们还在一百零一次、一千零一次地继续驳斥它。"①开放性和实践性是马克思主义的特殊品格。这就意味着,在新的实践中丰富和发展马克思社会形态理论,为当代的人们提供正确的规引,是捍卫这一理论的真理性和彰显这一理论当代价值的根本途径。

二、社会发展的规律性与人的目的性

1. 人的目的性:基于社会发展的规律性的视角

马克思在《资本论》第一版序言中指出:"我的观点是把经济的社会形态的发展理解为一种自然史的过程。"②这个"自然史的过程"一般被理解为"不依人们的意志为转移的历史过程"。但是,"不依人们的意志为转移"并不意味着这是一个纯粹的自然的客观过程。正确理解这个思想需要有一个特定的前提。这个特定的前提,正如列宁所说:"只有把社会关系归结于生产关系,把生产关系归结于生产力的水平,才能有可靠的根据把社会形态的发展看作自然历史过程。"③事实上,人类社会曲折复杂的历史进程已经确认,历史并不是在一条笔直平坦的大道上行进的。在人类社会的历史长河中,我们既看到了大踏步的跃进从而加速了历史发展进程的社会现象,也目睹了反复和倒退从而延缓了历史前进脚步的社会现象。这一切无非说明,人在社会发展的过程中不是消极的看客,人类在每一历史的片段中都深深地烙上了自己的印迹。

唯物史观对经济的社会形态的演变是一种自然历史过程的认定,强调社会发展不依人的意志为转移,并不意味着取消或否定了人作为历史活动主体的地位。历史不是像阿尔都塞所认为的那样是一个无主体的过程。在阿尔都塞看来,"在历史中起作用的辩证法不是任何主体的作

①《列宁选集》第 2 卷,人民出版社 1995 年版,第 16 页。
②《马克思恩格斯选集》第 2 卷,人民出版社 1995 年版,第 101—102 页。
③《列宁选集》第 1 卷,人民出版社 1972 年版,第 8 页。

用,无论这主体是绝对的(神)还是仅仅是人类的,历史的起源总是已经被推到了历史以前,因此历史既没有哲学上的起源,也没有哲学上的主体"①。马克思恩格斯所论述的人类社会发展的客观规律性,是以承认历史是人作为主体活动的过程为前提的,他们从纷繁复杂的社会现象和社会历史发展过程中所获取的关于人类社会发展客观规律的认识,只是对人的历史活动的一种抽象。马克思恩格斯始终反对脱离人的实践活动而按照某种外在的尺度书写历史的看法。在他们看来,迄今为止的各种历史观最为致命的缺陷在于:"历史总是遵照在它之外的某种尺度来编写的;现实的生活生产被看成是某种非历史的东西,而历史的东西则被看成是某种脱离日常生活的东西,某种处于世界之外和超乎世界之上的东西。"②

　　进一步而言,一个基本的经验性认识是,人的实践活动从来是蕴涵于目的在其中的。实践是观念运动和物质运动的统一,目的本身是人的实践活动不可缺少的要素之一。③ 人类社会不同于自然界的关键点在于,人不同于动物,是一种自觉的能动性的存在,正是"有意识的生命活动把人同动物的生命活动直接区别开来",而且也只有人才能在自然界打下他们的意志的印迹。马克思曾经举过一个非常典型的例子。他说:"蜘蛛的活动与织工的活动相似,蜜蜂建筑蜂房的本领使人间的许多建筑师感到惭愧。但是,最蹩脚的建筑师从一开始就比最灵巧的蜜蜂高明的地方,是他在用蜂蜡建筑蜂房以前,已经在自己的头脑中把它建成了。劳动过程结束时得到的结果,在这个过程开始时就已经在劳动者的表象中存在着,即已经观念地存在着。"④马克思还指出:"自然界没有制造出任何机器,没有制造出机车、铁路、电报、走锭精纺机等等。它们都是人

———————————

① [法]阿图塞(即阿尔都塞):《列宁和哲学》,杜章智译,台北:远流出版公司1990年版,第146页。
②《马克思恩格斯选集》第1卷,人民出版社1995年版,第93页。
③ 参见李景源《论目的》,载《学习与探索》1982年第5期。
④《马克思恩格斯全集》第23卷,人民出版社1972年版,第202页。

类劳动的产物,是变成了人类意志驾驭自然的器官或人类在自然界活动的器官的自然物质。"①恩格斯更是明确地指出:在自然界中全是不自觉的、盲目的动力,这些动力彼此发生作用,而一般规律就表现在这些动力的相互作用中。在所发生的任何事情中,无论在外表上看得出的无数表面的偶然性中,或者在可以证实这些偶然性内部的规律性的最终结果中,都没有任何事情是作为预期的自觉目的发生的。而"在社会历史领域内进行活动的,是具有意识的、经过思虑或凭激情行动的、追求某种目的的人;任何事情的发生都不是没有自觉的意图,没有预期的目的的"②。人和动物的本质区别,集中反映了社会发展史和自然发展史的根本不同之处。

社会的发展并不是一种外在于人的活动,人的目的性活动内在于其中。在马克思恩格斯看来,社会发展的历史就是人的有目的的活动的历史。自有阶级的社会产生以来,人类社会的发展始终在阶级之间的对抗中运动发展。马克思指出:"当文明一开始的时候,生产就开始建立在级别、等级和阶级的对抗上,最后建立在积累的劳动和直接的劳动的对抗上。没有对抗就没有进步。这是文明直到今天所遵循的规律。到目前为止,生产力就是由于这种阶级对抗的规律而发展起来的。"③讨论人类社会发展的客观规律性,无论如何也不能离开对人的目的性分析。离开了人的目的性,也就无所谓人类社会的发展规律。那种一谈到规律,就自然地将社会发展的规律性与人的目的性相分离的观点,不能说是正确掌握了历史唯物主义关于社会发展规律的精神实质。

历史合力论的提出也进一步表明,马克思和恩格斯正是从讨论人的目的性出发来论述人类社会发展的客观规律性的。在讨论历史合力论之前,需要对人的目的性作两个层次的说明:第一,历史的主体从来都是多样的存在,而非一个统一的存在。在人类社会发展的历史进程中,人

---

①《马克思恩格斯全集》第 46 卷(下),人民出版社 1980 年版,第 219 页。
②《马克思恩格斯选集》第 4 卷,人民出版社 1995 年版,第 247 页。
③《马克思恩格斯全集》第 4 卷,人民出版社 1958 年版,第 104 页。

从来就不是作为一个整体行动的,而是区分为不同的群体和个人。第二,人的目的和意志并非是高度一致的。这不单是因为主体的多样性,更是因为同一群体中不同的人在与外部客观世界的联系中所获得的主观目的和意愿也并不完全一致。由于受到种种因素的制约和影响,目的复杂多样。

　　基于上述两个前提性的认识,恩格斯指出,迄今为止,人们并不是按照共同的意志,根据一个共同的计划来创造自己的历史。"历史是这样创造的:最终的结果总是从许多单个的意志的相互冲突中产生出来的,而其中每一个意志,又是由于许多特殊的生活条件,才成为它所成为的那样。这样就有无数互相交错的力量,有无数个力的平行四边形,由此就产生出一个合力,即历史结果,而这个结果又可以看作一个作为整体的、不自觉地和不自主地起着作用的力量的产物。因为任何一个人的愿望都会受到任何另一个人的妨碍,而最后出现的结果就是谁都没有希望过的事物。所以到目前为止的历史总是像一种自然过程一样地进行,而且实质上也是服从于同一运动规律的。""然而从这一事实中决不应作出结论说,这些意志等于零。相反地,每个意志都对合力有所贡献,因而是包括在这个合力里面。"①关于这一论断,有两点需要展开说明:一是恩格斯所说的历史合力作用的结果在事实上并不是"谁都没有希望过的事物",它是一个有着一定前提的论断。这个从个体的角度基于整个人类社会发展历史的高度作出的论断,所着重说明的是历史是不依个人的意志为转移的过程。但这并不否认,在社会发展某个具体的历史阶段,针对某个具体利益的争夺结果,有的个人或群体的目的在很大程度上得以实现,而有的个人或群体却不能;有的阶级、国家达成了自己的目的,相反,有的阶级、国家的愿望却落了空。二是恩格斯所说的合力论有一个时间上的限定,即"到目前为止的历史"。正是由此,有学者指出,合力论是一个充满张力的理论模型。首先,它直接源自资产阶级社会特定情境

①《马克思恩格斯选集》第 4 卷,人民出版社 1995 年版,第 697 页。

下的(经济)必然性为偶然性为自己开道的内在机制;其次,在一般意义上,它是社会历史发展具有不以主体为转移的客观必然性的描述。①

片面强调客观规律性而无视人的主观能动性,从而将客观规律性与人的主观能动性分离开来,是经济决定论者的共同立场。这样的话,就实际上取消了人的能动性实践的价值和意义,就会得出人在规律面前无所作为的错误结论。在拉布里奥拉看来,经济决定论是一种将"历史降低为算术"的认识。他指出:"我们的学说不是要把历史发展的整个复杂的进程归结为经济范畴,而只是要用构成历史事实的基础的经济结构(马克思语)来归根到底(恩格斯语)解释每一个历史事实"②。当我们说人类社会发展是一个自然的历史过程时,首先需要确认这并不否认人作为历史活动主体的地位以及人的活动是有目的和意图的活动。正如有学者所论述的:"历史规律毕竟不同于自然规律,它在任何时候都是人们有意识活动的体现,无论这种活动是感性物质活动还是思想活动。因此,即使人们在致力于揭示和探索隐藏在纷繁复杂的历史事件背后的客观规律的时候,也不应忽视这种终究是人的活动的规律,是通过人们为追求和达到自己的自觉意图和所设定的目的而进行的活动才得以形成并显现其作用的。"③

2. 社会发展的规律性:基于人的目的性的视角

人的目的性反映的是主体对客体的认识关系和价值诉求。恩格斯指出:"推动人去从事活动的一切,都要通过人的头脑……外部世界对人的影响表现在人的头脑中,反映在人的头脑中,成为感觉、思想、动机、意志,总之,成为'理想的意图',并且以这种形态变成'理想的力量'。"④唯物史观在肯定人的目的性的同时,也说明了这一目的性与社会前提和条

---

① 参见胡大平《恩格斯"合力论"再探讨》,载《江苏社会科学》2010年第5期。
② [意]拉布里奥拉:《关于历史唯物主义》,杨启燆等译,人民出版社1984年版,第121、62页。
③ 孙伯鍨、张一兵:《走进马克思》,江苏人民出版社2001年版,第299页。
④《马克思恩格斯选集》第4卷,人民出版社1995年版,第232页。

件的关系。在马克思恩格斯看来,这种"理想的意图"无论是提出还是实现,都不是纯粹主观的结果,而是始终与外部客观世界联系在一起的。马克思深刻指出:"人们自己创造自己的历史,但是他们并不是随心所欲地创造,并不是在他们自己选定的条件下创造,而是在直接碰到的、既定的、从过去承继下来的条件下创造。"①恩格斯也强调:并不像人们有时不加思考地想象的那样是经济状况自动发生作用,而是人们自己创造着自己的历史,但是,"是在十分确定的前提和条件下创造"②,是在既定的、制约着他们的环境中,在现有的现实关系的基础上进行创造的。

唯物史观与唯心史观的一个重要区别,不在于承认不承认人的实践活动有无目的性,而在于承认不承认人的目的性是不是人类社会历史发展的最终动因。恩格斯指出:"如果要去探究那些隐藏在——自觉地或不自觉地,而且往往是不自觉地——历史人物的动机背后并且构成历史的真正的最后动力的动力,那么问题涉及的,与其说是个别人物、即使是非常杰出的人物的动机,不如说是使广大群众、使整个整个的民族,并且在每一民族中间又是使整个整个阶级行动起来的动机;而且也不是短暂的爆发和转瞬即逝的火光,而是持久的、引起重大历史变迁的行动。探讨那些作为自觉的动机明显地或不明显地,直接或以意识形态的形式、甚至以被神圣化的形式反映在行动着的群众及其领袖即所谓伟大人物的头脑中的动因,——这是能够引导我们去探索那些在整个历史中以及个别时期和个别国家的历史中起支配作用的规律的唯一途径。"③列宁则进一步明确了在这个问题上唯物史观与唯心史观的原则分歧。他指出,主观主义者"虽然承认历史现象的规律性,但不能把这些现象的演进看作自然历史过程,这是因为他们只限于指出人的社会思想和目的,而不善于把这些思想和目的归结于物质的社会关系"④。

----

① 《马克思恩格斯选集》第1卷,人民出版社1995年版,第585页。
② 《马克思恩格斯选集》第4卷,人民出版社1995年版,第696页。
③ 同上书第4卷,第249页。
④ 《列宁选集》第1卷,人民出版社1995年版,第9页。

还应该看到,历史目的论在以"上帝"、"精神"替代现实的人作为历史主体的同时,历史就居于人类活动之上而与之分割开来,于是目的只是历史的目的而与人毫无关联。马克思曾具体描述了这一种情况:"历史不外是各个世代的依次交替。每一代都利用以前各代遗留下来的材料、资金和生产力;由于这个缘故,每一代一方面在完全改变了的环境下继续从事所继承的活动,另一方面又通过完全改变了的活动来变更旧的环境。然而,事情被思辨地扭曲成这样:好像后期历史是前期历史的目的,例如,好像美洲的发现的根本目的就是要促使法国大革命的爆发。于是历史便具有了自己特殊的目的并成为某个与'其他人物'(像'自我意识'、'批判'、'唯一者'等等)'并列的人物'。"①在马克思看来,讲目的性只能是人的目的性,历史本身并不存在着所谓的目的性。他明确澄清了历史与人的实践活动的关系。他认为,历史什么事情也没有做,历史并不是把人当作达到自己的目的的工具来利用的某种特殊的人格。历史不过是追求着自己目的的人的活动而已。"其实,前期历史的'使命'、'目的'、'萌芽'、'观念'等词所表示的东西,终究不过是从后期历史中得出的抽象,不过是从前期历史对后期历史发生的积极影响中得出的抽象。"②

恩格斯所说的"十分确定的前提和条件"不仅构成人们实现自己的目的的支持性因素,更为重要的是,它也构成了人们实现自己的目的的制约性因素。面对着这个客观世界,人的目的能否实现,实现的程度如何,关键取决于对于前提和条件的认识与把握。因此,人要使自己的目的和理想转化为现实,必须首先对社会发展的前提和条件进行科学判断。

在这些"前提和条件"中,生产力的因素无疑是基础性的并且归根到底是决定性的,它决定了人们既不能自由地选择生产关系,也不能自由地选择某一种社会形式。马克思指出:"人们能否自由选择某一社会形

①②《马克思恩格斯选集》第 1 卷,人民出版社 1995 年版,第 88 页。

式呢？决不能。在人们的生产力发展的一定状况下，就会有一定的交换（commerce）和消费形式。在生产、交换和消费发展的一定阶段上，就会有相应的社会制度、相应的家庭、等级或阶级组织，一句话，就会有相应的市民社会，就会有不过是市民社会的正式表现的相应的政治国家。""人们不能自由选择自己的生产力——这是他们的全部历史的基础，因为任何生产力都是一种既得的力量，是以往的活动的产物。可见，生产力是人们应用能力的结果，但是这种能力本身决定于人们所处的条件，决定于先前已经获得的生产力，决定于在他们以前已经存在、不是由他们创立而是由前一代人创立的社会形式。后来的每一代人都得到前一代人已经取得的生产力并当作原料来为自己新的生产服务，由于这一简单的事实，就形成人们的历史中的联系，就形成人类的历史，这个历史随着人们的生产力以及人们的社会关系的越益发展而越益成为人类的历史。"①这就意味着，对于每一代人来说，历史的舞台总是预设的、既定的。"人们每次都不是在他们关于人的理想所决定和所容许的范围之内，而是在现有的生产力所决定和所容许的范围之内取得自由的。"②因此，对社会发展的前提和条件的科学判断，首先是对经济因素的认识和把握。

　　除了作为决定性因素的经济因素外，政治和文化传统的因素也是构成人的目的性活动的影响性因素。恩格斯十分明确地指出，政治等的前提和条件，甚至那些萦回于人们头脑中的传统也起着一定的作用，虽然不是决定性的作用。③"政治、法、哲学、宗教、文学、艺术等等的发展是以经济发展为基础的。但是，它们又都互相作用并对经济基础发生作用。并非只有经济状况才是原因，才是积极的，其余一切都不过是消极的结果。"④虽然在一定的历史条件下，政治和文化的因素可能构成影响个人

---

① 《马克思恩格斯选集》第 4 卷，人民出版社 1995 年版，第 532 页。
② 《马克思恩格斯全集》第 3 卷，人民出版社 1960 年版，第 507 页。
③ 参见《马克思恩格斯选集》第 4 卷，人民出版社 1995 年版，第 696 页。
④ 同上书第 4 卷，第 732 页。

或群体发展的关键因素,但在"归根到底"的意义上,在人类历史发展的过程中,经济因素最终起的是决定性的作用。恩格斯明确指出:"根据唯物史观,历史过程中的决定性因素归根到底是现实生活的生产和再生产。无论马克思或我都从来没有肯定过比这更多的东西。"①在他看来,经济关系不管受到其他关系——政治的和意识形态的——多大的影响,归根到底还是具有决定意义的,它构成一条贯穿始终的、唯一有助于理解的红线。② 恩格斯在这里所强调的是在承认偶然性基础上的经济因素所具有的必然性意义。正如他所言,"人们自己创造自己的历史,但是到现在为止,他们并不是按照共同的意志,根据一个共同的计划,甚至不是在一个有明确界限的既定社会内来创造自己的历史。他们的意向是相互交错的,正因为如此,在所有这样的社会里,都是那种以偶然性为其补充和表现形式的必然性占统治地位。在这里通过各种偶然性而得到实现的必然性,归根到底仍然是经济的必然性。"③

对于这种必然性,马克思在论及个人职业的选择时就指出:"我们并不总是能够选择我们自认为适合的职业;我们在社会上的关系,还在我们有能力对它们起决定性影响以前就已经在某种程度上开始确立了。"④也正是基于这一观点,马克思和恩格斯发表了关于历史上伟大人物的基本看法。马克思在分析法国 1848—1850 年阶级斗争时说过:"如爱尔维修所说的,每一个社会时代都需要有自己的大人物,如果没有这样的人物,它就要把他们创造出来。"⑤恩格斯则指出:"恰巧某个伟大人物在一定时间出现于某一国家,这当然纯粹是一种偶然现象。但是,如果我们把这个人去掉,那时就会需要有另外一个人来代替他,并且这个代替者是会出现的,不论好一些或差一些,但是最终总是会出现的。"⑥他们进一

---

① 《马克思恩格斯选集》第 4 卷,人民出版社 1995 年版,第 695—696 页。
② 参见同上书第 4 卷,第 732 页。
③ 同上书第 4 卷,第 732—733 页。
④ 《马克思恩格斯全集》第 40 卷,人民出版社 1982 年版,第 5 页。
⑤ 《马克思恩格斯选集》第 1 卷,人民出版社 1995 年版,第 432 页。
⑥ 《马克思恩格斯选集》第 4 卷,人民出版社 1995 年版,第 733 页。

步强调,关于历史人物的分析和比较,也必须放置在他们各自所处的物质条件和社会环境之中。在《路易·波拿巴的雾月十八日》1869 年第二版序言中,马克思指出:"我希望,我这部著作对于清除那种特别是现今在德国流行的所谓凯撒主义的书生用语,将会有所帮助。在作这种肤浅的历史对比时,人们忘记了主要的一点,即在古罗马,阶级斗争只是在享有特权的少数人内部进行,只是在富有的自由民与贫穷的自由民之间进行,而从事生产的广大民众,即奴隶,则不过为这些斗士充当消极的舞台台柱。人们忘记了西斯蒙第所说的一句名言:罗马的无产阶级依靠社会过活,现代社会则依靠无产阶级过活。由于古代阶级斗争同现代阶级斗争在物质经济条件方面有这样的根本区别,由这种斗争所产生的政治怪物之间的共同点也就不可能比坎特伯雷大主教与最高祭司撒母耳之间的共同点更多。"①

唯物史观的出发点是现实的人而不是别的什么,历史是人的实践活动的历史。但是,在唯物史观看来,人的历史活动往往只是作为一种显性的存在,而规律只是依托物质生活条件作为一种隐性的存在发挥作用。之所以确认人类社会发展客观规律性的根据就在于,由于在人类社会发展的历史进程中,人从来就不是作为一个整体行动的,而是区分为不同的群体和个人。这样,在人类社会发展每一个具体的历史阶段,我们都能看到许多群体或个人的目的之间存在着相互影响、相互制约甚至为了实现自己的目的相互冲突和斗争的状况。"过程的总体表现为一种自发的客观联系;这种联系尽管来自自觉个人的相互作用,但既不存在于他们的意识之中,作为总体也不受他们支配。他们本身的相互冲突为他们创造了一种凌驾于他们之上的他人的权力;他们的相互作用表现为不以他们为转移的过程和强制"②。因此,从历时性的角度看,社会发展就自然地表现出一种不依人的意志为转移的历史过程。

---

① 《马克思恩格斯选集》第 1 卷,人民出版社 1995 年版,第 580—581 页。
② 《马克思恩格斯全集》第 46 卷(上),人民出版社 1979 年版,第 145 页。

3. 可能性：基于人的目的性与社会发展规律性的统一

拉布里奥拉正确地指出："人类既不是在想象的发展中创造自己的历史，也不是在一条事先已规定好的发展路线上前进"①。这是关于人的目的性和社会发展规律性关系的科学论断。"在想象的发展中创造自己的历史"意味着对社会发展客观规律的无视。"客观性告诫是马克思社会形态理论中非常重要的因素。"②历史的发展过程没有客观规律性，是当下许多否定马克思社会形态理论的观点的根本立意。"在一条事先已规定好的发展路线上前进"则意味着对人的主观能动性的无视。波普尔就认为，"社会必然要变化，但却是沿着一条不能改变的前定的道路、是通过被无情的必然性所前定的各个阶段在变化的。""历史主义者只能以各种方式解释和协助社会的发展；然而他的要点却在于没有人能够改变它"③。

人类既不能随心所欲地创造自己的历史，也不单纯是社会发展的道具和简单体现者。应该看到，历史从来不是一成不变的。马克思恩格斯在《德意志意识形态》中指出，人们周围的感性世界不是某种开天辟地以来就直接存在的、始终如一的东西，而是工业和社会状况的产物，是历史的产物，是世世代代活动的结果。"每一代都立足于前一代所达到的基础上，继续发展前一代的工业和交往，并随着需要的改变而改变它的社会制度。"④唯物史观强调人是在一定的前提和条件下创造自己的历史的，还不能仅仅理解为这些前提和条件只是人的目的实现的制约性因素，它们也是人的目的实现的动力所在。马克思恩格斯认为，"自古以来'条件'就是这些人们的条件；如果人们不改变自身，而且如果人们即使

---

① ［意］拉布里奥拉：《关于历史唯物主义》，杨启潾等译，人民出版社 1984 年版，第 611 页。
② 吴晓明：《中国问题和经验的哲学把握》，载《中国社会科学报》2010 年 6 月 15 日。
③ ［英］波普尔：《历史主义贫困论》，何林、赵平译，中国社会科学出版社 1998 年版，第 46—47 页。
④ 《马克思恩格斯选集》第 1 卷，人民出版社 1995 年版，第 76 页。

要改变自身而在旧的条件中又没有'对本身的不满',那末这些条件是永远不会改变的。"①人的目的总是与现存条件存在一定的距离,反映出一定的差异性。这种差异性蕴涵着变革现存条件的动力和方向。

当然,人的解放只有基于现实才有实现的可能。对于像鲍威尔等德国唯心主义哲学家所认为的把人的解放问题归结为理性和精神的批判的错误观点,马克思批判性地指出:"只有在现实的世界中并使用现实的手段才能实现真正的解放;没有蒸汽机和珍妮走锭精纺机就不能消灭奴隶制;没有改良的农业就不能消灭农奴制;当人们还不能使自己的吃喝住穿在质和量方面得到充分保证的时候,人们就根本不能获得解放。'解放'是一种历史活动,不是思想活动,'解放'是由历史的关系,是由工业状况、商业状况、农业状况、交往状况促成的"②。一般而言,在每一个具体的历史阶段,社会历史的发展不只有一种可能性而具有多种可能性。这种可能性"就是指社会历史在整体上的可把握性与可改造性,它不是先验地存在并被动地等待人们去实现它,而是存在于人们不断自觉的社会实践活动之中"③。同时,多种可能性构成一定的可能性空间,即人的能动性对社会发展的作用空间。

在共时性的状态下,这个可能性空间内所有的可能性不能都获得现实性。对于特定的个人、群体或国家而言,只能有一种可能性转化为现实性。与此同时,在共时性的状态下,既有人的目的性与社会发展规律性相统一的正确的选择,也有人的目的性与社会发展规律性相背离的错误的选择。一部人类社会的发展史,是一部人的目的性与社会发展规律性矛盾运动的历史。一般而言,只有一种可能性反映为人的目的性与社会发展规律性的统一,反映出与人类社会发展趋势的一致性。因此,问题的关键还在于,最终实现了的可能性究竟是不是那种人的目的性与社会发展规律性相一致的可能性。这样,就进一步提出了如何正确把握人

---

① 《马克思恩格斯全集》第 3 卷,人民出版社 1960 年版,第 440 页。
② 《马克思恩格斯选集》第 1 卷,人民出版社 1995 年版,第 74—75 页。
③ 孙伯鍨、张一兵:《走进马克思》,江苏人民出版社 2001 年版,第 344 页。

的主观能动性的问题,也就是主体的选择必须正确把握历史辩证法,发现规律并充分利用规律的问题。显然,在一定的社会历史发展阶段和一定的历史条件下,人的目的选择的理想定位在于人的目的性与社会发展规律性的动态平衡点上。"人的需要和客观规律的交叉点,就是目的与现实可能性的会合点。"①同时,人在认识客观必然性的基础上,不仅有选择某一种可能性的自由,而且能够进一步为选定的可能性创造实现的条件,并限制和减少其他可能性实现的条件,从中实现自己的目的。② 这里,需要戒除两种极端性的倾向:一种极端是人的实践活动的目的性低于社会发展规律性。在时间和条件发生变化之后,仍然一味地遵循原来的规律性认识,使目标低于条件的可容纳空间;另一种极端是一味地强调目的性,将规律性置于一边,使目的性高于规律性。显然,这两种倾向都不可能实现目的与现实可能性的会合。目的性与规律性的统一是"遵循与改变"的统一。只有实现目的性与规律性的动态协调,才能使人类社会不至于在曲折中发展。

当马克思说出"哲学家们只是用不同的方式解释世界,问题在于改变世界"和"实际上,而且对实践的唯物主义者即共产主义者来说,全部问题都在于使现存世界革命化,实际地反对并改变现存的事物"时,实践的概念同时也被赋予了价值的规定,蕴涵着"解放"的价值意蕴。正如有学者所指出的,"实践的任务首先是一项'解放政治的任务',或者说实践活动是一种'批判与革命'的活动"③。同时,人的能动性只能是有限的,人作为历史的主体所能实现的自主性或自由不可能是无限的。④ 就此而言,关于人的目的性与社会发展规律性关系问题的讨论,其现实意义和价值主要体现在:在特定的社会发展阶段,正确发挥人的主观能动性,实现社会最优化发展的可能性,努力达成"缩短"和"减轻"。正如马克思在

---

① 李景源:《马克思主义哲学与现时代》,中国社会科学出版社 2007 年版,第 220 页。

② 参见同上。

③ 贺来:《论马克思实践哲学的政治意蕴》,载《哲学研究》2007 年第 1 期。

④ 参见王南湜《历史唯物主义阐释中的历史目的论批判》,载《社会科学》2008 年第 12 期。

《资本论》1867年第一版序言中所说："一个社会即使探索到了本身运动的自然规律，——本书的最终目的就是揭示现代社会的经济运动规律，——它还是既不能跳过也不能用法令取消自然的发展阶段。但是它能缩短和减轻分娩的痛苦。"①

三、社会形态的整体跨越与局部跨越

1. 整体跨越和局部跨越：马克思关于社会形态两种跳跃性的论述

在马克思和恩格斯看来，社会形态演进的跳跃性一般会出现两种可能性，一种是整体跨越，另一种是局部跨越。关于这两种可能性，马克思和恩格斯在关于俄国社会发展道路的思考中有比较详尽的论述。无论是在前资本主义（即农村公社完整存在）还是在资本主义已经有一定发展（即公社尚有一定残存）的情况下，马克思和恩格斯在关于俄国未来发展前途的问题上，都提出了不通过资本主义的卡夫丁峡谷而占有资本主义所创造的一切积极的成果从而直接过渡到共产主义的可能性，即相继提出了俄国社会形态整体跨越和局部跨越这两种可能性。

所谓社会形态的整体跨越，即一种社会形态向另一种社会形态的隔代跨越，其要义是"不经过"。整体超越只能在隔代社会的条件下才能实现。这就要求，首先，要有两个以上处于不同发展阶段的社会同时并存；其次，其中有两个社会所处的发展阶段中间隔着一个甚至数个发展阶段，这样的两个社会互为隔代社会。② 只有在这样的条件下，才有可能讨论社会形态整体超越的问题。

马克思在关于俄国社会发展前途的思考中首先提出的就是社会形态整体跨越的可能性。对于俄国公社的前途，马克思分析了两种趋势：

---

① 《马克思恩格斯选集》第2卷，人民出版社1995年版，第101页。
② 参见李延明《马克思恩格斯的未来世界——科学共产主义原理》，安徽人民出版社2006年版，第21页。

一种是"首先摧毁农村公社以过渡到资本主义制度"的可能性,另一种是"发展它所特有的历史条件的同时取得资本主义制度的全部成果,而又可以不经受资本主义制度苦难"的可能性。在 1877 年给《祖国纪事》杂志编辑部的信中,马克思指出:"如果俄国继续走它在 1861 年所开始走的道路,那它将会失去当时历史所能提供给一个民族最好的机会,而遭受资本主义制度所带来的一切灾难性的波折。"①在这封信中,马克思明确对那种"把他关于西欧资本主义起源的历史概述彻底变成一般发展道路的历史哲学理论,一切民族,不管它们所处的历史环境如何,都注定要走这条道路"的观点予以了批驳,这一批驳显然是对第二种趋势的理论论证,蕴涵着对实现第二种趋势的主观愿望。

所谓社会形态的局部跨越,即一个社会在进入某一社会形态后,虽然凭借自身力量尚不能超越固有的发展阶段,但依托比自己高一级的社会形态的牵引,不再需要完整经历这个社会形态的全部发展阶段,而跃升到高一级社会形态的过程,其要义是"缩短"。"两个社会如果不是隔代社会,而是两个阶段互相衔接的不同阶段的社会,如奴隶社会和封建社会,那么在高级社会的牵引下,低级社会也会缩短发展进程,较快地赶上高级社会。"②

马克思在对俄国提出社会形态整体跨越的设想之后,又提出了社会形态局部跨越的理论。局部超越的设想之所以提出,客观前提是资本主义在当时的俄国已经获得了一定发展而俄国公社尚有一定的残余。在1882 年 1 月《共产党宣言》俄文版序言中,马克思和恩格斯指出:"在俄国,我们看见,除了迅速盛行起来的资本主义狂热和刚开始发展的资产阶级土地所有制外,大半土地仍归农民公共占有。那么试问:俄国公社,这一固然已经大遭破坏的原始土地公共占有形式,是能够直接过渡到高级的共产主义的公共占有形式呢? 或者相反,它还必须先经历西方的历

---

① 《马克思恩格斯选集》第 3 卷,人民出版社 1995 年版,第 340 页。
② 李延明:《马克思恩格斯的未来世界——科学共产主义原理》,安徽人民出版社 2006 年版,第 22 页。

史发展所经历的那个瓦解过程呢？""对于这个问题,目前唯一的答复是:假如俄国革命将成为西方无产阶级革命的信号而双方互相补充的话,那么现今的俄国土地公有制便能成为共产主义发展的起点。"①在1893年2月致尼·弗·丹尼尔逊的信中,恩格斯尽管认识到俄国农村公社正在衰败的事实,并表示社会形态超越的可能性"正在逐年减少",但仍然作了这样的表达:"我们只能希望我们这里向更好的制度的过渡尽快发生,以挽救至少是在你们国家一些较边远的地区,挽救那些在这种情况下负有使命实现伟大未来的制度。"②在1894年1月《论俄国的社会问题》跋中,恩格斯虽然对"公社是否还能得到挽救,以致在一定的时刻,像马克思和我在1882年所希望的那样,它能够同西欧的转变相配合而成为共产主义发展的起点"这个问题表示不能予以回答,但还是指出:"有一点是无庸置疑的:要想保全这个残存的公社,就必须首先推翻沙皇专制制度,必须在俄国进行革命。"③恩格斯在他去世的前一年所明确的是,资本主义虽然在俄国已经展开,但仍然保持着希望通过革命占有西方现代化肯定成果直接过渡到共产主义的动机。可见,马克思主义创始人虽然用社会形态局部超越的设想修正了原先社会形态整体超越的设想,但在俄国社会发展前提的问题上,一直未曾否定过实现社会形态跨越的可能性。

实现跨越的社会形态目标是一个必须深入讨论的问题。因为,在当时的历史环境中,无论是整体跨越还是局部跨越,所要达成的社会形态并不是一个现实的存在。也就是说,社会形态跨越的目的地还只是一个预设的目标。之所以如此,绝不是马克思和恩格斯在关于社会形态跨越问题上一个无意的疏漏,而是与马克思和恩格斯对共产主义社会形态的理解相一致的。正如恩格斯所说的:"共产主义者不是把某种哲学作为前提,而是把迄今为止的全部历史,特别是这一历史目前在文明各国造

---

① 《马克思恩格斯选集》第1卷,人民出版社1995年版,第251页。
② 《马克思恩格斯选集》第4卷,人民出版社1995年版,第724页。
③ 同上书第4卷,第450页。

成的实际结果作为前提。共产主义的产生是由于大工业以及由大工业带来的后果,是由于世界市场的形成,是由于随之而来的不可遏止的竞争,是由于目前已经完全成为世界市场危机的那种日趋严重和日益普遍的商业危机,是由于无产阶级的形成和资本的积聚,是由于由此产生的无产阶级和资产阶级之间的阶级斗争。共产主义作为理论,是无产阶级立场在这种斗争中的理论表现,是无产阶级解放的条件的理论概括。"① 在他们看来,共产主义是一项全球性的事业,只有作为"世界历史性的"存在才有可能实现,而不可能在某一个民族国家内部独自实现。马克思对俄国社会跨越的思考始终是和欧洲革命联系在一起考察的,俄国社会跨越是以西方革命胜利并首先进入未来社会为条件的。

2. 世界历史与社会形态跨越

1881 年 2 月和 3 月,马克思在给查苏利奇的复信初稿和复信中在明确表示对俄国社会形态跨越可能性的同时,也审慎地提出了俄国社会实现整体跨越所需要的条件:"如果革命在适当的时刻发生,如果它能把自己的一切力量集中起来以保证农村公社的自由发展,那么,农村公社就会很快地变为俄国社会新生的因素,变为优于其他还处在资本主义制度奴役下的国家的因素。"②"这种农村公社是俄国社会新生的支点;可是要使它能发挥这种作用,首先必须排除从各方面向它袭来的破坏性影响,然后保证它具备自然发展的正常条件。"③无论是社会形态的整体跨越还是局部跨越,马克思和恩格斯在讨论其可能性时都极端强调了外部条件的重要性。他们特别指出实现这种可能性的关键前提是西欧革命的胜利。恩格斯在 1893 年 2 月致丹尼尔逊的信中明确指出:"实现这一点的第一个条件,是外部的推动,即西欧经济制度的变革,资本主义在最先产

---

① 《马克思恩格斯选集》第 1 卷,人民出版社 1995 年版,第 211 页。
② 《马克思恩格斯选集》第 3 卷,人民出版社 1995 年版,第 773 页。
③ 同上书第 3 卷,第 775 页。

生它的那些国家中被消灭。"①在 1894 年 1 月《论俄国的社会问题》跋中，恩格斯进而重申："对俄国的公社的这样一种可能的改造的首创因素只能来自西方的工业无产阶级，而不是来自公社本身。"②俄国革命的意义在于，"会给西方的工人运动以新的推动，为它创造新的更好的斗争条件，从而加速现代工业无产阶级的胜利"。"没有这种胜利，目前的俄国无论从公社那里还是从资本主义那里，都不可能达到社会主义的改造。"③这里，西欧革命的胜利是作为牵引力的意义而存在的。

从马克思和恩格斯反复强调外部力量的推动中可以得出一个重要结论：马克思和恩格斯并没有孤立地探讨俄国社会的未来命运，而是把俄国农村公社的前途命运与它所处的时代环境联系在一起，始终在世界历史和资本全球化的框架内分析俄国社会的发展前途。由资本主义开创的世界历史，使得我们思考任何一个民族和国家的历史命运都必须将之置于世界历史的视野之中。换言之，只有在世界历史的条件下，俄国社会的整体跨越和局部跨越才有纳入理论分析的可能性。倘若孤立地审视俄国社会的前途，就不可能获取关于整体跨越和局部跨越的可能性。

从人类社会发展的空间视角看，地球上的人类社会最初是在一些互相离散的点上发展起来的。从一些互相离散的点发展到布满全球，是一个各人群集合体逐步汇流的过程。人类社会开始布满地球上可以占用的球面，与工业革命同时发生。大机器生产的出现使人类改造和影响自然环境的能力空前提高，资本主义生产关系和商品交换关系迅速向全球扩展，人类社会的汇流过程此时便发展成为全球化的过程。④ 资本的全球化开创了世界历史。马克思和恩格斯在他们的论著中对之进行了深

---

① 《马克思恩格斯选集》第 4 卷，人民出版社 1995 年版，第 724 页。
② 同上书第 4 卷，第 441 页。
③ 同上书第 4 卷，第 450—451 页。
④ 参见李延明《马克思恩格斯的未来世界——科学共产主义原理》，安徽人民出版社 2006 年版，第 192 页。

刻的分析："大工业创造了交通工具和现代的世界市场,控制了商业,把所有的资本都变为工业资本,从而使流通加速(货币制度得到发展)、资本集中。……它首次开创了世界历史,因为它使每个文明国家以及这些国家中的每一个人的需要的满足都依赖于整个世界,因为它消灭了各国以往自然形成的闭关自守的状态。"①"各个相互影响的活动范围在这个发展进程中越是扩大,各民族的原始封闭状态由于日益完善的生产方式、交往以及因交往而自然形成的不同民族之间的分工消灭得越是彻底,历史也就越是成为世界历史。"②

　　世界历史仍然在发展过程中。全球化只不过是世界历史发展一个新的历史阶段,是西方资本在全球掠夺财富的一个新的历史阶段。全球化不仅仅是一个地缘概念,不仅仅是一个空间规定性的概念,更是一个涉及人类各个构成部分之间交往程度的概念。世界历史在广度和深度上的发展,是共产主义的重要依据。共产主义是资本全球化和世界历史的必然结果。正是资本全球化,构筑了马克思的历史地平线,也构筑了马克思关于未来社会的基本图景。并且,资本的全球化造就革命的全球化,始终是马克思坚定的信念③,以此为基础,马克思指出:共产主义的胜利"是以生产力的普遍发展和与此有关的世界交往的普遍发展为前提的"④。

　　只有在世界历史所导致的全球交往实践的视野中,无论是社会形态的局部跨越还是整体跨越这一类的问题才会被浓墨重彩地提上议事日程。正因此,有的学者将"不同发展阶段的并存社会互相交往"列为社会形态跨越的重要条件。⑤ 恩格斯在《共产主义原理》的第十九个问题中就指出:"单是大工业建立了世界市场这一点,就把全球各国人民,尤其是各文明国家的人民,彼此紧紧地联系起来,以致每一国家的人民都受到

---

① 《马克思恩格斯选集》第1卷,人民出版社1995年版,第114页。

② 同上书第1卷,第88页。

③ 参见任平《当代视野中的马克思》,江苏人民出版社2003年版,第131页。

④ 《马克思恩格斯全集》第3卷,人民出版社1960年版,第39—40页。

⑤ 参见李延明《马克思恩格斯的未来世界——科学共产主义原理》,安徽人民出版社2006年版,第21页。

另一个国家发生的事情的影响","因此,共产主义革命将不是仅仅一个国家的革命,而是将在一切文明国家里,至少在英国、美国、法国、德国同时发生的革命"。同时,这些国家的"共产主义革命也会大大影响世界上其他国家,会完全改变并大大加速它们原来的发展进程"①。这里,"完全改变并大大加速它们原来的发展进程"的论断,业已蕴涵依托全球交往的历史条件一些国家可以实现历史性跨越的思想。从世界历史的角度出发,马克思和恩格斯认为,一切历史冲突都根源于生产力和交往形式之间的矛盾,但由于非工业国家因世界交往而被卷入普遍竞争的斗争中,大工业发达国家也影响着或多或少的非工业国家。"不一定非要等到这种矛盾在某一国家发展到极端尖锐的地步,才导致这个国家内发生冲突。由广泛的国际交往所引起的同工业比较发达的国家的竞争,就足以使工业比较不发达的国家内产生类似的矛盾(例如,英国工业的竞争使德国潜在的无产阶级显露出来了)"②。

资本主义不仅开创了世界历史,而且也在客观上为一些国家实现历史性跨越创造了更多的历史机会。正是这种全球性交往实践,构成了俄国社会实现跨越式发展的重要外部条件。马克思和恩格斯的逻辑是显而易见的:他们之所以反复强调俄国农村公社与西方生产的同时存在,一个重要的目的是"把资本主义制度所创造的一切积极的成果用到公社中来"③,为直接过渡到共产主义创造物质基础。显然,只有西方无产阶级革命的胜利才能为达到这一目的提供实现的可能,才是实现俄国占有资本主义一切积极成果并实现社会主义改造的关键性因素。

3. 社会形态跨越和生产力跨越

无论是社会形态的整体跨越还是局部跨越,都不可能是生产关系的

---

① 《马克思恩格斯选集》第1卷,人民出版社1995年版,第241页。
② 同上书第1卷,第115—116页。
③ 《马克思恩格斯选集》第3卷,人民出版社1995年版,第765页。

单兵突进。社会形态的跳跃和生产力的跨越是一致的,其一致性具体体现在社会形态的跳跃以生产力的跨越为前提和条件。只有在生产力获得跨越的基础上,社会形态的跨越才具有坚实的基础。对于一个国家而言,跨越的不仅是生产关系,还包括生产力。当社会形态获得了质的提升以后,生产力必须相应地呈现出与之相协调的局面。正如有学者所指出的:"历史发展阶段(即以某种生产关系处于支配地位的社会形态)可以超越,但它所达到的生产力是不能空缺的。如果说社会形态的更迭可以发生跳跃的话,那生产力的相应发展是必不可少的,在封建社会生产力水平的基础上建立和巩固社会主义社会是不可想象的。当马克思设想俄国有可能避免资本主义发展阶段时,指的是它的所有制形式而不是生产力水平和科技成就。"①马克思关于俄国社会跨越发展的思想主要不是直接针对生产力问题的,而是在探讨社会历史理论尤其是社会发展理论过程中加以阐发的②,无论是局部跨越还是整体跨越,所指向的都是以生产关系和社会发展阶段为基本内容的社会形态而非直接地指向生产力。但是,这并不意味着马克思忽略了生产力的因素,认为生产力与社会形态毫不相干。生产力的跨越是马克思关于社会形态跨越的题中应有之义。

在马克思看来,资本全球化的发展,使生产力的跨越获得可能性。马克思指出:"某一地域创造出来的生产力,特别是发明,在往后的发展中是否会失传,完全取决于交往扩展的情况。当交往只限于毗邻地区的时候,每一种发明在每一个地域都必须单另进行;一些纯粹偶然的事件,例如蛮族的入侵,甚至是通常的战争,都足以使一个具有发达生产力和有高度需求的国家处于一切都必须从头开始的境地。"③"只有当交往成

①　陈先达:《走向历史的深处——马克思历史观研究》,中国人民大学出版社 2006 年版,第 396 页。
②　参见丰子义《发展的反思与探索——马克思社会发展理论的当代阐释》,中国人民大学出版社 2006 年版,第 267 页。
③　《马克思恩格斯选集》第 1 卷,人民出版社 1995 年版,第 107 页。

为世界交往并且以大工业为基础的时候,只有当一切民族都卷入竞争斗争的时候,保持已创造出来的生产力才有了保障。"①马克思这一论述的意义在于,在资本全球化发展的过程中,所拥有的生产力不仅不需要担心"从头开始",而且,对于其他国家而言,在一定条件下还可以直接获取。马克思就指出:"俄国为了采用机器、轮船、铁路等等,难道一定要像西方那样,先经过一段很长的机器工业孕育期吗?"②这就说明,在一定历史时代中,某一个民族和国家的生产力基础,既包含着该民族和国家现有的生产力,也包含着和它处于同一历史时期的高于它的生产力。一个民族和国家能在多大的程度上把同时代其他民族和国家的生产力转化为其由以活动的生产力基础的内在成分,主要取决于两个方面相互联系的原因:一是每一个民族和国家内部生产力发展的程度;二是各民族或国家生产力之间相互影响、相互作用的深度和广度。③ 正是由此,马克思认为:"不仅一个民族与其他民族的关系,而且一个民族本身的整个内部结构都取决于它的生产以及内部和外部的交往的发展程度。"④

问题的关键在于,在马克思那里,占有资本主义制度所创造的一切积极成果是建立社会主义的重要前提。20世纪初列宁领导的十月革命,是在俄国资本主义已经有一定发展的条件下进行的。由于西欧革命的低落,并没有造成世界整体性革命的局面,当俄国无产阶级革命从可能性转化为现实性时,由此导致的结果是,一方面,占有资本主义的肯定性文明成果这个必需的条件,实际上转化成夺取政权后的俄国无产阶级必须独立面对并需要加以解决的历史课题;另一方面,外部力量的支持也不得不转化为自身力量的努力。就此而言,列宁视野中的跨越与马克思设想中的跨越就有了一定的分歧。

在列宁那里,我们只能看到生产关系的改造,并没有能够看到西方

①《马克思恩格斯选集》第1卷,人民出版社1995年版,第108页。
② 同上书第1卷,第762页。
③ 参见叶险明《"知识经济"批判》,人民出版社2007年版,第26页。
④《马克思恩格斯全集》第3卷,人民出版社1960年版,第24页。

发达生产力的直接引入。更需要具体分析的是,革命胜利后的俄国还必须面对与马克思所设想相反的现实局面:其一,在资本全球化世界中的孤立无援造成的巨大压力和经济上的封闭性;其二,技术—经济先进的资本全球化与技术—经济落后的社会主义世界的对峙。① 当我们承认这种跨越依然没有违背社会发展规律的同时,也必须面对这个一个世纪以来社会主义如何生存和发展的问题。应该如何看待这个矛盾呢? 当实现的前提转变为努力的目标和奋斗的任务时,这种倒置使得作为辩证法大师的列宁也相应地提出了一个倒置的解决方案。他说:"既然建立社会主义需要有一定的文化水平(虽然谁也说不出这个一定的'文化水平'究竟是什么样的,因为这在各个西欧国家都是不同的),我们为什么不能首先用革命手段取得达到这个一定水平的前提,然后在工农政权和苏维埃制度的基础上赶上别国人民呢?"②需要强调的是,列宁的这一逻辑并不是对马克思的否定而另搞一套,这一变化并没有否认社会形态跨越与生产力的一致性,只不过在表现形式上发生了重大变化。生产力的跨越由此演变为现代性的内在超越的课题,即"社会主义现代化"的历史命题。

4. 社会形态更替的顺序性和跳跃性

　　马克思和恩格斯对俄国社会发展前途提出的设想并没有改变他们关于人类社会发展一般规律的认识,恰恰相反,前者是以后者为前提的。只要我们站在唯物史观的高度,基于世界历史的视角和历史辩证法的态度,就会承认,在人类社会发展的历史过程中,某一国家或地区在社会形态演变这个问题上所发生的无论是整体跨越还是局部跨越,都没有违背社会形态演变的规律性。

　　唯物史观所包含的社会形态更替顺序性的观点是以生产力的继承

---

① 参见任平《当代视野中的马克思》,江苏人民出版社 2003 年版,第 133 页。
②《列宁选集》第 4 卷,人民出版社 1995 年版,第 777 页。

性为根本依据,从社会发展最终决定力量的角度所作出的科学结论。在马克思和恩格斯看来,物质资料生产"是人们仅仅为了能够生活就必须每日每时都要进行的(现在和几千年前一样)一种历史活动,即一切历史的一种基本条件。即使感性在圣布鲁诺那里被归结为像一根棍子那样微不足道的东西,但它仍须以生产这根棍子的活动作为前提。"①"随着新的生产力的获得,人们便改变自己的生产方式,而随着生产方式的改变,他们便改变所有不过是这一特定生产方式的必然关系的经济关系。"②经济因素在社会历史发展中作为最终起决定意义的力量的确认,要求我们既不能因社会历史发展过程中的偶然性而否认社会历史发展的必然性,也不能因社会历史发展过程中的非连续性而否认社会历史发展的连续性。

在这个问题上,历史辩证法的正确运用无疑是最为重要的,离开了它,我们就难以实现对社会形态更替的顺序性和跳跃性关系的正确把握。在马克思和恩格斯看来,不仅社会形态的演变具有多样性的表现,同一种社会形态在不同民族和国家也反映出多样性的特征。换言之,社会形态不仅在社会历史发展的纵坐标上表现出顺序性和跳跃性的关系,而且在社会历史发展的横坐标上也表现为统一性与多样性的关系。同一种社会形态有其共性,这是确定为同一种社会形态的根据,但与此同时,处于同一种社会形态的不同国家会各有自身的特点,往往有其鲜明的个性,表现出多样性。在讨论社会形态更替的顺序性和跳跃性的关系之前,我们应注意到同一社会形态在各个国家所具有的多样性的表现形态。马克思指出:"相同的经济基础——按主要条件来说相同——可以由于无数不同的经验的事实,自然条件,种族关系,各种从外部发生作用的历史影响等等,而在现象上显示出无穷无尽的变异和程度差别,这些变异和程度差别只有通过对这些经验所提供的事实进行分析才可以理解。"③同

---

① 《马克思恩格斯全集》第3卷,人民出版社1960年版,第31—32页。
② 《马克思恩格斯选集》第4卷,人民出版社1995年版,第322页。
③ 《马克思恩格斯全集》第25卷,人民出版社1972年版,第891—892页。

一种社会形态的多样化表现是社会形态的常态而不是非常态的表现,并不否认同一社会形态中共同的本质。对于社会形态的顺序性与跳跃性的关系的把握也应该持有这种态度。

社会的发展并不是一个直线的运动,多线性的曲折发展是社会形态演变的常态。马克思从世界历史的视野出发,在 1877 年给《祖国纪事》杂志编辑部的信中,反对把他的关于西欧资本主义起源的历史概述彻底变成一般发展道路的历史哲学理论。他指出:"极为相似的事变发生在不同的历史环境中就引起了完全不同的结果。如果把这些演变中的每一个都分别加以研究,然后再把它们加以比较,我们就会很容易地找到理解这种现象的钥匙;但是,使用一般历史哲学理论这一把万能钥匙,那是永远达不到这种目的的,这种历史哲学理论的最大长处就在于它是超历史的。"①列宁则进一步明确:"世界历史发展的一般规律,不仅丝毫不排斥个别发展阶段在发展的形式或顺序上表现出特殊性,反而是以此为前提的。"②"世界历史的发展是按着总规律进行的,这不仅丝毫不排斥在形式或顺序上有所不同的个别发展阶段,反而预定了要有这样的发展阶段。"③列宁还认为:"设想世界历史会一帆风顺、按部就班地向前发展,不会有时出现大幅度的跃退,那是不辩证的,不科学的,在理论上是不正确的。"④

关于社会形态演变的顺序性和跳跃性关系的正确认识,始终要求我们站在辩证法的高度上来把握。顺序性和跳跃性的一致性由社会形态发展的总趋势所决定。大量的历史事实表明,人类生存的点越是孤立,越是在人类历史发展的早期,点上的人类社会发展阶段的顺序就越具有共同性。⑤ 随着世界交往的出现和发展,人类社会发展的跳跃性就在顺

---

① 《马克思恩格斯选集》第 3 卷,人民出版社 1995 年版,第 342 页。
② 《列宁选集》第 4 卷,人民出版社 1995 年版,第 690 页。
③ 《列宁全集》第 33 卷,人民出版社 1957 年版,第 432 页。
④ 《列宁选集》第 2 卷,人民出版社 1995 年版,第 694 页。
⑤ 参见李延明《在历史的序列中》,中国人民大学出版社 1989 年版,第 59 页。

序性的基础上呈现出自己的样态。从总体上而言,社会形态的跳跃性并不否认或排斥社会形态的顺序性,跳跃性不仅以顺序性为依据并且是对顺序性的证明。一个国家虽然经过社会形态的局部跨越或整体跨越,或者出现一定时期内的社会形态倒退的现象,但从社会形态发展的总方向看,任何一个国家社会形态的演变都不可能是逆向而动的。正如有学者所指出的:"尽管并不是每一个国家和民族都完整地依次演进,但它的发展方向同世界历史总的顺序是一致的。""一个国家的历史发展可以超越某一历史阶段,但它的历史运行线路,不可能是同马克思揭示的历史规律相反的逆向运动。"①强调社会形态的顺序性并不意味着对各个国家和民族提出必须经历五种社会形态的要求。有的国家虽然没有严格按照五形态的顺序依次演进,但并不能以此为根据否定整个人类社会的社会形态依次演进的发展过程。进一步而言,社会形态的顺序性和跳跃性属于不同层面的两个问题,缺乏对这一点的把握就会使我们对这两者关系的理解陷入混乱。讲社会形态的顺序性是以整个人类社会社会形态更替的历史为对象的。虽然有的国家依次经历了五种社会形态的演变,但唯物史观说明社会形态发展的顺序性并不是绝对地以某一个国家社会形态演变的历史为主要根据的,而是对整个人类社会社会形态发展加以总体性把握所得出的结论。拘泥于历史发展过程的个别现象,孤立地从某一个国家或地区社会形态发展史的特殊性出发,由此否定整个人类社会社会形态发展的普遍性,是没有真正把握历史辩证法的结果。

倘若我们将社会形态演变的统一性与多样性的关系概括为"一"和"多"的关系的话,"一"和"多"是辩证统一的关系,不能作分离或割裂式的理解。恰是"一"制造了"多";没有"多",也就没有"一","多""多"归"一"。

---

① 陈先达:《走向历史的深处——马克思历史观研究》,中国人民大学出版社 2006 年版,第395页。

第二章　近代中国的社会形态

世界历史的视野,是研究近代以来中国社会形态变化这一重大课题首先需要遵循的方法。近代西方的重大变化是了解近代中国重要的外部条件。这是因为,在这一时期,西方资本展开了向全球扩张的历史进程,地处远东的中国成为西方资本青睐的重点对象。历史开始成为世界历史,东方由西方"发现"并带入了世界历史①。与此同时,近代中国是在西方枪炮的胁逼下"被全球化"的。近代中国与西方发生的第一次碰撞,并不是一种平等和谐的友好交往,其间蕴涵着太多的悲壮和被动的意味。近代中国正是在屈辱与抗争的历史主题中向现代迈进的。

一、1840 年的西方与中国

众所周知,中国曾是一个在人类历史上长时期领跑的国家,有着悠久的历史和灿烂的文化,为人类文明作出过巨大的贡献。15 世纪以前,中国商品生产的发展程度远高于西欧,即使到了 19 世纪初,商品生产和流通仍然生气勃勃,非西方所能逾越。费正清是这样描述的,1800 年的

---

① 参见孙伯鍨、张一兵《走进马克思》,江苏人民出版社 2001 年版,第 79 页。

中国,庞大的中国航运船队来往于长江及其支流,而千百条大小船只航行于中国沿海,把南方的水果、糖和手工艺品运到满洲,而将那里的大豆和毛皮运到南方。早年一位英国观察家曾经计算过,19世纪40年代长江口上海港的货物吨数超过伦敦港,而当时伦敦已是西方贸易的中心。[①]根据麦迪森的考证,1700年到1820年,中国的GDP不但排名世界第一,在世界经济构成中的比例也从22.3%上升到32.9%。与此同时,中国的人口总量从占世界总量的22.9%上升到36.6%。[②] 可以说,直至19世纪初,中国仍然是世界上综合国力最强大的国家,但这一切,毕竟只是最后的辉煌罢了。

而此时的英国正在冉冉升起。在从农业文明向工业文明转变的过程中,英国不仅迅速超过了远东的中国,也超过了欧洲大陆诸国,率先取得了实质性的突破和进展。虽然直到16—17世纪,英国还是一个封建农业国,但18世纪下半叶,具有划时代意义的工业革命在这个国家首先发生。工业革命始于毛纺织业,进而扩及丝纺织业和棉纺织业,然后又迅速扩及交通、采矿、冶金、制造等各个工业部门,工业迅速超越了农业的经济地位,英国由此成为世界上第一个工业化国家。有资料表明:到1860年,英国的人口虽然仅占世界人口的2%,但英国钢铁产量占全球产量的53%,煤产量占全球产量的50%,棉产量占全球产量的近一半,贸易量占全球贸易量的20%,拥有全球1/3的船舶和40%—45%的工业能力,成为名副其实的"世界工厂"。[③] 马克思和恩格斯在他们生活的时代亲眼目睹了工业革命所带来的生产力的巨大进步和跨越式的发展。在《共产党宣言》中,他们发出了这样的感慨:"资产阶级在它的不到一百年的阶级统治中所创造的生产力,比过去一切世代创造的全部生产力还

① 参见[美]费正清《伟大的中国革命(1800—1985)》,刘尊棋译,世界知识出版社2000年版,第59页。
② 转引自戴旭《疯狂追求GDP:中国战略产业全面空心化》,载《中国与世界观察》2010年第1期。
③ 参见韩民青《从宇宙观、人类观到发展观》,山东人民出版社2007年版,第164页。

要多，还要大。自然力的征服，机器的采用，化学在工业和农业中的应用，轮船的行使，铁路的通行，电报的使用，整个整个大陆的开垦，河川的通航，仿佛用法术从地下呼唤出来的大量人口，——过去哪一个世纪料想到在社会劳动里蕴藏有这样的生产力呢？"[1]

从社会形态的视角看，与工业化相伴相随的是资本主义对封建社会的全面替代。马克思和恩格斯在思考西方资本主义的起源问题时，深入分析了西欧封建社会内部存在的一种相当特殊的历史现象。这个特殊的历史现象是，西欧城市及其商业始终游离于封建体制之外，与封建体制相分离。具体表现为：在经济上，城市及其商业在很大程度上没有纳入封建庄园的经济体系之中，同时，城市自身还具有征税以及独立于封建领地之外的财政管理系统；在政治上，城市是一种相对自治的单位，具有自己独立的司法权和自己独特的价值观念，并不存在封主与封臣的关系。在马克思看来，"城市和乡村的分离还可以看作是资本和地产的分离，看作是资本不依赖于地产而存在和发展的开始，也就是仅仅以劳动和交换为基础的所有制的开始。"[2]城市之间彼此建立了联系，新的劳动工具从一个城市运往另一个城市，生产和交往间的分工随即引起了各城市间在生产上的新的分工，最初的地域局限性开始逐渐消失。"不同城市之间的分工的直接结果就是工场手工业的产生，即超出行会制度范围的生产部门的产生。"[3]

马克思还观察到，在 17 世纪中叶至 18 世纪末，"商业和工场手工业不可阻挡地集中于一个国家——英国。这种集中逐渐地给这个国家创造了相对的世界市场，因而也造成了对这个国家的工场手工业产品的需求，这种需求是旧的工业生产力所不能满足的。这种超过了生产力的需求正是引起中世纪以来私有制发展的第三个时期的动力，它产生了大工

---

①《马克思恩格斯选集》第 1 卷，人民出版社 1995 年版，第 277 页。
② 同上书第 1 卷，第 105 页。
③ 同上书第 1 卷，第 108 页。

业——把自然力用于工业目的,采用机器生产以及实行最广泛的分工。"①正如有学者所揭示的,对于资本主义在封建社会内部发展来说,正是与封建采邑的自给自足体系并存的城市自治体系及其发展,成为最具有决定意义的方面,成为孕育资本主义产生和发展的"母胎"。②

在生产关系的革命和工业革命的关系上,是生产关系的革命推动了工业革命的产生和发展而不是相反。恰是资本主义生产关系的诞生,构成工业革命发生的关键因素。换言之,没有生产关系领域的这一重大变化,工业革命就是一种侈谈。马克思深入考察了人类社会由前资本主义社会形态向资本主义社会形态转变过程的具体机制,他指出:"仅仅有了货币财富,甚至它取得某种统治地位,还不足以使它转化为资本。否则,古代罗马,拜占庭等就会以自由劳动和资本来结束自己的历史了……在那里,旧的所有制关系的解体,也是与货币财富——商业——等的发展相联系的。但是,这种解体事实上不是导致工业的发展,而是导致乡村对城市的统治。"③反过来,工业革命进一步推动了资本主义生产关系的发展和封建生产关系的消亡,两者之间形成了一种良性互动的关系。正如有学者指出的:"从世界历史的角度上看,西欧工业革命的逻辑结果首先是西欧封建主义制度的彻底瓦解、作为制度的资本主义在世界历史范围内的最终确立;但另一方面,资本主义因素和作为制度的资本主义的一定程度的发展又是工业革命由以产生的'世界历史条件'系统中的主导条件,也是贯穿其中的主线。"④

资本主义历史时代的来临加速了人类发展的历史进程。资本主义不仅促进了生产力的巨大发展,而且在空间上开创了世界历史。在历史向世界历史转变的过程中,东方和西方的交往程度也迅速提升,超过了此前的任何一个历史时期。马克思在两篇重要论著中描述了这一现象。

①《马克思恩格斯选集》第1卷,人民出版社1995年版,第113页。
② 参见叶险明《"知识经济"批判》,人民出版社2007年版,第310页。
③《马克思恩格斯全集》第46卷(上),人民出版社1979年版,第509页。
④ 叶险明:《"知识经济"批判》,人民出版社2007年版,第308—309页。

在《德意志意识形态》中，马克思和恩格斯指出：资本主义"大工业创造了交通工具和现代的世界市场，控制了商业，把所有的资本都变为工业资本，从而使流通加速（货币制度得到发展）、资本集中。""它首次开创了世界历史，因为它使每个文明国家以及这些国家中的每一个人的需要的满足都依赖于整个世界，因为它消灭了各国以往自然形成的闭关自守的状态。"①在《共产党宣言》中，马克思和恩格斯进一步指出："不断扩大产品销路的需要，驱使资产阶级奔走于全球各地。它必须到处落户，到处开发，到处建立联系。""资产阶级，由于开拓了世界市场，使一切国家的生产和消费都成为世界性的了。""过去那种地方的和民族的自给自足和闭关自守状态，被各民族的各方面的互相往来和各方面的互相依赖所代替了。""资产阶级，由于一切生产工具的迅速改进，由于交通的极其便利，把一切民族甚至最野蛮的民族都卷到文明中来了。"②

全球交往的广度和深度的扩大，是资本向外拓展的特性作用下的结果，这一特性由资本追逐利润这一本性所决定。马克思指出："以资本为基础的生产，其条件是创造一个不断扩大的流通范围，不管是直接扩大这个范围，还是在这个范围内把更多的地点创造为生产地点。"③"资本一方面要力求摧毁交往即交换的一切地方限制，夺得整个地球作为它的市场，另一方面，它又力求用时间去消灭空间，就是说，把商品从一个地方转移到另一个地方所花费的时间缩减到最低限度。资本越发展，从而资本借以流通的市场，构成资本空间流通道路的市场越扩大，资本同时也就越是力求在空间上更加扩大市场，力求用时间去更多地消灭空间。"④

整个世界因由西方资本的全球扩张逐步联结成一个整体，这是人类发展史的一个崭新的现象。以全球视野审视此时的中国，这个东方大国已经明显处于了相对弱势。与挣脱封建藩篱后跃跃欲升的西方相比，中

①《马克思恩格斯选集》第1卷，人民出版社1995年版，第114页。
②同上书第1卷，第276页。
③《马克思恩格斯全集》第46卷（上），人民出版社1983年版，第390页。
④同上书第46卷（上），第33页。

国这个曾孕育了中华文明的东方大国,在西欧各国相继向资本主义挺进时,放慢了前行的步伐,落在了时代的后面。

对于这一问题,只有借助唯物史观的理论和方法才能得到科学的说明。遵循这一理论和方法,所有制因素应纳入分析的框架之中。任何发展都不可能脱离一定的社会结构。社会结构的条件直接决定了发展的性质和水平。"如果把社会发展或现代化作为一种功能体现的话,那么,这种功能的发挥必须有赖于能够产生这种功能的结构的确立。所谓发展的差异,不过是不同社会结构的具体表征或功能体现"[1]。美国经济史学家道格拉斯·诺思和罗伯特·托马斯也认为,社会发展的关键在于"制度因素"。其中,财产关系的作用最为突出。一个客观的事实是,无论是封建庄园制度的兴起和衰落,还是近代产业革命的发生,都与私人财产地位的变革有直接关系。私有权不确定,私人经营的产业及其收入没有合法保障,对个人经营的刺激没有制度上的保障,近代工业和近代商品经济就发展不起来。这里所讲的财产关系和所有权关系,其基础就是生产资料所有制关系。[2]

生产关系变革的相对落后,是导致中国在同一时期相对落后的根本原因。资本主义生产关系之所以在西方和中国获得了不同的历史命运,主要是因为,繁育这一生产关系的社会土壤存在着明显的差异。与西欧城市的特殊功能所不同的是,在整个封建社会时期,中国的城市始终保持着作为官僚政治中心—军事堡垒的基本属性,在经济上始终依赖于农村。这样,城市和乡村之间的关系不像西欧是相对独立的而是相互联结的,城市从来未曾脱离当时的社会经济政治体系,没有演化成一种体制外的存在,而始终是一种体制内的力量。在传统的中国社会经济生活中,手工业和商业虽然也有一定的发展,但这种一定程度上的分化不仅没有成长为变革传统社会结构的破坏性力量,反而成为自给自足的自然

---

[1] 丰子义:《发展的反思与探索——马克思社会发展理论的当代阐释》,中国人民大学出版社 2006 年版,第 224 页。

[2] 参见叶险明《"知识经济"批判》,人民出版社 2007 年版,第 313—314 页。

经济的有益补充,从而进一步稳固了封建生产关系。没有自给自足的自然经济的解体,传统的社会结构就能够始终保持再生的能力,近代工业文明就不可能产生和发展起来。

正如侯外庐在分析这一历史现象时所指出的:"从 16 世纪以来,中国的历史没有如欧洲那样走向资本主义社会,关键在于旧的生产方式以及旧的思想影响太深,新的因素十分微弱。"清王朝是一个高度中央集权的封建专制主义政权。为了维持固有的统治秩序,清朝统治阶级采取了一系列强化封建专制主义的政策,在政治上,以天朝上国自居,将其他国家视为"朝贡"国,以"朝贡"仪式处理国与国的关系;在经济上,将对外贸易的时间、地点和次数都作严格规定,力求将对外贸易纳入"朝贡"的框架之中。闭关锁国的政策导致中国与西方在经济和科技上的差距越来越大。这一系列政策措施扼制了资本主义萌芽的发展。因此,虽然 18 世纪中国社会经济有所恢复和发展,随之资本主义萌芽也有了一定的发展,"但它仍是难产的"。① 这就是在西方与东方碰撞之前中国相对落后的根本原因。

二、影响近代中国社会形态变化的关键因素

东方和西方在近代历史上第一次碰撞就构成了对立的存在。近代中国史是以鸦片战争的爆发为起点的,这是国内外学术界的普遍共识。正如费正清所言,"无论在 19 世纪侵略中国的西方列强思想中,还是在那场侵略的最后阶段出现的马克思主义革命者的思想中,中国近代史都是从 1840 年鸦片战争开始的。"②

对于近代中国而言,战争的意义被赋予了特殊的解读,并构成理解近代中国史的一个重要线索。卢森堡曾用战争对 19 世纪中国的近代史做了一个完整的勾勒。她指出:"中国近代历史,就是一个与不发达社会

---

① 参见侯外庐《我对中国社会史的研究》,载《历史研究》1984 年第 3 期。
② [美]费正清:《伟大的中国革命(1800—1985)》,刘尊棋译,世界知识出版社 2000 年版,第 58 页。

进行所谓'温和的','爱好和平的'商品交换的典型例子。中国近代史,从四十年代早期开始,在整个十九世纪内,是以战争来分段落的,而这些战争的目的就是用野蛮的武力来开辟通商关系。传教士激起了对基督教徒的迫害,欧洲人挑拨了暴动,而在周期战争引起的血腥屠杀中,毫无准备的和平农民,被迫和欧洲列强最新式的战争技术相周旋。沉重的军费造成了国债,中国于是接受欧洲借款,结果欧洲人控制了中国的财政,占领了中国的要塞;自由港口被强制开放,修筑铁路权被迫让渡给欧洲资本家们。通过这一切,商品交换从上世纪四十年代初起到中国革命爆发为止,在中国得到了发展。"①在卢森堡看来,鸦片战争之所以作为中国历史划界的标尺,是因为它是一个关涉政治、经济、文化的整体,欧洲资本主义国家的胜利本质上是欧洲资本主义社会形态对中国封建主义社会形态的胜利。因此,这场真正的结果必然摧毁中国封建的自然经济,迫使中国接受西方的商品经济和现代政治、文化。鸦片战争正是在这个意义上被称为中国近代史的开端。②

鸦片战争并不构成中国近代史划界的内在根据,只是一个具有象征意义的标尺。这是因为,从世界历史的角度看,正是鸦片战争使中国社会的封建制度第一次遭受西方资本主义强有力的冲击,并以此为起点,逐渐影响和改变了中国的社会形态。③ 鸦片战争的标志性意义在于:一方面,以此为起点,西方资本主义对中国的入侵伴随着中国封建经济的解体过程,正如马克思所指出的:"所有这些同时影响着中国的财政、社会风尚、工业和政治结构的破坏性因素,到1840年在英国大炮的轰击之下得到了充分的发展;英国的大炮破坏了皇帝的权威,迫使天朝帝国与

---

① [德]R.卢森堡:《资本积累论》,彭坐舜、吴纪先译,三联书店1959年版,第307页。

② 参见何萍《罗莎·卢森堡的〈资本积累论〉与中国》,载《马克思主义研究》2005年第6期。

③ 准确地说,1840年的鸦片战争后的20年时间里,中国的经济结构还没有发生显著的变化。19世纪60年代,随着西方资本主义国家在中国投资兴办企业活动中国引进外国的机器和技术,中国传统的自给自足的自然经济在整体上已经初步解体,中国社会从整体上开始向资本主义阶段过渡。中国封建社会的终点不是1840年,而是19世纪60年代。参见李延明《在历史的序列中》,中国人民大学出版社1989年版,第202—203页。

地上的世界接触。与外界完全隔绝曾是保存旧中国的首要条件,而当这种隔绝状态通过英国而为暴力所打破的时候,接踵而来的必然是解体的过程,正如小心保存在密闭棺材里的木乃伊一接触新鲜空气便必然要解体一样。"①另一方面,近代中国也由此丧失了成为一个独立的资本主义国家的可能性,中国社会的发展方向发生了重大转变。胡绳认为,鸦片战争前,中国社会内部已经酝酿着新的变化,即在经济上已经出现了以手工业工场为代表的资本主义生产关系的萌芽,在政治上也出现了对封建专制主义传统的怀疑和抗议。"如果没有外国资本主义的影响,中国也将缓慢地发展到资本主义社会。"然而,恰恰也是这个因素造成了中国难以变成资本主义国家,并丧失了成为一个独立的资本主义国家的可能性。"以炮舰政策为前驱的西方资本主义侵略势力的到来,严重地影响了中国社会变化的方向。"②由此,两者的碰撞反映为毛泽东所概括描述的矛盾状况:外国资本主义的入侵,一方面对中国封建经济的基础起了解体的作用,同时又给中国资本主义生产的发展造成了某些客观的条件和可能;另一方面,帝国主义勾结中国封建势力压迫中国资本主义的发展。③

　　正如有学者所指出的,近代中国是被动地卷入世界资本主义体系之中的。"资本主义世界体系在全球的扩张,终于导致了十九世纪中叶鸦片战争的爆发,把中国卷入了该体系之中,确定了中国在整个世界政治、经济格局中的弱小和不发达地位。"④中国之所以没有成长为一个资本主义国家,问题主要出在外国列强的资本主义、帝国主义。它们侵略了中

①《马克思恩格斯选集》第1卷,人民出版社1995年版,第692页。
② 胡绳:《马克思主义与改革开放》,中国社会科学出版社2000年版,第41页。
③ 卢森堡从现代化的视角也注意到了这一矛盾状况的存在。她指出,鸦片战争,一方面破坏了中国封建的政治结构和自然经济结构,迫使中国向西方开放,走上现代化道路;另一方面,又使中国丧失了部分主权,沦为半殖民地半封建社会,在经济、政治和意识形态各个层面上阻止了中国的现代化,使中国难以现代化。参见何萍《罗莎·卢森堡的〈资本积累论〉与中国》,载《马克思主义研究》2005年第6期。
④ 傅衣凌:《中国传统社会:多元的结构》,载《中国社会经济史研究》1988年第3期。

国,在不平等条约下取得了特殊权利,剥削了中国的市场和资源,压制了中国资本主义的成长。将鸦片战争作为中国近代史的起点,其实已经清楚地表明,不是内因而是外因构成影响近代中国社会形态变化,逐渐沦为半殖民地半封建国家的关键因素。这一结论,是在马克思的世界历史思想和方法指导下得出的。鸦片战争是资本主义本性的显现,是资本全球扩张的必然产物。西方和东方的第一次遭遇,不是以西方友好地传送资本主义文明的成果为根本目的的,而是以西方试图变东方为西方的殖民地以便构成"中心和外围"的版图为其根本目的的。殖民化与资本主义化"两者相较,无疑殖民化居于主要地位,而资本主义化居于次要地位"①。由资本主义的固有本性所决定,不可能所有民族都成为具有独立主权的资本主义国家。因为任何资本主义国家的存在,都必须以某些非资本主义落后民族的存在作为自己的国际生存条件,否则,资本主义就不成其为资本主义。"正是某些国家资本主义的高度发展,堵死了像中国这样的落后国家通向资本主义的道路。"②

然而,对于这一问题,争论旷日持久,延续至今。在构成影响近代中国社会形态变化的因素中,研究者们都承认西方侵略的外部因素和清王朝改革的内部因素的客观存在,根本的分歧并不在于此。根本的分歧在于这两个方面究竟哪一个因素为主要方面,哪一个因素为次要方面。

与外因说相对立的是"问题主要出在国内"的内因说。持内因说的学者认为,虽然外部因素发挥了作用,但问题主要出在了内部。在费正清看来,外因说是马克思列宁主义的观点,"马克思列宁主义主张的说法会逐渐失去凭借,但是没有人能否认它在许多重要方面的说服力。"③他认为,1860年开始的40年里,中国耽误了时机,进步迟缓,最终变成了

---

① 张天:《论19世纪亚洲的殖民化与资本主义化》,载《社会科学战线》1992年第1期。
② 刘奔:《唯物史观不是超历史的"一般历史哲学"——一个重要的方法论问题》,载《哲学研究》1987年第5期。
③ 参见[美]费正清《伟大的中国革命(1800—1985)》,刘尊棋译,世界知识出版社2000年版,第130页。

"一只在更大的外国侵略面前坐以待毙的鸭子"。在他看来,日本在终止了它的闭关锁国政策,巧妙地开始西化,废除了不平等条约,向一个世界强国努力的时候,中国并没有这样做。有的学者认为,中国耽误的时机不仅仅指费正清认为的第二次鸦片战争以后的 40 年,两次鸦片战争之间有近 20 年的时间,这 20 年是中国学习外国、改革图强的一个机会,但清朝统治者没有抓住这个机遇,不思进取、无所作为,没有进行任何改革,白白浪费了 20 年时间。① 美国学者 M. B. 詹森(Jansen)虽然指出"西方的侵扰构成了 19 世纪中国历史的最重要成分"②,并也注意到了如下这种相互矛盾的状况:19 世纪的国际环境虽然给中国带来了挑战、刺激和榜样,但也带来了劣势和屈辱。国际秩序为中国展示了诸种手段,却又阻止中国使用这些手段;它对中国提出了挑战,却又限制并破坏中国起来应对这种挑战。但是,他坚持认为,中国的国际体系和世界观就其本身的强度和耐力来说是无与伦比的,但其内部并不存在能使中国应付得了现代世纪挑战的重大力量源泉。问题的核心还在中国国内。③

在一些学者看来,无论对于现代化的先行者还是对于后来者而言,现代化过程实质上都是一种国内转变。在此过程中,殖民统治的影响是很重要的,但也是有限的。总的来说,它既有积极的方面,也有消极的方面。认为"后发展国家和地区(殖民地、半殖民地)改变不发达状况,改变被动局面的唯一道路,是向西方列强学习,实现社会生活的全面现代化。成败的关键在国内的改革"的观点,是内因说的正宗版本。

对上述观点需要具体分析。费正清认为:"在中国经济中资本主义没有兴起,本来是早在鸦片战争和帝国主义时代以前很久的事了。"④在他看来,一个原因是巨大的人力供应,使机器成为不必要;另一个原因是

---

① 参见白皋《中日近代改革之比较》,载《宁夏日报》2007 年 3 月 7 日。
② [美]吉尔伯特·罗兹曼主编:《中国的现代化》,国家社会科学基金"比较现代化"课题组译,江苏人民出版社 2003 年版,第 30 页。
③ 参见同上书,第 40 页。
④ [美]费正清:《伟大的中国革命(1800—1985)》,刘尊棋译,世界知识出版社 2000 年版,第 60 页。

当时几乎没有资本积累和信贷办法为投资之用。其言外之意在于，中国资本主义没有兴起与西方资本主义的入侵是风马牛不相及的事情。这是一个首先需要加以辩驳的观点。中国确实有资本主义萌芽，中国的资本主义也确实没有兴起，这已经是中国史学界基本认可的两个客观事实。费正清的这一论断虽然承认了后一个客观事实，但通过否定前一个事实作为论证后一个事实的根据，显然就有失公允了。

问题出在内部的一个重要根据来源于中日之间的比较。其实，将中国和日本放在一起加以比较，以两国不同的历史命运论证内因说的正确性是一种似是而非的判断。这主要是因为，在西方殖民者看来，中国和日本的意义是不同的。M. B. 詹森认识到，中日两国各自承受的外来影响之意向和强度有所区别。"西方在日本的冀望和意图始终是有限的，不像在中国。日本只是一个顺手牵羊的问题。对欧洲列强来说，日本地处中国的那边，是次要对象；对美国来说，日本也只是处在通向中国的道路上。没有人指望通过开放日本来取得什么了不起的金融或贸易利益。在那里能捞到的油水决不可以与中国通过鸦片交换茶叶或白银所形成的商业利润相比。"进一步而言，"对西方列强来说，它们在向中国进击时如能有一个东亚同谋者，那将是很有用处的，而对日本人来说，'加入'西方行列则是十分可取的。"① 可见，日本和中国各自所承受的西方殖民的压力和强度不可相提并论，仅仅强调日本主动变革的有效反应并不能作为支撑内因说的有力依据。

历史的事实是，西方的入侵严重抑制了中国民族资本主义的发展。在半殖民地半封建的中国，民族资本"一面是在国际帝国主义的卵翼下得到相当的发展，同时又受国际帝国主义的政治力经济力所笼罩所支配，绝没有在它们的掌握中翻过筋斗的可能"② 。20 世纪 30 年代，上海棉纺织业资本家等发出了这样的呼号："究竟中国纱厂的致命伤是什

---

① ［美］吉尔伯特·罗兹曼主编：《中国的现代化》，国家社会科学基金"比较现代化"课题组译，江苏人民出版社 2003 年版，第 36 页。
② 《李达文集》第 1 卷，人民出版社 1980 年版，第 394 页。

么?"他们自己回答道:"痛痛快快地说,中国纱厂的唯一致命伤,在于帝国主义对中国的压迫。""中国纱厂一业的复兴与繁荣,必然在现状变化以后"①。据统计,中国近代工业在工农业总产值中所占的比重:1920年为4.9%,1936年为10.8%,1949年为17%。这个数字充分表明,中国资本主义的发展是艰难的、缓慢的。②

　　当然,将外因视为中国资本主义难以兴起的关键因素,并不意味着为清朝统治者开脱责任。毫无疑问,清王朝的改革作为内因确实是一种影响中国社会形态变化的重要因素。中国的资本主义命运坎坷,清朝的专制统治难辞其咎。在对待资本主义的态度上,日本政府与清王朝的区别是显而易见的。对于资本主义生产方式在欧洲所创造的奇迹,日本政府的高层领导人表示"令我等吃惊",为了能在最短的时间里实现"富国强兵"的战略目标,日本对西方制度几乎是采取了全面学习和借鉴的政策。洋务运动虽然可以视为清王朝自强的一次努力,但"中学为体、西学为用"的宗旨表明封建统治阶级仍然缺乏彻底的革新意识和精神。

　　西方资本主义的入侵而不是清王朝的所为构成中国屈辱地走向半殖民地半封建社会深渊的主要原因,这一认识是否违反了马克思主义的辩证法呢? 回答恰恰相反,这是历史辩证法的正确运用必然得出的结论。意大利马克思主义者安·拉布里奥拉正确地指出:"整个历史,除了非常古老的和我们所不知道的时期的历史以外,是在不同部落和共同体之间,然后是在不同民族和不同国家之间的接触和冲突的基础上发展的;换言之,那些对某个社会内部矛盾起决定作用的原因,由于同外部世界的冲突而总是愈来愈复杂。……例如内部困难常常促使某个社会或国家参加外部冲突;有时则相反,外部冲突影响着内部关系的改变。"③这一重要论述,为分析影响近代中国社会形态变化的关键因素提供了科学的方法论指导。在历史转变为世界历史的条件下,内部状况的变化已经

①《申报月刊》第4卷第2期。
② 龚书铎:《历史不能任意涂抹》,载《高校理论战线》2006年第4期。
③ [意]拉布里奥拉:《关于历史唯物主义》,杨启燧等译,人民出版社1984年版,第111页。

不可避免地受到了外部条件的影响,内部条件和外部条件之间的联系增强。正如有学者指出的:"如果说,在近代以前中国与世界基本隔绝的情况下,中国以外的世界历史环境对于中国来说基本上是一种典型外因的话,那么,自资本主义开创世界历史以来,中国与世界的关系就不仅仅是一种游离关系,而是一种渗透关系"[①]。在这种条件下,如果简单地搬用唯物辩证法的内外因关系原理,那么最终只能与真理失之交臂。

三、半封建半殖民地:近代中国的社会形态

中国的近代史,是中国从一个独立的封建国家一步一步地沦为一个半殖民地半封建国家的历史。1911 年爆发的辛亥革命也没有从根本上改变中国社会的性质。作为资本主义和封建主义相结合的一种社会形态的变种,近代中国的半封建半殖民地社会并不是一种独立的社会形态。所谓半殖民地,指的是形式上独立,实际上在政治、经济、军事各方面都受别的国家控制的国家或地区。这个概念所反映的并不是社会经济形态,也不反映社会发展阶段。[②] 之所以在社会形态的意义上使用这个概念,正如刘大年所指出的:"半殖民地指民族不独立,国家领土主权遭到破坏,重点讲的对外一面;半封建指长期的封建制度开始崩溃,但没有成为独立的资本主义,重点讲的对内一面。""中国社会历史要前进,必须反帝反封建,取得民族解放独立,打开走向近代化的道路,认定中国近代社会是半殖民地半封建社会,就是指出这个历史真理,这就是它的意义。"[③]

1. 生产和生产力状况

1840 年第一次鸦片战争后,在生产力方面,手工工具仍然是中国农

---

① 丰子义:《走向现实的社会历史哲学——马克思社会历史理论的当代价值》,武汉大学出版社 2010 年版,第 417 页。
② 参见李延明《在历史的序列中》,中国人民大学出版社 1989 年版,第 201 页。
③《刘大年集》,中国社会科学出版社 2000 年版,第 9 页。

民主要的劳动资料。1860 年第二次鸦片战争后,中国的广大农村虽然仍然处于手工工具阶段,但随着西方资本在华投资设厂和清朝政府洋务运动的开展,在沿海和内地铁路沿线等交通便利地区开始进入了近代机器和手工工具并用的阶段。到第一次世界大战期间,中国的纺织工业、食品工业、化学工业等轻工业和钢铁工业、机械工业、电力工业和水泥工业等重工业逐步发展起来,生产力水平有了显著提高。火车、汽车、轮船、邮政、电报等近代交通和通信工具在辛亥革命后得到发展,在一些地区,它们已经取代了中国数千年依靠"帆船驴马"进行运输和通信的传统方式,这是中国交通史上的一次重大变革,有力地促进了资本主义经济的发展。国民党统治时期,尽管近代机器工业有了一定发展,但从整体上而言,与西方资本主义国家相比,工业布局、工业结构等很不合理,工业发展水平仍然较低。从工业布局看,近代机器工业绝大部分集中在沿海、沿江及东北等地,内地很少,甚至没有。中国最发达的棉纺织业,1918 年全国纱锭的 80.3% 集中在江苏和上海,其中上海一地占 61.8%,而西康、新疆,甚至云、贵、川、陕等地则是空白。① 1933 年,雇佣工人 30 人以上的工业企业(包括少数官僚资本企业)中,纺织业占职工总人数的 51%,占全部生产总值的 41.4%;食品工业占职工总人数的 6.7%,占生产总值的 24.6%。机器制造业,含车船和机器修理,还占不到生产总值的 1.8%,钢铁冶炼只占 0.2%。②

　　近代中国生产力水平低下的特征在农业生产上得到了集中体现。据统计,1912 年到 1927 年,历年进口的农业机器价值仅 700 多万海关两,拖拉机的使用仅限于少数农垦公司,多数农民使用的生产工具仍然是数千年来未曾变更过的犁、锄和耙等,不少农民甚至连牲畜和传统生产工具都未能齐备。北洋军阀统治时期,农民经营 1 亩棉花,要用人工 140 小时,而美国农民生产 1 亩棉花仅用 18 小时,相差 7.8 倍。中国农

---

① 参见张静如等主编《中国现代社会史》,湖南人民出版社 2004 年版,第 31 页。
② 参见严中平等编《中国近代经济史统计资料选辑》,科学出版社 1955 年版,第 105 页。

民每小时生产的粮食为小麦 1.6 公斤、高粱 1.6 公斤、谷子 2.2 公斤或大豆 1.3 公斤;而美国农民每小时生产的粮食分别为小麦 39.4 公斤、高粱 28.6 公斤、谷子 18.7 公斤或大豆 8.2 公斤,分别为中国的 24.6 倍、17.9 倍、8.5 倍和 6.3 倍。[①] 1949 年新中国成立前夕,农业基本上仍是以手工个体劳动为主的传统农业。拖拉机总数仅 300—400 台,劳动生产率极其低下。全国平均亩产量,粮食为 127 斤,棉花为 22 斤;人均占有粮食 418 斤,棉花 1.6 斤,油料 8.6 斤,生猪 0.11 头,水产品 1.7 斤。全国 80% 以上的人口从事农业生产,每年却需要进口大量粮食和棉花。[②]

战争对近代中国的生产力造成的极大破坏,是影响近代中国生产力发展的一个重要原因。其中,1931 年至 1945 年日本军国主义发动的侵华战争对中国经济的摧残尤为惨烈。据不完全统计,中国死伤人数 3500 万。按 1937 年的比值计算,日本侵略者给中国造成的直接经济损失 1000 亿美元,间接经济损失 5000 亿美元。其中,农村生产力遭受的破坏极其严重。1949 年,全国牲畜比战前减少了 1/3,主要农具减少了 30%。农村劳动力明显减少,仅华北地区就比战前减少了 1/3。农田水利设施不仅年久失修,而且大量河堤被毁,加重了各种灾害尤其是水灾对农业造成的损失。1949 年,全国被淹耕地达 1.22 亿亩,灾民 4000 万人,减产粮食 100 亿斤以上。[③]

2. 生产关系

第一次鸦片战争以后的 20 年时间中,中国仍然基本上是封建制的生产关系,存在着地主土地占有制、自耕农小土地占有制和封建国家土地占有制,其中,地主土地占全部耕地的 80% 以上。[④] 辛亥革命后,封建

[①] 参见张静如等主编《中国现代社会史》,湖南人民出版社 2004 年版,第 49 页。
[②] 参见吴承明、董志凯主编《中华人民共和国经济史》第 1 卷,中国财政经济出版社 2001 年版,第 52 页。
[③] 参见许涤新、吴承明主编《中国资本主义发展史》第 3 卷,人民出版社 1993 年版,第 606 页。
[④] 参见李延明《在历史的序列中》,中国人民大学出版社 1989 年版,第 202 页。

生产关系开始出现缓慢的变化，随着皇室政治地位的变化，其旧有的皇庄土地占有关系和主佃关系也在不断地发生变化，皇庄和旗地这种封建土地占有关系逐步走向崩溃。同时，各种各样的公有土地不断转入私人手中。据 1917 年至 1920 年的统计，吉林、黑龙江两省的官有土地由 43％减为27.9％，私有土地则由 50％增加到 63.5％。宗法关系的束缚被打破，土地买卖变得更加自由。在租佃关系上，永佃制开始崩溃。但是，直至1949 年新中国成立前，中国农业始终没有摆脱封建的租佃关系。

　　19 世纪 60 年代以后，随着外国资本、官僚资本以及民族资本陆续开设工矿企业，中国广大农村虽然仍然是封建制的生产关系占据主导地位，但是在使用机器的工厂中已经呈现出资本主义生产关系的面貌。随后，在生产关系结构中，民族资本主义的比重处于缓慢上升的态势。据不完全统计，1895 年至 1900 年间，全国各地新办的私人资本主义工矿企业，创办时资金在 1 万元以上的，共有 104 个。甲午战争后 6 年间创办的私人资本工厂，以厂数计，和战前 20 多年间差不多，但以投资总额计，则为 2.3 倍。[1] 在 1914 年至 1918 年第一次世界大战期间，由于西方主要帝国主义国家之间的战争，暂时放松了对中国的经济侵略，中国的民族资本主义经济在这个时期发展迅速。1914 年至 1919 年间，新设厂矿379 个，平均每年增设 63 个。[2] 1927 年至 1937 年间，民族工业在总体上也得到了很大的发展。但在整个资本主义经济中，外国资本占据了绝对主导地位。外国在华资本在中国资本总额中的比重：1894 年为 60.7％，1913 年为 80.3％，1920 年为 70.4％，1936 年为 78.4％。[3] 1936 年，外资大体控制了中国生铁产量的 95％，铁产量的 83％，机器产煤量的66％，发电量的 55％，即外资掌握了中国的主要资源和能源。[4] 中国民族资本始终处于帝国主义、封建主义和官僚资本的夹缝中，得不到充分

---

① 参见胡绳《从鸦片战争到五四运动》（简本），红旗出版社 1982 年版，第 348 页。
② 参见中共中央党史研究室编《中国共产党的七十年》，中共党史出版社 1991 年版，第 11 页。
③ 参见吴承明《中国资本主义发展述略》，载《中华学术论文集》，中华书局 1981 年版，第 337 页。
④ 参见张静如等主编《中国现代社会史》，湖南人民出版社 2004 年版，第 49 页。

发展,在整个经济结构中始终没有成为主导方面。

3. 交换关系

第一次鸦片战争后,虽然自给经济仍然占据着统治地位,但随着资本全球化的展开,中国的商品经济有所发展,主要表现在出口产品的增加上。第一次鸦片战争之后,外国商人从中国买去的主要商品仍然是茶和丝。1843 年(由广州一口)大致是 1300 多万斤,1855 年(由上海、广州、福州)是 8400 万斤。这 12 年间,增加了 5 倍多。丝的出口,1843 年不到 2000 包,1855 年 5.6 万多包。12 年增加了 20 多倍。英国在战前的 1836 年输入中国的除鸦片以外的货物总值是 130 万英镑。战后从 1843 年至 1855 年这 13 年中,只有少数年份超过 200 万英镑,其余都保持在 150 万镑左右,有的年份还低于 130 万镑。[1]

第二次鸦片战争以后,由于外国机制工业品的输入,以及中国资本主义机器工业的产生和发展,形成对中国手工产品的比较优势,导致中国的家庭手工业其中主要是家庭手工棉纺织业开始衰落,并且与农业分离。几千年男耕女织的小农经济结构在资本主义最先踏足的地方开始瓦解。同时,这一地区农业生产进一步商品化,资本主义性质的银行也出现了。这些事实表明,中国传统的自给自足的自然经济在整体上开始逐步解体。

随着西方资本扩张程度的加深,进口量不断增加。仅 1895 年到 1898 年 4 年间,商品输入超过输出 1.3 倍,平均每年入超 4700 多万两,总计入超近 1.9 亿两,中国许多地区的自给经济进一步面临崩溃瓦解的境地。[2] 由于中国幅员辽阔,在交通不便的地区,自给经济解体的速度较为缓慢,有些非常偏僻的地区,自给经济基本上没有发生任何变化。这种状况直到 1949 年新中国成立才开始发生根本性的改变。

---

① 参见胡绳《从鸦片战争到五四运动》(简本),红旗出版社 1982 年版,第 59 页。
② 参见同上书(简本),第 345 页。

4. 政治和意识形态

清朝是一个高度中央集权的封建专制主义政权,其政治制度基本上沿袭了明朝,设吏、户、礼、兵、刑、工六部。内阁由内阁大学士满、汉族各2人和协办大学士满、汉族各1人组成。雍正朝后,军机处实际上替代了内阁的地位。省一级的主要官员直至县官,都由中央政权直接选派。1911年的辛亥革命推翻了2000多年的封建君主专制制度,建立起了资产阶级共和制度。1912年的《修正中华民国临时政府大纲》完全仿效了美国总统制,是一个典型的总统制共和国制度,表明了在中国政治发展的历史进程中出现了资产阶级共和国的政治制度。但是,中华民国的成立并没有改变中国半殖民地半封建社会的性质,民主共和国的方案也没有成为包治中国百病的良药。在袁世凯的操纵下,1914年的《中华民国约法》的根本特征是总统独裁制,袁世凯独揽了一切大权,一度恢复帝制。北洋军阀统治时期,民主、共和沦为军阀、官僚和政客们争权夺利的工具。孙中山曾沉痛地说:"政治上、社会上种种黑暗腐败比前清更甚,人民困苦日甚一日。"[1]国民党统治时期,采取以党治国,把"党治"说成是中国政治社会组织的根本原则,实行一党专政。这一时期,政府的组织制度实行五权制度,即设行政、立法、司法、监察和考试五院。其中,行政院是国民政府的最高行政机关。

近代以来,清朝政权历行文化上的专制主义,用封建宗法观念和宗教迷信统治劳动人民。随着民族危机的逐步加深,中华民族先进分子救亡图存的观念逐渐增强。19世纪末,以康有为、梁启超为主要代表的维新派鼓吹变法,宣传资产阶级改良主义主张,和洋务派展开论战。20世纪初,以孙中山为主要代表的资产阶级革命派先后成立了华兴会和光复会等革命团体,宣传推翻清朝封建统治,以建立资产阶级民主共和国为最高理想。北洋军阀统治时期,是近代中国社会意识领域最活跃的时期

---

[1]《孙中山全集》第9卷,中华书局1986年版,第99页。

之一。民主主义、社会主义和保守主义等社会思潮相互激荡,中国现代社会科学进入萌芽和形成时期。"五四"以后,马克思列宁主义在中国迅速传播开来,各地涌现了一大批宣传马克思列宁主义的进步刊物,大量的马克思主义著作被翻译出版,并陆续出现了诸如李大钊在北京倡导的"马克思学说研究会"和陈独秀在上海倡导的"马克思主义研究会"等宣传和研究马克思主义的团体。抗日战争时期,全民族救亡图存的呼声达到了前所未有的新高度。中国社会民主意识日益深入发展,社会意识领域民主和专制的斗争异常激烈。抗战胜利后,民主自由的观念更为全社会所认识。

5. 阶级结构

第一次鸦片战争后,中国社会阶级结构逐渐发生了变化,其中一个突出的变化是工人阶级的产生和发展。中国工人阶级的产生早于中国的民族资产阶级。早在 19 世纪四五十年代,随着外国资本势力的入侵,一些穷苦劳动人民就开始成为直接受外国资本奴役的雇佣劳动者。后来,随着封建官僚举办军事工业和民用工业,以及初期民族资本工业企业的产生,到1894 年,中国工人阶级的总数已有近 10 万人。[1] 地区和行业集中是中国工人阶级的一个重要特征。现代工业主要集中在沿海及内地水陆交通线附近的少数大城市。据 1925 年上海总工会的调查,上海及其附近地区就集中了 100 万左右的工人,东北三省的几个大城市有工人 60 万,武汉有工人 40 万,仅这三个地区的工人就占全国工人总数的 2/3。1900 年至 1910 年间,根据对江苏、浙江、山东等 13 省的调查,雇佣 500 个工人的 156 家工厂集中了工人 240 395 人,约占当时工人总数的 20%。[2]

与之相对应的是民族资产阶级的产生和发展。就中国民族资产阶

---

① 参见胡绳《从鸦片战争到五四运动》(简本),红旗出版社 1982 年版,第 244 页。
② 参见汪敬虞编《中国近代工业史资料》第 2 辑(下),中华书局 1962 年版,第 1183 页。

级的社会来源而言,经济史家汪敬虞认为:"在中国资本主义发生时期,大量存在着买办资本向民族资本的转化。"①"在中国资本主义发展进程中,买办阶级部分成员转化为民族资产阶级,成了中国近代阶级关系中一个具有历史意义的现象"②。在1925年12月的《中国社会各阶级的分析》一文中,毛泽东将民族资产阶级称为中产阶级。一方面,他们在受外资打击、军阀压迫感觉痛苦时,需要革命,赞同反帝国主义反军阀的革命行动;另一方面,当革命有本国无产阶级的勇猛参加,在国外有国际无产阶级的积极援助,对于其欲达到大资产阶级地位的阶级的发展感觉到威胁时,他们又怀疑革命。在1939年12月的《中国革命和中国共产党》一文中,毛泽东进一步明确阐述了这一阶级的两重性:一方面,民族资产阶级受帝国主义的压迫,又受封建主义的束缚,所以他们同帝国主义和封建主义有矛盾;另一方面,由于他们同帝国主义和封建主义并未完全断绝经济上的联系,所以没有彻底的反帝反封建的勇气。

作为资产阶级一个组成部分的买办的出现,是适应帝国主义对华经济侵略的需要而产生的。随着西方资本的不断侵入,买办阶层人数迅速增加。1912年外国在华商行为2328家,1919年为8015家,1928年增加到12 293家。③ 毛泽东认为,地主阶级和买办阶级"代表中国最落后的和最反动的生产关系,阻碍中国生产力的发展","完全是国际资产阶级的附庸,其生存和发展,是附属于帝国主义的"。④ 特别是大地主阶级和大买办阶级,始终站在帝国主义一边。

地主阶级人数不多,大约占总人口的3%—5%,却拥有全国耕地面积的50%以上。全国耕地面积如果以16亿亩计,地主拥有的土地面积在8亿亩以上。⑤ 近代以来,地主阶级的内部结构也逐渐发生了变化,20

---

① 汪敬虞:《试论中国资产阶级的产生》,载《辛亥革命七十周年学术研讨会论文集》上册,中华书局1983年版,第229—230页。
② 严中平主编:《中国近代经济史(1840—1894)》下册,人民出版社1989年版,第1538页。
③ 参见张静如等主编《中国现代社会史》,湖南人民出版社2004年版,第235页。
④ 参见《毛泽东选集》第1卷,人民出版社1991年版,第3—4页。
⑤ 参见张静如等主编《中国现代社会史》,湖南人民出版社2004年版,第227页。

世纪初,地主阶级内部出现了军阀地主阶层。袁世凯在河南彰德、汲县、辉县等地有田 400 顷。徐世昌在辉县有 50 多顷地。曾任云南总督的罗山大地主刘楷堂,拥有土地 2.5 万亩。广西督军陆荣廷、谭浩明在得势的时候,他们拥有的土地占全道的 1/3。[①]

四、社会形态与现代化双重视野中的中国道路

关于民族或国家矛盾和社会形态矛盾之间的关系、关于民族独立和现代化之间的关系,以及关于社会主义与现代化之间的关系,是我们考察近代以来中国发展道路必须直面的重要课题。不依托关于这些课题的科学回答,就无从正确认识中国最终走上中国特色社会主义发展道路的历史必然性。

1. 民族或国家矛盾与社会形态矛盾

唯物史观提供的科学方法论在于,只有基于世界历史发展总的趋势,才能正确认识民族或国家间的矛盾及其发展。将民族或国家之间的矛盾放置在一定性质的世界历史的条件下进行分析,是对这一科学方法的基本遵循。因此,只有从关于资本全球化的研究出发,才能深化对资本主义世界历史时代民族或国家之间矛盾关系的认识,并获取关于这一矛盾关系的科学判断。一般而言,社会形态矛盾与民族或国家矛盾本不属于同一序列的范畴,恰是资本全球化这一历史条件不仅使得民族国家之间的矛盾趋于复杂化,而且还使得社会形态矛盾附加于民族国家矛盾之上并与之相互交织在一起,由此形成近代以来中国社会形态史研究中一个无法绕开的难题,正确把握两者之间的关系,必须求助于对于资本全球化的深入了解。更为重要的是,资本全球化的深入剖析,是讨论近代中国民族矛盾和社会形态矛盾之间关系问题必须首先获取的前提性

---

① 参见张静如等主编《中国现代社会史》,湖南人民出版社 2004 年版,第 225 页。

思想资源。离开这一思想资源,一切关涉近代以来中国道路的问题就可能完全以一种截然相反的回答出现。这就意味着,无论是对近代中国与西方国家之间矛盾的正确把握,还是对近代中国民族矛盾和社会形态矛盾之间关系的正确认识,都要基于对资本全球化的科学分析之上。

当马克思提出世界历史的概念时,资本全球化的历史进程已经在全球逐步展开。深入剖析这一历史现象,我们会发现资本全球化具有自觉性与不自觉性的双重特性。

资本全球化自觉性的一面主要体现在掠夺和榨取。在《不列颠在印度统治的未来结果》一文中,马克思一针见血地指出:"当我们把目光从资产阶级文明的故乡转向殖民地的时候,资产阶级文明的极端伪善和它的野蛮本性就赤裸裸地呈现在我们面前,它在故乡还装出一副体面的样子,而在殖民地它就丝毫不加掩饰了。"[1]他用辛辣的语言这样写道,美洲金银产地的发现,土著居民的被剿灭、被奴役和被埋葬于矿井,对东印度开始进行的征服和掠夺,非洲变成商业性地猎获黑人的场所,恰是这一切成为象征资本主义生产时代的曙光的标志物。[2] 对于西方资产阶级而言,殖民地的价值只是保障其销售市场和原料来源,促成资本主义国家大工业发展的重要手段而已。马克思鲜明地揭示了这一点。在他看来,对于印度,英国的贵族只是想征服它,金融寡头只是想掠夺它,工业巨头们只是想通过廉价销售商品来压垮它。"英国的工业巨头们之所以愿意在印度修筑铁路,完全是为了要降低他们的工厂所需要的棉花和其他原料的价格。"[3]

资本全球化不自觉性的一面主要体现在传播先进的生产方式。这虽然不是资本善良的本性,然而,在这方面,它确实充当了历史的不自觉的工具。同是在《不列颠在印度统治的未来结果》一文中,马克思指出:"英国在印度要完成双重的使命:一个是破坏的使命,即消灭旧的亚洲式

---

① 《马克思恩格斯选集》第 1 卷,人民出版社 1995 年版,第 772 页。
② 参见马克思《资本论》,人民出版社 1975 年版,第 819 页。
③ 《马克思恩格斯选集》第 1 卷,人民出版社 1995 年版,第 770 页。

的社会;另一个是重建的使命,即在亚洲为西方式的社会奠定物质基础。"①"一旦把机器应用于一个有铁有煤的国家的交通运输,你就无法阻止这个国家自己去制造这些机器了。"②"资产阶级历史时期负有为新世界创造物质基础的使命:一方面要造成以全人类互相依赖为基础的普遍交往,以及进行这种交往的工具,另一方面要发展人的生产力,把物质生产变成对自然力的科学统治。"③显然,在马克思看来,帝国主义在无意之中担当起了文明的使者。

资本全球化自觉性的一面也可表述为殖民化的一面,不自觉性的一面也可表述为资本主义化。从一定意义上可以认为,殖民化主要表现为民族或国家之间的矛盾,而资本主义化则主要表现为社会形态之间的矛盾。问题的关键在于,对于资本全球化而言,自觉性的一面是主要的方面还是不自觉性的一面是主要的方面,民族或国家矛盾和社会形态矛盾究竟何者为主要矛盾,这是当下马克思主义世界历史理论研究中需要深入思考的重大课题。因为,近些年来,有论者认为,资本主义当时是新兴的、进步的社会制度,而封建主义是死亡着的社会制度,早已腐败不堪一击。怎么能设想死亡着的封建主义能战胜新兴的、进步的资本主义呢?由此推及的结论是,近代中国的反侵略战争在形式上都是民族自卫的斗争,而在实质上,都是站在维护本民族封建传统的保守立场上,对世界资本主义历史趋势进行本能的反抗,是以落后对先进,保守对进步,封建闭关自守孤立的传统对世界资本主义"自由贸易"经济变革的抗拒。倘若将社会形态矛盾置于民族或国家矛盾之上,得出这样的结论就是自然而然的了。

强调以世界历史的眼光考察中国近代史的研究方法值得倡导,但在对待中国和西方之间矛盾关系的认识上无疑片面化了。倘若从社会形态角度审视的话,西方国家与中国之间的矛盾确实反映出了先进社会形态和落后社会形态之间的矛盾。正如马克思所言,西方资本全球扩张所

---

① 《马克思恩格斯选集》第1卷,人民出版社1995年版,第768页。
② 同上书第1卷,第770页。
③ 同上书第1卷,第773页。

产生的一个历史现象是，"使未开化和半开化的国家从属于文明的国家，使农民的民族从属于资产阶级的民族，使东方从属于西方"①。但是，如果只强调西方社会形态的先进性而轻易地否定近代中国的反侵略斗争的正当性，就未免过于武断。其实，这是一种似是而非的论断。一方面，中国和西方国家之间的社会形态矛盾是由民族或国家矛盾所引发的，近代中国所发生的中外战争，无一不是由帝国主义国家发动的，中国始终处于被动应战的状态。与民族国家之间的矛盾相比较，社会形态之间的矛盾对于双方来说都是一种"无意"的存在；另一方面，中国和西方国家之间民族矛盾的产生和发展并不是因由西方以文明的方式传播现代文明而引起的，每一次战争的爆发都是西方对东方的侵略和掠夺所致。基于以上两点分析，就自觉性与不自觉性的关系而言，自觉性的一面无疑是主要的。具体而言，在资本全球化的过程中，西方对东方的掠夺和剥削是主要的方面。毛泽东在指出外国资本主义的入侵"给中国资本主义生产的发展造成了某些客观的条件和可能"②的同时，一语道破了西方的目的："帝国主义侵略中国的目的，决不是要把封建的中国变成资本主义的中国。帝国主义列强的目的和这相反，它们是要把中国变成它们的半殖民地和殖民地。"③

在这个问题上，马克思有十分明确的立场："英国资产阶级将被迫在印度实行的一切，既不会使人民群众得到解放，也不会根本改善他们的社会状况，因为这两者不仅仅决定于生产力的发展，而且还决定于生产力是否归人民所有。"④这里所涉及的并不是如何正确认识历史尺度和价值尺度关系的问题，而是如何正确使用历史尺度的问题。西方资本全球化促进近代中国社会生产力的发展和社会文明水平的提高的方面与对中国资本主义的压制和排斥的方面相比，后者无疑居于主导性的方面，

---

① 《马克思恩格斯选集》第 1 卷，人民出版社 1995 年版，第 277 页。
② 《毛泽东选集》第 2 卷，人民出版社 1991 年版，第 626 页。
③ 同上书第 2 卷，第 628 页。
④ 《马克思恩格斯选集》第 1 卷，人民出版社 1995 年版，第 771 页。

近代中国历史发展的事实证明了这一点。

因此,既不能简单地把社会形态矛盾凌驾于民族或国家矛盾之上,更不能用社会形态的比较优势作为研究包括中国反侵略战争的正当性等问题在内的依据。需要进一步澄清的是,将反侵略战争说成是维护封建传统的保守立场,基于概念的偷换,即将因民族或国家矛盾引发的反侵略斗争性质的判定与社会形态之间的矛盾混为一谈。其实,反对帝国主义侵略,并不直接地推导出反对先进的资本主义生产方式以及对现代化的拒斥,也并不必然地推导出对落后保守的封建主义的维护。从根本上而言,两者之间不仅不存在着对立的关系,而且恰恰相反。两者之间存在着一致性,因为只有先解决民族或国家之间的矛盾,才有讨论解决社会形态之间矛盾问题的可能。在中国的先进分子那里,反帝和反封建始终是高度一致的,而且"不完成反帝国主义的任务,也不能完成反封建主义的任务"①。正如有学者指出的,东西方国家之间社会形态的矛盾不能消除和解决民族的矛盾,相反,东西方国家之间的社会形态矛盾的解决依赖于民族矛盾的解决,也可以说,民族矛盾的解决是调节东西方国家关系的杠杆。②

对于东方国家而言,将民族国家之间矛盾的解决作为第一要务,不仅不违反唯物史观关于人类社会历史发展的客观规律,而且恰恰是对这一规律的严格遵循。对于中国人民反抗西方殖民主义者的斗争,马克思从世界历史的高度出发始终对之予以高度的赞扬和称颂。马克思驳斥了殖民主义者所谓中国人民反抗外来势力不过是"野蛮民族的排外心理"的谬论。他指出,"不管引起这些起义的社会原因是什么,也不管这些原因是通过宗教的、王朝的还是民族的形式表现出来,推动了这次大爆发的毫无疑问是英国的大炮"③。革命发生的直接原因是"欧洲人的干涉,鸦片战争,鸦片战争所引起的现存政权的震动,白银的外流、外货输

① 胡绳:《马克思主义与改革开放》,中国社会科学出版社 2000 年版,第 23 页。
② 参见何萍《罗莎·卢森堡的〈资本积累论〉与中国》,载《马克思主义研究》2005 年第 6 期。
③《马克思恩格斯选集》第 1 卷,人民出版社 1995 年版,第 690—691 页。

入所引起的经济平衡的破坏,等等。看起来很奇怪的是,鸦片没有起催眠作用,反而起了惊醒作用"①。他还认为,欧洲人民下一次的起义"在更大程度上恐怕要取决于天朝帝国(欧洲的直接对立面)目前所发生的事件,而不是决定于现存其他任何政治原因,甚至不是决定于俄国的威胁及其带来的可能发生全欧战争的后果"②。在马克思看来,"中国革命将把火星抛到现今工业体系这个火药装得足而又足的地雷上,把酝酿已久的普遍危机引爆,这个普遍危机一扩展到国外,紧接而来的将是欧洲大陆的政治革命。"③列宁秉持了相同的立场。他指出,在帝国主义时代,殖民地和半殖民地方面"反对帝国主义大国的民族战争不仅是可能的和可能性很大,而且是不可避免的、进步的、革命的"④。

2. 民族独立与现代化

现代化是历史的趋势。基于唯物史观一般的理论逻辑,西方资本全球化不仅是东方国家社会变革的外部环境,而且也决定了东方国家社会变革的方向,因为东方国家社会变革的过程就是不断地把西方资本主义创造的那些具有人类文明的一般性的成果转化为自己的社会基础的过程。"它迫使一切民族——如果它们不想灭亡的话——采用资产阶级的生产方式"⑤。只有这样,东方国家才有可能实现自身的更新,达到与西方抗衡的水平,这是人类在广度和深度上发展的必然结果。基于上述结论,美国学者艾恺的观点是有道理的。他认为,"现代化一旦在某一国家和某一地区出现,其他国家或地区为了生存和自保,必然采取现代化之道……换言之,现代化本身具有一种侵略的能力,而针对这一侵略力量能做的最有效的自卫,则是以其矛攻其盾,尽快实现现代化"⑥。国内有

---

① 《马克思恩格斯全集》第15卷,人民出版社1963年版,第545页。
② 《马克思恩格斯选集》第1卷,人民出版社1995年版,第690页。
③ 同上书第1卷,第695页。
④ 《列宁选集》第2卷,人民出版社1995年版,第696页。
⑤ 《马克思恩格斯选集》第1卷,人民出版社1995年版,第276页。
⑥ [美]艾恺:《世界范围内的反现代化思潮:论文化守成主义》,贵州人民出版社1991年版,第3页。

学者据此认为,殖民地半殖民地改变被动局面的唯一道路,是向西方列强学习,实现社会生活的全面现代化。可问题在于,半殖民地半封建的中国能够在国家主权部分丧失的基础上成功实现现代化吗?

资产阶级国家和现代化是一致的。对于资产阶级国家,马克思明确指出,它是"新兴资产阶级社会当作自己争取摆脱封建制度的解放手段而开始缔造的;而成熟了的资产阶级社会最后却把它变成了资本奴役劳动的工具"[1]。马克思和恩格斯在《共产党宣言》中具体分析道,由于资产阶级日甚一日地消灭生产资料、财产和人口的分散状态,从而使人口密集起来,使生产资料集中起来,使财产聚集在少数人手中后,由此必然产生的结果就是政治的集中。"各自独立的、几乎只有同盟关系的、各有不同利益、不同法律、不同政府、不同关税的各个地区,现在已经结合为一个拥有统一的政府、统一的法律、统一的民族阶级利益和统一的关税的统一的民族。"[2]在他们看来,就现代国家即资产阶级国家而言,它不外是资产者为了在国内外相互保障各自的财产和利益所必然要采取的一种组织形式,所以,现代国家就是与这种现代私有制相适应的。布罗代尔精辟地指出,资本主义之成功,端在它与国家互为一体,它本身即成了国家。道理很是简单,一个简单的例证是,在资本的力量还相对弱小时,没有国家的支持和保护,不仅自身难以生长,也难以跨出国门。正是依托国家的强有力的支持,资本才实现了跨越千山万水、远涉重洋的梦想。

可见,一个独立的民族国家,是实现现代化的先决条件。在现代化的历史进程中,民族或国家一直是现代化的主要承载者。自工业革命以来,世界历史的发展充分表明,民族或国家在生产力发展中的主体作用日益凸显,没有民族或国家的生产力的发展,就没有世界生产力的发展。工业革命以来的全球交往所产生的激烈竞争也明白无误地说明,国家是其中的主体。[3] 这一原则对西方国家如此,对东方国家也是如此。列宁

①《马克思恩格斯选集》第 3 卷,人民出版社 1995 年版,第 55 页。
②《马克思恩格斯选集》第 1 卷,人民出版社 1995 年版,第 277 页。
③ 参见叶险明《"知识经济"批判》,人民出版社 2007 年版,第 334 页。

特别突出了民族国家的普遍意义,他指出,在全世界,资本主义彻底战胜封建主义的时代是同民族运动联系在一起的。"建立最能满足现代资本主义这些要求的民族国家,是一切民族运动的趋势(趋向)。最深刻的经济因素推动人们来实现这一点,因此民族国家对于整个西欧,甚至对于整个文明世界,都是资本主义时期典型的正常的国家形式。"①民族运动虽然是由西欧资产阶级发起的,但并不意味着这只是西欧资本主义国家的专利。对于东方而言,其发展资本主义和实现现代化的前提与西方并没有区别。美国学者 C. E. 布莱克就从一般性的角度分析指出,实现现代化要具备三个必需的条件,其中一个就是"创立一个民族国家,它拥有一个有效率的政府和合乎情理的舆论(它代表着人民要实现的目的以及实现目的的手段)"②。

在现代化与民族独立之间关系的问题上,马克思始终认为民族独立处于优先的地位,由此深刻阐述了赢得国家主权之于东方国家现代化的意义。马克思指出:"在大不列颠本国现在的统治阶级还没有被工业无产阶级取代以前,或者在印度人自己还没有强大到能够完全摆脱英国的枷锁以前,印度人是不会收获到不列颠资产阶级在他们中间播下的新的社会因素所结的果实的。"③恩格斯更是明确地指出:"排除民族压迫是一切健康和自由的发展的基本条件。""每一个波兰的农民和工人,一旦从自己的闭塞状态中觉醒起来参加为共同利益进行的斗争,首先就会碰到存在民族压迫的事实,它到处都是他们前进道路上的第一个障碍。"④"只有在波兰重新争得了自己的独立以后,只有当它作为一个独立的民族重新掌握自己的命运的时候,它的内部发展过程才会重新开始。"⑤列宁强调:"民族生活和民族运动的觉醒,反对一切民族压迫的斗争,民族国家

①《列宁选集》第 2 卷,人民出版社 1995 年版,第 371 页。
②〔美〕C. E. 布莱克:《现代化的动力》,段小光译,四川人民出版社 1988 年版,第 102 页。
③《马克思恩格斯选集》第 1 卷,人民出版社 1995 年版,第 771—772 页。
④《马克思恩格斯全集》第 35 卷,人民出版社 1971 年版,第 261 页。
⑤《马克思恩格斯全集》第 18 卷,人民出版社 1964 年版,第 630 页。

的建立"①,是发展中的资本主义在民族问题上的历史趋势。他还针对东方国家进一步指出,在经济上依附于经济强国的民族只有通过建立独立的民族国家,获得政治上的独立,才能为本民族创造"能够最充分地发展商品生产,能够最自由、广泛、迅速地发展资本主义的条件"②。

在民族独立和现代化关系的问题上,近代中国理论与实践的双重探索得出了同样的结论。毛泽东对此有着深刻的论述:"一个不是贫弱的而是富强的中国,是和一个不是殖民地半殖民地的而是独立的,不是半封建的而是自由的、民主的,不是分裂的而是统一的中国,相联结的。在一个半殖民地的、半封建的、分裂的中国里,要想发展工业、建设国防,福利人民,求得国家的富强,多少年多少人做过这种梦,但是一概幻灭了。""就整个来说,没有一个独立、自由、民主和统一的中国,不可能发展工业。"③"中国的生产力是应该发展的,中国应该发展成为近代化的国家、丰衣足食的国家、富强的国家。这就需要解放生产力,破坏帝国主义和封建主义。正是帝国主义和封建主义束缚了中国人民的生产力,不破坏它们,中国就不能发展和进步,中国就有灭亡的危险。"④胡绳认为,讲现代化,不能不区别帝国主义所允许范围内的现代化和独立自主的现代化。将现代化作出这样的区分业已表明了民族独立问题之于现代化问题的优先地位。在他看来,"近代中国并不是近代化的中国,不是一个商品经济发达、教育发达,工业化、民主化的中国。在近代中国面前摆着两个问题:即一、如何摆脱帝国主义的统治和压迫,成为一个独立的国家;二、如何使中国近代化。这两个问题显然是密切相关的。因为落后,所以挨打;因为不断地挨打,所以更落后。这是一个恶性的循环。"⑤以首先解决近代化问题为突破口,并没有解除这种恶性循环,只有先争取民族

---

① 《列宁选集》第 2 卷,人民出版社 1995 年版,第 340 页。
② 《列宁全集》第 25 卷,人民出版社 1964 年版,第 227—228 页。
③ 《毛泽东选集》第 3 卷,人民出版社 1991 年版,第 1080 页。
④ 《毛泽东文集》第 3 卷,人民出版社 1996 年版,第 432 页。
⑤ 胡绳:《马克思主义与改革开放》,中国社会科学出版社 2000 年版,第 43 页。

的解放和国家的独立,才能谈得到近代化的政治、经济、文化的建设。费正清看清楚了这一点:"帝国主义的真正的创痛是心理的。对于任何具有自豪感的民族来说,它最令人感到羞辱,因而是一种政治的弊害。"①应该说,认识到民族独立与现代化的一致性并以之构成现代化的前提,是近代以来中国人民在中国道路问题上的第一次理论自觉。

没有民族独立,现代化是不可想象的。其实,西方国家也深谙这一原则,只不过在现实中始终表现出自相矛盾的状况罢了。因为资本全球化从它诞生之日起,生产力发展的日趋国际化与生产力诸要素日益被少数发达国家所垄断的矛盾作为其内在的基本矛盾就未曾改变过,在这种矛盾的作用下,生产力国际化发展的过程必然反映为西方资本强行打破民族和国家的界限,使大多数相对落后的国家直接或间接地从属于少数西方发达国家的过程。"中心—边缘"的国际结构是资本存活的基本方式。可见,当西方资本走向东方时,之所以努力颠覆了民族独立是现代化先决条件这一原则,是与其利益目的相一致的。

民族独立和现代化之间关系的问题在今天之所以成为一个深入讨论的对象,是与近些年来现代化话语的兴起分不开的。从本质上说,用"现代化范式"替代"革命范式",就是一种意识形态策略。② 一旦"现代化范式"居于主导地位,那么,不仅100多年来中华民族争取民族独立的历史被轻易地否定,而且,在新一轮全球化中,民族独立的优先地位就必然会在现代化的迷雾中丧失,中国就有可能成为新一轮全球化中西方资本的捕获物。正如有学者所指出的:"现代化的提出是西方资本主义再度

---

① [美]费正清:《伟大的中国革命(1800—1985)》,刘尊棋译,世界知识出版社 2000 年版,第 57 页。

② 美国学者雷迅马在 2000 年出版的《作为意识形态的现代化——社会科学与美国对第三世界政策》一书中这样说,他写这部书是试图揭示"现代化理论不仅仅是一种社会科学上的学说。我要论证的是,现代化也是一种意识形态,一个概念框架,这个框架中融汇了美国人对美国社会的性质以及对美国改变世界的特定部分——即那些在物质和文化上都被认为有缺陷的地区——的能力的一组共同的假设。""现代化深深嵌入了社会科学话语、对外政策制度以及各种形式的文化著述中,号称能够加速世界的'进步',而这个世界需要美国的资源及其开明的监护。"参见[美]雷迅马《作为意识形态的现代化——社会科学与美国对第三世界政策》,牛可译,中央编译出版社 2003 年版,第 33、8—9 页。

占据了世界体系的中心地位的结果,因而作为当今世界历史理论的话语,现代化相当准确地表达了当代西方资本主义体系的内在结构。但是,它绝没有改变当代世界历史中的最根本的问题——东西方民族的关系问题,更没有解决这个问题。恰恰相反,西方国家的理论家们赋予现代化以普遍价值理念的意义,把它提升为意识形态,只代表了西方资本主义国家统治世界的愿望,对于非西方世界的发展中国家来说,它却是一种陷阱。""现代化作为一种总体性的观念,本身就是当代资本主义国家以和平方式征服和瓦解东方民族、实现国际资本统治的主要手段,所以,它比之 19 世纪的西方资本主义国家以战争形式进行的公开暴力掠夺具有更大的欺骗性。"①

3. 社会主义与现代化

20 世纪初,中国陷入了半殖民地半封建社会的深渊。当建立一个独立的民族国家作为实现现代化的前提越来越深入人心时,世界历史条件以及国内现实状况的变化,使中国的先进分子越来越清晰地认识到,中国的主要问题已经不再是要不要一个独立的民族国家的问题,而是应该建立一个什么样的民族国家的问题。② 资本主义的吸引力因第一次世界大战开始在中国引起了先进分子们的质疑,李大钊在大战即将结束时指出:"此次战争,使欧洲文明之权威大生疑念。欧人自己亦对于其文明真价不得不加以反省"③。陈独秀 1915 年 9 月在《法兰西人与近世文明》一文中指出,资本主义代替封建主义以后,"政治之不平等,一变而为社会之不平等;君主贵族之压制,一变而为资本家之压制"。究竟是建立一个资本主义的民族国家还是建立一个社会主义的民族国家的问题,开始浮出水面。

---

① 何萍:《马克思主义世界历史理论中的决定论与非决定论》,载《哲学研究》2008 年第 3 期。
② 参见何萍《罗莎·卢森堡的〈资本积累论〉与中国》,载《马克思主义研究》2005 年第 6 期。
③《李大钊文集》(上),人民出版社 1984 年版,第 565 页。

　　中国最终放弃资本主义的选择，主要是由两个重要条件决定的。恰是这两个重要条件，不仅改变了中国革命的性质，进而也改变了中国现代化道路的方向。

　　就内部条件而言，中国民族资产阶级由于自身的软弱性，无力承担起建立一个独立的民族国家的历史任务。无产阶级走上历史的舞台，承担起资产阶级民主革命领导权的重任。列宁在《社会民主党在民主革命中的两种策略》一文中明确指出，在工业欠发达国家进行资产阶级革命时，由于资产阶级的软弱性，无产阶级必须联合农民进行革命，并夺取革命的领导权。中国民族资产阶级的两重性，决定了他们虽然在一定时期中和一定程度上作为一种革命的力量能够参加反帝国主义和反官僚军阀政府的革命，但在一定时期中却作为反革命的助手跟在买办资产阶级的后面。历史事实业已证明，中国资产阶级的软弱性决定了形式上的共和国的虚弱性，这个共和国不可能是一个彻底独立的共和国。瞿秋白指出："我们在五卅运动的经验里，可以明确的知道：不但国民革命的民族解放运动本身，是中国被压迫剥削的阶级反抗帝国主义的阶级斗争，而且民族解放运动的内部，无产阶级对于资产阶级的斗争亦是必不可少的，是事实上必不可免的。这种斗争里如果无产阶级胜利，便能使民族解放运动得着充分的发展；如果资产阶级得胜，那就中国民族的要求、民权的要求，都要被他们的妥协政策和私利手段所牺牲。"①在中国反帝反封建的民族解放运动中，无产阶级的革命领导权决定了中国革命的成败。换言之，中国的民族解放运动与无产阶级的阶级运动并不是分离的关系，而是有机结合在一起的，这种有机结合也决定了资产阶级民主革命性质的变化，反映了中国民族解放运动的特殊性要求。

　　十月革命的胜利是影响中国革命性质的外部条件。毛泽东指出，"第一次帝国主义世界大战和第一次胜利的社会主义十月革命，改变了

---

①《瞿秋白文集》（政治理论编）第 3 卷，人民出版社 1989 年版，第 359 页。

整个世界历史的方向,划分了整个世界历史的时代。"①由这一变化了的历史条件所决定,中国革命的性质也因之发生了重大转换。毛泽东指出,在这以前的中国资产阶级民主主义革命,是属于旧的世界资产阶级民主主义革命的一部分;在这以后,中国资产阶级民主主义革命,已改变为属于新的资产阶级民主主义革命的范畴,而在革命阵线上说来,则属于世界无产阶级社会主义革命的一部分。瞿秋白极其准确地将中国的资产阶级革命称之为"有条件的资产阶级革命"。在他的视野中,世界无产阶级也成为中国无产阶级作为革命领导阶级的外部支撑。瞿秋白指出:"中国革命与俄国一九〇五年的革命不同,他决不是无条件的资产阶级革命,而只是有条件的资产阶级性的革命。因为中国的农地革命是反帝国主义的革命,推翻地主阶级(官僚、买办、土豪—军阀)的统治,同时就是对于列强帝国主义的一个最严重的致命的打击。而且这一革命是世界社会革命中的不可分离的一部分,是中国无产阶级革世界资产阶级的命。"②

在马克思世界历史理论的视野中,东方与西方既相互对立又相互联结。作为资本全球化的必然产物,十月革命是对西方资本全球化的第一次重大冲击,这一重大冲击的一个直接后果是,资本全球化一统世界的进程在受到巨大的遏制的同时,新的全球化已经开始跃出历史的地平线,十月革命的标志性意义即在于此。由西方主导的全球化也开始进入一个新的历史阶段。正是世界历史进程发生的这一重大变化从外部条件上改变了中国革命的性质,改变了中国的前途。"在资本主义生产方式占统治地位的世界历史时代,生产力的发展日趋国际化与生产力诸要素日益被少数发达国家所垄断的矛盾发展到一定的阶段,必然首先会使越来越多的发展中国家选择走社会主义道路。"③由此,这可以认为是资本全球化发展的一条重要规律。

---

① 《毛泽东选集》第 2 卷,人民出版社 1991 年版,第 667 页。
② 《瞿秋白文集》(政治理论编)第 4 卷,人民出版社 1989 年版,第 470 页。
③ 叶险明:《"知识经济"批判》,人民出版社 2007 年版,第 280 页。

　　民族独立是现代化的前提,实现民族独立的革命性质决定了现代化道路的方向。中国革命性质的这种重大历史转换,必然地提出了中国现代化道路新的选择的问题。从世界历史的眼光出发,马克思起初探讨东方民族解放运动的落脚点是西方而不是东方。只是到了晚年,马克思才开始着重思考东方社会独特发展道路的问题。而且,即使在晚年关于俄国有可能不通过"卡夫丁峡谷"的设想中,西方革命作为外部条件仍然是东方国家实现社会形态跨越的关键性要素。换言之,直接占有西方资本主义肯定性文明成果是东方国家实现社会形态跨越的前提。由此可以得出的结论是,马克思并没有深入思考过东方国家现代化发展道路另一种可能性的问题,他只是在其东方社会理论设想中埋下了深深的伏笔。"由于发生在情况和中国相同(封建压迫严重)或近似(经济文化落后)的俄国,对中国人民具有特殊的吸引力"①,十月革命从而给中国人民带来了民族解放的新希望。这一革命的意义不仅在于向经济文化相对落后的中国昭示出一种民族解放的新路径,从现代化的角度看,十月革命也开辟了一条现代化的新路径,从而向经济文化相对落后的中国昭示出另一种现代化道路的选择。事实上,当俄国选择社会主义道路后,现代化的实现途径必然会以一种非西方的道路呈现出来。这条道路,按照列宁的话说,就是"用与西欧其他一切国家不同的方法来创造发展文明的根本前提"②。"既然建立社会主义需要有一定的文化水平(虽然谁也说不出这个一定的'文化水平'究竟是什么样的,因为这在各个西欧国家都是不同的),我们为什么不能首先用革命手段取得达到这个一定水平的前提,然后在工农政权和苏维埃制度的基础上赶上别国人民呢?"③

　　虽然从现代化的起源及其发展的一定阶段的角度看,资本主义与现

---

① 中共中央党史研究室编:《中国共产党的七十年》,中共党史出版社 1991 年版,第 10 页。
②《列宁选集》第 4 卷,人民出版社 1995 年版,第 777 页。
③ 同上。

代化恰恰是一个"重合"的历史过程,①但现代化成果的普遍性意义并不意味着资本主义作为现代化实现方式的普遍性意义。中国的现代化最终纳入无产阶级政党领导之下的社会主义道路,这是历史的结论。"为了取得民族独立,除了社会主义道路不可能有其他道路。"②当中国为了民族独立最终选择了社会主义,现代化道路也就由此换取了另一副模样。正如有学者所指出的:"只有沿着十月革命的方向,中国才有可能拥有自己的独立自主的现代化,这不是一个理论问题,而是社会条件本身塑造的历史进步的唯一可能性。"③如果说认识到实现民族独立是实现现代化的前提,是近代以来中国人民探索自己发展道路的第一次自觉的话,那么,认识到社会主义与现代化的一致性,则是近代以来中国人民在探索自己发展道路过程中的第二次理论自觉。

4. 中国道路的双重规定

近代以来的中国始终面临着两个重大课题:一个是如何实现民族独立,一个是如何实现现代化,对这两个重大课题的科学回答构成了近代以来中国道路的双重规定。

中国社会形态的局部跨越,是中国道路的第一个规定性。马克思和恩格斯在对俄国社会发展前途的分析中,最先提出了社会形态局部跨越的可能性。所谓社会形态的局部跨越,即一个社会在进入某一社会形态后,虽然凭借自身力量尚不能超越固有的发展阶段,但依托比自己高一级的社会形态的牵引,不再需要完整经历这个社会形态的全部发展阶段,而跃升到高一级社会形态的过程。局部跨越的要义是"缩短"。历史的事实是,处于半殖民地半封建社会的中国,在世界无产阶级革命的牵引下,经过特殊的资产阶级民主革命的历史阶段,不经过资本主义的充

---

① 参见叶险明《马克思关于资本主义现代化及其发展趋势的理论初探》,载《马克思主义研究》2001 年第 2 期。
② 刘奔:《当代思潮反思录》,河北大学出版社 2005 年版,第 30 页。
③ 孙伯镁、张一兵:《走进马克思》,江苏人民出版社 2001 年版,第 81—82 页。

分发展而直接过渡到社会主义社会,实现了社会形态的局部跨越。

　　对于中国社会形态的局部跨越所建立的新的社会形态的历史方位,需要基于世界历史的高度予以深度把握。在马克思看来,"历史向世界历史的转变"具有两层含义:第一层含义是指历史向资本主义世界历史时代的转变,第二层含义是人类普遍地向社会主义社会的转变。资本主义全球化与社会主义全球化是相互联结的。所谓"历史向世界历史的转变"决不仅仅意味着全球化只是历史向资本主义世界历史时代的转变,同时也蕴涵着资本主义世界历史时代向共产主义世界历史时代的转变。全球化由此可以划分为资本主义世界历史时代和社会主义世界历史时代两大世界历史时代。① 并且,这两大历史阶段之间并没有一个严格的界限,在时间的规定性上并不是截然分开的。历史的辩证法在于,在资本主义全球化发展的一定历史阶段上,社会主义就开始生成,其标志是作为制度的社会主义建立和发展起来。需要说明的是,由资本主义世界历史时代所决定,在这一历史时代出现的社会主义社会形态不仅在其发展的相当长的历史时期内不会成为全球化的主体,更需要特别说明的是,在相当长的一个历史时期内,作为社会形态的社会主义仍然显现出较强的不完善性,反映为初级形态的社会主义。社会主义是在资本主义全球化深入展开的条件下跃上世界历史的舞台的,它只能在资本主义全球化深入发展的条件下不断发展和成熟起来。

　　现代性的内在超越,是中国发展道路的第二个规定性。关于现代化道路有着两种解读样式:一种是现代化的具体实现途径的解读。美国学者罗兹曼在《中国的现代化》一书中说,这本书"通过考察中国现代化的历程,我们希望勘定它在哪些方面遵循了其他进行现代化的国家所经过的基本路线,在哪些方面它又闯出了自己的独特道路"。他认为:"本土因素和外来因素都会对一个国家现代化的发展道路产生影响"②,而这两

① 参见叶险明《"知识经济"批判》,人民出版社2007年版,第275页。
② [美]吉尔伯特·罗兹曼主编:《中国的现代化》,国家社会科学基金"比较现代化"课题组译,江苏人民出版社2003年版,第4页。

种因素的相互联系构成了该书所要考察的重要论题之一。罗兹曼这里说明的只是中国发展模式的特殊性。现代化道路的另一种解读样式是关于实质的阐释。追求现代性的内在超越,是中国在现代化道路选择上与西方的根本不同之处。中国现代化道路的特殊性不仅在于现代化实现的具体方式与西方国家有着显著不同,更在于中国现代化道路的实质是实现现代性的内在超越,不再重复西方现代化历程中的一切苦痛。如果说社会形态"缩短"的要义体现在民族国家上是追求真正的独立和解放,那么,体现在现代化上就在于资本主义现代化的弊病和苦痛的避免或减轻。

当中国的现代化放弃资本主义而选择社会主义道路时,无论在实现方式还是在历史任务上都发生了根本性的变化。现代性内在超越的同义词是"社会主义现代化"。马克思虽然并没有直接提出过"社会主义现代化"的概念,但赋予后人以这一概念精神实质的启示。社会主义和现代化决非是手段和目的之间的关系。基于社会形态和现代化的双重视角,对"社会主义现代化"的解读可以表述为:社会主义现代化与资本主义现代化的本质区别,并不在于是不是注重发展生产力,而在于是不是以牺牲人本身的发展为代价来发展生产。由此,这种新的现代性,就其实现方式而言,要求在现代化过程中有效限制和克服人与自然、人与社会的关系的严重扭曲以及各种社会公害的普遍流行等资本主义现代化过程中出现的灾难,在现代化的每一个阶段,社会各阶层的每一个成员都能在不同程度上普遍享受到现代化所实现的文明成果,而不是以部分社会阶层眼前和长远利益的相对丧失为前提。① 就其历史任务而言,与资本主义现代化所不同的是,它绝非是向"人对物的依赖关系的转化",而是向每个人全面而自由的发展转化。社会主义现代化从它起步起就担当起实现超越目标的历史任务。

应该清醒地认识到,在相当长一个历史时期内,中国现代性的内在

---

① 参见叶险明《对马克思现代化观的一种读解》,载《哲学研究》2000 年第 2 期。

超越将始终是不充分的和有限的。从内部条件看,中国是在资本主义有了一定发展但在广度和深度上未充分展开的条件下进入社会主义的,既拥有深厚的封建积淀,也缺乏西方资本主义的物质基础。从外部条件看,和所有在类似条件下进入社会主义的国家一样,中国不得不在相当长的历史时期内面对两个需要破解的重大问题;其一,在资本全球化世界中的孤立无援造成的巨大压力和经济上的封闭性;其二,技术—经济先进的资本全球化与技术—经济落后的社会主义世界的对峙。[①] 总体而言,现代性内在超越的不充分性,是与中国社会形态局部跨越的不充分性分不开的。由于无论从空间存在还是发展程度上,社会主义在资本主义全球化时代都处于非主导的地位,社会主义的具体存在都仍然处于不充分的状态,这些因素的客观存在决定了中国现代性内在超越的有限性将是一个长时期的存在。

---

① 参见任平《当代视野中的马克思》,江苏人民出版社 2003 年版,第 133 页。

第三章　新中国成立初期的社会形态

中国新民主主义革命所展示和反映的是 20 世纪中国革命的个性特征。新民主主义革命的胜利,是处于全球资本统治边缘的中国在全球资本主义框架内的一次成功突围。1949 年 10 月 1 日,中华人民共和国成立,这一重大历史性事件标志中国历史进入一个新纪元,中国社会转入一种新的社会形态。新中国社会形态的演变也由此开始进入了一个新的叙述空间。

一、新民主主义革命:中国革命的特殊性分析

以毛泽东为主要代表的中国共产党人在探索中国革命道路的过程中,通过对中国革命正反两个方面历史经验的科学总结,明确提出了马克思主义普遍真理与中国具体实际相结合的必要性。毛泽东指出:"形式主义地吸收外国的东西,在中国过去是吃过大亏的。中国共产主义者对于马克思主义在中国的引用也是这样,必须将马克思主义的普遍真理和中国革命的具体实践完全地恰当地统一起来,就是说,和民族的特点相结合,经过一定的民族形式,才有用处,决不能主观地公式地引用它。"[1]从哲学根

---

[1]《毛泽东选集》第 2 卷,人民出版社 1991 年版,第 707 页。

据看,理论与实践之间具有异质性。"理论的任务是把握普遍,实践的任务是处理个别。在抽象的理论与具体的实践之间存在着一系列中间环节。"①民族化的过程就是探寻理论与实践的"中介"的过程,就是搭建从理想到现实的桥梁的过程。新民主主义论,是中国共产党人将马克思列宁主义基本原理与中国革命具体实际相结合探索中国革命道路所取得的一大理论创造。新民主主义革命的胜利,不仅从实践上证明了这一理论的科学性,而且也从实践上证明了以毛泽东为主要代表的中国共产党人所开创的马克思主义中国化之路的正确性。系统回顾新民主主义革命形成的理论与历史逻辑,对于正确认识其在中国社会主义史中的历史地位,对于马克思主义中国化理论与实践的未来探索,具有重大的意义。

1. 共产主义革命的概念及其实现条件

当马克思使用"革命"概念时,这个概念已经具有了相较以往所不同的特殊内涵。他说过:"每一次革命都破坏旧社会,所以它是社会的。每一次革命都推翻旧政权,所以它具有政治性。"②在他看来,"革命"有政治革命和社会革命的区分,政治革命只是社会革命的组成部分。换言之,政治革命的意义只在于为社会革命创造前提。倘若没有后者的跟进,那么政治革命就只能是朝代更迭的同一语,而没有社会形态更替的意义。显然,当马克思将政权更迭的革命指认为政治革命时,社会革命便成为他的"革命"概念的特殊性所在,只有具备了这种特殊性,革命才是真正的革命。正如恩格斯所解释的:"任何一次真正革命都是社会革命,因为它使新阶级占据统治地位并且让它有可能按照自己的面貌来改造社会。"③

在马克思看来,共产主义革命不仅是一次真正的革命,而且不同于

---

① 李景源:《把坚持马克思主义同推进马克思主义中国化结合起来》,载《理论视野》2011 年第6 期。
②《马克思恩格斯全集》第 1 卷,人民出版社 1956 年版,第 181 页。
③《马克思恩格斯选集》第 3 卷,人民出版社 1995 年版,第 276 页。

人类社会发展史上的任何一次社会革命。这个不同点主要在于,以往任何一次社会革命都只是一种私有制对另一种私有制的替代,而共产主义革命则是对私有制的彻底消灭。马克思和恩格斯在《德意志意识形态》中指出:"迄今为止的一切革命始终没有触动活动的性质,始终不过是按另外的方式分配这种活动,不过是在另一些人中间重新分配劳动,而共产主义革命则针对活动迄今具有的性质,消灭劳动,并消灭任何阶级的统治以及这些阶级本身"①。"共产主义和所有过去的运动不同的地方在于:它推翻一切旧的生产关系和交往关系的基础。并且第一次自觉地把一切自发形成的前提看作是前人的创造,消除这些前提的自发性,使它们受联合起来的个人的支配。"②这一论述进一步揭示出共产主义革命的重要性,即这一革命所建构起来的共产主义社会形态也实现了对革命的消灭。就此而言,共产主义革命可以被认为是人类社会历史上最后一次真正的革命。

与人类社会历史上任何一次社会革命都不同的共产主义革命,实现的条件自然与众不同,其中首要的前提是物质的基础,由此反映为共产主义革命实现条件的第一个特殊性。马克思认为:"只有当社会生活过程即物质生产过程的形态,作为自由结合的人的产物,处于人的有意识有计划的控制之下的时候,它才会把自己的神秘的纱幕揭掉。但是,这需要有一定的社会物质基础或一系列物质生存条件,而这些条件本身又是长期的、痛苦的历史发展的自然产物。"③"自由王国只是在由必需和外在目的规定要做的劳动终止的地方才开始;因而按照事物的本性来说,它存在于真正物质生产领域的彼岸。……这个领域始终是一个必然王国。在这个必然王国的彼岸,作为目的本身的人类能力的发展,真正的自由王国,就开始了。但是,这个自由王国只有建立在必然王国的基础

---

① 《马克思恩格斯选集》第1卷,人民出版社1995年版,第90—91、122页。
② 同上书第1卷,第122页。
③ 《马克思恩格斯全集》第22卷,人民出版社1972年版,第97页。

上，才能繁荣起来。"①马克思还特别强调，"当使资产阶级生产方式必然消灭、从而也使资产阶级的政治统治必然颠覆的物质条件尚未在历史进程中、尚未在历史的'运动中'形成以前，即使无产阶级推翻了资产阶级的政治统治，它的胜利也只能是暂时的，只能是资产阶级革命本身的辅助因素"②。对共产主义革命实现的物质条件的郑重声明，并不是马克思有意将这一革命的实现推向遥不可及的未来，而恰恰是马克思共产主义革命学说科学性的证明。正如有学者认为的，"马克思对国家消亡的经济基础的强调，正表明他的国家消亡论不是乌托邦"③。

　　马克思认为，共产主义是一个全球性概念而非地域性概念。这一对共产主义空间特性的突出说明，反映为共产主义革命实现条件的第二个特殊性。全球性既表现为共产主义社会存在的空间状态，也表现为共产主义革命的实现条件。马克思始终强调共产主义革命不是一个国家的革命，而是一切文明国家的同时行动。马克思和恩格斯在《德意志意识形态》中指出："共产主义只有作为占统治地位的各民族'一下子'同时发生的行动，在经验上才是可能的，而这是以生产力的普遍发展和与此相联系的世界交往为前提的。"④"共产主义——它的事业——只有作为'世界历史性的'存在才有可能实现"⑤。在《共产主义原理》中，恩格斯在回答"共产主义革命能不能单独在某个国家内发生呢"这个问题时指出："不能。单是大工业建立了世界市场这一点，就把全球各国人民，尤其是各文明国家的人民，彼此紧紧地联系起来，以致每一国家的人民都受到另一国家发生的事情的影响。此外，大工业使所有文明国家的社会发展大致相同，以致在所有这些国家，资产阶级和无产阶级都成了社会上两个起决定作用的阶级，它们之间的斗争成了当前的主要斗争。因此，共

---

①《马克思恩格斯全集》第 25 卷，人民出版社 1974 年版，第 926 页。

②《马克思恩格斯全集》第 4 卷，人民出版社 1958 年版，第 331—332 页。

③ 郁建兴：《马克思国家理论与现时代》，东方出版中心 2007 年版，第 80 页。

④《马克思恩格斯选集》第 1 卷，人民出版社 1995 年版，第 86 页。

⑤ 同上书第 1 卷，第 87 页。

产主义革命将不是仅仅一个国家的革命,而是将在一切文明国家里,至少在英国、美国、法国、德国同时发生的革命,在这些国家的每一个国家中,共产主义革命发展得较快或较慢,要看这个国家是否有较发达的工业,较多的财富和比较大量的生产力。因此,在德国实现共产主义革命最慢最困难,在英国最快最容易。共产主义革命也会大大影响世界上其他国家,会完全改变并大大加速它们原来的发展进程。它是世界性的革命,所以将有世界性的活动场所。"①在分析巴黎公社之所以失败的原因时,马克思认为革命的孤立性是一个重要因素。他指出:"巴黎公社之所以失败,就是因为在一切主要中心,如柏林、马德里以及其他地方,没有同时爆发同巴黎无产阶级斗争的高水平相适应的伟大的革命运动。"②

关于共产主义革命实现条件的双重特殊性要求,是马克思一生一直坚持的观点,即使在其晚年关于俄国社会发展前途的设想中也未曾改变过。恩格斯在 1893 年 2 月致丹尼尔逊的信中明确指出:"实现这一点的第一个条件,是外部的推动,即西欧经济制度的变革,资本主义在最先产生它的那些国家中被消灭。"③在 1894 年 1 月《论俄国的社会问题》跋中,恩格斯进而重申:"对俄国的公社的这样一种可能的改造的首创因素只能来自西方的工业无产阶级,而不是来自公社本身。"④俄国革命的意义在于,"会给西方的工人运动以新的推动,为它创造新的更好的斗争条件,从而加速现代工业无产阶级的胜利;没有这种胜利,目前的俄国无论从公社那里还是从资本主义那里,都不可能达到社会主义的改造。"⑤可见,马克思和恩格斯对俄国社会的发展前途提出的设想,并没有变更他们关于共产主义实现条件的认识,恰恰相反,这一设想始终是以上述结论为前提的。

---

① 《马克思恩格斯选集》第 1 卷,人民出版社 1995 年版,第 241 页。
② 《马克思恩格斯全集》第 18 卷,人民出版社 1964 年版,第 180 页。
③ 《马克思恩格斯选集》第 4 卷,人民出版社 1995 年版,第 724 页。
④ 同上书第 4 卷,第 441 页。
⑤ 同上书第 4 卷,第 450—451 页。

2. 无产阶级革命与俄国十月革命

将无产阶级革命和共产主义革命联系在一起加以考察,隐含着一种将两者进行比较研究的企图。恩格斯指出:"现代社会主义力图实现的变革,简言之就是无产阶级战胜资产阶级,以及通过消灭一切阶级差别来建立新的社会组织。"①"共产主义是超乎无产阶级同资产阶级两个阶级的对立之上的,它所追求的不仅是无产阶级的解放,而且是整个人类的解放。"②这里,恩格斯所明确的是,并不能简单地将无产阶级革命与共产主义革命画等号,如果没有生产关系变革的跟进,无产阶级革命只停留于夺取国家政权的层面,那么,就难以说无产阶级革命具备共产主义革命的意义。只有将无产阶级的政治革命和无产阶级的社会革命联系在一起,才能将无产阶级革命与共产主义革命等同。也只有在这一意义上,无产阶级革命与共产主义革命才具有根本的一致性。"说无产阶级革命必然地具有共产主义革命的性质,是就无产阶级革命不能停留在夺取国家政权,而进入到改革生产关系的深度而言。"③正是无产阶级革命和共产主义革命的这种联系,体现出马克思共产主义革命理论的深刻之处。在马克思和恩格斯看来,彻底的无产阶级革命必然地具有共产主义革命的性质,而共产主义革命则需要借助无产阶级革命来实现,因此也必然地具有无产阶级革命的性质。只不过,无产阶级革命是从革命主体的角度来定义的,它强调的是革命主体社会地位的根本性转变;而共产主义革命则是从社会形态的角度来定义的,它强调的是社会经济关系的根本性转变。

澄清这一点,是因为20世纪的无产阶级革命实践与对这一概念的理解存在着密切关联。列宁使用的无产阶级社会主义革命概念,理论基

---

① 《马克思恩格斯选集》第2卷,人民出版社1995年版,第272页。
② 《马克思恩格斯全集》第2卷,人民出版社1957年版,第614页。
③ 李延明:《马克思恩格斯的未来世界》,安徽人民出版社2006年版,第101页。

础即在于无产阶级革命与共产主义革命之间的内在联系。这一理念的实践也标志着无产阶级革命和共产主义革命关系从理论向实践的转化。"一国胜利论"是列宁运用历史辩证法解决俄国社会发展前途的理论成果。列宁认为："资本主义的发展在各个国家是极不平衡的。而且在商品生产下也只能是这样。由此得出一个必然的结论：社会主义不能在所有国家内同时获得胜利。它将首先在一个或者几个国家内获得胜利，而其余的国家在一段时期内将仍然是资产阶级的或资产阶级以前的国家。"①在他看来，只要得出经济和政治发展的不平衡是资本主义的绝对规律这一结论，那么历史就可能呈现出这样的一幅图景：社会主义可能首先在少数甚至单独一个资本主义国家内获得胜利。列宁的这一结论不是主观的幻想，而是基于马克思主义革命学说科学分析当时具体条件的结果。这个具体条件是，20世纪初，资本全球化发展到一定阶段后，资本主义从自由竞争的资本主义阶段发展到垄断的资本主义阶段，帝国主义国家相互之间为抢夺殖民地而发起了第一次世界大战。帝国主义国家之间的这场战争，给列宁思考无产阶级革命的问题提供了新的机遇，"战争变换论"由此应运而生。他指出："这场帝国主义战争正在开创一个社会革命的新纪元。现时代的一切客观条件正在把无产阶级的群众革命斗争提到日程上来。社会党人的责任就是，在不放弃工人阶级的任何一种合法的斗争手段的同时，使它们服从于这项最迫切最重要的任务，提高工人的革命觉悟，使他们在国际的革命斗争中团结起来，支持和推进一切革命行动，力求把各国之间的这场帝国主义战争变为被压迫阶级反对他们的压迫者的国内战争，变为剥夺资本家阶级的战争，变为无产阶级夺取政权、实现社会主义的战争。"②

马克思和恩格斯从他们所处的历史条件出发，认为社会主义革命将至少在主要资本主义发达国家同时发生和取得胜利。这里马克思强调

① 《列宁选集》第2卷，人民出版社1995年版，第722页。
② 《列宁全集》第26卷，人民出版社1988年版，第296页。

了"共同"和"发达"两个概念。从表象上看,列宁提出的"一国胜利论"与马克思的"共同胜利论"确实存在明显的差异。

需要对以下两个基本问题进行讨论:一是列宁的"一国胜利论"与马克思的"共同胜利论"的关系。在列宁看来,他的"一国胜利论"并没有违背马克思的"共同胜利论"的逻辑。他在1922年的《政论家札记》中的一番论述更加明确地指出了这一点:"我们连社会主义经济的基础也没有建设完成。仇视我们的垂死的资本主义势力还有可能把这夺回去。""承认这一痛苦的真理根本没有什么'可怕',也决不会使人有正当的理由可以有一丝一毫的灰心失望,因为我们向来笃信并一再重申马克思主义的一个起码的真理,即要取得社会主义的胜利,必须有几个先进国家的工人的共同努力。可是,我们暂时还是孤军作战,而且是在一个落后的、经济破坏比别国更厉害的国家,但我们做了很多事情。""我们毕竟在为社会主义创造条件的经济领域内开始前进了。"[1]可见,列宁的"一国胜利论"并不是对马克思"共同胜利论"的否定,恰恰相反,这一思想是在马克思"共同胜利论"中生成并展开的。两者之间不仅不存在不可逾越的鸿沟,而且"一国胜利论"内在于"共同胜利论"之中。

二是马克思的"发达国家革命论"和列宁的"比较不发达国家革命论"的关系。马克思从世界历史的角度出发,认为革命首先应在发达国家发生主要是基于生产力因素的考虑,因为在他们看来,发达资本主义国家代表着世界生产力发展的最高水平,由此构成新的社会形态生产力水平的起点,但我们并不能由此得出革命是发达资本主义国家的特殊权利。马克思和恩格斯还认为,一切历史冲突都根源于生产力和交往形式之间的矛盾,但因为非工业国家由于世界交往而被卷入普遍竞争的斗争中,大工业发达国家也影响着或多或少的非工业国家。"不一定非要等到这种矛盾在某一国家发展到极端尖锐的地步,才导致这个国家内发生冲突。由广泛的国际交往所引起的同工业比较发达的国家的竞争,就足

---

① 《列宁选集》第4卷,人民出版社1995年版,第640页。

以使工业比较不发达的国家内产生类似的矛盾(例如,英国工业的竞争使德国潜在的无产阶级显露出来了)"①。这段引文将两者的关系说得足够清楚了。在历史成为世界历史的条件下,比较不发达国家同样具备了发生革命的可能性。当然,在他们看来,比较不发达国家的革命需要和发达国家的革命联系在一起考察。恩格斯在 1894 年《论俄国的社会问题》跋中一方面充分肯定了俄国革命的意义,另一方面也论述了西方无产阶级革命胜利之于俄国实现社会革命的决定性意义。

对于自己的"单兵突进",列宁以对历史辩证法炉火纯青的运用和把握指出:"世界历史发展的一般规律,不仅丝毫不排斥个别发展阶段在发展的形式或顺序上表现出特殊性,反而是以此为前提的。"②今天,一些人对于社会主义的否定已经延展到列宁时期并由此导致对 20 世纪社会主义历史实践的全盘否定,这种否定的理论基础是对科学社会主义原理的有意或无意的误读,为列宁辩护的论述也就转换成对科学社会主义原理的澄清。当然,列宁对唯物史观的创造性运用也是显而易见的。马克思所设想的共产主义实现前提,在列宁那里变换为俄国无产阶级革命胜利后的历史任务。为了完成这一历史任务,列宁在缺乏发达资本主义国家革命支持的条件下,希冀通过无产阶级的政治革命和社会革命的统一来创造社会主义的物质前提。经济文化相对落后的国家如何取得无产阶级革命的最后胜利,成为 20 世纪以来的一个重大历史课题并延续至今。

3. 新民主主义革命之"新"的双重根据

列宁在 1923 年的《论我国革命》一文中,不仅指出了俄国能够表现出而且势必表现出某些特殊性,从而使得俄国革命有别于以前西欧各国的革命,而且富有预见性地指出:"这些特殊性到了东方国家又会产生某

---

① 《马克思恩格斯选集》第 1 卷,人民出版社 1995 年版,第 115—116 页。
② 《列宁选集》第 4 卷,人民出版社 1995 年版,第 776 页。

些局部的新东西"①,"在东方那些人口无比众多、社会情况无比复杂的国家里,今后的革命无疑会比俄国革命带有更多的特殊性。"②20 世纪中国革命的理论和实践发展确如列宁所料,历史的辩证法在中国获得了进一步的发挥。

这一发挥是以毛泽东提出的新民主主义论为标志的。在毛泽东看来,民族革命和民主革命,是近代以来中国的两大革命任务,两者之间并不各自孤立,它们相互联结在一起不可分割,这是中国国情所决定的中国革命的特殊性所在。他指出:"如果不推翻帝国主义的统治,就不能消灭封建地主阶级的统治,因为帝国主义是封建地主阶级的主要支持者。反之,因为封建地主阶级是帝国主义统治中国的主要社会基础,而农民则是中国革命的主力军,如果不帮助农民推翻封建地主阶级,就不能组成中国革命的强大的队伍而推翻帝国主义的统治。所以,民族革命和民主革命这样两个基本任务,是互相区别,又是互相统一的。"③双重的革命任务决定了,在近代中国,谁能领导人民推翻帝国主义和封建地主阶级这两种势力,谁就能够取得各阶级阶层人民的信任和支持。在西方资本和本国封建势力的压制下,中国民族资本主义的成长举步维艰,中国民族资产阶级与生俱来的革命性和妥协性兼具的两重特性,决定了这一阶级不可能成为中国民主革命的主导力量。当这两大革命任务提交到中国的民族资产阶级面前时,这个阶级并没有出色的表演,失去了应有的担当。而与之相对照的是,与资本主义大工业相联系的中国工人阶级日益壮大起来。中国革命的希望最终落在了这个阶级的肩上。

在 1939 年 5 月 1 日发表的《五四运动》一文中和 5 月 4 日所作的《青年运动的方向》的讲演中,毛泽东明确指出,根本的革命力量是工农,革命的领导阶级是工人阶级。如果离开了这种根本的革命力量,离开了工人阶级的领导,要完成反帝反封建的民主革命是不可能的。历史的事实

---

①《列宁选集》第 4 卷,人民出版社 1995 年版,第 776 页。
② 同上书第 4 卷,第 778 页。
③《毛泽东选集》第 2 卷,人民出版社 1991 年版,第 637 页。

是,中国无产阶级逐步取代民族资产阶级直接站在反帝反封建的最前沿,担当起了领导民族革命和民主革命的历史重任。革命的领导阶级从民族资产阶级向工人阶级的易移,是中国革命性质发生重大历史转变的一个重要依据。在无产阶级领导之下的人民大众的反帝反封建的革命,已经不是"旧式的一般的资产阶级民主主义的革命",而是"新式的特殊的资产阶级民主主义的革命"[①]。新的革命主体的判定,既是对新民主主义论内涵的具体阐释,也是新民主主义论提出的一个重要依据。

中国革命的性质之所以实现重大的历史转变,有值得深入阐发的外部条件。与旧式的资产阶级民主主义革命相比,新民主主义革命之所以"新",还是世界历史进程发生重大变化的赋予。新民主主义论的提出,首先是毛泽东从世界历史的高度考察中国革命的结果。20世纪初,两个重大的历史事件标志世界历史的进程发生了重大变化,其一是第一次世界大战,其二是俄国十月社会主义革命。第一次世界大战的一个重要结果是俄国脱离了帝国主义阵营;十月革命的胜利,标志世界无产阶级社会主义革命的新的历史时代的开辟。斯大林认为,以1917年十月革命为界,世界格局发生了根本性转变,过去是资本主义世界体系,之后就是社会主义革命的世界体系。对于这一变化,毛泽东明确指出,"这是一个绝大的变化,这是自有世界历史和中国历史以来无可比拟的大变化。"[②]如果将这两个重大历史事件联系起来加以考察的话,就会发现,"没有帝国主义,就没有社会主义革命的直接现实,因而两大全球体系的对峙格局就不会出现,就谈不上马克思主义对殖民地的影响。"[③]换言之,"没有资本全球化被帝国主义、红色全球化对立运动所取代而造就的新全球化格局,也就没有作为边缘极中国社会和中国革命性质变化的可能,也就没有毛泽东思想,特别是新民主主义论。"[④]可以认为,第一次世界大战和

①《毛泽东选集》第2卷,人民出版社1991年版,第647页。
② 同上书第2卷,第669页。
③ 任平:《当代视野中的马克思》,江苏人民出版社2003年版,第140页。
④ 同上书,第137页。

社会主义十月革命的胜利，不仅改变了世界历史的进程，也成为中国革命性质发生转变的最为重要的外部原因。

对于这种"新式的特殊的资产阶级民主主义的革命"，毛泽东进而认为，它已经可以纳入世界无产阶级社会主义革命的分析框架。直接的根据主要有两个：一是在反对帝国主义的目标上达成的一致性。这个革命是"坚决地反对帝国主义即国际资本主义的"，反对帝国主义的共同目标构成联结新民主主义革命和世界无产阶级社会主义革命的纽带。在毛泽东看来，"只要他们反对帝国主义，他们的革命，就成了无产阶级社会主义世界革命的一部分，他们就成了无产阶级社会主义世界革命的同盟军。"①二是在革命的领导阶级上达成的一致性。这个革命已经不再是资产阶级领导的而是无产阶级领导的革命。但是，新民主主义革命本身并不是严格意义上的无产阶级革命，更不是严格意义上的共产主义革命。在新民主主义论中，毛泽东一方面认为这个革命是无产阶级社会主义的世界革命的"伟大的一部分"和"伟大的同盟军"，另一方面也明确坚持了新民主主义革命的资产阶级民主主义的性质。他指出："现阶段的中国革命究竟是一种什么性质的革命呢？资产阶级民主主义的革命，还是无产阶级社会主义的革命呢？ 显然地，不是后者，而是前者。"②显然，说中国的新民主主义革命是无产阶级社会主义世界革命的一部分，是毛泽东根据中国社会的特殊性质和特殊国情，在明确了反帝反封建的革命任务和无产阶级在资产阶级民主主义革命中的领导权的基础上作出的结论。

4. 新民主主义革命：一种"瞻前顾后"的选择

毛泽东的"中国革命"的概念，蕴涵着新民主主义论的核心思想，具体展现为中国革命的历史进程必须分两步走的战略。在他看来，中国革

---

①《毛泽东选集》第 2 卷，人民出版社 1991 年版，第 671 页。
② 同上书第 2 卷，第 646 页。

命分为民主主义和社会主义两个步骤,其中,民主主义革命是中国革命的第一阶段,社会主义革命是中国革命的第二阶段。毛泽东指出:"中国革命是包括资产阶级民主主义性质的革命(新民主主义的革命)和无产阶级社会主义性质的革命,现在阶段的革命和将来阶段的革命这样两重任务的。""民主主义革命是社会主义革命的必要准备,社会主义革命是民主主义革命的必然趋势。"①对于处于同一时代的列宁和毛泽东,由于所处的具体国情的不同,因而面对同一问题的思考也必然有所不同。随着帝国主义战争的进展,欧洲各国阶级矛盾和社会矛盾趋于激化,无产阶级革命的形势日渐成熟。列宁位于帝国主义风暴中心,他所思考的问题主要是如何变帝国主义战争为国内战争,进而夺取政权,建立社会主义国家;毛泽东则处在一个半封建半殖民地大国,他所思考的问题是如何从帝国主义时代的边缘化地位去反帝反封建,如何求得民族独立和人民解放。② 可以认为,毛泽东提出的新民主主义论是对列宁社会主义革命思想的一次分解。它所揭示的是,在无产阶级社会主义世界革命的支持下,殖民地半殖民地国家的无产阶级可以首先取得政治革命的胜利,逐步积累向社会主义革命转化的条件,最终实现社会主义革命的胜利。毛泽东后来对新民主主义革命进一步解释道,"中国新民主主义革命的任务,长时期内是反帝反封建。在解放战争时期,我们又提出了反对官僚资本主义。反对官僚资本主义的斗争,包含着两重性:一方面,反官僚资本就是反买办资本,是民主革命的性质;另一方面,反官僚资本就是反对大资产阶级,又带有社会主义革命的性质。"③这一论述进一步流露出两步之间的有机联系。

毛泽东基于列宁思想之上的这种分解,是一种将无产阶级政治革命与社会主义革命在时间上拉开式的努力。胡绳对此有一番深刻的论

---

① 《毛泽东选集》第 2 卷,人民出版社 1991 年版,第 651 页。
② 参见任平《当代视野中的马克思》,江苏人民出版社 2003 年版,第 141 页。
③ 《毛泽东读社会主义政治经济学批注和谈话》(简本),中华人民共和国国史学会,2000 年,第 107 页。

述:"无产阶级和它的先锋队无产阶级政党是不是有力量夺取政权,这和就经济状况说铲除资本主义生产方式的条件是否已经成熟,两者不一定是一回事。并不一定是到了铲除它的条件已经完全成熟的时候,无产阶级才有可能夺取政权;当然也不一定是无产阶级夺取了政权时,铲除资本主义的条件已经成熟。无产阶级政党能否取得政权,掌握政权,与各种国内国际条件有关,只要形势有利,就应该紧紧抓住时机,毫不放松,夺取胜利"①。在他看来,不能因为共产主义革命的条件还没有成熟,就等着而不去夺取政权。无产阶级革命家要抓住机遇夺取革命的胜利,然后再在无产阶级政权下补生产力和其他文化条件的课,逐步创造革命第二步的条件。这就是中国革命必须走新民主主义道路的道理。

对于毛泽东的"两步走"战略,国外一些学者认为这是一种统一战线的考虑。如美国学者费正清就指出,毛泽东在延安成功的秘诀,是把近期目标和远期目标结合起来的灵活性。作为近期目标,他在 1940 年提倡新民主主义作为包容所有中国拥护中共领导的人民统一战线。② 另一名美国学者马克·赛尔登也认为:"毛泽东将根据地党的战时纲领命名为新民主主义,它是全神贯注于统一战线时形成的。"③费正清等人虽然认识到了毛泽东的"两步走"战略,但将毛泽东提出新民主主义论的目的归结为统一战线的考虑,并没有抓住这一理论的根本立意,因而不是一种全面的认识。毫无疑问,新民主主义的理论必然反映为统一战线的政策要求,但是,新民主主义论所着重阐明的是中国革命的方向和前途与现实政策之间存在的一致性。就此,有学者提出:"新民主主义理论在大思路上同 1921—1923 年列宁的新经济政策相近,它们都是通过灵活的、

---

① 胡绳:《毛泽东的新民主主义论再评价》,载《中国社会科学》1999 年第 3 期。
② 参见[美]费正清《伟大的中国革命(1800—1985)》,刘尊棋译,世界知识出版社 2000 年版,第 295 页。
③ [美]马克·赛尔登:《革命中的中国:延安道路》,魏晓明、冯崇义译,社会科学文献出版社 2002 年版,第 123 页。

迂回的、间接的途径向社会主义过渡。这对脱胎于半殖民地半封建社会的经济十分落后的中国来说，应该是最积极最稳妥的。"①这显然是一个合理的分析。需要补充说明的是，在将毛泽东的新民主主义论与列宁的新经济政策进行比较时，有一点是不能忽略的，即毛泽东的这种分解实际上所换取的是革命进程中的主动姿态，而列宁是在被动的状态下展开新经济政策的实践的。可以说，对于像中国这样的在资本全球化中处于边缘地位的国家，"两步走"的战略具有一般规律性的特征。对此，毛泽东明确说过：若问一个共产主义者为什么要首先为了实现资产阶级民主主义的社会制度而斗争，然后再去实现社会主义的社会制度，那么答复是"走历史必由之路"②。

二、建设新民主主义社会的努力

1949 年中华人民共和国成立后，在政治形态方面，建立了中国共产党领导的以工农联盟为基础的国家。在经济形态方面，基本上完成土地改革后，呈现为多种经济成分并存的新民主主义形态。新中国成立初期中国的社会形态是在革命政权的作用下形成的，因此我们的叙述先从政治形态开始。

1. 政治形态

1949 年 9 月，在中国共产党的领导下，召开了全国人民政治协商会议第一次全体会议，这次会议通过的《中国人民政治协商会议共同纲领》规定："中华人民共和国为新民主主义即人民民主主义的国家，实行工人阶级领导的、以工农联盟为基础的、团结各民主阶级和国内各民族的人民民主专政。""国家的权力属于人民。人民行使国家权力的机关为各级

---

① 项启源：《论我国社会主义初级阶段的历史定位》，经济科学出版社 2001 年版，第 106 页。
②《毛泽东选集》第 2 卷，人民出版社 1991 年版，第 559 页。

人民代表大会和各级人民政府。"

　　新中国成立初期这个起临时宪法作用的纲领集中反映了中国新民主主义革命的基本经验。毛泽东说:"总结我们的经验,集中到一点,就是工人阶级(经过共产党)领导的以工农联盟为基础的人民民主专政。这个专政必须和国际革命力量团结一致。这就是我们的公式,这就是我们的主要经验,这就是我们的主要纲领。"①这个纲领所规定的"人民民主专政"既点明了国体,又点明了政体,是国体与政体相统一的整体性概念。其中,人民专政是国体,它表示由我国的哪些人统治国家;人民民主是政体,它表示我国的统治阶级采取何种政权组织形式。人民民主专政中的"人民"在当时包括工人阶级、农民阶级、城市小资产阶级和民族资产阶级。这些阶级联合组成国家。其中工人阶级是国家的主导力量;工人阶级、农民阶级和城市小资产阶级的联盟是国家的基础,其中主要的是工农联盟;民族资产阶级是工人阶级的团结对象。已被打倒的地主阶级和官僚资产阶级则构成专政的对象。

　　实施人民民主专政的重要形式是人民代表大会制度。新中国成立初期,举行全国普选的条件尚不具备,于是由全国政协代行全国人大的职权,制定《中央人民政府组织法》,选举产生中央人民政府,并赋予其行使国家权力的职权。中央人民政府委员会是中国人民政治协商会议的常设机构,在全国政协会议闭会期间,是行使国家权力的最高机关。中央人民政府委员会组织的政务院,是国家政务的最高执行机关。因此,中央人民政府委员会实际上具有国家最高权力机关和国家最高行政机关的双重性质,实行的是"议行合一制"。②"并不像有些人所理解的那样,在全国人民代表大会召开以前,全国政协就是国家最高权力机关。事实上,我国政协始终没有改变它作为统一战线组织的属性。"③地方国家权力机关是各界人民代表会议,由部分选举、部分协商推荐、选派和邀

────────────────

①《毛泽东选集》第 4 卷,人民出版社 1991 年版,第 1480 页。
② 参见李铁映《论民主》,人民出版社、中国社会科学出版社 2001 年版,第 168 页。
③ 中华人民共和国国史学会编:《新中国国史教育干部读本》,长春出版社 1999 年版,第 8 页。

请相结合的方式产生。地方各级人民政府,则采取委任方式组成。

2. 生产关系

中国共产党依靠新民主主义的国家政权,对社会经济关系进行了重大的改革。

(1) 土地改革:农村土地所有制关系根本改变

实行土地制度改革,废除封建土地所有制,使无地或少地的广大农民获得土地,从根本上挖掉封建制度的基础,是资产阶级民主革命的历史任务。在抗日战争胜利后不久中国共产党领导的土地制度改革,在中华人民共和国成立时尚未在全国范围完成。新中国建立时,新解放区有3.1亿农业人口尚未进行土地改革,这个数字占全国总人口的 2/3。1949 年 9 月通过的《中国人民政治协商会议共同纲领》中提出了"有步骤地将封建半封建的土地所有制改变为农民的土地所有制"的目标。1950年 6 月通过的《中华人民共和国土地改革法》规定:废除地主阶级封建剥削的土地所有制,实行农民的土地所有制。到 1952 年底,全国除西藏、新疆(新疆的土改是从 1952 年秋开始的,到 1953 年底结束)等少数民族地区和台湾外,土地改革的任务基本完成,全国 3 亿多无地或少地的农民分得 7.4 亿亩土地和大量生产资料及其他财产,免除了过去每年向地主交纳的约 350 亿公斤粮食的地租。[①]

新中国成立后的土地改革运动,是中国历史上规模最大的土地改革运动。农村土地制度由此发生了根本性的变革,在中国延续了几千年的封建制度的基础——地主阶级的土地所有制被彻底消灭,农民土地所有制取代了封建地主土地所有制。这时农村土地制度的特点是:土地所有权和经营权高度地统一于个体农民,农民既是土地的所有者,又是土地的自由经营者;土地产权可以自由流动,允许买卖、出租、典当、赠送等;

---

① 参见中华人民共和国国史学会编《新中国国史教育干部读本》,长春出版社 1999 年版,第 26、27 页。

政府则通过土地登记、发证、征收契税等对土地进行管理。① 这个伟大的历史性变革,使农民在经济上对地主的依附关系被废除,不仅对 20 世纪 50 年代前期的中国产生了直接的积极的影响,而且对其后生产关系的社会主义改造和现代化建设也产生了深刻的影响。

农村生产关系的深刻变革大大促进了生产力的解放,农业生产有了快速增长。以粮食为例,每公顷产量由 1949 年的 1035 公斤提高到 1955 年的 1425 公斤,提高 37.7%,年均递增 5.5%,这是在技术进步缓慢的条件下取得的,与技术进步较快的 1978—1998 年的年递增 2.7% 相比,尚高出 1 倍。农产品总量获得快速增长。1950—1955 年,粮食总产年均增长 6.8%,棉花总产年均增长 17%,农业总产值年均增长 9.8%。②

(2)没收官僚资本,使之成为国营经济的主要构成

官僚资本,是在半殖民地半封建的旧中国由私人资本凭借地主买办资产阶级专政的国家政权力量发展起来的垄断资本。据估算,1946 年,官僚资本主义工业资本约占全国工业资本(包括东北地区和台湾省)的 80% 以上。③ 又据计算,1947 年,官僚资本主义工业企业提供的工业产品占国民党统治区全部工业产品的比重,电为 78%,煤为 80%,石油和有色金属为 100%,钢铁为 98%,机械为 72%,水泥为 67%,烧碱为 65%,硫酸为 80%,盐酸为 45%,化学肥料为 67%,纺锭为 60%,机制纸为 50%,机制糖为 90%,漂白粉为 41%,出口植物油为 70%。④ 以蒋、宋、孔、陈四大家族为代表的官僚资本是蒋介石政权赖以生存的经济基础。毛泽东说过:"蒋宋孔陈四大家族,在他们当权的二十年中,已经集中了价值达一百万万至二百万万美元的巨大财产,垄断了全国的经济命脉。这个垄断资本,和国家政权结合在一起,成为国家垄断资本主义。

① 参见陈海秋《建国以来农村土地制度的历史变迁》,载《国史研究参阅资料》第 201 期。
② 参见郑有贵《土地改革是一场伟大的历史性变革——纪念〈中华人民共和国土地改革法〉颁布 50 周年》,载《当代中国史研究》2000 年第 5 期。
③ 参见陈真《中国近代工业史资料》第 4 辑,三联书店 1961 年版,第 56 页。
④ 参见陈真《中国近代工业史资料》第 3 辑,三联书店 1961 年版,第 1445—1446 页。

这个垄断资本主义,同外国帝国主义、本国地主阶级和旧式富农密切地结合着,成为买办的封建的国家垄断资本主义。"①

没收官僚资本归以工人阶级领导的、工农联盟为基础的国家所有,是新民主主义革命三大经济纲领之一。在《中国人民政治协商会议共同纲领》的"总纲"部分中,明确规定了"中华人民共和国必须取消帝国主义在中国的一切特权,没收官僚资本归人民的国家所有"。所没收的官僚资本,除了以四大家族为首的垄断资本外,也包括国民党政府经营的企业。截至1949年底,没收的官僚资本主义工业企业共2858个,职工约129万余人,其中生产工人约75万人。没收的金融企业2400多家。② 这些企业成为新中国成立初期国营经济的主要来源。

中国的新民主主义国营经济,除了原有的解放区的公营经济,主要是通过没收官僚资本和接管、征用外国帝国主义在中国的企业建立起来的。据统计,1949年,新民主主义国营工业产值占全国工业总产值的26.2%,占全国大工业产值的41.3%;国营工业拥有全国电力产量的58%,原煤产量的68%,生铁产量的92%,钢产量的97%,水泥产量的68%,棉纱产量的53%。③ 国家所有制经济是由多种经济成分构成的新民主主义经济所有制结构中的社会主义成分。没收官僚资本,虽然是新民主主义革命的任务,但由于把官僚资本主义所有制经济转变为新民主主义国家所有制经济,因此这一转变也同时具有社会主义革命的性质,成为新中国向社会主义过渡的重要经济条件。

(3) 调整私人资本主义工商业,利用、限制和改造私人资本主义

私人资本主义经济在旧中国整个社会经济中占有重要的地位。据统计,1949年,民营资本主义工业产值为68.3亿元,占工业总产值的

---

①《毛泽东选集》第4卷,人民出版社1991年版,第1253—1254页。

② 参见《中国经济发展五十年大事记》,人民出版社、中共中央党校出版社1999年版,第6页。

③ 参见汪海波《中华人民共和国工业经济史(1949年10月—1998年)》,山西经济出版社1998年版,第14页。

48.7%。①

中国的民族资产阶级及其代表人物受帝国主义、封建主义和官僚资本主义的压迫或限制，在新民主主义革命战争中常常采取参加或者保持中立的立场。根据这一实际，并由于中国经济还处于落后状态，在中华人民共和国成立以后一个相当长的时期内，还需要尽可能地利用城乡私人资本主义的积极性，以利于国民经济向前发展。但是，在中国共产党执政的国家内，资本主义的存在及发展，自由竞争和自由贸易的存在及发展，不是如同在资本主义国家那样不受限制、任其泛滥。《共同纲领》规定的新民主主义经济纲领的内容包括：保护民族资产阶级的经济利益及其私有财产；经济建设的根本方针是"公私兼顾、劳资两利"；在必要和可能的条件下，应鼓励私人资本向国家资本主义方向发展，例如为国营企业加工，或与国家合营，或用租借形式经营国家的企业，开发国家的资源等。对于私人资本主义采取限制政策，必然要受到资产阶级在各种程度和各种方式上的反抗，特别是私人企业中的大企业主，即大资本家。因此，限制和反限制，成为新民主主义国家内部阶级斗争的主要形式。②

1950 年春夏之交，从半殖民地半封建社会走过来的民营资本主义工商业发生了严重困难。主要表现在：商品滞销、工厂减产甚至倒闭，银行、商店倒闭，大量工人失业。上海市 1950 年 4 月大米和棉纱的批发市场交易量，分别比 1 月份下降了 83% 和 47%；3 月份同 1 月份相比，在百货营业额方面，大商号减少了一半，中小商号减少 90%。到 4 月下旬，全市倒闭的工厂有 1000 多家，停业的商店有 2000 多家，失业的工人在 20 万以上。另据统计，14 个较大城市在 1950 年 1 月到 4 月倒闭的工厂合计 2945 家。16 个较大城市半停业的商店合计 9347 家。全国失业的工人逾百万。③ 这一严重困难的产生，既有历史因素的影响，也有私人资本主义工商业自身固有缺陷的作用。主要体现在，由于长期受外国帝国主

---

① 参见《中国统计年鉴(1984)》，中国统计出版社 1984 年版，第 194 页。
② 参见《毛泽东选集》第 4 卷，人民出版社 1991 年版，第 1431—1432 页。
③ 参见薄一波《若干重大决策与事件的回顾》(修订本)上卷，人民出版社 1997 年版，第 98 页。

义、本国封建主义和官僚资本主义的残酷剥削与战争的破坏,社会生产大幅度下降,人民的购买力显著低下。同时,过去适合于殖民地半殖民地经济发展起来的若干工商业,由于外国资本主义势力的退出以及封建主义和官僚资本主义在中国的消灭,使供销对象发生了重大变化而导致许多商品失去市场。许多私营企业机构臃肿,管理水平低,成本高,利润少,竞争的盲目性大。还有由于物价稳定,因通货膨胀而形成的虚假购买力消失等。

私人资本主义工商业之所以面临困境,也同执政党和政府在私人资本主义工商业政策执行过程中存在偏差有一定的关系。具体表现在:平抑物价的措施有些过猛。紧缩银根虽然起了消除通货膨胀、稳定物价的作用,但由于对具体措施的实践结果缺乏科学的分析,同时由于没有区别投机资本的活动和正常的工商经营活动,没有采取区别对待的措施,使得有益于国计民生的工商业活动也连带受到了不同程度的打击。另外,有些政府官员在执行新民主主义经济政策的过程中,存在着超越新民主主义阶段的经济纲领、企图过早地实现社会主义的"左"倾思想,具体表现为歧视私人资本主义工商业,有意挤垮一些私人资本主义工商业,使公私兼顾变成了"只公不私"。

针对私人资本主义工商业遭遇生产和经营困难与共产党内一些干部想挤垮私营工商业的问题,毛泽东等人提出"要反对'左'的思想和'左'的做法"。1950 年 6 月,中共七届三中全会明确地把合理调整私人资本主义工商业,正式列为实现国家财政经济状况根本好转的三项基本条件之一。所谓调整工商业,就是在半封建半资本主义的国民经济轨道拆毁了之后,按照新民主主义的轨道来安排工商业的问题。其中最突出的是三个基本环节:(1)调整公私关系,(2)调整劳资关系,(3)调整产销关系。调整的原则是公私兼顾、劳资两利。[①] 合理调整工商业使得私人

[①] 参见陈云《中华人民共和国过去一年财政和经济工作的状况》,载《新华月报》1950 年 10 月号,第 1320—1321 页。

资本主义工商业获得迅速的恢复和发展。调整开始半年之后,私营工商业户从歇业多、开业少,转变为开业多、歇业少;市场活跃,成交量增加,城乡物资交流增加;产量显著增加。到 1951 年,变化更为明显,与 1950 年相比,全国私营工业的户数增加了 11%,职工人数增加了 11.4%,产值增长了 39%。在这种情况下,民间资产阶级的队伍也有所壮大。1952 年与 1949 年相比,私营工业户数由 12.3 万户增长到 14.96 万户,增加了 21.4%,职工人数由 164.38 万人增长到 205.66 万人,增长了 25.1%,工业总产值由 68.28 亿元增长到 105.26 亿元,增长了 54.2%。[①]

　　调整公私关系,目的在于扩大对私营工业的加工订货和产品的收购,把私营工业逐步纳入到国家计划的轨道上来,使其按照国民经济的需要生产,并通过加工费和货价取得正当的利润。国家通过这三种方式,一方面既充分利用了私营资本主义的生产能力,减少了其盲目性,另一方面也在原料和成品销售上割断了资本主义工业同市场的关系。因此,这一措施在利用私人资本主义有利于国计民生的一面,限制其消极作用的一面,以使其在国营经济领导之下生产和销售的同时,另一方面,其作为国家资本主义的初级形式,具有一种向社会主义过渡的经济形式的性质。调整劳资关系有三项基本原则:(1) 必须确认工人阶级在私营企业中的民主权利;(2) 必须首先从有利于发展生产出发;(3) 解决劳资关系问题,必须用协商的方法,只在协商不成时,才由政府仲裁。调整产销关系,是在国营经济的主导下,通过各行业内部以及各行业之间的协调,加强资本主义工商业在生产和经营中的计划性,逐步克服无政府状态,使产销之间趋于平衡。对私人资本主义工商业的调整,既帮助私人资本主义工商业渡过了难关,又促使私人资本主义工商业逐渐实现了从半资本主义半封建的旧轨道向新民主主义轨道的转变,为向社会主义过渡奠定了基础,因而具有对其进行初步社会主义改造的意义。

---

① 参见汪海波《中华人民共和国工业经济史(1949 年 10 月—1998 年)》,山西经济出版社 1998 年版,第 52、60—61 页。

1949 年 3 月召开的中共七届二中全会决议指出,国营经济是社会主义性质的,合作社经济是半社会主义性质的,加上私人资本主义,加上个体经济,加上国家和私人资本主义合作的国家资本主义经济,这些就是人民共和国的几种主要的经济成分,构成新民主主义的基本经济结构。这一时期,国营经济、私人资本主义经济、个体经济、国家和私人合作的资本主义经济、合作社经济都得到了发展。

3. 交换关系

马克思指出:"交换的深度、广度和方式都是由生产的发展和结构决定的。"①新中国成立前的交换关系,受半封建半资本主义社会生产关系的制约,主要体现为两个方面:一是广大农村的不纯粹的自给经济和城市的商品经济并存。二是有市场但秩序混乱。由于近代以来外国帝国主义的长期掠夺,加上 20 世纪以来连绵不绝的战争,中国财源枯竭,通货膨胀达到惊人的程度。国民党控制的中华民国政府长期滥发纸币,造成物价飞涨,投机猖獗,整个市场处于投机资本的控制之下。这种情况在国民党退出中国大陆前夕表现得尤为突出,上海主要商品批发物价指数比抗日战争前上涨了 200 多万倍。恶性通货膨胀使投机活动十分猖獗,生产活动难以正常进行。新中国成立后,一是通过平抑物价,统一财经,确立了新民主主义社会的市场秩序;二是在统一财经的过程中,建立了高度集中的计划经济体制的雏形。经过三年的努力,与新民主主义社会的生产关系相适应的交换关系基本形成。

中国共产党领导下的人民政府首先通过稳定物价来治理市场。政府为此加强了金融管理和市场管理,集中抛售主要商品,打击投机资本,紧缩通货,基本实现了市场的稳定和物价的平抑。1949 年 12 月全国大中城市主要商品价格指数为 100,1950 年 3 月的物价指数为 226.3,4 月

①《马克思恩格斯选集》第 2 卷,人民出版社 1995 年版,第 17 页。

则降为 169.9,此后,一直到 1950 年 12 月,物价指数也控制在 200 以内。① 由于物价基本稳定,投机资本所控制的国内市场被新民主主义国营经济领导下的国营贸易、合作社和私营贸易分工合作的新市场所代替。到 1952 年底,在全国范围内基本上形成了从上到下的包括各种门类的统一的国营商业体制。国营商业商品零售额占全国商品零售总额的比重,由 1950 年的 14.9％增加到 34.4％。合作社商业作为国营商业联系群众特别是联系农民的助手,1952 年全年商品零售额达到全国商品零售总额的 19.6％。②

　　1950 年 3 月,中央人民政府政务院作出了《关于统一国家财政经济工作的决定》。该决定规定:统一管理的主要内容是统一财政收支,分散经营要在统一管理的前提下进行。这个决定的制定和执行,标志着高度集中的计划经济体制的雏形逐渐形成。高度集中的计划经济体制雏形的形成,包含了高度集中的工业经济计划体制雏形的形成。工业经济计划体制主要包括两个层次的内容:第一个层次是中央人民政府与地方人民政府管理工业权限的划分。在这方面,实行统一领导和分级管理。第二个层次是国家和企业的关系。这是高度集中的计划经济体制的最基本内容。具体表现为:在财政方面,实行统收统支。国营企业所需要的资金(包括固定资产投资和定额流动资金),按所属关系,由中央政府或地方政府预算拨款。超定额的流动资金由中国人民银行贷款。国营企业除了均须依照中央人民政府财政部的规定缴纳税金外,还须依所属关系把折旧金和利润的大部分上缴中央人民政府财政部或地方政府。国营企业只能分别提取计划利润的 2.5％—5％和超计划利润的 12％—20％,作为企业奖励基金。在物质供应和产品销售方面,开始实行以计划调拨为主的物资供应和产品收购体制。当时由中央人民政府贸易部承担这个物资调拨和产品收购任务。1950 年,对煤炭、钢材、木材、水泥、

---

① 参见中国社会科学院中国档案馆编《中华人民共和国经济档案资料选编 1949—1952(综合卷)》,中国城市经济社会出版社 1990 年版,第 402 页。
② 参见胡绳主编《中国共产党的七十年》,中共党史出版社 1991 年版,第 291 页。

纯碱、杂铜、机床、麻袋等 8 种主要物资实行计划调拨;1951 年,计划调拨的物资增加到 33 种;1952 年又增加到 55 种。另外,在劳动方面,开始着手建立集中管理的体制;在计划方面,开始对国营企业实行直接计划即指令性计划。①

1949 年至 1952 年期间,国营工业产值只占工业总产值的 26.2%—41.5%,直接计划大体上只存在于这个范围以内。作为新民主主义基本经济制度组成部分的其他经济成分,比如私营工业和个体手工业,仍然主要依靠价值规律由市场自发调节。

新民主主义社会的交换关系不是任由市场自发调节的市场经济,而是在"某种程度"上"适当"实行计划调节的市场经济。如中共七届二中全会决议所提出的:"国内的自由竞争和自由贸易,不但是不可避免的,而且是经济上必要的。但是中国资本主义的存在及发展,自由竞争和自由贸易的存在及发展,不是如同资本主义国家那样不受限制,任其泛滥的,也不是如同东欧各人民民主国家那样被限制和缩小得非常大,而是中国型的。"②对于新民主主义经济的这一特征,刘少奇有着深刻的阐述:"新民主主义经济之不同于普通的资本主义经济,还在于新民主主义的国民经济应该是在某种程度上具有组织性与计划性的经济。由于国家的一切经济命脉——如大工业、大运输业、大商业及银行、信贷机关与对外贸易等,均已操在国家手中,由国家对整个国民经济的生产和分配实行有力的领导,即实行某种程度的国民经济的组织性和计划性,是完全可能的和必要的。但实行这种国民经济的组织性与计划性,必须严格地限制在可能的与必要的限度以内,并且必须是逐步地去加以实现而决不能超出这个限度,决不能实行全部的或过高程度与过大范围内的计划经济。"③

---

① 参见汪海波《中华人民共和国工业经济史(1949 年 10 月—1998 年)》,山西经济出版社 1998 年版,第 25—26 页。
② 《建国以来重要文献选编》第 3 册,中央文献出版社 1988 年版,第 421 页。
③ 《刘少奇论新中国经济建设》,中央文献出版社 1993 年版,第 30 页。

4. 生产和生产力状况

根据联合国"亚洲及太平洋社会委员会"统计,1949 年中国人均国民收入 27 美元,不足整个亚洲平均 44 美元的三分之二,不足印度平均 57 美元的一半。新中国成立后,经过三年的努力,国民经济得到全面恢复和初步发展。1952 年,工农业总产值 810 亿元,比 1949 年增长 77.5%。比新中国成立前最高水平的 1936 年增长 20%,三年中平均年递增率为 21.1%。工农业主要产品的产量已超过新中国成立前最高水平。①

在农业方面:这一期间,耕地面积显著增加。全国耕地面积 1949 年为 146 822 万亩,1950 年增至 150 534 万亩,1951 年增为 155 507 万亩,1952 年增为 161 878 亩,三年中平均每年增加 5000 万亩。② 这一期间,一批农田水利工程的建设有力地改善了水利状况。1949 年全国受灾农田达 12 795 万亩,灾民约 4000 万人。新中国成立后,由于政府对农田水利建设大量投资,并有效地组织广大农民对许多河道如淮河、荆江等开始治理,修建了一批水库和分洪、发电设施。1952 年,全国施工计划受益万亩以上的大型水利工程达 107 项,群众性的农田水利建设达 208 万处,可扩大灌溉面积 3200 余万亩。③ 据统计,全国粮食总产量从 1949 年的 2263.6 亿斤,增加到 1952 年的 3278.4 亿斤,增长 44.8%,比历史上最高年产量的 1936 年增长 9.3%;棉花总产量从 1949 年的 888 万担,增加到 1952 年的 2608 万担,增长 193.7%,比历史上最高年产量的 1936 年增长 53.6%。④

在工业方面,1949 年同历史上的最高水平相比,工业总产值减少一半,其中重工业产值减少 70%,轻工业减少 30%。1949 年的钢产量仅为

---

① 参见胡绳主编《中国共产党的七十年》,中共党史出版社 1991 年版,第 294 页。
② 参见国家统计局编《伟大的十年》,人民出版社 1959 年版,第 113 页。
③ 参见董志凯《1949—1952 年中国经济分析》,中国社会科学出版社 1996 年版,第 299 页。
④ 参见中共中央党史研究室《中国共产党历史》第 2 卷,中共党史出版社 2011 年版,第 176 页。

15.8万吨,减少80%;煤仅为243万吨,减少48%;粮食为11318万吨,减少约25%;棉花为444万吨,减少约48%。1949年在工农业总产值中,现代工业产值只占17%。经过三年的恢复,1952年工业总产值比1949年增长145.1%,年递增率为34.8%。[①] 其中,钢产量达到134.9万吨,比1949年增加7.54倍,比历史最高水平增加46.3%;生铁产量比1949年增加6.72倍,比历史上最高水平增加7.2%。[②]

这一时期,生产技术水平迅速提高。在工业基本建设方面创造和推广的先进技术和方法主要有苏长有先进砌砖法、谢万福木工流水作业法、混凝土真空模型板施工法、建设竖井的平行作业法以及施工管理上按指示图进行有节奏的施工等。[③] 在工业生产方面创造和推广的先进技术和方法主要有:在钢铁工业中,推广了快料顺行法和快速炼钢法。这在提高设备利用率方面取得显著的成效。在机械制造工业中,部分企业开始采用苏联高速切削法,创造和推行了多刀多刃切削法,并开始按照指示图表组织有节奏的生产。另外,在电力工业、煤炭工业、纺织工业、造纸工业等领域,一批先进技术和方法得以应用,大大促进了劳动生产率的提高。这一期间,国家还抽出一部分资金有计划地新建了一批急需的工矿企业,如阜新海州露天煤矿,鞍山钢铁公司无缝钢管厂和大型轧钢厂,山西重型机械厂,武汉、郑州、西安、新疆的纺织厂,哈尔滨亚麻厂等。这些企业后来都成为中国工业战线上的骨干企业。

交通运输的恢复是经济恢复的重点。1949年底就基本恢复了原有的铁路网。1952年7月,仅仅用两年时间就建成了成(成都)渝(重庆)铁路。到1952年,全国公路通车里程由解放初的8.07万公里增加到12.67万公里。

---

① 参见胡绳主编《中国共产党的七十年》,中共党史出版社1991年版,第294、289页。

② 参见《中国共产党历史》第2卷,中共党史出版社2011年版,第177页。

③ 参见《1949—1952中华人民共和国经济档案资料选编》(基本建设投资和建筑业卷),中国社会科学出版社1989年版,第501页。

5. 阶级结构

土地改革完成后,由农村生产关系决定的农村社会阶级结构发生了根本性的变化。除一部分少数民族地区外,地主阶级作为一个阶级已经被消灭。而没收官僚资本,也使得中国大陆的官僚资产阶级丧失了赖以存在的经济基础,其作为一个阶级实体被彻底消灭。

新中国成立初期起临时宪法作用的《共同纲领》对国家性质的规定,实际上也勾勒出新中国成立初期的社会阶级结构。工人阶级、农民阶级、城市小资产阶级和民族资产阶级是新民主主义社会阶级结构中的基本组成部分。国营经济和私人资本主义经济以及城市个体手工业经济的并存,使得新中国的工人阶级在内部构成上与旧中国单一的雇佣工人阶级有所不同。新中国的工人阶级不仅包括私营企业中的雇佣工人,还包括社会主义国营企业中的工人。随着国营经济的逐步壮大和企业生产技术水平的提高,工人阶级的队伍也在不断壮大,管理和科技人员阶层的比例逐渐提高。与之相对应,私营企业中雇佣工人的比例相对地不断降低。工人阶级的政治地位发生了根本性的变化,已经成为国家的领导阶级。知识分子中的一部分已经转变自己的阶级立场,成为工人阶级的一部分。

在占人口绝大多数的 5 亿农民中,富农比例增加,除了老富农基本没有变化之外,老解放区的一些富裕中农上升为新富农;大部分贫农上升为中农,中农成为农村中的绝大多数。农民收入一般都增长了 30% 以上。同时,农村中贫富分化现象开始出现。

在全国财政经济统一、物价稳定、社会主义国营经济已经掌握了市场领导权的条件下,作为资本人格化的资本家阶级中的一部分,与 1949 至 1950 年初靠从事商业投机不同,转而采用偷工减料、偷税漏税、盗窃国家资财、盗窃国家经济情报和行贿等办法来获取暴利。据 1952 年上半年的材料表明:北京、天津、上海等九大城市 45 万多户私

营工商业中,不同程度犯有"五毒"行为的就有 34 万多户,占总户数的
76%。① 执政党和政府于 1952 年由此在私营工商业中开展了反行贿、反
偷税漏税、反盗骗国家财产、反偷工减料、反盗窃国家经济情报的"五反"
运动。

这场运动是工人阶级同不法资本家之间的阶级较量。从结果看,
"五反"运动在大大巩固工人阶级在社会政治生活中的领导地位以及社
会主义国营经济在国民经济中的主导地位,并促进了私人资本主义企业
中的民主改革和生产改革的同时,也使"很多资本家实际上丧失了或者
基本上丧失了控制企业的权力"。"这是一个根本的变化。这个变化说
明:作为一个阶级来说,资产阶级已被工人群众和工人阶级所领导的国
家的威力所压倒了。"②

由于私营企业中工人监督机制的建立和民主改革的实行,以及"五
反"运动的开展,民族资产阶级的政治和社会地位开始降低。根据对上
海等 18 个城市的统计,1952 年私营工业企业开歇业总户数从开多歇少
转变为歇多开少。开业总户数 1951 年为 63 947 户,歇业为 15 410 户,开
歇相抵,增加 48 537 户。1952 年开业为 27 421 户,歇业为 22 332 户,开
歇相抵,只增加 5089 户。③ 造成这种状况的原因固然有很多,但"五反"
运动开展过猛不能不被视为一个重要原因。因此,当人们承认"五反"运
动之于确立新民主主义经济结构和经济秩序的意义,并充分肯定其为私
人资本主义接受社会主义改造创造有利条件的同时,"从新中国成立以
后 40 多年的经验来看,'五反'运动还带来了一个长期的消极后果,即成
为 1952 年底过早地结束新民主主义社会,实现新民主主义社会向社会
主义社会过渡的一个重要因素。而这一点,对我国以后的经济发展在一

---

① 参见汪海波《中华人民共和国工业经济史(1949 年 10 月—1998 年)》,山西经济出版社 1998
年版,第 53 页。
② 薄一波:《若干重大决策与事件的回顾》(修订本)上卷,人民出版社 1997 年版,第 189 页。
③ 参见《1949—1952 中华人民共和国经济档案资料选编(工商体制卷)》,中国社会科学出版社
1993 年版,第 726—727 页。

个长时期中都产生了不良影响。"①

　　总体而言,经过三年的改革与发展,基本形成了新民主主义社会的阶级结构,但由于经济结构的剧烈变动和过渡性特征的显露,这一阶级结构又明显呈现出不稳定的过渡性的特征。

6. 社会意识状况

　　新中国成立初期,执政的中国共产党运用各种形式确立马列主义与毛泽东思想在社会意识领域中的主导地位,批判封建地主阶级和国内外资产阶级的思想意识。

　　新中国一成立,中国共产党就在全国发起了学习社会发展史——历史唯物主义的运动。这种普及教育使全国人民的思想意识发生了很大变化,开始用马克思主义的基本观点看待各种问题。通过政治学习和启蒙教育,培养和造就了一大批具有一定政治觉悟的工农干部和工农积极分子。在此基础上,又掀起了学习以马克思列宁主义与毛泽东思想为中心内容的学习高潮,并且联系中国革命胜利的经验努力认识与掌握新民主主义的各种经济情况及其运动发展规律。

　　新中国成立初期,中国共产党在知识分子中广泛地组织了马克思主义基础知识的学习、党的方针和政策的学习,还组织他们参加或参观抗美援朝、土地改革、镇压反革命的群众运动。1951年中国共产党成立30周年的纪念活动和《毛泽东选集》的出版,推动了学习中国共产党历史和理论的热潮。到1952年秋,全国高等学校教职员的91％,大学生的80％,中学教师的75％,参加了学习。② 中国共产党和政府还注意引导与安排民主党派中的代表人物学习马克思主义。1951年在报刊上展开了对电影《武训传》的批判,通过讨论和批判这个电影,引申到如何看待

---

① 汪海波:《中华人民共和国工业经济史(1949 年 10 月—1998 年)》,山西经济出版社 1998 年版,第 60 页。
② 参见胡绳主编《中国共产党的七十年》,中共党史出版社 1991 年版,第 312 页。

中国近代的历史和中国革命的道路的问题。与此相呼应,在文学界发动了整风运动。这些运动的目的"是要洗净西方的自由主义价值,再给知识分子灌输马克思列宁主义"①。这些措施使知识分子中的大多数人开始站到工人阶级立场上来。

概括而言,新中国成立初期,共产党和政府通过灌输,使马克思主义逐步扩展了其在社会意识领域中的影响,封建地主阶级和国内外资产阶级思想逐步被削弱和压制。马克思主义不仅是无产阶级的指导思想,而且也成为国家的主导意识。

三、作为社会形态的新民主主义社会

新民主主义的社会形态具有典型的中国特色和个性色彩。众所周知,在马克思社会形态理论的分析框架中,既没有新民主主义社会的理论概念,也没有为新民主主义社会预先安排理论分析的空间,然而,马克思社会形态理论所蕴涵的基本观点和基本方法,却给新民主主义社会提供了纳入这一分析框架的有力支撑。从马克思社会形态理论出发,对新民主主义社会作为一种特殊的社会形态进行全面的认知和判定,离不开以下三个问题的引入和分析:一是新民主主义论和修正后的新民主主义论的关系问题。新民主主义社会理论的丰富性与新民主主义社会历史昙花一现的短暂性,形成强烈的反差。新中国成立后不久毛泽东对新民主主义论的根本性修正,提出了在讨论新民主主义社会形态问题时需要将两者联系起来加以分析的必要性。二是新民主主义社会与无产阶级专政时期的关系。新民主主义社会的历史定位与无产阶级专政时期有着深刻的关联。新民主主义理论被修正后,涉及对新民主主义社会两种意义上的"过渡时期"的讨论。三是新民主主义社会与社会主义初级阶段的关系。当下关于将社会主义初级阶段"新民主主义社会化"的看法,

---

① [美]R. 麦克法夸尔、费正清:《剑桥中华人民共和国史(革命的中国的兴起,1949—1965年)》,谢亮生等译,中国社会科学出版社1990年版,第247页。

使得在讨论新民主主义社会形态的问题时必须将这一特定的历史阶段与社会主义初级阶段的关系纳入分析的视野。显然,上述三个问题的提出和讨论,一方面具有鲜明的理论与现实指向,另一方面也构成新民主主义社会形态问题讨论的基本框架。

1. 新民主主义社会形态的历史方位

从世界历史的视角看,新民主主义的社会形态,是在资本主义全球化条件下世界无产阶级社会主义革命与西方资本全球化在半殖民地半封建的中国战场上碰撞和博弈的结果。正如有学者所指出的,新民主主义"是资本全球化的新阶段——帝国主义和社会主义革命改变了世界体系的同时也改变了中国社会结构的产物"①。这是与处于中心地位的西方国家相比较处于边缘地位的东方国家所获得的一种崭新的生存状态,是在世界无产阶级社会主义革命的影响下对半殖民地半封建社会状态的一次超越。作为在像中国这样的经济文化相对落后的国家民主主义革命胜利后出现的一种特殊社会形态,新民主主义社会的生成蕴涵着深刻的历史必然性。

从空间并存的角度看,新民主主义社会形态既不同于资本主义社会形态(比如英国、美国、日本等),也有别于现实的社会主义社会形态(比如苏联)。毛泽东就此有过一番具体的阐明,提出了"第三种形式"的概念。他指出,这种新民主主义共和国,"一方面和旧形式的、欧美式的、资产阶级专政的、资本主义的共和国相区别,那是旧民主主义的共和国,那种共和国已经过时了;另一方面,也和苏联式的、无产阶级专政的、社会主义的共和国相区别,那种社会主义的共和国已经在苏联兴盛起来,并且还要在各资本主义国家建立起来,无疑将成为一切工业先进国家的国家构成和政权构成的统治形式;但是那种共和国,在一定的历史时期中,还不适用于殖民地半殖民地国家的革命。因此,一切殖民地半殖民地国

---

① 任平:《当代视野中的马克思》,江苏人民出版社 2003 年版,第 141 页。

家的革命,在一定历史时期中所采取的国家形式,只能是第三种形式,这就是所谓新民主主义共和国。"①

从时间相继的角度看,新民主主义的社会形态是从半殖民地半封建社会脱胎而来,是对半殖民地半封建社会形态的超越和替代。就以毛泽东为主要代表的中国共产党人的主观愿望而言,它的发展方向是社会主义,这就使得新民主主义社会形态与半殖民地半封建以及社会主义这两种社会形态之间存在着明显的区别。对此,毛泽东也有过明确的判定:"它比起现在这种半殖民地半封建的状态来是不相同的,它跟将来的社会主义制度也不相同。"②"这个社会的前身是封建主义的社会(近百年来成为半殖民地半封建的社会),它的后身是社会主义的社会"③。

毋庸置疑,毛泽东提出新民主主义论时就蕴涵着对社会主义的期待。毛泽东对于这一趋势的期待,建立在"两个发展"以及由此导致的两种可能性的基础之上。他指出,新民主主义社会中存在着"两个发展":一个是资本主义因素的发展。毛泽东指出:"在革命胜利以后,因为肃清了资本主义发展道路上的障碍物,资本主义经济在中国社会中有一个相当程度的发展,是可以想象得到的,也是不足为怪的。"④另一个是社会主义因素的发展。在毛泽东看来,不断增长的社会主义因素,就是无产阶级和共产党在全国政治势力中的比重的增长,就是农民、知识分子和城市小资产阶级或者已经或者可能承认无产阶级和共产党的领导权,就是民主共和国的国营经济和劳动人民的合作经济。⑤

在毛泽东看来,新民主主义社会中的社会主义因素和资本主义因素并不处于静止而处于不断变化的状态,由此决定了"确立新民主主义的

---

① 《毛泽东选集》第2卷,人民出版社1991年版,第675页。
② 同上书第2卷,第563页。
③ 同上书第2卷,第559页。
④ 同上书第2卷,第650页。
⑤ 参见同上。

社会秩序"的困难。换言之,两个因素之间并不是和平共处的和谐状态,这决定了新民主主义时期是一个充满矛盾和斗争的时期、一个变动很强烈很深刻的时期。资本主义因素和社会主义因素之间的矛盾关系,构成这一社会形态较强的不稳定性的内在原因。1954 年 9 月 15 日,刘少奇在《关于中华人民共和国宪法草案的报告》中也对这一时期的变动性特征作了阐明:"我国正处在建设社会主义社会的过渡时期。在我国,这个时期也叫做新民主主义时期,这个时期在经济上的特点,就是既有社会主义,又有资本主义。""中国不变成社会主义国家,就要变成资本主义国家,要它不变,就是要使事物停止不动,这是绝对不可能的。"

正是这种矛盾状态,成为新民主主义社会作为一个社会形态在中国迅速消逝的引线。面对这种矛盾状态,是继续容留和限制,还是迅速实现社会主义对资本主义的替代,现实提供给当时的中国共产党人两种政策选择。从后来新民主主义论的修正看,毛泽东对于这种矛盾状态采取了从容留和限制到取消的政策转变。这一转变,确实似乎提供了"在特定的生产力和与之相应的生产方式的状况上,人们对生产关系可以根据自己的意愿进行选择"[1]的事实证明,但这一转变并不是一种随意的选择。导致这种转变的因素是多方面的,是主客观因素共同作用的结果。国内社会主义因素的不断发展,世界无产阶级社会主义运动这一"有利的国际环境"因素,不断提升着毛泽东走向社会主义的信心。他越来越认为,中国资产阶级民主革命的最后结果,避免资本主义的前途,实现社会主义的前途,不能不具有极大的可能性了。

2. 新民主主义社会的结构与政策

新民主主义社会的特征确实别具一格。无论是生产力还是生产关系,无论是经济基础还是上层建筑,新民主主义社会形态都展现出其与众不同的特殊性。这些特殊性主要包括:经济上的公有经济和私有经济

---

[1] 李延明:《在历史的序列中》,中国人民大学出版社 1989 年版,第 209 页。

并存,国有经济成分占主导地位;政治上的无产阶级领导下几个革命阶级的联合执政;社会意识领域的多种社会思潮并存,马克思主义占主导地位。这些因素相互联系,构成了新民主主义社会形态的基本结构。

以经济为例,新民主主义的经济,是使各种社会经济成分,在具有社会主义性质的国营经济领导之下,分工合作,各得其所,以促进整个社会经济的恢复和发展。毛泽东这样描述道:大银行、大工业、大商业,归这个共和国的国家所有。"凡本国人及外国人之企业,或有独占的性质,或规模过大为私人之力所不能办者,如银行、铁道、航路之属,由国家经营管理之,使私有资本制度不能操纵国民之生计,此则节制资本之要旨也。"同时,这个共和国将采取某种必要的方法,没收地主的土地,分配给无地和少地的农民,实行中山先生"耕者有其田"的口号,扫除农村中的封建关系,把土地变为农民的私产。"节制资本"和"平均地权",不能仅仅认为简单地继承了孙中山的基本思想。在无产阶级领导下新民主主义共和国的国营经济是社会主义的性质,是整个国民经济的领导力量。在这个阶段,虽然一般地还没有建立社会主义的农业,但在"耕者有其田"的基础上所发展起来的各种合作经济,也蕴涵社会主义的因素。

在对待资本主义和资产阶级的政策上,新民主主义社会既区别于资本主义又区别于社会主义的特性得到了最鲜明的体现。在毛泽东看来,在新民主主义社会形态中,关于资本讨论的结论并不是去留,而是在容留前提下的有所限制。应该说,这一政策安排既体现了对生产力因素的尊重,又包含着社会主义的价值诉求。在马克思主义创始人看来,极高度发展的生产力是未来社会实现的条件。"生产力的这种发展(随着这种发展,人们的世界历史性的而不是地域性的存在同时已经是经验的存在了)之所以是绝对必需的实际前提,还因为如果没有这种发展,那就只会有贫穷、极端贫困的普遍化;而在极端贫困的情况下,必须重新开始争取必需品的斗争,全部陈腐污浊的东西又要死灰复燃。"①列宁也指出:

①《马克思恩格斯选集》第1卷,人民出版社1995年版,第86页。

"没有高度发达的大工业,那就根本谈不上社会主义,而对于一个农民国家来说就更谈不上社会主义了。"①正是从当时的生产力水平出发,毛泽东确定了在新民主主义社会中容留资本主义生产关系的基本方针。

在《新民主主义论》中毛泽东指出,这个共和国并不没收其他资本主义的私有财产,并不禁止"不能操纵国民生计"的资本主义生产的发展,这是因为中国经济还十分落后的缘故。② 毛泽东在《论联合政府》一文中对此阐发道:"有些人不了解共产党人为什么不但不怕资本主义,反而在一定的条件下提倡它的发展。我们的回答是这样简单:拿资本主义的某种发展去代替外国帝国主义和本国封建主义的压迫,不但是一个进步,而且是一个不可避免的过程。它不但有利于资产阶级,同时也有利于无产阶级,或者说更有利于无产阶级。现在的中国是多了一个外国的帝国主义和一个本国的封建主义,而不是多了一个本国的资本主义,相反地,我们的资本主义是太少了。""我们共产党人根据自己对于马克思主义的社会发展规律的认识,明确地知道,在中国的条件下,在新民主主义的国家制度下,除了国家自己的经济、劳动人民的个体经济和合作社经济之外,一定要让私人资本主义经济在不能操纵国民生计的范围内获得发展的便利,才能有益于社会的向前发展。"③他在解释《论联合政府》这个报告与《新民主主义论》的不同之处时说,前者是确定了需要资本主义的广大发展,资本主义的广大发展在新民主主义政权下是无害有益的。④ 在1949年的中共七届二中全会上毛泽东指出:"中国的私人资本主义工业,占了现代性工业中的第二位,它是一个不可忽视的力量。……由于中国经济现在还处在落后状态,在革命胜利以后一个相当长的时期内,还需要尽可能地利用城乡私人资本主义的积极性,以利于国民经济的向前发

①《列宁全集》第32卷,人民出版社1985年版,第399页。
② 参见《毛泽东选集》第2卷,人民出版社1991年版,第678页。
③《毛泽东选集》第3卷,人民出版社1991年版,第1060页。
④ 参见《毛泽东文集》第3卷,人民出版社1996年版,第275页。

展。……这不但是不可避免的,而且是经济上必要的。"①

容留不构成新民主主义社会的特殊性,容留基础上的限制,才是新民主主义社会经济的特殊性所在。毛泽东指出:"在新民主主义的国家制度下,将采取调节劳资间利害关系的政策。一方面,保护工人利益,根据情况的不同,实行 8 小时到 10 小时工作制以及适当的失业救济和社会保险,保障工会的权利;另一方面,保证国家企业、私人企业和合作社企业在合理经营下的正当的赢利,使公私、劳资双方共同为发展工业生产而努力。"②他在中共七届二中全会上进一步明确指出:一切不是于国民经济有害而是于国民经济有利的城乡资本主义成分,都应当容许其存在和发展。但是,"中国的资本主义的存在和发展,不是如同资本主义国家那样不受限制任其泛滥的。限制和反限制,将是新民主主义国家内部阶级斗争的主要形式。"③

限制,作为新民主主义的一般性政策要求,成为检验中国共产党驾驭和领导新民主主义经济能力的一个看点。随着新民主主义论的修正,限制的实践历史也匆匆宣告终结了。但这一时期限制的理论和实践却可以为社会主义初级阶段的理论和政策设计提供若干启示。

3. 新民主主义社会形态的时间判定

在修正新民主主义论之前,毛泽东一直认为,新民主主义社会不是一个"短暂"存在的而是一个"长期"存在的社会形态。在《论联合政府》中毛泽东指出:"只有经过民主主义,才能达到社会主义,这是马克思主义的天经地义。而在中国,为民主主义奋斗的时间还是长期的。没有一个新民主主义的联合统一的国家,没有新民主主义国家经济的发展,没有私人资本主义经济和合作社经济的发展,没有民族的科学的大众的文

---

① 《毛泽东选集》第 4 卷,人民出版社 1991 年版,第 1431 页。
② 《毛泽东选集》第 3 卷,人民出版社 1991 年版,第 1082 页。
③ 《毛泽东选集》第 4 卷,人民出版社 1991 年版,第 1431、1432 页。

化即新民主主义文化的发展,没有几万万人民的个性的解放和个性的发展,一句话,没有一个由共产党领导的新式的资产阶级性质的彻底的民主革命,要想在殖民地半殖民地半封建的废墟上建立起社会主义社会来,那只是完全的空想。"①"中国现阶段的历史将形成中国现阶段的制度,在一个长时期中,将产生一个对于我们是完全必要和完全合理同时又区别于俄国制度的特殊形态,即几个民主阶级联盟的新民主主义的国家形态和政权形态。"②正如有学者所指出的:"作为中国革命必然产物的新民主主义社会制度,它不是一个转瞬即逝的新旧社会之间的简单交替或转换,而是一个有着丰富内涵的特殊社会发展阶段,是一个需要巩固基础的完整的社会过程。"③

　　毛泽东之所以强调新民主主义社会的长期性,主要是基于当时中国的生产力水平作出的判断。在《新民主主义论》、《论联合政府》和中共七届二中全会报告中,他明确提出,在对待资本主义的存留问题上必须联系现实的生产力水平。与当时西方发达的资本主义国家相比,旧中国的生产力水平极其低下。即使抗日战争前夕旧中国经济发展最高的时候,全国范围内的现代性工业大约也只占国民经济的 10%左右,农业和手工业占 90%左右。毛泽东在中共七届二中全会报告中指出,这一基本国情是在中国革命的时期内和在革命胜利以后一个相当长的时期内一切问题的基本出发点。特别值得深入分析的是,在毛泽东的视野中,工业化与新民主主义共始终。毛泽东在中共七届二中全会报告中指出,目前"还没有解决建立独立的完整的工业体系问题,只有待经济上获得了广大的发展,由落后的农业国变成了先进的工业国,才算最后地解决了这个问题"④。可见,在这一时期的毛泽东看来,工业化的完成构成社会主义的前提。

①《毛泽东选集》第 3 卷,人民出版社 1991 年版,第 1060 页。
② 同上书第 3 卷,第 1062 页。
③ 曲庆彪:《超越乌托邦——毛泽东的社会主义观》,北京出版社 1996 年版,第 49 页。
④《毛泽东选集》第 4 卷,人民出版社 1991 年版,第 1433 页。

　　新民主主义社会形态的长期性在当时的党内高层中应该说形成了共识。1948 年 12 月 25 日,刘少奇在华北财经委员会召开的会议上指出:"新民主主义经济是资本主义的呢? 还是社会主义的呢? 都不是。它有社会主义成分,也有资本主义成分。这是一种特殊的历史形态,它的特点是过渡时期的经济,可以过渡到资本主义,也可以过渡到社会主义。这是一个没有解决的问题。过渡性质不能长久存在,但有一个相当长的时期。"①他在 1948 年《关于新民主主义的建设问题》和《新中国经济建设的方针与问题》两篇报告中认为:"过早地采取社会主义的政策是要不得的。""过早地消灭资本主义的办法,则要犯'左'倾的错误"。②

　　事实上,即使在新中国成立后最初一段时间内,毛泽东、刘少奇和周恩来等党的领导人对于新民主主义社会的存在仍然坚持"长期性"的看法。毛泽东认为,中国实行私营工业国有化和农业社会化,"还在很远的将来"。他在全国政协一届二次会议上指出:"我们的国家就是这样地稳步前进,经过战争,经过新民主主义的改革,而在将来,在国家经济事业和文化事业大为兴盛了以后,在各种条件具备了以后,在全国人民考虑成熟并在大家同意了以后,就可以从容地和妥善地走进社会主义的新时期。"③刘少奇也指出:"中国将来的前途,是要走到社会主义和共产主义的",",但这是很久以后的事情,对于这些事情,中国人民政治协商会议很可以在将来加以讨论。在中国采取社会主义步骤,必须根据中国社会经济发展的实际需要和全国最大多数人民的要求。到了那时候,中国共产党也一定要和民主党派、各人民团体、各少数民族及其他爱国民主人士进行协商并共同地加以决定。中国共产党在将来也愿意和一切愿意进入社会主义的人们一道,共同地进入社会主义。"④周恩来强调:"中国是一个经济落后的国家,它走向工业国家化、农业集体化的社会主义道路

---

① 《刘少奇论新中国经济建设》,中央文献出版社 1993 年版,第 47 页。
② 参见薄一波《若干重大决策与事件的回顾》(修订本)上卷,人民出版社 1997 年版,第 48 页。
③ 《毛泽东文集》第 6 卷,人民出版社 1999 年版,第 80 页。
④ 《刘少奇选集》上卷,人民出版社 1981 年版,第 435 页。

是需要一个相当长的时期的。""毛主席的方针是稳步前进,三年恢复,十年、二十年发展。发展新民主主义经济可能要十年、二十年……"①上述讲话表明了在新中国成立后最初一段时间,我们党对于新民主主义社会将是一个长时期存在的集体认定。

毛泽东和党的其他领导人设想的是,先经过一段新民主主义社会的发展,待条件成熟后,再视情况,采取"严重的社会主义步骤",即采取激进式过渡的方式,一举进入社会主义。但是,一旦毛泽东确认了新民主主义社会即是向社会主义过渡的时期,新民主主义社会性质的解释发生了根本性变化,这一社会形态也就戛然而止了。

4. 新民主主义社会与无产阶级专政时期的比较

新民主主义社会是一个过渡性的社会形态,这是基于马克思的社会形态学说,就新民主主义社会形态在社会发展阶段上的历史方位的一种正确判断。无论在新民主主义论修正之前还是之后,毛泽东都揭示和强调了新民主主义社会形态的过渡性质。他认为,新民主主义,这是一定历史时期的形式,因而是过渡的形式,但是不可移易的必要的形式。但是,修正前后的过渡性却是具有不同内涵的两个概念。

在修正新民主主义论之前,新民主主义社会形态的过渡性不同于马克思所说的无产阶级专政时期的过渡性。

马克思使用的"过渡时期"所指的是从资本主义社会向社会主义社会的转变时期。在《哥达纲领批判》中,马克思指出:"在资本主义社会和共产主义社会之间,有一个从前者变为后者的革命转变时期。同这个时期相适应的也有一个政治上的过渡时期,这个时期的国家只能是无产阶级的革命专政。"②马克思还对这一过渡时期的任务作出了比较详尽的说明:"这种社会主义就是宣布不断革命,就是无产阶级的阶级专政,这种

---

①《周恩来经济文选》,中央文献出版社 1993 年版,第 122 页。
②《马克思恩格斯选集》第 3 卷,人民出版社 1995 年版,第 314 页。

专政是达到消灭一切阶级差别,达到消灭这些差别所由产生的一切生产关系,达到消灭和这些生产关系相适应的一切社会关系,达到改变由这些社会关系产生出来的一切观念的必然的过渡阶段。"①换言之,在马克思看来,无产阶级专政过渡性的概括表达是达到消灭一切阶级和进入无阶级社会的过渡。

从无产阶级专政的基本职能看,这种过渡性一方面表现为镇压资产阶级的反抗,另一项基本职能是对社会经济关系进行革命改造,为共产主义社会创造条件。马克思和恩格斯在《共产党宣言》中指出:"无产阶级将利用自己的政治统治,一步一步地夺取资产阶级的全部资本,把一切生产工具集中在国家即组织成为统治阶级的无产阶级手里,并且尽可能快地增加生产力的总量。"②恩格斯指出:"如果不立即利用民主作为手段实行进一步的、直接侵犯私有制和保障无产阶级生存的各种措施,那么,这种民主对于无产阶级就毫无用处。"③在马克思主义创始人看来,消灭私有制,是无产阶级专政的基本职责。马克思恩格斯还明确指出,无产阶级专政"必须持续到阶级存在的经济基础被消灭的时候为止"④。在马克思主义创始人那里,废除资本是废除国家的前提,其中包括对全部生产方式的改造。也就是说,资本的废除不仅仅意味着资本主义和资产阶级的消失,也是国家消亡的基本条件。这既表明了无产阶级专政的历史使命,从另一个角度看,所谓过渡时期的主要意义即在于此。在这个过渡时期内,专政的主体既不是数个阶级也不是少数人,无产阶级作为一个阶级处于统治地位。

将新民主主义社会称为"过渡时期"时,其与马克思所言的"过渡时期"是两个具有明显区别的概念。从经济上看,如前所述,新民主主义社会不同于无产阶级专政时期的主要表现为经济结构的特征以及对资本

---

① 《马克思恩格斯选集》第 1 卷,人民出版社 1995 年版,第 462 页。
② 同上书第 1 卷,第 293 页。
③ 《马克思恩格斯选集》第 3 卷,人民出版社 1995 年版,第 239—240 页。
④ 同上书第 3 卷,第 291 页。

主义经济关系的政策。从政治上看,正如毛泽东指出的:"几个民主阶级联盟的新民主主义国家,和无产阶级专政的社会主义国家,是有原则上的不同的。"①新民主主义的国家政权是包括各"民主"阶级、各民主党派、各民族及其他爱国民主人士的统一战线政权。这个政权的一个显著特征是各民主党派和无党派民主人士直接参加联合政府,承担一部分国家事务管理的责任。另一个显著特征是工农阶级联合民族资产阶级,对被分掉了土地的地主阶级分子和被没收了资产的官僚资产阶级分子进行专政。这不仅使新民主主义政权与旧民主主义政权区别开来,也使新民主主义政权与无产阶级专政政权区别开来。新民主主义政权与无产阶级专政政权的区别,是将新民主主义社会阶段与从资本主义向共产主义的过渡阶段这两个不同社会阶段区别开来的一个重要根据。

　　进一步而言,新民主主义社会过渡性质的定位,集中体现在位于半殖民地半封建社会与无产阶级专政历史时期之间。作为一个过渡性的历史时期,新民主主义社会可以视为马克思所说的"过渡时期"的准备阶段,处于从资本主义向共产主义过渡的阶段之前的历史阶段。在这个时期内,这种过渡性当然地表现为生产力发展基础上社会主义因素的增长,但资本主义因素仍然存在并有一定程度的发展,并不存在严重的社会主义步骤。毛泽东后来缩短了新民主主义社会存在的时间,一个重要表征就是对资本主义工商业实现生产关系的社会主义改造。因此,两者之间是前后相继的关系。毛泽东对此有明确的论述。他指出,中国革命的两个步骤,即"第一步,改变这个殖民地、半殖民地、半封建的社会形态。使之变成一个独立的民主主义的社会。第二步,使革命向前发展,建立一个社会主义的社会"②。

　　新民主主义论一经这样的修正,新民主主义社会作为"过渡时期"的意义就发生了根本性的变化。"新民主主义建设时期就是过渡时期,这

---

①《毛泽东选集》第 2 卷,人民出版社 1991 年版,第 1061—1062 页。
② 同上书第 2 卷,第 666 页。

是对中国共产党关于由新民主主义向社会主义转变问题,在理论上的突破。"①这一突破意味着,中华人民共和国的成立即标志革命由资产阶级民主革命阶段转变到社会主义革命阶段,即进入向社会主义过渡的历史时期。在新民主主义革命胜利和社会主义革命开始之间,也就不存在一个新民主主义社会的历史阶段,因为所谓新民主主义社会的历史阶段已经转换为向社会主义过渡的历史阶段。这一突破也就意味着,在否定新民主主义社会长时期存在的同时,过渡性的内涵也就发生了根本变化,这个过渡性在实现生产关系变革的方面,就与马克思所说的无产阶级专政时期的过渡性呈现出一致性。

5. 新民主主义社会与社会主义初级阶段的比较

中国的新民主主义社会与社会主义初级阶段既是两个不同的社会发展阶段,也是两种不同社会性质的社会形态,从理论上加以辨明并不困难。这个问题在今天之所以引起广泛的争论,最重要的原因在于,改革开放以来,我们党在生产关系和分配关系领域的一系列变革,导致了经济社会结构的深刻变化,其中最为突出的变化是私有经济的恢复和发展。正是现实社会的一系列貌似"新民主主义化"的重大政策调整,编织出对这一论题热烈讨论的引线。社会主义初级阶段与新民主主义社会相似的观点,隐含着一种认识上的逻辑,即对当初进行社会主义改造必要性的质疑,有"觉今是而昨非"之感,从而否定了从新民主主义社会向社会主义转变的历史进步意义。更有甚者,有学者提出了新民主主义方向的改革主张。由此出发,正视这一课题并予以积极的应答,有着十分重要的理论意义和现实意义。

近年来不少学者基于辩护性的立场对这一问题提出了自己的见解。一种研究思路着重分析两者的差异,由此阐明两者的不同。有学者认

---

① 参见逄先知、金冲及主编《毛泽东传(1949—1976)》(上),中央文献出版社 2003 年版,第265 页。

为,两者的主要区别有两点:第一,新民主主义社会时期,社会主义经济虽然占据领导地位,但在开始时私有经济是国民经济的主体,这种私有经济的主体地位是逐步被公有经济取代的;而在社会主义初级阶段,公有制经济已经在国民经济中占据主体地位。第二,新民主主义社会时期,我们面临的主要矛盾是无产阶级和资产阶级两个阶级、社会主义和资本主义两条道路的斗争;在社会主义初级阶段,尽管阶级斗争仍在一定范围内存在、在某种情况下还可能激化,但是主要矛盾已经是生产的发展还不能充分满足人民群众不断增长的物质和文化需要的矛盾了。[①]有学者从家庭联产承包责任制与个体经济、允许一部分人先富起来与搞两极分化、以公有制为主体的多种所有制经济成分共同发展与新民主主义发展模式、社会主义市场经济与旧的市场经济体制等四个方面的比较,阐明了社会主义初级阶段与新民主主义社会的原则区别。[②]还有学者从所有制结构出发指出了两者的根本区别:"在新民主主义社会中,无论城市或农村,公有制经济都没有占主体地位,在广大农村中尤其如此。这自然称不上社会主义初级阶段。从这里也可以看出社会主义初级阶段同新民主主义社会的根本区别所在。"[③]

　　另一种研究思路从两者的同与异两个方面进行了比较。将相似和差异联系在一起考察,突出强调两者的不同点,是一些论者的基本研究方法。有学者认为,一些人把两者看成一样的主要根据在于,两者的出发点相似,即都是以我国经济文化落后的客观现状为出发点的;历史任务基本相同,即完成国家的工业化;社会经济结构颇多相似之处,即以社会主义公有制经济为主体的各种经济成分并存;等等。但是,两者的重大不同点是不容忽视的,如在社会发展阶段、社会主要矛盾、政权的性

[①] 参见沙健孙《关于社会主义改造问题的再评价》,载《当代中国史研究》2005 年第 1 期。

[②] 参见徐崇温《社会主义初级阶段与新民主主义的区别》,载《社会主义初级阶段论(供内部学习用)》,中国社会科学院党组办公室编,2000 年 3 月。

[③] 金冲及:《新民主主义社会和社会主义初级阶段》,载《党的文献》2008 年第 5 期。

质、经济发展的起点和趋向与时代大气候等五个方面,都有显著的不同。①

在新民主主义社会与社会主义初级阶段比较的问题上,更为重要的是要秉持理论和现实相结合的原则,坚持理论与现实具体的历史的统一,否则,关于这一问题讨论的意义就难以达成。这一方法一方面要求,必须基于社会主义初级阶段是对新民主主义阶段的继承与超越这一高度,两者之间的比较研究应在这一基础上展开。本质已然改变,虽然形有所似。缺少这一高度,新民主主义社会向社会主义转变的历史进步性就失去了根据,社会主义初级阶段的战略性调整就可能被视为倒退和回归。比如,研究者们不约而同地涉及所有制结构这一因素在两者比较中的关键地位。仅仅强调新中国成立初期公有制经济比例的历史变化来说明两者的差异,缺乏足够的说服力。同时,所有制结构中公有制经济的比重固然是两者的根本区别,但社会主义初级阶段与新民主主义社会的差异的考察,必须建立在前者对后者整体性超越的基础上,从超越性的层面加以展开。另一方面,讨论社会主义初级阶段与新民主主义社会比较的问题,需要将社会主义初级阶段的应有与社会主义初级阶段的实有加以分别,并与新民主主义社会的实有相比较,由此在确认社会主义初级阶段的现实不完善性的同时,明确社会发展的未来方向,避免堕入回归新民主主义社会的认识误区,并进而导致实践形式的倒退。由此可以说明,这一研究的根本目的应在于,说明社会主义初级阶段对新民主主义阶段的超越性,提出中国发展道路的社会主义性质的批判性反思的现实任务。

与之相联系,还需要秉持宽阔的世界视野和纵深的历史视野。所谓世界视野,要求在全球空间中把握两者的区别与联系。换言之,我们今天是在资本主导的全球化条件下思考社会主义初级阶段与新民主主义社会的比较问题。应该看到,在目前世界社会主义运动处于低潮的历史

---

① 参见金春明《试析社会主义初级阶段与新民主主义之异同》,载《教学与研究》2001年第1期。

条件下,对中国正处于社会主义初级阶段的认定,是原则性与灵活性的统一,其原则性在于,这既是对当前中国所处的社会发展阶段的科学判定,也是在全球资本主义框架内坚持社会主义道路的政治表态;其灵活性在于,强调中国社会主义正处于初级阶段,既是对中国社会主义所处发展阶段的正确估量,也蕴涵着对新民主主义社会形态的超越程度的正确评价。所谓历史视角,要求基于新中国社会主义建设的历史探索的曲折性,正确认识和把握两个必然性的关系。从新民主主义社会过渡到社会主义和改革开放以来在生产关系和交换关系等领域进行适当调整,都是唯物史观指导下中国的成功实践。后一个必然性不是对前一个必然性的否定,而是在一个新的社会形态基础上的规范性矫正。

第四章　从新民主主义向社会主义的过渡

从新民主主义向社会主义过渡,是以毛泽东为主要代表的中国共产党人带领中国人民走向社会主义的一次努力,构成新中国社会主义实践史上一个重大的历史事件。生产资料所有制三大改造的顺利完成,标志着中国进入社会主义社会。本章在对社会主义改造问题进行再探讨的基础上,具体阐述了中国共产党人带领全国人民向社会主义过渡的实践过程,并对中国所建立的社会主义的社会属性进行了深入分析。

一、社会主义改造问题的再探讨

社会主义改造,是 20 世纪中国共产党领导的一场伟大的社会变革,构成新中国社会主义实践史上一个重大的历史事件。经过这一实践,中国实现了从新民主主义向社会主义的转变,走上了社会主义道路。中国共产党人探索出的社会主义改造理论赋予了中国走向社会主义的实践以鲜明的中国特色。社会主义改造的理论和实践所蕴涵的浓郁的辩证色彩,特别需要在历史、理论和现实相结合的高度予以深入阐发。本章力图通过这一阐发,深化对这一实践的认识,从中获取中国特色社会主义事业发展的有益的思想资源。

1. 新民主主义的过渡性:过渡的准备与过渡本身的转换

在毛泽东关于新民主主义理论的基本解说中,新民主主义是一个具有过渡性质的概念。他认为,这是一定历史时期的形式,因而是过渡的形式,但是不可移易的必要的形式。过渡性构成这一历史时期的主要特征。作为一个过渡性的历史时期,新民主主义社会可以视为马克思所说的"过渡时期"的准备阶段,处于从资本主义向共产主义过渡之前的历史阶段。在这个时期内,这种过渡性自然地表现为生产力发展基础上社会主义因素的增长,不过,资本主义因素仍然存在并有一定程度的发展,不存在严重的社会主义步骤。

在新中国成立前及成立后最初一段时期内,毛泽东和党的其他领导人设想,先经过一段新民主主义社会的发展,待条件成熟后,再视情况采取"严重的社会主义步骤",即采取激进过渡的方式,一举进入社会主义。新中国成立三年后,毛泽东对新民主主义论作出了重大修正,将原先认为要经历一个长时期的新民主主义阶段后再行向社会主义过渡的观点,修正为新民主主义时期就是向社会主义过渡的时期的观点。1952 年 9 月 24 日,毛泽东在中共中央书记处会议上最先提出了向社会主义过渡的问题。他说:"十年到十五年基本上完成社会主义,不是十年以后才过渡到社会主义。"[①]1953 年 2 月,毛泽东在湖北视察时同孝感地委负责人谈话时,对新民主主义作为"过渡时期"的内涵作出了进一步的阐发:"什么叫过渡时期?过渡时期的步骤是走向社会主义。我给他们用扳指头的办法解释,类似过桥,走一步算是过渡了一年,两步两年,三步三年,四步四年,五步五年,六步六年……十到十五年走完了。我让他们把这话传到县委书记、县长。在十年到十五年或者还多一些的时间内,基本上完成国家工业化及对农业、手工业、资本主义工商业的社会主义改造。要防止急躁

---

① 逄先知、金冲及主编:《毛泽东传(1949—1976)》(上),中央文献出版社 2003 年版,第 236 页。

情绪。"①同年 12 月,在对过渡时期总路线进行完整表述时,毛泽东又将"十年到十五年"的过渡时间改为"一个相当长的时期":"从中华人民共和国成立,到社会主义改造基本完成,这是一个过渡时期。党在这个过渡时期的总路线和总任务,是要在一个相当长的时期内,逐步实现国家的社会主义工业化,并逐步实现国家对农业、对手工业和对资本主义工商业的社会主义改造。这条总路线是照耀我们各项工作的灯塔,各项工作离开它,就要犯右倾或'左'倾的错误。"②

薄一波回忆道,当时包括他在内的许多人都没有认识到或没有深刻认识到,"新中国成立后我们继续在全国范围内进行的新民主主义建设,本身就是过渡性质的,也就是说,已经乘上了向社会主义过渡的航船。"③费正清敏锐地感到,"中国正在发展的新民主主义阶段出乎意料地提前结束"④。"新民主主义建设时期就是过渡时期,这是对中国共产党关于由新民主主义向社会主义转变问题,在理论上的突破。"⑤新民主主义社会的过渡性也就由此发生了根本性的变化,此过渡就非彼过渡了,过渡的准备自然地转换为过渡本身。与这一理论上的突破相联系的,就是社会主义改造实践的隆隆启动。

毛泽东作出这一转变有他的理论依据。在他看来,革命性质发生转变的标志物是政权的转变,政治上层建筑的变化构成革命性质变化的根据。他对此阐述道:"我们说标志着革命性质的转变、标志着新民主主义革命阶段的基本结束和社会主义革命阶段的开始的东西是政权的转变,是国民党反革命政权的灭亡和中华人民共和国的成立。"⑥依照这一逻

---

① 逄先知、金冲及主编:《毛泽东传(1949—1976)》(上),中央文献出版社 2003 年版,第 249 页。
② 《建国以来重要文献选编》第 4 册,中央文献出版社 1993 年版,第 700—701 页。
③ 薄一波:《若干重大决策与事件的回顾》(修订本)上卷,人民出版社 1997 年版,第 235 页。
④ 费正清:《伟大的中国革命(1800—1985 年)》,刘尊棋译,世界知识出版社 2000 年版,第 333 页。
⑤ 参见逄先知、金冲及主编《毛泽东传(1949—1976)》(上),中央文献出版社 2003 年版,第 265 页。
⑥ 《建国以来重要文献选编》第 4 册,中央文献出版社 1993 年版,第 694 页。

辑,在毛泽东看来,中华人民共和国的成立,即标志着革命由资产阶级民主革命阶段转变到社会主义革命阶段,即进入向社会主义过渡的历史时期。这也就意味着,在新民主主义革命胜利和社会主义革命开始之间,并不存在着一个新民主主义社会的阶段,因为所谓新民主主义社会的阶段实际上已经成为向社会主义过渡的阶段。

从1958年毛泽东读苏联《政治经济学教科书》下册的谈话中可以发现,毛泽东一直坚持了这个划分标准的观点。苏联《政治经济学教科书》指出,在某些国家中,随着推翻剥削阶级的政治统治,革命立刻就具有社会主义的性质。1917年10月俄国的情况就是如此。在另外一些脱离了资本主义体系的国家中,革命在最初阶段主要是资产阶级民主革命性质的,只是后来才逐渐地发展成为社会主义革命。毛泽东对此评价道,我国资本主义发展水平同十月革命以前的俄国差不多,而封建经济则是更大量地存在。“一九四九年中华人民共和国建立,标志着新民主主义革命阶段的基本结束和社会主义革命阶段的开始。我们立即没收了占全国工业、运输业固定资产百分之八十的官僚资本,转为全民所有。同时,用了三年的时间,完成全国的土地改革。如果因此说全国解放以后,‘革命在最初阶段主要是资产阶级民主革命性质的,只是后来才逐渐地发展成为社会主义革命’,这是不对的。”①

这样,就面临着新中国成立后最初几年的重释的问题。在毛泽东看来,这几年所显示的只是“我国过渡时期头几年中的错综复杂的形象”。他说:“并不是说社会主义改造这样一个伟大的任务,在人民共和国成立以后就可以立即在全国一切方面着手施行了。不是的,那时,我们还须在广大的农村中解决封建主义与民主主义即地主与农民之间的矛盾。那时在农村中的主要矛盾是封建主义与民主主义之间的矛盾,而不是资本主义与社会主义之间的矛盾,因此需要有两年至三

---

① 《毛泽东读社会主义政治经济学批注和谈话》(简本),中华人民共和国国史学会,2000年,第121页。

年时间在农村实行土地改革。那时我们一方面在农村实行民主主义的土地改革，一方面在城市立即着手接收官僚资本主义企业使之变为社会主义的企业，建立社会主义的国家银行，同时在全国范围内着手建立社会主义的国营商业和合作社商业，并已在过去几年中对私人资本主义企业开始实行了国家资本主义的措施。所有这些显示着我国过渡时期头几年中的错综复杂的形象。"①显然，在他看来，头几年错综复杂的景象已经不再是新民主主义社会的常态，而是社会主义改造的前奏和序幕罢了。

这一修正也确立了渐进式改造对激进式过渡的替代，展现出鲜明的中国特色。毛泽东最初提出的十到十五年的过渡时间，所明确的就是采取一种渐进的过渡方式。1953 年 9 月 8 日，周恩来在全国政协常委扩大会议上所作的题为《过渡时期的总路线》的报告中有着详细的解读："在我们的人民民主的国家制度和社会制度中，不是要等到那么一天，由国家宣布所有的生产资料都归国家所有，而在这一天以前，一切都原封不动毫无变化。这是不可能的。……我国根据国际条件尤其是国内各阶级联盟和经济发展的情况，不采取这种激烈的突然变革的，而采取温和的逐步过渡的办法。由新民主主义到社会主义虽然是一场革命，但可以采取逐步的和平转变的办法，而不是在一天早晨突然宣布实行社会主义。在过渡时期之中，要使社会主义成分的比重一天一天地增加。"②三天后，周恩来在一届全国政协常委会第 49 次（扩大）会议的总结报告中进一步概括道："我国新民主主义建设时期，就是逐步向社会主义过渡的时期，也就是社会主义经济成分在国民经济比重中逐步增长的时期。"③由此，作为过渡准备的新民主主义阶段和采取"严重的社会主义步骤"的"过渡时期"这两个前后相继的不同发展阶段，融合为一个渐进的过渡时期。

---

① 《建国以来重要文献选编》第 4 册，中央文献出版社 1993 年版，第 695 页。

② 《周恩来选集》下卷，人民出版社 1984 年版，第 106 页。

③ 逄先知、金冲及主编：《毛泽东传（1949—1976）》（上），中央文献出版社 2003 年版，第 265 页。

2. 提前过渡的初衷:实现国家工业化还是走上社会主义道路

和自然界不同,人类社会中"任何事情的发生都不是没有自觉的意识,没有预期的目的的"①。为了准确揭示这一运动的深层根源,人的目的性是首先值得展开讨论的因素。由此,一方面,不应忽略任何一个影响提前过渡的主观因素,另一方面,主观因素的分析需要把握不同的层次,否则,就难以获得正确的结论。在关于这个问题的讨论中,第一个层次,是对于道路选择的具有决定意义的主观因素的正确把握;第二个层次,在此基础上,是对于提前过渡的具有决定意义的主观因素的正确把握。

关于第一个层次,在中国实现社会主义,是中国共产党自创建时起就已经确定的战略目标,构成具有决定意义的主观因素。毛泽东在新中国成立前夕的中共七届二中全会上明确指出:"在革命胜利以后,迅速地恢复和发展生产,对付国外的帝国主义,使中国稳步地由农业国转变为工业国,把中国建设成一个伟大的社会主义国家。"②因此,对于中国共产党而言,关键的问题从来都不在于要不要向社会主义过渡,只在于何时向社会主义过渡和如何向社会主义过渡。正如周恩来在对过渡时期总路线作全面阐述时所指出的:"这个问题本来不是一个新的问题。从中华人民共和国成立时起,我们就认定新民主主义要过渡到社会主义。《共同纲领》中虽然没有写社会主义的前途,但这是因为考虑到当时写上去还不成熟。"③当毛泽东提出过渡设想时,党内一些同志只是就改造提前有所不解,所存疑的不是要不要向社会主义过渡的问题。对此,薄一波的认识颇具代表性。他指出:"既是新民主主义革命,它的续篇就只能是社会主义,或者说必然以社会主义为其发展前途。中国只能走社会主

---

① 《马克思恩格斯选集》第 4 卷,人民出版社 1995 年版,第 247 页。
② 《毛泽东选集》第 4 卷,人民出版社 1991 年版,第 1437 页。
③ 《周恩来选集》下卷,人民出版社 1984 年版,第 104 页。

义道路,不能走别的道路,这不是在制定过渡时期总路线的时候才选定的,而是早在中国共产党成立时就已经选择好了,而且这种选择在我们党领导民主革命的整个过程中是一直坚持,从未动摇过的。"①

关于第二个层次,一些学者侧重从实现工业化的根本目的出发,论证提前向社会主义过渡的必要性。沙健孙教授认为,党和国家进行社会主义改造并不是出于一种抽象的社会主义信念,而是为了适应国家工业化这个任务的需要。换言之,为了实现国家工业化就必须进行社会主义改造。② 朱佳木研究员进一步认为,提前过渡的根本原因是党在编制五年计划时选择了优先发展重工业的战略,并得到了苏联在技术和设备制造上给予全面援助的承诺;而过渡之所以又被提前,主要原因也在于要使农业和资本主义工商业尽快适应优先发展重工业的需要。③ 由于优先发展重工业战略是实现国家工业化的战略安排,因此这一观点实际上也强调了国家工业化是提前过渡最重要的影响因素。

这一论点最有力的支持论据在于,过渡时期总路线的基本内容通常称为"一体两翼",这个比喻形象地说明了工业化的特殊地位。如果深入讨论的话,这一逻辑的理论支撑是毛泽东对于生产关系作用的认识。在毛泽东看来,社会主义改造能够极大地推动生产力的迅速发展。1953 年12 月,毛泽东在审阅过渡时期总路线的提纲中写道:"我们所以必须这样做,是因为只有完成了由生产资料的私人所有制到社会主义所有制的过渡,才有利于社会生产力的迅速向前发展,才利于在技术上起一个革命,把在我国绝大部分社会经济中使用简单的落后的工具农具去工作的情况,改变为使用各类机器直至最先进的机器去工作的情况,借以达到大规模地出产各种工业和农业产品,满足人民日益增长着的需要,提高人

---

① 薄一波:《若干重大决策与事件的回顾》(修订本)上卷,人民出版社 1997 年版,第 234 页。
② 参见沙健孙《关于社会主义改造问题的再评价》,载《当代中国史研究》2005 年第 1 期。
③ 参见朱佳木《由新民主主义社会向社会主义的提前过渡与优先发展重工业的战略抉择》,载《当代中国史研究》2004 年第 5 期。

民的生活水平"①。1955年10月29日，毛泽东在第二次工商业改造问题的座谈会上指出："我们的目标是使我国比现在大为发展，大为富、大为强。现在，我国又不富，也不强，还是一个很穷的国家。""但是，现在我们实行这么一种制度，这么一种计划，是可以一年一年走向更富更强的，一年一年可以看到更富更强些。而这个富，是共同的富，这个强，是共同的强"。"我看，共产这个事情是好事情，没有什么可怕的，你们会知道的，会看到的。全国统筹兼顾，这个力量大得很。资本主义私有制大大地妨碍统筹兼顾，妨碍国家的富强，因为它是无政府性质的，跟计划经济是抵触的。"②在1956年1月的最高国务会议上毛泽东明确指出："社会主义革命的目的是为了解放生产力。农业和手工业由个体的所有制变为社会主义的集体所有制，私营工商业由资本主义所有制变为社会主义所有制，必然使生产力大大地获得解放。这样就为大大地发展工业和农业的生产创造了社会条件。"③显然，随着这一观点的不断强化和绝对化，毛泽东距离"一切有利于国民经济的资本主义成分应允许其存在和发展"的认识就越来越远了。

农业社会主义改造的动机也充分证明了这一点。在毛泽东看来，个体所有制不适应生产力的发展，只有过渡到集体所有制，才能提高生产力，解决粮食和其他农产品的供求矛盾。1953年10月15日，毛泽东在同陈伯达、廖鲁言的谈话中指出："个体农民，增产有限，必须发展互助合作。对于农村的阵地，社会主义如果不去占领，资本主义就必然会去占领。难道可以说既不走资本主义的道路，又不走社会主义的道路吗？资本主义道路，也可增产，但时间要长，而且是痛苦的道路。"④这在当时并不只是毛泽东一人的观点。1956年4月，陈云应邀访问越南时与越南劳

---

① 《建国以来重要文献选编》第4册，中央文献出版社1993年版，第702页。
② 参见逄先知、金冲及主编《毛泽东传（1949—1976）》（上），中央文献出版社2003年版，第444、445页。
③ 《毛泽东文集》第7卷，人民出版社1999年版，第1页。
④ 《毛泽东文集》第6卷，人民出版社1999年版，第298页。

动党主席胡志明等人谈话时指出："在农业增产方面,中国摸索了六年","去年下半年,中国农业合作化高潮到来,这是中国短时期内花钱最少又可能实现最大增产计划的一条路。"长江以北要增产,要把旱地大量改变成水浇地;长江以南要增产,要增加复种面积。这两者的关键在于搞水。"合作化后,组织起来的农民自己动手搞水利。人还是那些人,但组织起来力量就大得多,积肥、改良农具和种子、改进耕作技术等等以前不易办的事,合作化之后就不难了。"①

提前过渡导致工业化的历史任务所依托的社会形态由此发生了重大变化。以毛泽东为主要代表的中国共产党人原先设想,工业化这一历史任务主要是与新民主主义的社会形态相联系的。毛泽东在 1949 年 7 月 4 日的一次讲话中指出："20 年后,我们工业发展到一定程度,看其情况即转入社会主义。"②提前过渡的一个重大后果是,国家工业化与新民主主义发展阶段剥离开来,纳入了与社会主义社会形态相联系的框架之中,构成社会主义阶段的历史任务。这也就意味着,毛泽东在认识和处理社会形态转变和实现工业化关系的问题上发生了重大的转变,即将从新民主主义向社会主义的社会形态转变视为实现工业化的前提。

在种种影响社会主义改造时间提前的主观因素中,实现国家工业化无疑是一大重要因素,也是导致毛泽东决定提前向社会主义过渡的重要原因。但是,之所以提前过渡,并不是实现国家工业化单一因素作用的结果,而是诸多主观因素和客观因素的结合促成。后文将着重讨论这一问题。这里需要提出解决的一个问题是,在关于提前过渡原因的讨论中,实现国家工业化是不是具有决定意义的主观因素呢? 如果是的话,走上社会主义道路的愿望在这一过程中丧失了其决定意义的地位了吗?

由此,必须将毛泽东提出的"两个革命并举论"纳入分析的视野。毛泽东指出："我们现在不但正在进行关于社会制度方面的由私有制到公

---

① 《陈云年谱(1905—1995)》中卷,中央文献出版社 2000 年版,第 299 页。
② 转引自曲庆彪《超越乌托邦——毛泽东的社会主义观》,北京出版社 1996 年版,第 47 页。

有制的革命,而且正在进行技术方面的由手工业生产到大规模现代化机器生产的革命,而这两种革命是结合在一起的。在农业方面,在我国的条件下(在资本主义国家内是使农业资本主义化),则必须先有合作化,然后才能使用大机器。由此可见,我们对于工业农业、社会主义工业化和社会主义的农业改造这样两件事,决不可以分割起来和互相孤立起来去看,决不可以只强调一方面,减弱另一方面。"①"两个革命并举"被周恩来解读为"两个过渡并举"。周恩来在 1956 年 2 月 6 日的政协全国委员会常务委员会第 17 次会议上指出:过渡时期要完成两个过渡:"一个过渡是对农业、手工业、资本主义工商业的社会主义改造,另一个过渡是逐步实现国家的社会主义工业化。"它的完成时间,"可以有两种设想:一种是工业化可以提早完成;另一种是在规律和速度上能够扩大和加快,但不等于提前完成工业化。"②"两个革命并举论"表明,以毛泽东为主要代表的中国共产党人当时的着眼点主要是两个而非一个,一个是社会主义改造的问题,另一个是工业化的问题。"两个革命并举论"的观点要求,讨论其中任何一个问题需要基于两者的统一。如果进一步讨论两者关系的话,需要深入考察毛泽东在新中国成立后提出提前过渡设想的起因以及提出这一设想时的目的,只有基于这两个方面的统一,才能使研究工作更富有针对性。事实上,毛泽东最早对过渡时期作新的阐释,就是生产关系变化直接促成的。③ 这一点非常关键,说明了毛泽东是基于此

---

① 《毛泽东文集》第 6 卷,人民出版社 1999 年版,第 432 页。
② 《周恩来年谱(1949—1976)》上卷,中央文献出版社 1997 年版,第 544 页。
③ 毛泽东说:"十年到十五年基本上完成社会主义,不是十年以后才过渡到社会主义。二中全会提出限制和反限制,现在这个内容就更丰富了。工业、私营占百分之三十二点七,国营占百分之六十七点三,是三七开;商业零售是倒四六开。再发展五年比例会更小(资小我大),但绝对数字(指资)仍会有些发展,这还不是社会主义。五年以后如此,十年以后会怎么样,十五年以后会怎么样,要想一想。"资本主义的"性质也变了,是新式的资本主义:公私合营,加工订货,工人监督,资本公开,技术公开,财政公开……他们已经挂在共产党的车头上了,离不开共产党了"。"他们的子女们也将接近共产党了。""农村也是向合作互助发展,前五年不准地主、富农参加,后五年可以让其参加。"参见逄先知、金冲及主编《毛泽东传(1949—1976)》(上),中央文献出版社 2003 年版,第 237 页。

开始考虑生产关系的变化之于社会主义意义的问题的。按照这一逻辑，国家工业化的因素被强化虽然有塑造其客观性的善意动机，但被赋予决定性因素的地位就存在着值得商榷的空间。可以认为，无论是道路选择还是提前过渡，走向社会主义的愿望都是具有决定意义的主观因素。

3. 提前过渡：历史的偶然还是必然

毛泽东提出逐步向社会主义过渡的问题，是由制订第一个五年计划引发的。这似乎只是一个偶然性。但是，正如薄一波所指出的："毛主席提出这种新的构思，绝非一时兴之所至，而是经过慎思熟审的，更重要的是它符合当时的客观实际，是当时客观形势发展的产物"[①]。胡乔木也认为："中国经济在五十年代的最重要事件就是选择了社会主义。""就五十年代中国经济和中国历史的全局而论，重要的是，无论早几年或迟几年，保留多少私有成分，经济管理上和计划方法上具有多大程度应有的灵活多样性，总之，对社会主义的选择是不可避免的。"[②]那么，"当时客观形势发展"提供了哪些因素造成"对社会主义的选择是不可避免的"呢？

第一，工商业公私之间比例的重大变化。经过三年经济恢复时期，国营工商业和私营工商业的产值比例发生了根本性的变化。1949年全国工业生产总值的公私比例是，国营占43.8％，私营占56.2％，到1952年9月，国营上升到67.3％，私营下降到32.7％。[③] 商业经营总值中的公私比重变成62.9％与37.1％之比。[④]"这显然不是一个简单的数字问题，而是中国的社会经济形态已经和正在逐步实现转变的集中反映"，"中国工商业产值中公私比例数字的变化，成为毛泽东提出向社会主义过渡的重要依据。"[⑤]因为在毛泽东等党的主要领导人看来，社会主义改

[①] 参见薄一波《若干重大决策与事件的回顾》(修订本)上卷，人民出版社1997年版，第222—223页。

[②]《胡乔木文集》第2卷，人民出版社1993年版，第252—260页。

[③] 参见逄先知、金冲及主编《毛泽东传(1949—1976)》(上)，中央文献出版社2003年版，第240页。

[④] 参见金冲及《新民主主义社会和社会主义初级阶段》，载《党的文献》2008年第5期。

[⑤] 逄先知、金冲及主编：《毛泽东传(1949—1976)》(上)，中央文献出版社2003年版，第241页。

造条件不成熟的一个重要原因是,国营经济在整个国民经济中的比重很小。刘少奇在1948年就指出:"正因为这一部分数量很小,困难就来了,为什么不能实行社会主义革命即由于此。"在毛泽东看来,公私比例数字的变化,就是社会主义因素与资本主义因素力量对比的变化。从这种变化中,毛泽东还发现了社会主义经济因素的增加实际上就是在向社会主义过渡,社会主义经济因素在国民经济中所占比重不断增长就是过渡的基本途径。

第二,工商业公私之间关系的重大变化。新中国成立后,新民主主义的国家通过加工订货、包购包销等渠道,加强了对资本主义工商业生产经营活动的管理和监督,并对部分工商业实行了公私合营,使其纳入了国家资本主义的轨道,资本主义工商业被牢固地绑在了国营经济的火车头上。工人阶级同资产阶级的力量对比也发生了根本性变化。毛泽东1952年10月20日在给斯大林的一封长信中谈道,经过"五反"运动,多数资本家和政府的关系没有破裂,但资本家在政治上已经孤立,在社会上的威信大大降低,今后严重违法的资本家还将会陆续地被处罚,保留下来的则将是守法的或比较守法的资本家。显然,民族资本已经无力向国家发出挑战。

第三,世界社会主义的引力。20世纪50年代的世界,社会主义已经形成以苏联为首的集体力量,并表现出相对于资本主义的生机和活力。应该看到,一方面,世界社会主义对中国进行社会主义改造的影响是外在的,而不是内在的。也就是说,中国能够进行社会主义改造的决定性因素在国内,毛泽东1958年在读苏联《政治经济学教科书》下册的谈话中指出,"中国民主革命胜利以后,能够走上社会主义的道路,主要是由于我们推翻了帝国主义、封建主义、官僚资本主义的统治。国内的因素是主要的。已经胜利了的社会主义国家对我们的帮助,是一个重要条件。但是,它不能决定我们能不能够走社会主义道路的问题,只影响我们在走上社会主义道路以后是前进得快一点还是慢一点的问题"[1]。另

---

[1]《毛泽东读社会主义政治经济学批注和谈话》(简本),中华人民共和国国史学会,2000年,第123页。

一方面,世界社会主义的影响体现为引力而不是压力。"尽管我们在制定具体的经济政策和工作方法的时候是从中国的具体情况出发的,苏联的社会主义建设经验和经济制度仍然对我国具有重大的榜样作用。这也是促使党认为应当提出开始向社会主义逐步过渡的一个因素。"①有的研究者认为,中国加快社会主义改造步伐是屈从于苏联和斯大林的压力,这种观点是站不住脚的。这一影响主要体现为引力。正如有学者所论述的,这种外部因素或说外部影响是什么呢? 主要是苏联走过的社会主义道路、确立的社会主义模式对中国共产党的吸引作用,或者说中共当时强调向苏联学习、争取苏联援助对发展模式选择的推进作用。②

第四,资本主义弊端的充分暴露。1952 年初,在对"五反"运动的指导上,毛泽东一再强调要按照《共同纲领》办事,要掌握一条政策界限,就是违法不违法。他说:"违法不违法,对资产阶级是一个政治标准。""这不是对资产阶级的政策的改变,目前还是搞新民主主义,不是社会主义;是削弱资产阶级,不是要消灭资产阶级;要打它几个月,打痛了再拉,不是一直打下去,都打垮。"③这说明,毛泽东在"五反"过程中仍然坚持容留与限制的基本方针,并没有显露出修正新民主主义论的端倪。但是,"五反"斗争在打退不法资本家进攻的同时,加深了毛泽东对资本主义经济的消极一面的认识和体会。资产阶级唯利是图、损公肥私的本性的暴露,尤其是部分不法资本家破坏经济秩序、危害国家利益的"五毒"行为,以及两极分化可能性的增加,不能不对毛泽东重新思考资本主义因素的地位与作用产生直接影响。1952 年 6 月 6 日,毛泽东在审阅中央统战部《关于民主党派工作的决定(草稿)》时就指出,在打倒地主阶级和官僚资产阶级以后,中国内部的主要矛盾即是工人阶级与民族资产阶级的矛盾,故不应再将民族资产阶级称为中间阶级。

---

① 胡绳主编:《中国共产党的七十年》,中共党史出版社 1991 年版,第 301 页。
② 参见鲁振祥《过渡时期总路线研究中"外部压力"说评议》,载《当代中国史研究》2007 年第 5 期。
③ 参见薄一波《若干重大决策与事件的回顾》(修订本)上卷,人民出版社 1997 年版,第 173 页。

第五,新民主主义时期剧烈变动的特性。作为一个过渡的历史时期,新民主主义社会中的社会主义因素和资本主义因素不处于静止而处于不断变化的状态。在毛泽东看来,由于这一时期是变动很强烈很深刻的时期,充满了矛盾和斗争,因此所谓"确立新民主主义的社会秩序"是很难的。1954 年 9 月 15 日,刘少奇在《关于中华人民共和国宪法草案的报告》中也指出:"我国正处在建设社会主义社会的过渡时期。在我国,这个时期也叫做新民主主义时期,这个时期在经济上的特点,就是既有社会主义,又有资本主义。""中国不变成社会主义国家,就要变成资本主义国家,要它不变,就是要使事物停止不动,这是绝对不可能的。"正是这一剧烈变动的特性,对于过渡的时间和政策都产生了重要影响。

如果说前三个因素和抗美援朝胜利等因素主要表现为正面的意义的话,那么,后两个因素的意义则主要从反面推动了过渡的步伐。它们在提前发动社会主义改造的方向上作用力是根本一致的。因此,可以认为,提前过渡决不是一时冲动的主观产物,而是当时一系列主客观因素共同作用的结果,其必然性不可避免地呈现出来。

4. 历史评价:历史的倒退还是进步

社会主义改造是中国共产党独立探索走上社会主义道路的一次积极尝试,是马克思主义基本原理与中国具体实际的成功结合,呈现出鲜明的民族特色。民族性是列宁在社会主义革命实践中一直倡导的原则。他指出:"只要各个民族之间、各个国家之间的民族差别和国家差别还存在,各国共产主义工人运动国际策略的统一,就不是要求消除多样性,消灭民族差别,而是要求运用共产党人的基本原则时,把这些原则在某些细节上正确地加以改变,使之正确地适应于民族的和民族国家的差别,针对这些差别正确地加以运用。"[1]因此,在他看来,一切民族都将走向社会主义,这是不可避免的。但是一切民族的走法却不会完全一样。

---

[1]《列宁选集》第 4 卷,人民出版社 1995 年版,第 200 页。

每个民族都会有自己的特点。充分认识中国社会主义建设规律的特殊性，是以毛泽东为代表的中国共产党人对中国社会主义建设事业的一个重大贡献。毛泽东指出：所谓特殊的规律，就是各国的差别点。而这样的差别，"在任何一个不同民族中都是存在的，而在有一些民族中就可能有更多的存在。如果以为有了差别性，就可以否认共同性，是错误的；如果以为有了共同性，就可以否认差别性也是错误的。不可能设想，社会主义制度在各国的具体发展过程和表现形式，只能有一个千篇一律的格式。我国是一个东方国家，又是一个大国。因此，我国不但在民主革命过程中有自己的许多特点，在社会主义改造和社会主义建设的过程中也带有自己的许多特点，而且在将来建成社会主义社会以后还会继续存在自己的许多特点。"①中国共产党人正是坚持民族性这一原则，才开辟出一个经济文化相对落后的东方大国走上社会主义的正确道路，由此确立了社会主义的根本制度，构建了中华民族伟大复兴的基础。

作为走向社会主义的一次努力，社会主义改造也是中国社会主义现代化模式的一次探索。社会主义改造是中国社会主义现代化模式的一个重要组成部分，需要把它纳入中国社会主义现代化模式的高度加以认识和把握，并基于这个高度分析和评价这一重大历史事件对于中国社会主义事业的意义。以农业合作化运动为例，从某种意义上说，农业合作化运动其实是中国社会主义现代化模式的内在组成部分。进行农村生产关系的社会主义改造，首先要确认它是我们党探索中国农村社会主义现代化道路的基本前提和首要任务。发生在 20 世纪 50 年代的这场运动确有"要求过急，工作过粗，改变过快，形式也过于单一"的缺陷，并且"长期遗留了一些问题"，但从总体上看，这一实践无疑取得了伟大的历史性胜利，标志着中国农村社会主义现代化道路的开辟。从当时的客观效果看，农业合作化不仅促进了农业的发展，其更为突出的一个重要意

---

① 《建国以来毛泽东文稿》第 6 册，中央文献出版社 1992 年版，第 143 页。

义在于,为工业化提供了粮食、原料和资金,从而为农村支持城市、农业支持工业奠定了制度保障。薄一波曾评价道:"我国农业合作化的成绩是伟大的,这是基本的历史事实,任何时候都必须充分肯定,不容抹煞。农业合作化的胜利,使中国广大农民群众彻底摆脱了小块土地私有制的束缚,走上了合作经济的广阔发展道路,开创了建设社会主义农村的新时代。"①

社会主义改造有力地推动了世界社会主义运动的发展。这一实践的世界意义,不仅表现在世界上增添了一个社会主义的东方大国,还表现在为其他经济文化相对落后的国家走上社会主义道路提供了有价值的借鉴。毛泽东有过很高的自我评价,他指出:"我国的社会主义改造,包括工商业的社会主义改造,不仅有全国的意义,还有国际的意义。整个世界都是要走社会主义道路的,在私营工商业的社会主义改造方面,我们在世界上是走在前面的,中国的资本家将来是先进者,我这个支票也是可以开的。中国人是要走在前面的。"②其中一个重要特点,就是实现了和平方式的社会变革。"仅此一点,在中国历史上就值得大书特书。"③正如有学者指出的:"这在中国历史和世界社会主义历史上,都是前所未有的伟大创举。"④邓小平说过:"建国头七年的成绩是大家一致公认的。我们的社会主义改造是搞得成功的,很了不起。这是毛泽东同志对马克思列宁主义的一个重要贡献。今天我们也还需要从理论上加以阐述。"⑤

毋庸置疑,对于社会主义改造应始终坚持历史进步意义的肯定性评价。距离社会主义改造已经半个多世纪,一些人往往以这一实践中存在的具体问题或当下的一些调整对之臧否不已。今天的人们既不能无视

① 薄一波:《若干重大决策与事件的回顾》(修订本)上卷,人民出版社 1997 年版,第 414 页。
②《毛泽东文集》第 6 卷,人民出版社 1999 年版,第 502 页。
③ 李捷:《国史静思录》,中国社会科学出版社 2009 年版,第 114 页。
④ 田居俭:《社会主义改造:毛泽东领导新中国经济建设的成功创举》,载《党的文献》2011 年第 4 期。
⑤《邓小平文选》第 2 卷,人民出版社 1994 年版,第 302 页。

历史条件的变化简单地用当下的实践否认历史实践的合理性和正当性，更不能以其中问题的支流来掩盖和否定功绩的主流。当然，在持基本肯定性立场的同时，必然承认并深入分析这一实践中存在的种种问题。过渡过急就是其中之一。其实，直至 1956 年初，毛泽东还坚持渐进性的政治主张，他认为，"大约再有三年的时间，社会主义革命就可以在全国范围内基本完成"①。但是，实际过渡时期的时间确实大大缩短，原来预计的十到十五年过渡实际上总共只用了仅仅三年时间。邓小平说过：社会主义改造"缺点也有。从工作来看，有时候在有的问题上是急了一些"②。"有人说，过去搞社会主义改造，速度太快了。我看这个意见不能说一点道理也没有。比如农业合作化，一两年一个高潮，一种组织形式还没有来得及巩固，很快又变了。从初级合作化到普遍办高级社就是如此。如果稳步前进，巩固一段时间再发展，就可能搞得更好一些。"③这是一个比较公允的评价。

5. 历史反思：唯物史观的偏离还是遵循

作为中国社会主义事业的开篇之作，社会主义改造为中国特色社会主义道路的未来探索留下了许多深刻的启示。

关于生产力与生产关系的关系，毛泽东有比较深入的探讨。他说："从世界的历史来看，资产阶级工业革命，不是在资产阶级建立自己的国家以前，而是在这以后。都是先把上层建筑改变了，生产关系搞好了，上了轨道了，才为生产力的大发展开辟了道路，为物质基础的增强准备了条件。当然，生产关系的革命，是生产力的一定发展所引起的。但是，生产力的大发展，总是在生产关系改变以后。"④在他看来，手工工场是非机器生产的资本主义。这种资本主义生产关系产生了一种改进技术的要

---

① 《毛泽东文集》第 7 卷，人民出版社 1999 年版，第 1 页。
② 《邓小平文选》第 2 卷，人民出版社 1994 年版，第 302 页。
③ 同上书第 2 卷，第 316 页。
④ 《毛泽东文集》第 8 卷，人民出版社 1999 年版，第 131—132 页。

求，为采用机器开辟了道路。在英国，是资产阶级革命（17 世纪）以后，才进行工业革命（18 世纪末到 19 世纪初）。法国、德国、美国、日本，都是经过不同的形式，改变了上层建筑、生产关系之后，资本主义工业才大大发展起来。毛泽东由此得出的一个重要结论是："一切革命的历史都证明，并不是先有充分发展的新生产力，然后才改造落后的生产关系，而是首先造成舆论，进行革命，夺取政权，才有可能消灭旧的生产关系。消灭旧的生产关系，确立了新的生产关系，这样就为新的生产力的发展开辟了道路。"[①]

这是毛泽东对于唯物史观关于生产关系反作用原理的强调。这一认识在一定程度上反映了 20 世纪列宁、毛泽东等经济文化相对落后国家的社会主义实践者的共同立场。列宁就指出："既然建立社会主义需要有一定的文化水平（虽然谁也说不出这个一定的'文化水平'究竟是什么样的，因为这在各个西欧国家都是不同的），我们为什么不能首先用革命手段取得达到这个一定水平的前提，然后在工农政权和苏维埃制度的基础上赶上别国人民呢？"[②]"这个一定水平的前提"，无疑包含生产关系的因素。通过提升生产关系推动生产力的发展的观点，正如有学者所指出的，"代表了毛泽东和中国共产党当时对社会主义的理解，对在中国这样一个经济十分落后的国家怎样建设社会主义这个问题所达到的认识水平。根本出发点是为了迅速发展社会生产力，为了提高人民的生活水平，为了巩固人民政权。"[③]

新民主主义论的修正表明，毛泽东开始侧重从生产关系的角度定义和理解什么是社会主义的问题。向生产关系单一维度的偏移，促使毛泽东对如何建设社会主义的认识出现微妙的变化。这一微妙的变化在社会主义实践中的具体表现就是，不仅强调以生产关系的提升作为发展生

---

① 《毛泽东文集》第 8 卷，人民出版社 1999 年版，第 132 页。
② 《列宁选集》第 4 卷，人民出版社 1995 年版，第 770 页。
③ 参见逢先知、金冲及主编《毛泽东传（1949—1976）》（上），中央文献出版社 2003 年版，第 267 页。

产力的重要手段,而且将之作为衡量和判断社会主义向前发展的重要标尺。[①] 无论是"大跃进"还是人民公社化运动,都可以从这一变化中探寻到思想的源头。

在一般意义上,上述观点并不违背唯物史观。但是,需要补充说明的是,第一,生产关系固然是判别不同社会形态的根本尺度,但是社会主义对资本主义的替代和超越是全面性的,因此不能将社会主义简单地理解为生产资料的公有制,也不能将集体化等同于社会化。第二,生产关系提升的程度必须以生产力发展的具体的呼喊和要求为尺度。生产力快速发展的有效基础,并不取决于生产关系的社会主义纯度,而只在于生产力与生产关系的相互适应。实践证明,过高水平的生产关系和过低水平的生产关系一样,最终都会成为生产力发展的制约性因素,既不能推动生产力的快速发展,也不能在维持和巩固社会主义上发挥任何意义上的正面作用。"党在过渡时期的总路线的实质,就是使生产资料的社会主义所有制成为我国国家和社会的唯一的经济基础"的理论观点,反映了中国共产党对于社会主义的认识以及在中国如何建设社会主义这些根本问题上的认识还很不成熟,还缺乏甚至没有实践经验。[②] 周恩来后来提出了这个问题:"一九五六年生产资料所有制问题虽然解决了,但不等于社会主义的一切问题都解决了。现在需要解决的是如何使生产关系更适应和促进生产力的发展"[③]。由此决定了,一方面,关于什么是社会主义和如何建设社会主义的问题,必然性地成为中国社会主义现代化建设道路探索的核心课题;另一方面,中国共产党在关于什么是社会主义和如何建设社会主义的认识和实践上,必然性地经历一个曲折的探索历程。

---

① 毛泽东在读苏联《政治经济学教科书》的谈话中曾指出,苏联的工业和农业还是在发展,是不停顿的;但是在社会制度、生产关系这些方面,多年来基本上是停顿的,而且这几年来还出现了值得引人严重注意的倒退现象。参见《毛泽东读社会主义政治经济学批注和谈话》(简本),中华人民共和国国史学会,2000 年,第 292 页。

② 参见逄先知、金冲及主编《毛泽东传(1949—1976)》(上),中央文献出版社 2003 年版,第 268 页。

③ 《周恩来年谱(1949—1976)》中卷,中央文献出版社 1997 年版,第 134 页。

　　总体而言,社会主义改造在体现唯物史观的正确运用的同时,已经蕴涵偏离的倾向。价值观只有在与历史观相一致的条件下才有实现的可能性。一个值得深思的现象是,新中国社会主义实践中出现的偏颇往往"不是发生在社会主义的合目的性上(因为我们的社会主义建设总的说是为了人民的),而是发生在合规律性上"①。侧重生产关系的因素、侧重主观能动性的因素、侧重价值观的倾向,充分反映了在当时的历史条件下以毛泽东为主要代表的中国共产党人和全国人民迫切希望改变贫穷落后面貌的主观愿望。无论是社会主义改造时间的提前还是改造期的缩短,都表明中国共产党人试图尽快走上社会主义道路的立意。

　　在改革开放 30 多年后的今天,问题似乎发生了另一个方向的转变,即价值观存在着被淡化的趋向。需要指出的是,在当今全球资本主义框架内,社会主义基本经济制度的维持和完善,对于社会主义的巩固具有特别重要的意义。因此,强调生产关系的因素,强调人的主观能动性的因素,强调价值观的因素,就成为今天把握历史观和价值观两者关系特别需要注意的方面。

二、向社会主义过渡

1. 生产关系状况

　　(1) 农业的社会主义改造。1955 年春季以前,农业生产合作社基本上处于试办阶段。1955 年夏季之后,在全国范围内出现了农业合作化的高潮。到 1956 年底,农业的社会主义改造基本完成。这时,全国已有合作社 76 万个,入社农户达到 11 783 万户,占全国农户总数的 96.3%;其中高级合作社达到 54 万个,已占全部合作社数的 71%,入社农户占全国农户总数的 87.8%。②

---

① 陈筠泉、方军:《邓小平理论的哲学基础》,北京出版社 2002 年版,第 61 页。
② 参见董辅礽《中华人民共和国经济史》上卷,经济科学出版社 1999 年版,第 162 页。

农业生产关系的改造，是通过由农业生产互助组到初级的农业生产合作社，然后组织半社会主义性质的农业生产合作社的道路实现的。农业生产互助组的特点是不改变个体所有制，根据农民固有的习惯，在农业生产的某个方面或某个环节上实行互助合作。初级农业生产合作社是一种以土地入股、统一经营为特征的农业集体经济组织。由于初级社将社员生产资料的所有权与经营权分离开来，实行集体劳动并产生了某些公共积累，因而呈现出一定的集体经济性质。而高级农业生产合作社具有完全的集体经济的性质。

有资料显示：从1952年到1957年，由于合作化运动的开展，农业生产一直保持了上升的趋势，这期间农业总产值增长了24.8%。[①] 农业合作化的实现，不仅推动了农村生产力的发展，并为推进资本主义工商业和手工业的社会主义改造创造了有利条件，而且还有力地推进了国家工业化的步伐——而后者是进行农业社会主义改造的直接而重要的原因。

（2）个体手工业的社会主义改造。新中国成立初期，全国个体手工业从业人员大约有1500万至2000万人，直接赖以维持生活的在5000万人以上。[②] 三年国民经济恢复时期，手工业合作化虽然有了初步发展，但手工业者大部分还是个体的劳动者。这一时期的手工业，就其与农业分离的程度来说，大体上可以划分为四种类型：第一类是从属于农业的自给经济状态的家庭手工业，如自制农具、衣服等；第二类是农家兼营的商品性手工业；第三类是独立经营的个体手工业；第四类是雇工经营的工场手工业。[③] 其中，个体手工业是手工业社会主义改造的主要对象，但也包括第二类中以经营商品性手工业为主的兼业户和第四类中雇工不足4人（学徒不算雇工）、本人参加劳动而且是手工劳动出身的工场主。

---

① 参见欧阳斌、唐春元《毛泽东农民问题理论研究》，浙江人民出版社1993年版，第189页。
② 参见中国社会科学院、中央档案馆编《中华人民共和国经济档案资料选编1949—1952（工业卷）》，中国物资出版社1996年版，第121页。
③ 参见薄一波《若干重大决策与事件的回顾》（修订本）上卷，人民出版社1997年版，第454页。

　　从1953年底起,手工业的社会主义改造开始。由于手工业合作化和农业合作化、资本主义工商业的社会主义改造几乎同时进入高潮,因此,手工业合作化与农业合作化、资本主义工商业的改造是结合起来进行的。其中,一部分分散在农村的个体手工业者和约1000万农村兼营商品性手工业的人员参加农业合作化。一部分同私营工业协作关系密切而从业人员又很少的手工业行业,如火柴、碾米等,随同私营工业进行改造。另一部分半工半商、工商界限不甚分明的行业或商业性较大的服务行业,如鞋帽业、豆腐业等,随同私营商业进行改造。到1956年底,个体手工业的社会主义改造基本完成。这时,全国手工业合作组织发展到104 430个,社(组)员达到603.9万人,全年产值达到108.76亿元,分别比1955年增长了0.6倍、1.7倍和4.4倍;社(组)员占手工业从业人员的比重由1955年的26.9%上升到91.7%,社(组)全年产值占手工业总产值的比重由19.9%上升到92.9%。其中,手工业生产合作社74 669个,社员484.9万人,全年产值10 093亿元,分别比1955年增长2.6倍、4倍和6.8倍;社员占手工业从业人员的比重由1955年11.9%上升到73.6%,全年产值占手工业总产值的比重由12.9%上升到86.2%。①

　　手工业的社会主义改造,在组织形式上,表现为由手工业生产小组到手工业供销生产合作社,再逐步过渡到手工业生产合作社。与农业社会主义改造的三种形式的特点相一致,以上三种组织形式也同样体现出从个体所有制向集体所有制过渡的特征。手工业生产小组,作为组织手工业者的低级形式,也是手工业者最容易接受的组织形式。其特点是生产关系没有改变,并且仍然是分散生产,只是从供销方面把手工业者组织起来。比较而言,手工业供销生产合作社,是进行社会主义改造的过渡形式,其特点是虽然生产资料依然私有,一般也是分散生产,并在供销环节上组织起来,但与手工业生产小组的区别在于,它已在有些环节上

---

① 参见汪海波《中华人民共和国工业经济史(1949年10月—1998年)》,山西经济出版社1998年版,第156页。

开始集中生产,并开始购置公有的生产工具。从这一点来说,则比前者具有更多的社会主义因素。作为手工业社会主义改造的高级形式也是主要形式的手工业生产合作社,与前面两者存在本质区别。手工业生产合作社的主要生产资料已经公有,生产由分散变为集中,分配上实行多劳多得。根据生产资料公有程度的不同,又有完全社会主义性质的和半社会主义性质的区别。

手工业社会主义改造完成以后,1955—1957 年期间,尽管手工业从业人员显著减少,但在 1952—1957 年间(1955 年除外),手工业总产值和劳动生产率都逐年以较大幅度上升。其中,手工业总产值从 1952 年的73.12 亿元迅速上升到 1957 年的 133.67 亿元,接近翻了一番;劳动生产率从 1952 年的 992.9 元/人迅速上升到 1957 年的 2047.6 元/人。合作化手工业总产值则以更大的幅度逐年上升。劳动生产率,除 1954 和1955 年下降外,其他年份也以较大幅度上升。[①] 按照当时的社会生产力发展水平,可以确认,手工业在新中国成立后一个很长的历史时期内,对社会生产的发展和满足人民生活的需要具有机器大工业不可替代的作用。人类社会发展的规律证明,人为地将一个仍然具有社会生命力的事物驱赶出历史舞台,只能是暂时的,并不能长远。事实上,在手工业合作化高潮刚过不久,就又有大量的个体手工业再次生长出来。据统计,1956 年底,仅上海市自发产生的个体手工业者就达到 4236 户,从业人员有 4773 人,从事 90 多种行业的生产。

(3) 资本主义工商业的社会主义改造。1953 年 6 月,中共中央决定通过国家资本主义形式改造资本主义工商业。1953 至 1955 年,是国家资本主义的初级形式得到普及的阶段。这个发展过程的特点:一是由大城市和沿海地区迅速向中小城市和内地发展。新中国成立初期,加工订货在一些大城市和沿海地区实行。1953 年以后,内地城市也普遍发展起

[①] 参见汪海波《中华人民共和国工业经济史(1949 年 10 月—1998 年)》,山西经济出版社 1998年版,第 156 页。

来。到 1954 年和 1955 年,内蒙古自治区加工订货产值占私营工业总产值的比重由 49.78％上升到 62.30％,青海由 68.15％上升到 74.03％,甘肃由 30.84％上升到 71.90％。二是由大型企业迅速向中小型企业发展。新中国成立初期,加工订货以大型企业为主。1953 年以后,中小型企业的加工订货迅速增加。据北京等 12 个大中城市的统计,对私营大型企业的加工订货占私营大型工业总产值的比重,1954 年为 86.04％,1955 年为 92.11％;而中小型企业 1954 年为 51.45％,1955 年上升为 64.38％。三是由主要行业迅速向一般行业发展。新中国成立初期,加工订货主要是棉纺织品和机器、粮食等主要产品。到 1955 年,据全国私营工业 73 个行业的统计,加工订货在 99％—100％的有铁矿等 25 个行业,80％—88.99％的有燃料等 17 个行业,70％—79.99％的有电力等 13 个行业,60％—69.99％的有其他非金属开采冶炼等 10 个行业,40％以下的仅消费资料修理 1 个行业。四是国家资本主义初级形式的工业产值及其在全国私营工业总值中的比重有了大幅度的提高。如扣除由私营转公私合营这一因素,1954 年加工订货价值较 1953 年实际上升 19.3％,1955 年又较 1954 年上升 1％。1955 年加工订货产值占私营工业总产值的比重达到 81.69％,比 1952 年的 56.04％上升了 25.65％。五是国家资本主义初级形式本身也呈现出由低级到高级的发展趋势。新中国成立初期,作为国家资本主义初级形式中比较低级形式的收购形式曾被大量采用,1953 年以后逐年减少,而被其他较高形式所代替。[①]

　　国家资本主义初级形式的发展,在许多方面挤压了私人资本主义经济形式。在所有制方面,虽然生产资料私有制没有发生质的改变,但资本家的所有权已被不同程度地削弱。比如,在加工形式中,原料和半成品归国家所有,而非资本家所有。在订货、包销形式中,大部分原料从国营企业购进,资本家不能自由支配,只能用于被合同规定的任务。在分

[①] 参见中国科学院经济研究所、中央工商行政管理局《中国资本主义工商业的社会主义改造》,人民出版社 1962 年版,第 158—160 页。

配关系方面:加工订货的工缴、货价是按中等标准成本和一定利润幅度核算的。如果资本家按照这个标准守法经营,那么,加工订货就会起到限制剩余价值占有的作用。另外,加工订货要求资本家必须把产品交给国营商业。这样,资本主义企业生产的一部分价值就以商业利润的形式转移给国家,变成社会主义积累。还有,在利润分配上,采取"四马分肥"的方式,除所得税、企业公积金、工人福利外,资本家红利只约占四分之一。公积金虽然是剩余价值的转化形态,但资本家本人不能任意支配。在劳资关系方面,虽然工人的劳动仍然具有雇佣劳动的性质,但是工人在管理和监督生产经营方面具有了一定的权利,在企业中的地位发生了显著变化。这种限制可以由一项统计资料证明:工商业所得税一般占 30% 左右,企业公积金一般占 10%—20%,工业资本家所得占企业盈余的份额,1952 年平均约为 25%,1953 年以后降低,1955 年约为 18%。[①]

国家资本主义的初级形式,虽然使私人资本主义生产关系受到很大挤压,但并没有从根本上改变资本主义所有制形式。与之相比较,作为国家资本主义高级形式的公私合营,最大特点在于,社会主义经济成分同资本主义经济成分的联系,由企业外部进入到企业内部,从而使企业变成了半资本主义半社会主义性质的企业。公私合营在整个发展过程中大致经历了三个阶段:第一个阶段是 1949—1952 年初步发展时期,第二个阶段是 1953—1955 年有计划地扩展时期,第三个阶段是 1955 年底开始的全行业公私合营。前两个阶段都是个别企业的公私合营,这种形式并不能完全解决社会主义经济成分与资本主义经济成分的矛盾,也不能完全解决资本家和雇佣工人之间的矛盾。而全行业公私合营,则使资本主义私有制仅仅表现在定息上,在其他方面同社会主义国家所有制已经没有区别。1956 年 3 月末,除西藏等少数民族地区外,全国资本主义

---

① 汪海波:《中华人民共和国工业经济史(1949 年 10 月—1998 年)》,山西经济出版社 1998 年版,第 124 页。

工商业基本上实行了全行业公私合营。这一年年初,全国原有资本主义工业8.8万余户。到年底,已有99%实现了社会主义改造,其中除极少数转入地方国营工业外,分别组成了3.3万多个公私合营企业。有资料表明:1949年,资本主义工业(自产自销部分)占工业总产值的比重为55.8%,1952年下降到17.1%,1956年下降到几乎为零。①

与农业、手工业的社会主义改造一样,资本主义工商业社会主义改造也走出了一条通过和平赎买实行改造的道路。除1955年外,在社会主义改造过程中,包括公私合营企业和私营企业在内的工业总产值与劳动率都以较大幅度上升。这反映了它对生产力的促进作用。

2. 交换关系状况

随着1956年社会主义改造的基本完成,政府对整个社会经济的计划调节(或称行政管理)逐步取代市场调节,成为经济运行的主导力量。快速工业化的要求和国际环境的压力、人均资源短缺(包括人力资源结构性短缺)和市场供应紧张、资金短缺和农业剩余有限、区域之间经济发展的严重不平衡等,使得高度集中的计划经济体制成为当时中国工业化模式比较适宜的选择。正如有学者指出的,排斥市场作用与其说是推行苏联模式社会主义理论的结果,不如说是当时中国的经济基础、发展要求和国际环境促成的。

在第一个五年计划(简称"一五")期间,在工业企业管理、工业基本建设项目管理、计划管理、财务管理、物资管理、劳动工资管理等方面,都建立了高度集中的管理制度。这些方面的结合形成了比较完整的高度集中的计划经济体制。在实行这种高度集中的计划经济体制的条件下,无论就中央政府和地方政府的管理权限而言,还是就国家和企业的管理权限来说,中央政府都把大权高度集中在自己手中。如国民经济恢复时

---

① 参见汪海波《中华人民共和国工业经济史(1949年10月—1998年)》,山西经济出版社1998年版,第134、142页。

期,国家在对工业企业的管理方面,曾经实行了统一领导和分级管理的原则。当时除了在华北地区中央政府直接管理了一部分国营工业企业以外,在其他各大行政区,工业企业基本上是由各大行政区直接管理的。在"一五"期间,中央政府各部门直接管理的工业企业数大大增长,由1953年的2800多个增长到1957年的9300多个,大约占当年国营工业企业总数5.8万个的16%,工业产值接近国营工业总产值的一半。[1]

比较而言,"一五"前期即1956年生产资料私有制的社会主义改造基本完成之前和"一五"后期即1956年生产资料私有制的社会主义改造基本完成之后,计划经济体制又呈现出阶段性的差别。在管理权力方面,地方政府和工业企业前期要比后期的自主权相对多一些。例如,在"一五"前期,有关国计民生的工业品生产已经纳入国家的直接计划,但工业生产中的间接计划和市场调节部分仍然占很大的比例。1952年,公私合营工业、私人资本主义工业和个体工业产值占工业总产值的5.52%;直到1955年还占41%。这意味着即使扣除公私合营工业产值中已纳入国家直接计划的部分,"一五"前期间接计划和市场调节部分的比重仍然不小。但到"一五"后期,工业生产中直接计划的部分大大增长,1953年国家计委统一管理、直接下达计划指标的产品是115种;到1956年,增加到380多种,其产值占到工业总产值的60%上下。[2] 若分析其中的原因,生产资料私有制的社会主义改造完成使得把国营企业的管理制度推广到更多的公私合营的企业中去,以及解决重点建设项目对于财力物力的需要和财力物力供应不足之间的矛盾的需要,是最为重要的两个因素。

这种计划经济体制虽然高度集中,但是因为它是借助于商品货币形式和遵循价值规律的,所以与马克思设想的共产主义社会中那种不通过商品和货币形式,直接把生产条件分配到各个生产领域的计划生产仍然有着重大的区别。马克思主义认为,交换关系是交换领域中人与人之间

---

[1] 参见汪海波《中华人民共和国工业经济史(1949年10月—1998年)》,山西经济出版社1998年版,第169页。

[2] 参见同上书,第171页。

的关系,主要是结合成一个一个经济主体的人同其他经济主体和整个社会之间的关系。它的本质是个别劳动同社会总劳动之间的关系,或者说是个别劳动的社会性形式。自给经济、市场经济和直接社会化经济是交换关系的三种基本类型。市场经济与直接社会化经济的本质区别在于,市场经济是社会分裂为许多不同的经济主体,各经济主体的生产主要不是为了自身消费而是为了出售即交换,生产和消费不在同一经济主体内部完成。个别劳动表现为私人劳动,必须通过商品交换而与别的个别劳动相联系,经过价值的形式转化成社会劳动。而生产直接社会化经济是全社会作为唯一的经济主体,生产和消费都在这同一个经济主体内部完成的经济形式,在这种形式中,全社会的劳动只构成一个个别劳动,个别劳动与社会劳动直接同一。在这种经济形式中,社会管理机构将按照社会各种需要之间的比例,直接把物的生产条件和劳动分配到各个不同的生产领域,即实行纯粹的计划调节。

显然,新中国所实行的这种高度集中的计划经济体制,并不是直接社会化经济那种纯粹的计划调节。这一特征是由当时整个社会的生产资料所有制的结构所决定的。在生产资料所有制的社会主义改造之前,在存在大量的私有制经济单位的条件下,财产(或生产要素和产品)在不同经济主体之间流动只能经过商品和货币的形式,经过社会主义改造,在中国仍然存在着众多的劳动者集体所有制经济单位,而且即使是属于全民即国家所有并由中央政府直接管理的财产(或生产要素和产品),也在一定程度上分别属于不同的经济主体。在这种条件下,不但市场依然在一定范围内起着调节作用,而且政府制订计划也要借助商品货币形式,商品生产和商品交换仍然存在。与资本主义社会以及新民主主义社会所不同的是,计划已在很大程度上直接调节着社会生产,在一定程度上替代了市场的直接调节。

3. 阶级结构状况

由于资本主义私有经济已经基本消失,民间资产阶级作为一个完整的实体已经基本上不复存在,在人类社会发展史上,剥削阶级第一次基本被消灭。小资产阶级中的绝大部分走上了合作化道路而变成工人阶级的一部分。在阶层结构方面,知识分子从原来分别依赖于各阶级的状况中游离出来,作为一个独立的社会阶层,成为工人阶级的一部分。工人阶级、农民阶级以及知识分子组成了新中国社会"两阶级一阶层"的阶级阶层结构。这一结构也初步奠定了改革开放之前中国社会结构的基本框架。

4. 生产和生产力发展状况

这一期间,生产力的性质还没有超出资本主义生产关系所能容纳的限度,达到共产主义社会第一阶段所要求的程度。尽管如此,经过生产资料所有制的社会主义改造,在新的生产关系的促进作用下,生产力的水平仍有大幅度的提高。

在工业方面:经过"一五"期间的建设,一大批旧中国没有的基础工业部门开始一个个建立起来。由苏联援助建设的 156 个重点工程项目,绝大部分是中国新兴工业部门的企业。这些新的工业部门包括飞机制造业、汽车制造业、新式机床制造业、发电设备制造业、冶金和矿山设备制造业,以及高级合金钢、重要有色金属冶炼业等。同时,由于基本建设投资半数以上投放在内地,一大批工矿企业在内地兴办,使旧中国工业过分偏于沿海的不合理布局初步得到改观。有资料表明:1952—1957年,内地工业产值在工业总产值中的比重由 29.2% 上升到 32.1%,而沿海地区由 70.8% 下降到 67.9%。[1]

1957 年,全国工业总产值达到 783.9 亿元,超过原定计划 21%,比 1952 年增长 128.3%,平均每年增长 18%。[2] 现代工业产值占全部工业

---

[1] 参见汪海波《中华人民共和国工业经济史(1949 年 10 月—1998 年)》,山西经济出版社 1998 年版,第 247 页。

[2] 参见胡绳主编《中国共产党的七十年》,中共党史出版社 1991 年版,第 337 页。

总产值的比重,由 1952 年的 64.2% 上升到 1957 年的 70.9%。① 现代工业已在全部工业中占了显著优势。从几种主要工业产品的产量来看,1957 年钢产量达到 535 万吨,比 1952 年增长 296%,为新中国成立前最高年产量的 5.8 倍。原煤产量达到 1.3 亿吨,比 1952 年增长 96%,为新中国成立前最高年产量的 2.1 倍。发电量达到 193.4 亿度,比 1952 年增长 166%,为新中国成立前最高年发电量的 3.2 倍。②

　　"一五"期间,中国的工业生产平均每年增长 18%,而同期英国为 4.1%,美国为 2.8%。③ 旧中国的工业技术比西方资本主义国家要落后半个多世纪。经过"一五"期间的建设,由于许多限额以上的重点建设单位的投产,使得那些经过重大改建的老工业部门特别是新建工业部门的技术提高到 20 世纪 40 年代后期西方发达国家的水平。有资料显示:1957 年,社会主义国家所有制工业的工程技术人员达到 49.6 万人,比 1952 年增长 2 倍,占工业职工的比重由 1.1% 提高到 2.2%。到 1957 年,中国已经能够设计一些比较大型的、技术复杂的工程。如年产 240 万吨的煤矿,100 万千瓦的水电站(1952 年为 1.2 万千瓦),65 万千瓦的火电站(1952 年为 1 万千瓦),年产 150 万吨的钢铁联合企业,年产 7.4 万吨的重型机器厂,日产 120 吨的造纸厂,日处理 2000 吨甘蔗的制糖厂。新的工业部门的建立和原有技术水平的提高,导致出现了一批新的工业产品。如钢铁工业有高级合金结构钢、特殊仪表用钢、硅钢片等。1952 年,中国只能生产 180 多种钢和 400 多种规格的钢材,1957 年已经能够生产 370 多种钢和 4000 多种规格的钢材。④

　　在农业方面:"一五"期间,主要农作物的亩产量有了很大提高。如粮食亩产从 1952 年的 91.5 公斤提高到 1957 年的 102 公斤,棉花亩产从 1952 年

① 参见汪海波《中华人民共和国工业经济史(1949 年 10 月—1998 年)》,山西经济出版社 1998 年版,第 245 页。
② 参见胡绳主编《中国共产党的七十年》,中共党史出版社 1991 年版,第 337 页。
③ 参见周恩来《伟大的十年》,人民出版社 1959 年版,第 96 页。
④ 参见汪海波《中华人民共和国工业经济史(1949 年 10 月—1998 年)》,山西经济出版社 1998 年版,第 244—245 页。

的 15.5 公斤提高到 1957 年的 19 公斤。这一期间,全国扩大耕地面积 391 万多公顷。1957 年农业总产值达 604 亿元(按 1952 年不变价格计算),完成原定计划的 101%,比 1952 年增长 25%,平均每年增长 4.5%。粮食产量达 19 505 万吨,比 1952 年增长 19%,平均每年增长 3.7%;棉花产量达 164 万吨,比 1952 年增长 26%,平均每年增长 4.7%。[①]

农业生产技术得到初步改进。1952 至 1956 年,全国共推广使用化肥 400 多万吨,其中 1956 年为 160 多万吨;推广双轮单铧犁 150 多万件,其中 1956 年为 100 多万件;推广使用农药 28.5 万吨,其中 1956 年为 15.9 万吨。1956 年粮食良种播种面积已占全部粮食播种面积的 36%,棉花良种播种面积占全部棉花播种面积的 90%。1956 年,全国已建成拖拉机站 326 个,农业技术推广站 14 230 个,畜牧兽医站 2257 个,民用牲畜配种站 545 个,新式农具站 207 个。农用拖拉机台数也在不断增加,1952 年全国只有 2006 台,到 1957 年增加为 24 629 台,增长了12.3 倍。[②]

水利建设在三年恢复时期建设的基础上有了进一步的发展。到 1956 年,全国共新建设及整修渠塘 1400 多万处,其中 1956 年修建 400 多万处;共增水井 500 多万眼,其中 1956 年增加 300 多万眼;共增加抽水机 27 万匹马力,其中 1956 年增加 17 万匹马力。利用上述工程设备扩大的灌溉面积共约 2 亿亩,其中 1956 年为 1 亿多亩,此外共改善灌溉面积 4 亿多亩,其中 1956 年占 6000 多万亩。“一五”期间,政府集中力量对全国水患严重的各大水系进行治理,建成了大型水库 13 座。如海河水系的北京官厅水库(蓄水量 22.7 亿立方米)、淮河水系的安徽梅山水库(蓄水量 22.75 亿立方米)等。这些大型水库在防洪蓄水、灌发电等方面发挥了巨大作用,为农业生产创造了便利条件。[③]

[①] 参见胡绳主编《中国共产党的七十年》,中共党史出版社 1991 年版,第 338 页。
[②] 参见董辅礽《中华人民共和国经济史》上卷,经济科学出版社 1999 年版,第 276、164—165、276 页。
[③] 参见同上书上卷,第 164、276 页。

5. 政治形态状况

1954 年 9 月召开的中华人民共和国第一届全国人民代表大会第一次会议通过了第一部《中华人民共和国宪法》。由新民主主义社会过渡到社会主义社会构成新中国第一部宪法的主线。因此,这是一部带有社会主义性质的宪法。在新民主主义时期制定的这部宪法,为实现社会主义民主和建立社会主义法制奠定了初步基础。

与《共同纲领》相比较,宪法突出了对《共同纲领》所规定的过渡性政体的修改和完善。宪法明确规定:"中华人民共和国是工人阶级领导的、以工农联盟为基础的人民民主国家。""中华人民共和国的一切权力属于人民。人民行使权力的机关是全国人民代表大会和地方各级人民代表大会。"这一规定确立了中国的根本政治制度,改变了《共同纲领》所规定的"人民行使国家政权的机关为各级人民代表大会和各级人民政府"的过渡性质。宪法还规定:全国人民代表大会、地方各级人民代表大会和其他国家机关,一律实行民主集中制。全国人民代表大会和地方各级人民代表大会都由民主选举产生,对人民负责,受人民监督。国家行政机关、审判机关、检察机关都由人民代表大会产生,对它负责、受它监督。

宪法明确规定,中国共产党是国家的领导力量。共产党内实行的是民主集中制。在民主集中制中,少数服从多数的原则仅存在于各级组织内部,不存在于不同等级的组织之间。只有当举行全党代表大会时,少数服从多数的原则才能够在全局范围内起作用,平时这个原则只能在局部范围即各级组织内部起作用。平时在不同等级的组织之间,在全局范围起作用的是下级服从上级的原则,包括全党服从中央的原则。尽管中国共产党的章程中把党的全国代表大会与中央委员会并列为全党服从的对象,然而,因为党的代表大会是否举行、何时举行、怎样举行、代表怎样产生是由中央委员会决定的,代表候选人的提名事实上由中央决定并预先批准,没有中央的同意和安排,全体党员是没有能力举行代表大会的,所以不可能自行通过代表大会的形式使少数服从多数的原则在全局范围起作用。党的各级委员会虽然多数是由该级代表大会选举出来的，但是不经过上级委员会批准就无效，因此该级委员会的权力不是该级代表大会自下而上授予的，而是上级委员会自上而下授予的。

全国人民代表大会的出现，使中国人民政治协商会议代行全国人民代表大会职权的任务结束，此后它便仅仅作为人民民主统一战线的组织和国家民主协调机构继续发挥作用。从这时起，人民政协在协助政府推动各方面力量，贯彻落实中共中央和国务院在各个时期所提出和制定的路线、方针、政策以及各种法令和重大措施方面，通过协商、建议、宣传和学习等各种形式与途径为国家的进步和发展发挥作用。

一届人大一次会议重新制订了有关国家机关的一批重要法律。开始了刑法、刑事诉讼法的起草工作以及民法起草的准备工作。到1956年9月，全国已建立内蒙古和新疆维吾尔2个自治区、27个自治州和43个自治县。民族区域自治制度得到了较好的实施。

上述情况表明，这部宪法在一定意义上是具有社会主义性质的。马克思认为，"在真正的民主制中政治国家就消失了"[1]。在他看来，真正的民主制是已经不存在阶级差别的全体公民的民主制。[2] 而中国的现实是，即使在社会主义改造基本完成之后，也还存在着具有差别的工人阶级和农民阶级。因此，这部宪法所规定的国家仍然是政治国家，在实质上与马克思所说的"真正的民主制"还不相同。另外，"政治国家"不能消失的原因还在于，中国处在资本主义国家的环伺之中，国内尚存在着剥削阶级的残余势力，因此必须具有相当数量的常备军以维护国家的安全和镇压少数敌对分子的反抗和破坏。因此，准确地说，"社会主义改造之后，剥削阶级作为实体在中国已经不再存在，但这个时期的国家仍然是马克思所说的原来意义上的国家。"[3]

---

[1]《马克思恩格斯选集》第3卷，人民出版社1995年版，第324页。
[2] 参见李延明等《马克思恩格斯政治学说研究》，人民出版社2002年版，第230页。
[3]《列宁全集》第1卷，人民出版社1984年版，第154页。

6. 社会意识状况

进入社会主义改造时期,社会意识因经济关系的改变而在许多方面呈现出新的特征。新思想与旧思想、工人阶级思想与资产阶级思想的矛盾和斗争比较激烈。

1955 年 3 月,中共中央发出了《关于宣传唯物主义思想批判资产阶级唯心主义思想的指示》,提出要宣传唯物主义思想,反对唯心主义思想,使干部和群众脱离资产阶级思想的影响,提高社会主义觉悟。这一时期思想领域的斗争主要表现为批判运动。继 1951 年对电影《武训传》的批判之后,1954 年,毛泽东从支持两位青年关于《红楼梦》研究问题的批评文章开始,又领导了一场对胡适派资产阶级唯心主义的广泛批判。从当时的具体条件来看,这次批判提出的问题,实际上超出了学术批判的界限。透过这场批判可以发现,在经济领域进行着社会主义改造的中国共产党,还要从哲学、文学、史学、社会政治思想等各个方面,对五四运动以后最有影响的一派资产阶级学术思想进行一番清理和批评,通过对一部分知识分子的资产阶级思想意识的批判,向他们灌输马克思主义的历史观点,以期提升他们的社会主义觉悟,为社会主义改造开辟道路。1955 年,针对胡风向中共中央提出的关于文艺问题的三十万言意见书展开了批判,并且迅速变为对"胡风反革命集团"的揭露和镇压。"它超出了知识界,而是向全民进行灌输式的教育,不仅在城市中心搞,也在全国范围内搞。"[1]

通过这一系列的思想改造运动,马克思主义逐渐增强了它在社会意识领域的主导地位。

三、中国的社会主义与马克思设想的未来社会

在关于中国特色社会主义的种种论题中,社会主义改造后的中国是

---

[1] [美]R. 麦克法夸尔、费正清:《剑桥中华人民共和国史(革命的中国的兴起,1949—1965年)》,谢亮生等译,中国社会科学出版社 1998 年版,第 252 页。

不是一个社会主义国家的问题似乎未列其中。这不是一个可有可无的疏漏。新中国社会属性的判定，并不只是一个历史问题和理论问题，更是一个现实问题和实践问题。对于当下中国特色社会主义的质疑和否定，往往就是以对新中国历史的攻击和责难为抓手与突破口的。因此，这个问题的提出并非空穴来风，而是讨论中国特色社会主义的一个不能绕开的重大课题。

对于这一问题的研究，需要基于科学社会主义的指导，在历史、理论和现实相结合的层面上，构筑起比较研究的分析框架。具体思路是：第一，关于马克思所设想的未来社会基本特征的描述。这一描述的过程蕴涵着理论设想的科学性的论证。显然，对于中国社会属性的辨析，这一描述构成前提性的任务，由此形成判定的理论基础和现实对照的蓝本。第二，关于苏联走向社会主义的探索的历史回顾及其社会属性的深入讨论。无论是革命和建设，中国和苏联的关系都难解难分，有着千丝万缕的联系。有学者指出："1949 年以前毛泽东在中共党内的成功主要取决于他成功地为中国独特的夺取政权之路所做的辩护。然而，一旦他赢得了全国胜利，他就把斯大林及其同事看作是唯一懂得如何建立一种有效的社会主义制度的人。"①苏联社会属性的判定与中国社会属性的判定犹如一个硬币的两面，不同观点的论者都深谙这一逻辑。否定中国社会主义的逻辑就是以对苏联社会主义的否定来达成其目的的。第三，基于上述两个方面的论述，就社会主义改造后的中国的社会属性加以判定，并回答种种相关争论。

1. 马克思设想的未来社会的基本特征

众所周知，对于未来社会，马克思始终没有勾画过具体的图景，这并非他有意或无意的疏漏。列宁对此有着深刻的悟解："谁都知道，科学社

---

① ［美］李侃如：《治理中国：从革命到改革》，胡国成、赵梅译，中国社会科学出版社 2010 年版，第 99 页。

会主义其实从未描绘过任何未来的远景，它仅限于分析现代资产阶级制度，研究资本主义社会组织的发展趋势，如此而已……例如《资本论》这部叙述科学社会主义的主要的和基本的著作，对于未来只是提出一些最一般的暗示，它考察的只是未来的制度所由以长成的那些现有的因素。"①在马克思看来，"实际的社会主义则是对资本主义生产方式各个方面的一种正确的认识。"②新世界的发现只是马克思批判旧世界自然得出的结论。离开了这一科学的方法，任何关于未来社会的设计都没有实际的意义。马克思明确告诉他的追随者："我们对未来非资本主义社会区别于现代社会的特征的看法，是从历史事实和发展过程中得出的确切结论；脱离这些事实和过程，就没有任何理论价值和实际价值。"③

即使如此，未来社会并不是玄奥至极，以致会让我们陷入不可知的境地。马克思主义两位创始人的大量文本中已经透露出他们对未来社会基本特征的认识。虽然缺乏他们关于这一论题的专门的文本阐释，但仍然可以获得关于共产主义社会的基本判断。这些基本判断包括：

第一，生产力高度发展和人的全面自由发展。马克思在 1877 年《给〈祖国纪事〉杂志编辑部的信》中提出，人类社会最后达到的是"在保证社会劳动生产力极高度发展的同时又保证每个生产者个人最全面的发展的这样一种经济形态"④。显然，这"两个保证"，是指认未来社会两个最为直接的标志性因素。其中任何一个方面缺失，未来社会都必然残缺不全，最终丧失存在的合理性。共产主义社会内含的这两个标志性因素，在共产主义社会中的地位并不一致。两者之间是条件与目的的关系。生产力的极高度发展，只具有共产主义社会"条件"的意义，虽然它也内在于共产主义社会的特征体系之中，而每个人自由而全面发展具备共产主义社会"目的"的意义。

①《列宁全集》第 1 卷，人民出版社 1984 年版，第 154 页。
②《马克思恩格斯选集》第 3 卷，人民出版社 1995 年版，第 223 页。
③《马克思恩格斯全集》第 36 卷，人民出版社 1974 年版，第 419—420 页。
④《马克思恩格斯选集》第 3 卷，人民出版社 1995 年版，第 342 页。

第二,生产资料公有制。与历史上存在的任何形式的公有制根本不同的是,马克思恩格斯所言的共产主义社会公有制,意指的是整个社会占有全部生产资料,同时,这个社会是由联合起来的个人组成的。恩格斯在1890年致奥·伯尼克的信中明确指出:"社会主义社会""同现存制度的具有决定意义的差别当然在于,在实行全部生产资料公有制(先是单个国家实行)的基础上组织生产。"①在他们看来,社会即联合起来的个人占有全部生产资料,是未来社会的具有起始意义的特征。共产主义社会就是根据这个特征而命名的。也就是说,这个特征是马克思恩格斯从逻辑上预测未来社会其他特征的起点。没有这个特征,其他特征就无从谈起。②

第三,计划生产。恩格斯指出:"一旦社会占有了生产资料,商品生产就将被消除,而产品对生产者的统治也将随之消除。社会生产内部的无政府状态将为有计划的自觉的组织所代替。"③

第四,阶级消失,国家消亡。马克思说,共产主义社会"不承认任何阶级差别,因为每个人都像其他人一样只是劳动者"④。恩格斯指出,"国家真正作为整个社会的代表所采取的第一个行动,即以社会的名义占有生产资料,同时也是作为国家所采取的最后一个独立行动。那时,国家政权对社会关系的干预在各个领域中将先后成为多余的事情而自行停止下来。那时,对人的统治将由对物的管理和对生产过程的领导所代替。国家不是'被废除'的,它是自行消亡的"⑤。这里,马克思主义创始人明确表达,共产主义社会一方面是一种不承认任何阶级差别的存在,另一方面是一种在全球空间内的存在。人类社会自此走向了新生。

在《社会主义从空想到科学的发展》这篇科学社会主义重要文献中,

①《马克思恩格斯选集》第4卷,人民出版社1995年版,第693页。
② 参见李延明《马克思恩格斯的未来世界——科学共产主义原理》,安徽人民出版社2006年版,第49页。
③《马克思恩格斯选集》第3卷,人民出版社1995年版,第633页。
④ 同上书第3卷,第305页。
⑤ 同上书第3卷,第631页。

恩格斯具体阐述了共产主义社会各个特征的内在逻辑关系："无产阶级将取得公共权力，并且利用这个权力把脱离资产阶级掌握的社会生产资料变为公共财产。通过这个行动，无产阶级使生产资料摆脱了它们迄今具有的资本属性，使它们的社会性有充分的自由得以实现。从此按照预定计划进行的社会生产就成为可能的了。生产的发展使不同社会阶级的继续存在成为时代的错误。随着社会生产的无政府状态的消失，国家的政治权威也将消失。人终于成为自己的社会结合的主人，从而也就成为自然界的主人，成为自身的主人——自由的人。"①这些具体特征及其内在有机联系，勾勒出共产主义社会的基本轮廓。

马克思主义创始人的这一设想诞生以来，质疑或否定的声音一直绵延不绝，马克思主义者也一直没有停止过对这一设想科学性的辩护的努力。在现实越来越以其强大的力量遮蔽理想的时候，马克思的这一设想已经被越来越多的人们认为是乌托邦式的梦想，淡出了思想的视野。正是在这一背景下，解读马克思主义创始人这一设想的方法论的地位就显得格外重要。从总体上说，正确认识和把握这一设想，需要基于以下三个基本方法：第一，这一未来蓝图是马克思对于人类社会发展趋势的科学预测。"马克思恩格斯在自己时代里作出了正确的预言，不过这种正确性并不在于其真的发生了，而是说他们做出预言的理论依据（即关于社会历史发展基本规律的看法）是正确的，并且他们忠实于自己时代的实际条件。"②虽然马克思的设想还没有从整体上转化为现实，但迄今为止人类社会发展的实践在一步步证明，而不是证伪马克思关于未来社会的理论设想的正确性。第二，这一未来蓝图是人类价值理想的最高表达形式。从总体上说，在科学社会主义理论中，几乎每一个原理既是科学的分析，又是价值的要求，是两者内在的统一。科学社会主义本身就蕴涵着对人类社会"应有"状态的价值理想，人类的价值目标与历史发展的

①《马克思恩格斯选集》第 3 卷，人民出版社 1995 年版，第 759—760 页。
② 胡大平：《恩格斯"合力论"再探讨》，载《江苏社会科学》2010 年第 5 期。

客观趋势在其中融为一体。第三,这一未来蓝图的实现是一个自然的历史过程。这里的"自然"一方面当然是对规律性的正名,另一方面则意指不否认以社会发展的规律性为基础的人的主观能动性的发挥。20世纪以来社会主义的历史实践从正反两个方面充分证明了这一点。

2. 苏联走向社会主义的探索

十月革命是列宁正确认识和运用马克思方法论的结果。有学者指出,马克思当时期待的俄国革命,并不是欧洲社会形态演进意义上的社会主义革命(即在高度发展的资本主义制度内部发生革命),而是东方社会形态演进意义上对"资本主义制度的卡夫丁峡谷"的跨越(即在资本主义制度旁边发生革命,但仍然"享用资本主义制度的一切肯定成果")。① 事实上,两种类型的革命都内在于科学社会主义理论框架之中。十月革命的胜利说明,经济文化相对落后的国家并不因由生产力的水平天然地丧失革命的可能性。能不能发生社会主义的变革,"这一切主要取决于生产力和生产关系的矛盾运动,这种运动决定和表现出来的历史环境和由客观条件所决定的主观能动性。"② 但是,在经济文化相对落后国家发生革命的后果,也由此具有了自己的特殊性。正是这一差异,从根本上决定了革命胜利后的俄国社会主义建设实践经历了一个曲折而复杂的历史过程。

十月革命后,列宁一度进行了向社会主义直接过渡的努力,但这一尝试遭遇挫折。列宁在十月革命四周年时撰文指出,我们原来打算(或许更确切地说,我们是没有充分根据地假定)直接用无产阶级的法令,在一个小农国家里按共产主义原则来调整国家的生产和产品的分配。现实生活表明我们犯了错误。准备向共产主义过渡(要经过多年的准备工

① 参见俞吾金《社会形态理论与中国发展道路》,载《上海师范大学学报(哲学社会科学版)》2011年第2期。
② 王伟光:《马克思主义社会形态理论与中国发展道路》,载《中国社会科学》2011年第1期。

作),需要经过国家资本主义和社会主义等一系列过渡阶段。直接过渡的尝试失败后,列宁转而实行了"新经济政策",用"新的迂回方法"来夺取一些阵地,实行退却,以便更有准备地再转入对资本主义的进攻,这是从直接过渡转而进行迂回过渡的新的尝试。由此,直接过渡的方式与迂回过渡的方式,可以认为是发达资本主义国家和经济文化相对落后的社会主义国家向未来社会过渡的两种基本方式。

　　无论是直接过渡还是迂回过渡,列宁始终没有改变过马克思关于未来社会设想的基本观点,始终是在马克思的历史观中展开自己的理论逻辑并以之为自己实践的指导,探索理想性与现实性具体统一的实践路径。换言之,对于马克思设想的未来社会的目标,列宁并没有因由现实条件的不足而有丝毫的动摇和怀疑,他思考的着力点只在于如何依据现实的条件不断缩小理想与现实之间的距离。正是基于社会主义理想性与现实性的统一,一方面,列宁对当时所处的历史方位有着清醒的认知,对社会主义建设的长期性、复杂性和艰巨性有着清醒的判断。他说:"怎样设想一个发达的社会主义社会,这也不困难。这也已经解决了。但是,怎样实际地从旧的、习惯了的、大家都熟悉的资本主义向新的、还没有产生的、没有牢固基础的社会主义过渡,却是一个最困难的任务。"①列宁告诫全党,我们还只处在由资本主义到社会主义过渡的第一阶段,我们不知道而且也不可能知道,过渡到社会主义究竟要经过多少阶段。我们知道现在我们还不能实行社会主义制度,希望我们的儿子也许孙子能够把这种制度建成就好了。另一方面,列宁也表达出沿着社会主义的方向前进的勇气和信心,以及构筑社会主义物质基础的坚定性。在 1922年的《政论家札记》中列宁指出:"我们连社会主义经济的基础也没有建设完成。仇视我们的垂死的资本主义势力还有可能把这夺回去。""承认这一痛苦的真理根本没有什么'可怕',也决不会使人有正当的理由可以有一丝一毫的灰心失望,因为我们向来笃信并一再重申马克思主义的一

―――――――――――
① 《列宁全集》第 38 卷,人民出版社 1986 年版,第 113 页。

个起码的真理,即要取得社会主义的胜利,必须有几个先进国家的工人的共同努力。可是我们暂时还是孤军作战,而且是在一个落后的,经济破坏比别国更厉害的国家里,但我们做了很多事情。""我们毕竟在为社会主义创造条件的经济领域内开始前进了。"①

尽管将马克思所说的共产主义社会第一阶段指称为社会主义社会,列宁在他有生之年始终没有认为自己的国家已经进入共产主义社会的第一阶段。正式宣称苏联进入共产主义第一阶段的是列宁的继承者斯大林。列宁去世后不久,斯大林放弃了列宁的探索方案,发起了标志着向共产主义社会第一阶段过渡的农业集体化和国家工业化的运动。苏联的农业集体化从 1928 年初开始,到 1937 年,加入集体农庄的农户数已经达到农户总数的 93%,集体农庄的播种面积已经占农村全部谷物面积的 99%。这一年,社会主义经济成分在生产固定基金(包括牲畜)方面达到 99.0%,在国民收入方面达到 99.1%,在农业总产值(包括私人副业)中达到 98.5%,在商业零售额(包括公营饮食业)方面达到 100%。苏联的国家工业化从 1925 年底开始,到 1933 年基本完成。1937 年,工业总产值已经占工农业总产值的 77.4%。这一年苏联的工业总产值已经跃居欧洲第一位、世界第二位。② 在斯大林看来,这一切就意味着社会主义的基本确立。1936 年,斯大林在《关于苏联宪法草案》的报告中宣布:"我们苏联社会已经做到在基本上实现了社会主义,建立了社会主义制度,即实现了马克思主义者又称为共产主义第一阶段或低级阶段的制度。这就是说,我们已经基本上实现了共产主义第一阶段,即社会主义。"③1939 年,斯大林又宣布:苏联已经"确立了社会主义制度"④。半个多世纪以来的苏联共产党领导人始终坚持认为,苏联已经是社会主义社

①《列宁选集》第 4 卷,人民出版社 1995 年版,第 640 页。
② 参见中国人民大学科社系国际共产主义运动教研室《国际共产主义运动史:从十月社会主义革命胜利到社会主义阵营形成》,中国人民大学出版社 1983 年版,第 8、334 页。
③《斯大林选集》下卷,人民出版社 1979 年版,第 399 页。
④《斯大林选集》上卷,人民出版社 1962 年版,第 260 页。

会,是马克思和恩格斯所设想的共产主义社会的第一阶段。

3. 关于苏联是不是社会主义国家的理论论争

一旦将马克思和恩格斯关于未来社会的设想与自称进入共产主义社会第一阶段的苏联加以比较,这个国家与马克思和恩格斯所设想的未来社会的差异也就自然地显现。换言之,虽然宣称进入共产主义社会的第一阶段,但苏联与马克思和恩格斯所设想的共产主义社会的第一阶段存在着一系列重大的差异。其中,一个首要的差异在于,不论是共产主义社会的第一阶段还是高级阶段,在马克思和恩格斯看来,都不是单个民族国家的独立存在,而是一种全球性的普遍存在。除了上述地域性的特征外,无论是生产关系还是交换关系,无论是阶级状况还是国家状况,苏联的社会主义都与马克思所设想的共产主义社会存在着显著的差异。

苏联究竟是不是一个社会主义国家? 包括俄罗斯理论界在内的国外学界主要存在着三种不同的典型观点。一种观点认为,苏联是一个社会主义国家。俄罗斯科学院院士阿列克谢耶夫在论述苏联历史时认为,20 世纪以来的俄国革命经历了三个阶段,即资产阶级民主阶段(1905 年至 1917 年 9 月)、社会主义阶段(1917 年 10 月至 1990 年)和自由主义阶段(1991 年至今)。这一划分明确地将苏联指认为社会主义国家。在他看来,斯大林的主要目标是发展重工业,建设社会主义国家。到 20 世纪中叶,苏联从一个农业国发展成为可与美国竞争的超级大国,是世界上能够生产当时人类能够生产的任何工业品的两个国家之一。[①] 另一种观点认为,苏联不是一个社会主义国家。俄罗斯历史学家罗伊·亚历山德洛维奇·麦德维杰夫认为,苏维埃国家存在的最重要的两个依据是:与同时期的资本主义相比有更高的成绩和更高的劳动生产率,劳动人民享有更高的生活水平。但是,在 20 世纪 30 年代,苏联建立的不是社会主

[①] 参见李慎明主编《2007 年世界社会主义跟踪研究报告——且听低谷新潮声(之四)》,社会科学文献出版社 2008 年版,第 417 页。

义社会,而是保留了一些社会主义外部特征的专制社会。伟大的卫国战争的胜利在很多方面只是巩固了斯大林的专制,当然没有斯大林的专制那也是不可能实现的。① 作为社会主义思潮在美国屈指可数的代表人物的文学批评家、美国社会学家欧文·豪进一步认为,以社会主义名义建立的苏联,甚至不如他反对的以资本主义名义建立的美国制度。② 第三种观点则认为,苏联是一个混合的社会制度的国家。美国经济学家大卫·科茨和弗雷德·威尔在《来自上层的革命——苏联体制的终结》一书中认为,理解苏联体制最好的方式,是把它理解为一种混合的制度,它具有许多社会主义的因素,也有许多非社会主义的因素。非社会主义因素中最为关键的是,人民成了消极的受动者,而不是积极的参与者。在他们看来,正是这一体制中的社会主义因素,使得苏联的制度不同于现代资本主义制度。

国内学界除了与国外类似的几种不同的观点外,有一种"现实的社会主义"的论点值得深入分析。有学者认为,苏联这种社会主义社会已经是一种现实存在,而不是一种理论设想,它既依照马克思和恩格斯关于未来共产主义社会第一阶段的理论设想,事实上又与马克思和恩格斯在理论上设想的那种社会很不相同,因此,可以将苏联指称为"现实的社会主义"国家。"现实的社会主义"的概念,不单是一个社会主义国家的经验的理论总结,实际上指的是与苏联类似的所有共产党执政国家的社会制度。③ 在他看来,从生产关系的角度考察,所谓"现实的社会主义"社会,就是已经到达社会主义社会的门槛,但是尚未完全进入共产主义社会第一阶段的社会。说它到达社会主义的门槛,是因为它只有两种公有制,即无产阶级国家所有制和劳动者集体所有制,没有私有制,这种生产

① 参见李慎明主编《2007年世界社会主义跟踪研究报告——且听低谷新潮声(之四)》,社会科学文献出版社2008年版,第448—449页。
② 参见张伟《欧文·豪:社会主义,但不是苏联》,载《中国青年报》2011年9月7日。
③ 参见李延明《马克思恩格斯的未来世界——科学共产主义原理》,安徽人民出版社2006年版,第160页。

关系体系已经接近社会主义生产关系的体系。说它尚未完全进入社会主义社会,是因为作为共产主义社会第一阶段的社会主义社会只能有一个经济主体,这个唯一的经济主体占有全部生产资料。而存在两种公有制的社会并不只有一个经济主体,每一个劳动者集体所有制企业都是一个经济主体。而且国有企业有时具有相对的独立性,使得整个国有经济也形成不了一个完整的经济主体。因而这种社会不同于完全的社会主义社会。

4. 社会主义改造后新中国社会属性的判定

探讨包括苏联和中国在内的国家社会属性的论题,不能离开对马克思世界历史理论的正确解读。在马克思看来,"历史向世界历史的转变"具有两层含义:第一层含义是指历史向资本主义世界历史时代的转变,第二层含义是指人类普遍地向社会主义社会的转变。资本主义全球化与社会主义全球化是相互联结的。所谓"历史向世界历史的转变"决不仅仅意味着全球化只是历史向资本主义世界历史时代的转变,同时也蕴涵着资本主义世界历史时代向共产主义世界历史时代的转变。全球化由此可以划分为资本主义世界历史时代和社会主义世界历史时代两大世界历史时代。[①] 并且,这两大历史阶段之间并没有一个严格的界限,在时间的规定性上并不是截然分开的。历史发展的辩证法在于,在资本主义全球化发展的一定历史阶段上,作为制度的社会主义就开始在某一个国家或数个国家生成。尽管并不构成全球化的主体,但是社会主义已经在资本主义全球化的框架内获取了自身的存在。历史的辩证法就是以如此丰富的形式展开人类历史发展的丰富性的。社会主义在经济文化相对落后国家的横空出世,绝非仅仅是主观的产物,而是在一定的历史条件下主客观因素共同作用的必然结果。正如有学者指出的:"生产力与生产关系矛盾运动规律的本质是一样的,但历史条件不同,即规律起

---

① 参见叶险明《"知识经济"批判》,人民出版社 2007 年版,第 275 页。

作用的社会条件不同,它的表现形式和结果也不可能完全相同。""规律存在于历史发展过程中。"①因此,这种新的社会形态的出现,不是如一些人所认识的是"早产的怪胎"和"脱离文明大道的异类",从资本全球化的历史进程看,其蕴涵着深刻的历史必然性。

然而,也正是由于资本主导的全球化、经济文化相对落后以及社会主义的首次尝试等因素的影响,在这一历史条件下建立的社会主义与马克思关于未来社会的设想有着显著不同,反映为这些国家的社会主义形态在相当长的一个历史时期内的不成熟和不完善。在马克思的未来世界的框架中,与两种类型的革命形态相联系,存在着与资本主义并存的社会主义和后资本主义的社会主义两种社会主义形态。在一定意义上,这两种社会主义形态之间的关系,也可以表述为社会主义的形成与社会主义的成熟之间的关系,因为后资本主义的社会主义作为一种未来构想,正是与资本主义并存的社会主义发展的结果,两者之间具有高度的一致性。正如有学者指出的,马克思关于未来社会的构想是一种逻辑上的典型形态。从历史发展的现实来看,这种逻辑上的典型形态就是现实中出现的社会主义社会未来发展的成熟形态。马克思对共产主义第一阶段和共产主义高级阶段的基本构想,不应该理解为开始进入这个阶段时的状态,而应该是其成熟状态,因为只有成熟形态才能与典型形态相一致。② 这一论述的方法论意义就在于,将社会主义的形成与社会主义的成熟进行了厘清。

20 世纪 50 年代中期,在中国共产党的努力下,中国的社会形态从新民主主义社会向社会主义社会转变。中国走向社会主义的具体途径,在借鉴苏联走向社会主义实践经验的基础上,表现出了中国共产党人的独特性创造。在当时具体的历史条件下,中国共产党人理想中的社会主义形态标本,是马克思和恩格斯的未来社会构想、苏联社会主义模式与中

---

① 陈先达:《论马克思主义基本原理及其当代价值》,载《马克思主义研究》2009 年第 3 期。
② 参见项启源《论我国社会主义初级阶段的历史定位》,经济科学出版社 2001 年版,第 54 页。

国的历史和国情综合作用下的产物。生产资料所有制的社会主义改造，确实使中国社会的经济结构发生了根本性变化，公有制经济占到国民经济的 93%，标志剥削制度已经基本消灭，剥削阶级已经被基本消灭。说中国进入社会主义的主要根据即在于此。但是，不能由此确认经过社会主义改造的中国已经进入成熟的社会主义社会，而只能说进入初级形态的社会主义社会。这主要因为，就国内状况而言，生产资料虽然基本上已经分别归国家和集体所有，但还没有完全归全社会所有，交换关系也只是用政府的遵循价值规律的计划调节替代了市场的自发调节，没有实现从商品经济形态向产品经济形态的变更，政治形态虽然实现了人民民主专政，但还没有改变政治国家的性质。现代化任务还远远没有完成，还必须依托社会主义基本制度进行现代性内在超越的努力。就国际状况而言，与马克思关于共产主义只能是在全球范围内出现的结论尚有很大距离。

就此而言，邓小平所说的"不够格"的社会主义应该恰如其分。"不够格"的社会主义，一方面承认社会主义的客观存在，另一方面承认社会主义的不完善和不成熟。可以认为，中国这一新的社会形态，在人类社会发展史上就是资本全球化历史阶段开始出现的社会主义。显然，初级形态的社会主义所处的历史阶段，既不同于从资本主义向社会主义过渡的无产阶级专政的历史时期，也不同于存在着混合经济成分的新民主主义历史时期。

围绕这一论点，有两种错误的论点需要予以澄清。一种是将马克思和恩格斯关于共产主义社会第一阶段的设想，作为判定中国社会是不是社会主义的根本标准，由此否定现实的社会主义国家的社会主义性质。以未来社会的蓝本简单否定新中国社会的社会主义性质，以社会主义的成熟状态否定社会主义的生成状态，以产生于资本主义全球化历史阶段而否定其社会主义的社会属性，这种思维方式是缺乏对科学社会主义的辩证理解的结果，这种将理想社会主义与现实社会主义对立起来的观点，在否定现实社会主义的同时也进而否定了 20 世纪以来社会主义实践的历史。另一种是将现实的社会主义视为共产主义社会第一阶段，并不顾国际国内客观条件的限制，主观地向共产主义社会的高级阶段过渡，把社会主义的生成状态与社会主义的成熟状态等同，把"出生"与"成熟"混淆。历史的事实表明，急于过渡的结果只能是必然违背人类社会发展的客观规律而遭到惩罚。

第五章　社会主义建设道路曲折探索时期的中国社会

从 1956 年社会主义改造基本完成到 1976 年"文化大革命"结束这 20 年间,是以毛泽东为主要代表的中国共产党人探索中国自己的社会主义现代化道路的历史时期。无论是"大跃进"还是人民公社化运动乃至"文化大革命",都是以毛泽东为主要代表的中国共产党人探索中国自己的社会主义建设道路的努力。对于人民公社化运动,有学者指出:"研究公社是把握中国现代化的一个很好的契入口"。"人民公社当时被看成是一种适合于中国特点的制度模式,公社似乎展示了一条新的现代化道路,一条能够避免资本主义弊端、改造传统小农、'使全体农村人民共同富裕起来'的中国式的现代化道路。"[①]在费正清看来,"大跃进不是一个偶然事件,而是一种模式的一部分。"[②]显然,很多学者承认这样一个事实:只有置于中国社会主义现代化道路的分析框架之中,才能够获得正确认识和评价这些重大事件的起点。

这是中国共产党探索社会主义道路过程中一段曲折而艰辛的历史时期。历史事实已经说明这一探索遭遇了极其严重的挫折,付出了极其

---

① 张乐天:《告别理想——人民公社制度研究》,东方出版中心 1998 年版,第 4 页。
② [美]费正清:《伟大的中国革命(1800—1985 年)》,刘尊棋译,世界知识出版社 2000 年版,第 353 页。

沉重的代价。仅仅从经济方面看,"文化大革命"10 年间,如果按正常年份百元投资的应增效益推算,损失达 5000 亿元。① 这一损失,相当于全国亿万人民经过 30 年辛勤劳动而积累起来的家当。② 这一段历史由此变得格外沉重,而走进这一段历史,思绪也会变得格外复杂。随着这一段历史渐渐远去,今天学者们正在用不同的话语体系展示各自不同的解说方式,表达各自不同的叙事目的。应该指出的是,不同话语体系之间所蕴涵着的是历史观和价值观的差异甚至对立。在否定和解构喧嚣一时的背景下,片面性的评价越来越成为一种强势话语,令人深思。

正确认识和评价这一段历史,需要遵循唯物史观的基本立场和基本方法。列宁认为,判断历史的功绩,不是根据历史活动家没有提供现代所要求的东西,而是根据他们比他们的前辈提供了新的东西。这里,需要倾听一下莫里斯·梅斯纳是如何说的:"伟大的英国历史学家 E. H. 卡尔在完成其不朽的多卷本苏联史时曾告诫说:'危险不在于我们避而不谈十月革命史上的巨大污点、那场革命使人类付出的痛苦代价、以那场革命的名义所犯下的罪行。危险在于我们总想全部忘记并且在缄默中忽视那场革命的巨大成就。'"他认为:"卡尔的话适用于俄国,同样也适用于中国。不幸的是,人们不容易对革命做出公正的评价。社会大变动总会激发起人们对未来的、伟大然而达不到的期望,一旦希望破灭,长期的幻灭感和愤世嫉俗的态度便必然接踵而来,而实际的历史成就却被抹煞或被遗忘了。真正看清历史的画面往往需要远离那个革命时代的政治斗争和意识形态斗争,用几代人的时间。现在深深铭刻在当代政治意识和历史意识中的是毛泽东主义记录上的污点,特别是大跃进和文化大革命。人们不能也不应该遗忘:那些事件是大失败,而且使很多人丧生。然而,未来的历史学家们将一定在不忽略那些污点和罪过的情况下,把中华人民共和国历史上的毛泽东时代(无论他们可能对这一时代作出其

---

① 参见《三中全会以来重要文献选编》(上),人民出版社 1982 年版,第 290 页。
② 参见席宣、金春明《"文化大革命"简史》,中共党史出版社 2005 年版,第 305 页。

他什么判断），作为世界历史上伟大的现代化时代之一，作为带来了巨大的社会利益和人类利益的时代载入史册。"①

从总体上说，这一探索历程有成功也有失败，但肯定性评价应是主要方面。邓小平说："三十年来，不管我们做了多少蠢事，我们毕竟在工农业和科学技术方面打下了一个初步的基础，也就是说，有了一个向四个现代化前进的阵地……建立了实现四个现代化的物质基础。"②"培养了大批熟练工人和上千万专业人才，建立了比较完整的工业体系和国民经济体系。全国人民的生活比解放前好得多了。同一些比较大的发展中国家相比，我们所取得的成绩比它们大，建设速度也比它们快。"③这可以认为是一种唯物史观指导下的正确结论。费正清也承认："国家复兴的证据是全国遍地可见的，并且是目不胜收的。一百多万辅助医务人员'赤脚医生'采用中国的新医疗法如针刺麻醉和电吸人工流产，把公共卫生和医药服务带到农村。到处都兴办小学教育和传授实用技术。""不管毛的声名毁誉如何，他的丰碑是建立在农村的。"④全盘肯定或全盘否定的片面性的立场既歪曲了历史的事实，也难以正确地认识问题。

对于这20年社会主义初级阶段社会形态的具体变化，本章划分为"大跃进"和人民公社化运动（1958—1960）、国民经济调整（1961—1965）、"文化大革命"（1966—1976）三个历史阶段，分别加以具体阐述。

一、"大跃进"和人民公社化运动期间的中国社会（1958—1960）

从社会形态的角度考察，从中共八大到"大跃进"的这几年，是在生产力、生产关系和上层建筑等方面努力提升的几年。

---

① ［美］莫里斯·梅斯纳：《毛泽东的中国及其发展：中华人民共和国史》，张瑛等译，社会科学文献出版社 1992 年版，第 489 页。
② 《邓小平文选》第 2 卷，人民出版社 1994 年版，第 232 页。
③ 同上书第 2 卷，第 357 页。
④ ［美］费正清：《美国与中国》，张理京译，世界知识出版社 2000 年版，第 428 页。

1. 生产和生产力状况

1956 年 9 月，中国共产党第八次全国代表大会举行。大会认为，生产资料所有制的社会主义改造完成后，国内的主要矛盾不再是工人阶级同资产阶级之间的阶级矛盾，而是人民对于经济文化需要同经济文化不能满足这种需要的状况之间的矛盾，是先进的生产关系同落后的生产力之间的矛盾。要解决这个矛盾，只有迅速发展生产力。因此，中国共产党不久就发动了旨在迅速发展生产力的"大跃进"运动。1958 年 5 月，中国共产党的八大二次会议正式通过社会主义建设总路线，"大跃进"自此在全国范围内广泛开展起来。

1958 年至 1960 年期间，工业生产迅速发展，新开工和建成了一批重要的工业项目，一些新的重要工业部门也建立起来。三年当中，施工兴建的大中型工业项目达到 2200 个左右，其中完工和部分完工而投入生产的有 1100 个左右；施工兴建的小型工业项目约有 9 万多个。新中国的"第一"一个接着一个。例如，佳木斯造纸厂 1957 年建成投产，填补了我国造纸工业的空白；1958 年，我国最大的医药联合企业华北制药厂建成投产，从根本上改变了过去青霉素主要依靠进口的状况；第一拖拉机制造厂 1959 年建成投产，结束了我国不能生产拖拉机的历史；等等。

特别值得指出的是，《一九五六——一九六七年科学技术发展远景规划纲要(修正草案)》提出了"重点发展，迎头赶上"的方针，重点发展核技术、喷气技术、计算机技术、半导体技术、自动化技术和无线电技术，围绕上述领域全国开展了 600 多项中心课题研究，取得了显著成就。例如，1958 年，我国成功研制出第一台电子管计算机；我国第一座试验性的原子反应堆和回旋加速器等在这一期间陆续投产。

这一时期，主要工业部门特别是重工业各部门的现代化生产设备和生产能力有了很大的增长。这三年新增的炼钢能力占从新中国成立到 1979 年新增炼钢能力的 36.2%，采煤能力占 29.6%，棉纺锭占 25.9%。这一时期，还增加了许多新的工业产品品种，工业产品的自给程度有了很大的提高。工业总产值和主要工业产品产量,特别是钢铁等重工业产品产量迅速增长。1960 年与 1957 年相比,工业总产值由 704 亿元增加到 1650 亿元(按 1957 年不变价格计算),增加了 1.34 倍。其中重工业产值由 330 亿元增加到 1100 亿元,增加了 2.3 倍。主要工业产品除了糖、丝等少数产品产量下降以外,原煤、原油、电、钢铁等都有大幅增长。同时,工业布局得到进一步改善。在工业总产值中,沿海地区工业产值的比重由 1957 年的 67.9%下降到 1960 年的 65.3%,内地由 32.1%上升到 34.7%。[①]

这一时期,由于发展程度不均衡,经济比例关系严重失调。一是,1958 年到 1960 年三年,积累率分别达到 33.9%、43.9%、39.6%,大大超过第一个五年计划期间已经较高的平均积累率 24.2%。积累与消费的比例关系严重失调。二是,从 1957 年到 1960 年,重工业增长了 23 倍,而农业却下降了 22.8%。工农业比例失调,重工业畸形发展。三是,工业内部各部门诸如轻重工业之间、重工业内部加工工业和采掘工业之间以及加工工业之间的比例关系严重失调。[②] 工业生产建设的经济效益大幅度下降。在工业生产方面,产品质量下降;劳动生产率降低;物质消耗增加,成本提高;流动资金占用增加。在工业项目建设方面,也同样存在建成投产少、建设周期长、占用资金多、固定资产交付使用率下降、报废损失严重、经济效益差等问题。

最严重的是农业生产的下降。从 1959 年起,全国农田连续遭受大面积自然灾害,农副产品产量急剧下降。据有关资料,农业总产值由 1957 年的 537 亿元降至 1960 年的 415 亿元,下降了 22.7%。粮食产量由 1957 年的 19 505 万吨降至 1960 年的 14 350 万吨,棉花产量由 3280 万担降至 2125.8 万担,油料作物产量由 8391.9 万担降至 3881 万担,生

---

① 参见汪海波《中华人民共和国工业经济史(1949 年 10 月—1998 年)》,山西经济出版社 1998 年版,第 303—305 页。

② 参见胡绳主编《中国共产党的七十年》,中共党史出版社 1991 年版,第 380 页。

猪的存栏数由 14 590 万头降至 8227 万头。[①] 1960 年同 1957 年相比,城乡人民平均的粮食消费量减少了 19.4%,其中农村人均消费量减少 23.7%。植物油人均消费量减少 23%。猪肉人均消费量减少 23.7%。不少省份农村人口死亡增加。据正式统计,1960 年全国总人口比上年减少 1000 万。突出的如河南省信阳地区,1960 年有 9 个县死亡率超过 100‰,为正常年份的好几倍。[②]

这些情况,使得突击发展生产和生产力的成效大打折扣,经济"大跃进"未能真正实现。

2. 生产关系状况

人民公社化运动的中心内容,是进一步提升刚刚建立起的农业生产合作社的生产关系。

1957 年冬到 1958 年春全国农田水利基本建设的需要,促成了农村的人民公社化。1958 年 8 月,中共中央政治局扩大会议通过的《中共中央关于在农村建立人民公社问题的决议》认为,把规模较小的农业生产合作社合并和改变成为规模较大的、工农商学兵合一、政社合一、集体化程度更高的人民公社,是目前农村生产关系飞跃发展、农民觉悟迅速提高的必然趋势。人民公社将是建成社会主义和逐步向共产主义过渡的最好的组织形式,它将发展成为未来共产主义社会的基层单位。到 1958 年 10 月底,全国农村建立的人民公社达到 26 000 多个,入社农户占农户总数的 99% 以上。[③] 1958 年下半年至 1959 年,北京、上海、天津等大城市试办了以大工厂、街道、机关或学校为中心的三种类型的城市人民公社。

人民公社实行政社合一,是工农商学兵、农林牧副渔无所不包的联

---

① 参见《中国统计年鉴(1983)》,中国统计出版社 1983 年版,第 149、214 页。
② 参见胡绳主编《中国共产党的七十年》,中共党史出版社 1991 年版,第 381 页。
③ 参见中共中央党史研究室《中国共产党历史》第 2 卷(上),中共党史出版社 2011 年版,第 496 页。

合体。它将本社范围内的工农业生产、交换、文化教育、军事和政治事务统一管理起来。人民公社还将劳动力按军队编制组成班排连营，采取大兵团作战的方法，从事农业生产。从生产关系的角度看，人民公社具有"一大二公"的基本特点。所谓"大"，就是将原来一二百户的合作社合并成为四五千户以至一二万户的人民公社。一般是一乡一社。作为"共产主义试点"的河北省徐水县，还有河南省修武县，都是一县一社。所谓"公"，就是将几十上百个经济条件、贫富水平不同的合作社合并后，一切财产上交公社，多者不退，少者不补。人民公社刚建立时，实行公社、管理区、生产队三级管理。其财产核算单位有的是公社，有的是管理区（相当于原来的高级农业生产合作社或者后来的生产大队），在此范围内统一核算，统一分配，实行部分的供给制。公社建立后，土地归公社所有，公社可以随意调动和无偿征用土地，有权调动有时甚至是无偿调动自然村里的劳动力。

这种人民公社超越了当时生产力实际水平的要求。严重的平均主义，挫伤了农民的生产积极性，使劳动生产率大大降低。在"一平二调"（即平均主义和无偿调拨）现象严重的地方，劳动力大量外流，耕畜家禽家畜被大量宰杀，农具大量损坏，营养性疾病严重流行，土地耕作粗放或大量荒芜，产量一减再减。这种状况不仅导致农民被剥夺，而且也制约了生产力的发展。这表明，当时人民公社的生产关系（公有化程度）不适合当时生产力的状况，对生产力产生了不利作用。薄一波指出："当时的人民公社实际上是利用行政权力，在自然经济或半自然经济基础之上建立起来的，带有浓厚的平均主义色彩、军事共产主义色彩和超社会发展阶段的空想色彩的联合体。"[1]费正清则从另一个角度指出："中国那种精耕细作的园艺式的农业不能像俄国集体农庄那样大规模地组织起来，特别是在缺乏机械化的条件下。"[2]

---

[1] 薄一波：《若干重大决策与事件的回顾》（修订本），人民出版社 1997 年版，第 783 页。
[2] ［美］费正清：《美国与中国》，张理京译，世界知识出版社 2000 年版，第 395 页。

针对这种情况,中共中央不得不对人民公社生产资料所有制进行了以倒退为主要特征的调整。

1958年11月2日召开的郑州会议明确提出,必须划清社会主义与共产主义、集体所有制与全民所有制这两种界限,通过变更经济核算单位来调整农村人民公社所有制关系。1958年11月28日,中共八届六中全会通过了《关于人民公社若干问题的决议》,强调农村人民公社不是全民所有制的经济单位,生产资料和产品基本上仍然属于公社集体所有。规定:经济核算的单位一般是管理区(或生产大队),盈亏由公社统一负责。生产队只是组织劳动的基本单位。《决议》规定:社员个人所有的生活资料(包括房屋)和存款,在公社化以后仍然归社员所有,而且永远归社员所有。

1959年2月27日,中共中央通过的《关于人民公社管理体制的若干规定(草案)》再一次确认人民公社以生产大队(相当于原来的高级社)为基本核算单位,实行公社、生产大队、生产队三级所有制。三级各自的职权范围为:"统一领导,队为基础;分级管理,权力下放;三级核算,各计盈亏;分配计划,由社决定;适当积累,合理调剂;物质劳动,等价交换;按劳分配,承认差别。"不久,中共中央政治局制定的《关于人民公社的十八个问题》进一步规定,生产队下面的生产小队(有的地方叫生产队,大体相当于原来的初级社)作为包产单位,也应当有部分的所有制和管理权限。与建社初期相比,农村人民公社经营管理的基本单位由公社改变为生产大队,是通过后退向生产力性质和水平要求的方向靠近了一步。

在大城市试办人民公社的基础上,至1960年7月底,全国各大中城市基本上实现了人民公社化。在全国190个大中城市中,已经建立了1064个人民公社,其中,以国营厂矿企业为主的公社有435个,以机关和学校为主的公社有104个,以街道居民为主的有525个;共计有5500万人民公社社员,占这些城市总人数的77%;共计兴办了76万个居民公共食堂,88万个托儿所,89万个服务站。①

---

① 参见赵德馨《中华人民共和国经济史(1949—1986)》,河南人民出版社1988年版,第506页。

1956 年底个体手工业者人数有 44 万人,1957 年增加到 64 万人,占全体手工业者人数的比重由 8.8% 上升到 9.8%。但在"大跃进"中,1958 年全国各地出现手工业"升级过渡"的高潮,个体手工业者绝大部分被卷入集体经济。而各地的手工业合作社则出现了"转厂过渡"。1958 年、1959 年全国 10 万多个手工业合作社的 500 多万社员中转厂过渡的占总数的 86.7%。其中过渡为地方国营工厂的占 37.8%,转为合作工厂的占 13.6%,转为人民公社工厂(实际也是准地方国营工厂)的占 35.3%,继续保留合作社形式的只占 13.3%。① 1959 年 8 月,中共中央为此进行了调整,提出,所有制形式也应当多样化,要有全民所有制和集体所有制,也要有部分必要的个体经济。这样,手工业的生产关系也根据当时生产力的状况有所后退。

3. 交换关系状况

在"大跃进"和人民公社化运动中,随着生产资料所有制的变化,交换关系也发生了相应的变化。

在人民公社建立初期,它们曾经力求生产自给,努力扩大公社内部的产品直接分配。有些人认为,人民公社已经是全民所有制,既然如此,它们的产品就可以由国家直接调拨;在人民公社内部已经或者即将实行供给制,那么,商品交换就没有存在的必要了。农村中原有的小商小贩、集市贸易以至家庭副业当时都被作为"资本主义尾巴"加以取缔,出现了要废除商业、消灭商品交换的势头。

毛泽东对企图过早取消商品生产和商品交换的倾向予以了否定。他说,现在,我们有些人大有要消灭商品生产之势。他们向往共产主义,一提商品生产就发愁,觉得这是资本主义的东西,没有分清社会主义商品生产和资本主义商品生产的区别,不懂得在社会主义条件下利用商品生产的作用的重要性。他指出:"商品生产,要看它是同什么经济制度相

---

① 参见薄一波《若干重大决策与事件的回顾》(修订本),人民出版社 1997 年版,第 472 页。

联系,同资本主义制度相联系就是资本主义的商品生产,同社会主义制度相联系就是社会主义的商品生产。"①废除商业,对农产品进行调拨,实质上就是剥夺农民。这样,就使消灭商品交换的势头仅限于思想领域,成为杯水风波。

1958年中共八届六中全会通过的《关于人民公社若干问题的决议》强调,要继续发展商品生产和商品交换,保持按劳分配的原则。《决议》指出,在今后一个必要的时期内,人民公社的商品生产和商品交换必须有一个很大的发展。这种商品生产和商品交换是在社会主义公有制基础上有计划地进行的,因而不是资本主义的。在这种条件下,政府制订的经济计划仍然是借助商品货币形式的,客观上是依据价值规律的。

这一时期,在对整个社会经济的宏观调控方面,政府出于增强地方和企业积极性的考虑,一方面,把由中央直辖的一部分企业下放给省、自治区、直辖市管辖。通过调整,扩大了地方政府管理工业的权限。1958年中央直属企业由1957年的9300多个减少到1200多个,其工业产值占整个工业总产值的比重由39.7%降为13.8%。② 与此同时,也扩大了地方政府的计划管理权限。另一方面,减少了政府的指令性计划,扩大了企业自身的计划管理权限;实行企业留成制度;试行流动资金的"全额信贷"制度。通过调整,扩大了企业的管理权限。

然而,一些关系国民经济命脉、本应由中央管理的大型骨干企业下放,也造成协作关系被打乱、企业管理混乱、经济效益下降的现象。在放活微观的同时,宏观上缺乏一套有效的控制手段,并且一些原本行之有效的宏观经济调控措施也随之放弃,出现了失控的现象。需要指出的是,虽然中央政府把管理工业的权限部分移交给了地方政府,但这只是权力在政府系统内中央与地方之间的移动,并未改变政府计划对于社会经济起决定性调节作用的局面。

---

① 《毛泽东文集》第7卷,人民出版社1999年版,第439页。
② 参见汪海波《中华人民共和国工业经济史(1949年10月—1998年)》,山西经济出版社1998年版,第280页。

4. 阶级状况

阶级是否存在的决定性根据是所有制结构。生产资料所有制的社会主义改造完成后，中国已经不存在生产资料的剥削阶级所有制。原来的剥削阶级成员虽然还存在，但是已经没有生产资料，在经济上不再具有原来的阶级属性，因而不再存在剥削阶级的实体。经过社会主义改造后，中国实际上只存在工人阶级、农民阶级，以及相对独立的知识分子阶层。

根据知识分子的经济地位及其政治态度，1956年1月，中共中央明确宣布中国知识分子中的绝大部分"已经是工人阶级的一部分"。在当年2月《中央关于知识分子问题的指示》中，肯定了"知识分子的基本队伍已经成为劳动人民的一部分"。

出于对中国阶级状况的这一判断，毛泽东1957年在《关于正确处理人民内部矛盾的问题》中认为，革命时期大规模的急风暴雨式的群众阶级斗争已经基本结束，阶级斗争还没有完全结束，但是大量存在的是人民内部矛盾。对于人民和敌人的概念，毛泽东的界定是，在现阶段，在社会主义建设时期，一切赞成、拥护和参加社会主义建设事业的阶级、阶层和社会集团，都属于人民的范围，一切反抗社会主义革命与敌视、破坏社会主义建设的社会势力和社会集团，都是人民的敌人。毛泽东指出，工人阶级和民族资产阶级的矛盾就属于人民内部矛盾的范围。

对于人民内部矛盾的问题，毛泽东提出要用民主的方法加以解决，总的原则是坚持"团结——批评——团结"的方针，即从团结的愿望出发，经过批评或者斗争使矛盾得到解决，从而在新的基础上达到新的团结。这样，正确处理人民内部矛盾就成为国家政治生活的主题。

中共八大二次会议认为，剥削阶级的实体并未由于这些阶级所依附的经济成分的消失而消失，右派分子同被打倒了的地主买办阶级和其他反动派仍然是一个剥削阶级；"正在逐步地接受社会主义改造的民族资产阶级和它的知识分子"则仍然是另一个剥削阶级；工人和农民是两个劳动阶级。由此形成的判断是：中国社会存在"两个剥削阶级和两个劳动阶级"；并同时认为："在整个过渡时期，也就是说，在社会主义社会建成以前，无产阶级同资产阶级的斗争，社会主义道路同资本主义道路的斗争，始终是我国的主要矛盾"。这种认识在相当长的时间里左右了中国的政治局势。

5. 政治形态状况

这一时期，中国基本的政治制度仍是人民民主专政。但是，由于社会主义改造已经完成，资产阶级已经属于被消灭了的剥削阶级，人民民主专政开始由过去四个革命阶级的联合专政转变为实质上的无产阶级专政。同时，由于社会主义改造的顺利完成，全国绝大多数群众已经组织起来，他们要求参与管理国家工作和集体事业的积极性也大大增长。这既提出了进一步增强人民民主的要求，也为之提供了有利条件。

在这种情况下，中国共产党开始强调人民民主。周恩来认为，由于工人阶级的力量更加强大，所以"现在我们的人民民主专政应该是：专政要继续，民主要扩大"。他指出，我们的人民民主专政的权力虽然建立在民主的基础上，但这个权力是相当集中相当大的，如果处理不好，就容易忽视民主。我们要经常注意扩大民主。在共产党"整风"和反右派运动中，出现了人民群众用大字报、大辩论表达意见的形式。在镇压敌对势力方面，执政党和政府在肯定过去镇反、肃反的必要性的前提下，提出今后社会上的镇反要少捉少杀和机关内部清查反革命分子，要坚持在延安开始的"一个不杀、大部不捉"的方针。

这一时期，领导者在工作中的官僚主义现象逐渐发展。中共八大会议要求继续加强人民民主专政，反对官僚主义，加强党对国家机关的监督，加强各级人民代表大会对各级国家机关的监督，加强各级国家机关由上而下和由下而上的监督，加强人民群众和机关中下级工作人员对国家机关的批评和监督。

关于政党制度，在《论十大关系》中，毛泽东提出了共产党和其他民主党派"长期共存,互相监督"的方针,明确宣布不搞苏联那样的一党制,确认中国共产党领导的统一战线和多党合作要继续存在,发挥作用。政协委员们积极参政议政。仅在 1957 年 3 月召开的政协第二届第三次会议上,政协委员就提交了 287 件提案。①

这一时期,民族区域自治制度建设有新的进展。1957 年,宁夏回族自治区和广西壮族自治区经国务院批准成立。这样,到 1957 年 8 月,全国已有占少数民族聚居人口总数 90% 的地区实行了民族区域自治。少数民族干部由新中国成立初期的 1 万多人增加到 34 万多人。②

这一时期,执政党和政府的主要领导人从社会主义国家民主政治应有的角度提出了一系列理论和观点。国家开始逐步地、系统地制订完备的法律。刑法草案的制订工作在这一时期开始进行。有些思想观点虽然在实践中得到初步贯彻,但在社会主义民主的制度化、法律化方面,不仅没有迈出实际的步伐,既有的政治制度也没有发挥出应有的效用。如中共新党章规定党的全国代表大会实行常任制,每届任期五年,每年召开一次全国代表大会。但是,事实上后来除了 1958 年 5 月召开了八大第二次会议以外,直到 1969 年中共九大召开,这 11 年间,中共再没有召开过其他的会议。

需要特别指出的是,这一时期,一方面,党政不分、政企不分、以党代政等现象比较普遍。费正清注意到,"'社会主义改造'的完成使新的党政合一的国家机器能够有效地控制经济,各级党委这时都可在经济方面作出决定。"③另一方面,个人专断和个人崇拜的不良倾向在党内出现并有所发展。邓小平对此曾评价道:"从 1958 年批评反冒进,1959 年'反右倾'以来,党和国家的民主生活逐渐不正常,一言堂、个人决定重大问题、个人崇拜、个人凌驾于组织之上一类家长制现象,不断滋长。"④社会主义

---

① 参见《新华半月刊》1957 年第 9 期。
② 参见《新中国纪事(1949—1984)》,东北师范大学出版社 1986 年版,第 219 页。
③ [美]费正清:《美国与中国》,张理京译,世界知识出版社 2000 年版,第 390 页。
④《邓小平文选》第 2 卷,人民出版社 1994 年版,第 330 页。

民主应有和实有之间的矛盾逐渐突出。这种状况的出现,既有中国历史和国情的影响,也有唯一可资借鉴的苏联社会主义模式的弊端的作用。但就结果而言,这些问题的出现,不仅意味着社会主义民主政治建设从一开始就举步维艰,而且也为中国社会主义道路探索的艰难曲折埋下了深深的伏笔。

6. 社会意识状况

这一时期,马克思主义在社会意识领域的主导地位已经完全确立,但各种非马克思主义的和反马克思主义的社会意识仍在一定范围内存在,两种性质不同的社会意识存在着斗争。

1956 年 4 月,毛泽东提出了"百花齐放,百家争鸣",作为社会主义文化建设的指导方针。1957 年 4 月,中共中央决定整风。中国共产党在阐述发动这一运动的必要性时指出,由于党已经在全国范围内处于执政的地位,得到广大群众的拥护,有许多同志就容易采取单纯的行政命令的办法去处理问题,而有一部分立场不坚定的分子就容易沾染旧社会作风的残余,形成一种特权思想,甚至用打击压迫的办法对待群众。因此有必要在全党进行一次普遍、深入的反对官僚主义、宗派主义和主观主义的整风运动。中国共产党一方面希望通过对党员干部的教育,解决党与人民群众之间的矛盾,另一方面则希望教育群众,提高思想觉悟,提倡集体利益和个人利益相结合的社会主义精神。毛泽东认为,思想灌输已经使得知识分子达到了足够的忠诚,所以党应该让他们进行其目的在于改进党而不是反对党的批评。[①] 这一举措还考虑到共产党成为执政党后与各民主党派在内的社会各种力量合作的问题。

在整风过程中,有少数资产阶级右派分子乘"大鸣"、"大放"之机,否定共产党的领导、否定社会主义,并形成一股浪潮。中共中央决定将这

---

① 参见[美]R. 麦克法夸尔、费正清《剑桥中华人民共和国史(革命的中国的兴起,1949—1965 年)》,谢亮生等译,中国社会科学出版社 1990 年版,第 264 页。

场原本批评党员干部队伍中主观主义、官僚主义、宗派主义为目的的整风运动的主题，由正确处理人民内部矛盾转向对敌斗争，由党内整风转向反击右派。这个事实证明，社会意识领域内社会主义同资本主义谁战胜谁的斗争，没有随着生产资料私有制改造的完成而自然结束。

由于中共中央对形势作了过分严重的估计，反右派斗争出现了严重扩大化。当时全国共划定右派 55 万多人，其中绝大多数是被错划的。[①]这场反右派斗争历时一年左右，直到 1958 年 6 月才基本结束。如同 1956 年在生产资料所有制方面取得社会主义革命的基本胜利一样，1957 年的反右派斗争被视为在思想战线上取得了社会主义革命的基本胜利。

这一时期社会意识领域的另一重要事件是，1959 年中共中央庐山会议后期对以彭德怀为首的"反党集团"的批判。彭德怀在庐山会议期间给毛泽东写了一封信，认为除了纠正实际工作中一些"左"的错误外，还应清理一下指导思想方面的"左"的问题。这个"反党集团"的成员主要包括：中共中央委员、中国人民解放军总参谋长黄克诚，中共中央政治局候补委员、外交部第一副部长张闻天，中共中央候补委员、中共湖南省委第一书记周小舟。这个"反党集团"被批判的原因，是指出"大跃进"以来中共在工作中存在的一些严重问题，当时被判犯了"右倾机会主义路线的错误"。据 1962 年甄别平反时的统计，被重点批判和划为右倾机会主义分子的干部和党员有三百几十万人。这个事件虽然属于执政党内部斗争，但是对于整个社会也产生了很大影响。

这一时期的思想改造和批判运动，一方面进一步压制了各种剥削阶级意识，削弱了其影响，进一步巩固了马克思主义在社会意识领域的主导地位，巩固了无产阶级专政，另一方面也使阶级斗争扩大化在理论上和实践上产生并发展起来。

---

① 参见胡绳主编《中国共产党的七十年》，中共党史出版社 1991 年版，第 358 页。

二、国民经济调整期间的中国社会(1961—1965)

这一时期,中国共产党对国民经济实行"调整、巩固、充实、提高"的基本方针,标志执政党的经济政策发生重要转变,这一转变使得"大跃进"和人民公社向基本社有制的过渡停止了。

1. 生产和生产力状况

在调整过程中,采取了压缩基本建设战线、放慢工业发展速度、压缩工业企业和职工的数量等措施,这些措施的实施很快实现了国民经济的总体平衡。以 1962 年为基期(这是国民经济调整中退到最低点的年份),在 1963 年到 1965 年的三年中,工农业总产值平均每年增长15.7%,农业总产值平均每年增长 11%,工业总产值平均每年增长17.9%。[①]

在工业方面,经过"大跃进"时期突击性的大规模建设和调整时期以成龙配套、填平补齐为中心的建设,到 1965 年,全国工业固定资产原值已达到 1040 亿元,比 1957 年增长了 2 倍,工业生产能力大幅度提高,国民经济各部门都用新的设备和技术装备起来,中国独立的、比较完整的工业体系初具规模。尤其在石油工业方面,到 1965 年,中国原油开采能力比 1957 年增长了 65 倍,达到 1131 万吨。国内消费的原油以及石油产品实现了全部自给,中国已由一个依赖进口的缺油国转变为石油输出国。[②] 电子工业、原子能工业、导弹工业从无到有、从小到大逐步发展起来,成为国民经济中重要的工业部门。

工业产品品种大量增加,主要工业产品品种增加了 3 万多种。例如,在冶金工业中,据 1964 年不完全统计,钢的品种达 900 多种,钢材的

---

① 参见胡绳主编《中国共产党的七十年》,中共党史出版社 1991 年版,第 358 页。
② 参见汪海波《中华人民共和国工业经济史(1949 年 10 月—1998 年)》,山西经济出版社 1998
年版,第 416 页。

品种达 9000 多种,都分别比 1957 年增加了 1 倍多。已经能够炼制出高温合金钢、精密合金钢、高纯度合金钢、有色稀有金属等。①

工业的地区布局和门类结构相应有了改善。这一时期,沿海工业基地进一步得到充实和加强,内地建设在调整后期也有进一步加强。内地建设投资额的比重在"一五"时期为 47.8%,在"二五"时期提高到 53.7%,1963—1965 年又上升到 58%。中国广大腹地形成了不少工业中心,如以武汉、包头为中心的钢铁基地,山西、内蒙古、河南的煤炭基地,甘肃兰州的石油化工中心,四川成都、重庆的钢铁、机械基地。内地工业的产值在全国工业产值中的比重,由 1957 年的 32.1%,提高到 1965 年的 35%。②

1965 年工业总产值达到 1402 亿元,比 1957 年大约增长了 1 倍。主要工业产品产量有了比较快的恢复和发展。1965 年同 1957 年相比,除了石油产量大幅增加外,我国硫酸生产能力增长 3 倍多,烧碱生产能力增长近 2 倍,化肥生产能力增长近 11 倍,农药生产能力增长了近 3 倍,化纤生产能力增长了 250 多倍,塑料生产能力增长了 7 倍。③ 工业产品质量普遍提高,有些机械工业产品如万吨水压机和床面为 6.3 米的大型立式车床的性能、质量已接近或达到世界先进水平。

在农业方面,经过落实"农业六十条",农村生产关系得到了调整,农民的生产积极性被调动起来。在农业主要产品中,至 1965 年,全国粮食总产量达到 3891 亿斤,棉花 4195 万担,油料 7250 万担。④ 从 1956 年到 1965 年的 10 年中,全国农用拖拉机和化肥施用量都增长 6 倍以上,农村用电量增长 70 倍。这个 10 年初步奠定了中国农业现代技术装备的基础。从 1958 年初开始,农田水利基本建设在广大农村掀起高潮,到 1966

---

① 参见汪海波《中华人民共和国工业经济史(1949 年 10 月—1998 年)》,山西经济出版社 1998 年版,第 418 页。
② 参见同上书,第 418—419 页。
③ 参见《中国共产党历史》第 2 卷(下),中共党史出版社 2011 年版,第687 页。
④ 参见同上书第 2 卷(下),中共党史出版社 2011 年版,第 672 页。

年,大中型水利项目比"一五"计划期间的全部建设项目多12倍,其中大部分在抗洪抗旱、发展农业生产中发挥了重要作用。农业的技术改造工作也得到迅速发展,各种半机械化农机具越来越多地在农村使用,农业的现代技术装备程度大大提高。此外,植树造林、推广优良品种、改良土壤、控制水土流失、建立气象预报等工作也大量地发展起来。[①]

交通运输业有了相当大的发展。1956年到1965年新建铁路近8000公里。鹰厦、包兰、兰青、兰新、川黔、桂黔等线建成通车。成昆、贵昆、湘黔、襄渝等线也在加紧修建。全国除西藏外,各省、自治区都有了铁路。同时,公路交通、内河运输、远洋运输、民航、邮电通信等,也有了很大的发展。

在科学技术方面,1956年制定的12年科学技术远景规划中的许多具体目标均已达到,过去那种科技力量薄弱、新技术领域空白、技术工艺陈旧的情况发生了根本改变,并开始走上现代化的轨道。在国防尖端科学技术方面,1964年10月16日,中国成功地爆炸了第一颗原子弹。在基础科学研究方面,1965年中国首先完成人工合成牛胰岛素结晶,在世界上处于领先地位。在医学领域,取得了如断肢再植、治疗大面积烧伤等方面多项成果。在工业领域,创造了高钛型钒钛磁铁矿冶炼新技术。[②]

在全面建设社会主义的十年中,中国工业主要经济技术指标的最高水平,相当大一部分是1965年前后创造的;新中国赖以进行现代化建设的物质技术基础,很大一部分是这个期间建设起来的;全国经济文化建设等方面的骨干力量,大部分也是在这个期间培养起来的。1964年底召开的第三届全国人民代表大会第一次会议,提出了实现国家的"四个现代化"的历史任务。周恩来在政府工作报告中指出:"在不太长的历史时期内,把我国建设成为一个具有现代农业、现代工业、现代国防和现代科学技术的社会主义强国,赶上和超过世界先进水平。"这一战略目标的提

---

① 参见中华人民共和国国史学会编写《新中国国史教育干部读本》,长春出版社1999年版,第242—243页。

② 参见董辅礽《中华人民共和国经济史》,经济科学出版社1999年版,第432—433页。

出,在当时起到了鼓舞全国人民发扬奋发图强、艰苦奋斗精神的作用。

2. 生产关系状况

事实表明,人民公社以管理区为基本核算单位仍然超出大多数农村地区生产力的水平。要想使生产关系适合生产力的水平,在大多数农村地区还需要进一步缩小基本核算单位的规模,降低其公有化的程度。

1960 年 11 月,中共中央发出了《关于农村人民公社当前政策问题的紧急指示信》(以下简称"十二条"),这封信的主题是通过对农村生产关系的调整,制止对农村生产力的破坏。其中主要内容是重申"三级所有,队为基础,是现阶段人民公社的根本制度"。这里所说的"队",指的是生产大队。该信要求加强生产大队的基本所有制,生产小队仅有小部分所有制。该信还要求彻底清理"一平二调",坚决退赔;允许社员经营少量自留地和小规模家庭副业;坚持按劳分配原则;恢复农村集市;等等。

但是,在人民公社生产大队内部,生产队之间的平均主义和生产队内部社员与社员之间的平均主义依然严重存在,农民的生产积极性仍然受到阻碍。为了解决这个问题,1961 年 6 月中共中央发出试行的《农村人民公社工作条例(修正草案)》(以下简称"农业六十条")中,取消了部分供给制和公共食堂,这样在分配上就消除了社员之间的平均主义。同时,把人民公社的基本核算单位进一步缩小,由生产大队退到生产小队(相当于初级农业生产合作社)。1962 年 2 月,通过《关于改变农村人民公社基本核算单位问题的指示》,把"三级所有,队为基础"的"队"改为生产小队,规定:农村人民公社以生产队为基础的三级集体所有制,将是在一个长时期内——例如,至少 30 年——实行的根本制度。这一政策的实行解决了集体经济中长期以来存在的生产的基本单位是生产队而统一分配单位却是生产大队这种生产和分配不相适应的问题。1962 年 9 月通过的《农村人民公社工作条例(修正草案)》规定,生产队是人民公社基本核算单位,实行独立核算,自负盈亏,直接组织生产和分配,并对之有自主权。生产队集体所有的大牲畜、农具,公社和大队都不得抽调。

生产队范围内的土地,都归生产队所有。

1961—1962 年,包产到户作为一种为克服严重困难应运而生的比较适合当地生产力水平的农业生产责任制,在全国一些农村出现。当时搞各种形式包产到户的,安徽全省达 80%,甘肃临夏地区达 74%,浙江新昌县、四川江北县达 70%,广西龙胜县达 42.3%,福建连城县达 42%,贵州全省达 40%,广东、湖南、河北和东北三省也都出现了这种形式。据估计,到 1962 年 7 月,全国已有不止 20% 的农村实行了各种形式的"包产到户"。① 《农村人民公社工作条例(修正草案)》"堵住了通向'包产到户'的可能性,使农村生产关系的调整,到基本核算单位下放到生产队就戛然而止了"②。"农业六十条"规定,自留地一般占生产队耕地面积的 5%—7%,归社员家庭使用,长期不变,在荒山和荒坡可分配给社员自留地由其经营。有条件、有需要的地方还可拨给社员适量的饲料地。自留地、自留山、饲料地上的产品收入均归社员所有,由其支配,国家不征农业税,不计统购。

经过调整,国营企业、集体企业无论在数量上还是在职工人数上都大幅度减少。"大跃进"期间,工业企业数量骤然增长,1959 年末达到 31.8 万个,其中国营企业 11.9 万个。自 1960 年国民经济开始调整,这一数字开始减少。1962 年经济调整全面铺开后,这一年的年末工业企业总数已经低于 1957 年末(5.8 万个)。1963 年、1964 年企业数继续减少,到 1964 年末为 4.5 万个。集体所有制工业企业数从 1963 年起急剧下降,到 1965 年末降到 11.2 万个,比 1960 年末的 15.8 万个减少 4.6 万个,减少了 29.1%,与 1959 年末的 21.96 万个相比,则下降 49.0%,基本上退到 1957 年末的数量。③

在贯彻以调整为重点的"调整、巩固、充实、提高"的过程中,集中统一更为加强。为调动地方和企业的主动性,改进这一过度集中的经济体

---

① 参见薄一波《若干重大决策与事件的回顾》(修订本)下卷,人民出版社 1997 年版,第 1112 页。
② 同上书(修订本)下卷,第 1218 页。
③ 参见《中国统计年鉴(1984)》,中国统计出版社 1984 年版,第 193 页。

制,中央政府决定在工业交通领域试办托拉斯。

托拉斯是社会主义全民所有制性质的国家垄断经营的经济组织,是在政府统一计划指导下独立的经济核算单位和计划单位。它把生产和经营同类产品的许多企业联合组成专业性大公司,主要按经济规律而不是依靠行政办法进行管理。弱化政府的计划调节,强化市场调节,逐步改变中央权力过分集中而束缚生产力发展的经济体制,是组建托拉斯的主要动机。对于试办托拉斯,刘少奇曾经这样解释道:"是用经济办法来管理企业,它将使经济管理体制发生变革,并由此推动上层建筑也发生变革。实行托拉斯之后,中央各部的工作内容将由直接管理工厂变为管理计划、平衡、检查、仲裁、监督和思想政治工作,不再直接管理生产,这使得部的职能由具体管理转向宏观调控,使之更趋合理。"①因此,"试办托拉斯,不单单是上收一部分企业,也不仅仅是生产力结构的局部改组,而同时是生产关系和上层建筑领域的调整和改革。"②

1963 年 3 月,中国烟草公司作为首个托拉斯成立。之后,又陆续出现了全国或省市的一二十个托拉斯。这些托拉斯在组建之后,即着手改组生产组织,改革管理制度,建立适合社会化大生产和专业化分工协作的经营管理方式,促进了设备的利用和生产技术水平的提高。烟草公司对全国的烟厂合理调整定点,将 104 个卷烟厂缩减为 62 个,年生产能力却从 330 万箱增加到 480 万箱,1964 年全员劳动生产率比 1963 年提高42.4%,税利增加 45%,卷烟质量也有显著提高,其中甲级烟的产量增加1 倍以上。③

但是,在试办的过程中,也出现了诸如全国性和跨地区性的托拉斯与地方的矛盾,托拉斯内部统一经营与所属企业分级管理的矛盾,托拉斯同原有经济管理体制的矛盾。从社会主义的实践历程看,试办托拉斯是对"怎样建设社会主义"的一种探索。但不久发生的"文化大革命"中

---

① 《刘少奇论新中国经济建设》,中央文献出版社 1998 年版,第 529 页。
② 薄一波:《若干重大决策与事件的回顾》(修订本)下卷,人民出版社 1997 年版,第 1218 页。
③ 参见同上书(修订本)下卷,第 1220 页。

断了这种有益的探索,使刚刚打开的一个改革经济体制的突破口又关闭上了。①

随着整个工业生产、建设的恢复和发展,政府在调整后期重新开始扩大地方和企业的一部分管理权限。1965 年 12 月,国务院决定在中央对关系国民经济全局的大权继续集中统一的前提下,适当扩大地方的管理权限和企业的经营自主权。

3. 阶级状况

这一时期,我国社会阶级结构没有发生实质性的变化。

1962 年 9 月,中共八届十中全会认为:"在无产阶级革命和无产阶级专政的整个历史时期,在由资本主义过渡到共产主义的整个历史时期(这个时期需要几十年,甚至更多的时间)存在着无产阶级和资产阶级之间的阶级斗争,存在着社会主义和资本主义两条道路的斗争。被推翻的反动统治阶级不甘心灭亡,他们总是企图复辟。"根据苏联发生的变化和中国出现的一些新情况,毛泽东认为:"这种阶级斗争是错综复杂的、曲折的、时起时伏的,有时甚至是很激烈的。这种阶级斗争不可避免地要反映到党内来。国外帝国主义的压力和国内资产阶级影响的存在,是党内产生修正主义思想的社会根源。在对国内外阶级敌人进行斗争的同时,我们必须及时警惕和坚决反对党内各种机会主义的思想倾向。"这些走资本主义道路的领导人,是"已经变成吸工人血的资产阶级分子","官僚主义者阶级与工人阶级和贫下中农是两个尖锐对立的阶级"②。毛泽东开始认为,党内出现了新的剥削阶级,即"党内那些走资本主义道路的当权派"。

在对待知识分子阶级属性的认识上,1961 年 9 月颁布的"工业七十条"重申了企业中的技术人员和职员是"工人阶级的一部分"。1962 年 3

---

① 参见《中国共产党历史》第 2 卷(下),中共党史出版社 2011 年版,第 681 页。
② 胡绳主编:《中国共产党的七十年》,中共党史出版社 1991 年版,第 409 页。

月在广州召开的科技工作会议和文艺工作会议上,周恩来总理肯定知识分子的绝大多数已经是属于劳动人民的知识分子,而不是属于资产阶级的知识分子。陈毅副总理在讲话中宣布给广大知识分子"脱帽"(脱"资产阶级"知识分子之帽),"加冕"(加"劳动人民"知识分子之冕)。随后,周恩来在二届全国人大三次会议上作的政府工作报告中郑重向全国人民重申:"知识分子中的绝大多数,都是积极地为社会主义服务,接受中国共产党的领导,并且继续进行自我改造的。毫无疑问,他们是属于劳动人民的知识分子。我们应该信任他们,关心他们,使他们很好地为社会主义服务。如果还把他们看作是资产阶级知识分子,显然是不对的。"

　　但是,随着文艺、学术、教育领域政治批判运动的升温,整个知识分子队伍再次被称为"资产阶级知识分子"。

4. 社会意识状况

　　这一时期,马克思列宁主义在社会意识领域已经稳居主导地位,剥削阶级已经消失。毛泽东根据国内外形势的变化,提出了反对修正主义、防止"和平演变"的主张。中苏论战、城乡社会主义教育运动以及社会意识领域的政治批判运动,都是这一主张在实践中的体现。

　　在国际共产主义运动内部,中国共产党同苏联共产党在一系列重大问题上发生了分歧。中国共产党认为苏联共产党背离了马克思列宁主义,提出了反对"赫鲁晓夫修正主义"的口号。1963 年 9 月至 1964 年 7 月,中共中央以《人民日报》编辑部和《红旗》杂志编辑部的名义陆续发表了 9 篇评论苏共中央公开信的文章,被称作"九评",由此展开了规模空前的公开大论战。在这场论战中,中国共产党强调要坚持马克思主义的基本理论,揭露和批判了苏联共产党在一系列重大问题上背离马克思列宁主义的观点。这场史无前例的大论战,不仅导致社会主义阵营的分裂,也使许多国家的共产党陷入分裂,对国际共产主义运动产生了重大的影响。一个直接的重大影响是,中国共产党对国际形势的判断进而影响到对国内形势的判断。"中苏论战对全局指导上日益'左'倾的中国政治,起了推波助澜的作用。通过这场论战,进一步促进了对马克思列宁主义基本论断的理解上的某些教条主义和片面化倾向,使得已经逐步发展的'左'倾指导思想显得更加具有'理论根据'。"①"'左'倾指导思想发展到这一点,'文化大革命'的发生只是时间问题了。"②

在国内,为反对"修正主义",防止"和平演变"的发生,中共八届十中全会以后,全国城乡兴起一场普遍的社会主义教育运动。农村的运动,以清理账目、清理仓库、清理财务、清理工分为主要内容,简称"四清"。城市的运动,以反对贪污盗窃、反对投机倒把、反对铺张浪费、反对分散主义、反对官僚主义为主要内容,简称"五反"。理查德·鲍姆将社会主义教育运动与其后的"文化大革命"之间作了对比:前者采用在党的控制下经过精心挑选的工作组织,后者则采用群众自己搞起来的组织;前者是自上而下的改革运动,以地方干部为对象,后者是自下而上的革命,以党的主要领导人为对象。③ 这次城乡社会主义教育运动,一直持续到1966年"文化大革命"初期。到1966年春,全国约有1/3的县、社进行了社会主义教育运动。另据1965年7月的统计,城市的国营工交系统开展运动的单位约占总数的3.9%。④

从1963年到1965年间,出现了一系列过火的政治批判。早在1962年秋,江青就指责新编昆剧《李慧娘》是与社会主义不兼容的鬼戏。1963年9月,毛泽东在中央工作会议上批评文化部是帝王将相部、才子佳人部、外国死人部。1963年12月,毛泽东写了一个批示:"各种艺术形式——戏剧、曲艺、音乐、美术、舞蹈、电影、诗和文学等等,问题不少,人数很多,社会主义改造在许多部门中,收效甚微。"许多部门至今还是"死人统治着"。1964年6月,毛泽东看了《全国文联和各协会整风情况的报

---

① 李捷:《国史静思录》,中国社会科学出版社2009年版,第370页。
② 同上书,第371页。
③ 参见[美]费正清《美国与中国》,张理京译,世界知识出版社2000年版,第416页。
④ 参见中华人民共和国国史学会编写《新中国国史教育干部读本》,长春出版社1999年版,第270页。

告（草稿）》，又作了如下批示："这些协会和他们所掌握的刊物的大多数（据说有少数几个好的），十五年来，基本上（不是一切人）不执行党的政策，做官当老爷，不去接近工农兵，不去反映社会主义的革命和建设。最近几年，竟然跌到了修正主义的边缘。如不认真改造，势必在将来的某一天，要变成像匈牙利裴多菲俱乐部那样的团体。"

在对如《刘志丹》、《李慧娘》等戏剧、小说和电影的批判后不久，这一批判就扩大到了哲学、经济学、历史学、教育学等学术领域。如对哲学界批判了中共中央党校副校长杨献珍的"合二而一"论，经济学界批判了中国科学院经济研究所所长孙冶方关于重视价值规律、重视利润的经济思想，以及对历史学界翦伯赞、吴晗等人的所谓"非阶级观点"和"让步政策"论的批判等。社会意识领域内的这些斗争成了"文化大革命"的前奏。

就总体情况而言，广大党员干部特别是领导干部，努力学习马克思列宁主义、毛泽东思想，理论水平和政策水平大大提高，共产主义信念大大增强。这一时期，党内涌现了一批光辉的榜样。诸如全心全意为人民服务、鞠躬尽瘁、死而后已的中共河南省兰考县县委书记焦裕禄，不怕任何困难、带头艰苦奋战的大庆工人、共产党员王进喜，公而忘私的共产主义战士雷锋等。

5. 政治形态状况

这一时期，政治关系也作出了一系列调整。

七千人大会后，中共中央加快了在"反右倾"运动中受过批判与处分的党员和干部的甄别平反工作。到 1962 年 8 月，全国有 600 多万干部、党员包括受到错误处理的群众得到平反。

在调整与民主党派和无党派民主人士关系方面，在 1962 年 3 月召开的全国政协三届三次会议上，周恩来着重阐述了我国人民民主统一战线的新发展，指出，人民民主统一战线的任务更重了，要有新的发展，就是说要团结一切可以团结的力量，动员更多可以动员的因素，来参加社会主义建设,扩大我们的民主生活。对于不同意见,要具体分析。他指出,如果采取接受中国共产党的领导,积极为社会主义服务,愿意进行自我改造的立场和态度,在具体政策上持有不同意见,与其说应该允许,毋宁说我们欢迎。各民主党派和无党派民主人士为中共中央襟怀坦白、敢于承认错误和认真纠正错误的郑重态度所感召,纷纷表示与共产党同舟共济,团结一致,克服困难。为了加强和改进统一战线工作,1962 年 4 月,分别召开了全国统战工作会议和全国民族工作会议,对一些"左"的错误做法作出了政策调整。

在民族区域自治制度建设方面,1965 年 9 月,西藏自治区第一届人民代表大会在拉萨召开,大会选举阿沛·阿旺晋美为自治区人民委员会主席。西藏自治区宣告正式成立。至此,全国五个省级自治区全部成立。

这一时期,针对法制遭到破坏后的严重后果,1962 年 3 月毛泽东提出了恢复法制建设的设想。他认为,不仅刑法要,民法也需要,现在是无法无天。没有法律不行,刑法、民法一定要搞,不仅要制定法律,还要编案例。

三、"文化大革命"期间的中国社会(1966—1976)

作为"文化大革命"理论基础的"无产阶级专政下继续革命的理论"的基本观点是,在无产阶级取得了政权并且建立了社会主义制度的情况下,还要进行无产阶级推翻资产阶级的政治大革命。"文化大革命"就是这种"继续革命"的主要方式。

1. 政治形态状况

"文化大革命"是一场思想上和政治上的重大斗争。这场运动对原有政治体制和权力体系给予了猛烈冲击。

关于"文化大革命"发生的原因,比较而言,美国学者李侃如的观点比较全面。他认为,毛的性格是"文化大革命"的关键,因为没有他的行动,"文化大革命"本不会发生。毛发动"文化大革命"有四个目标:首先,他试图改变接班布局;其次,毛想惩戒治理这个国家的庞大的官僚机构;再次,毛想让中国青年接受革命经历的熏陶,用他的话说,就是"培养一代革命接班人";最后,毛想在各个政策领域中进行实质性的变革。① 从总体上而言,毛泽东发动"文化大革命"的出发点是防止资本主义复辟,维护共产党的纯洁性和探求中国自己的社会主义建设道路。

党内已经出现"官僚特权阶层",这一判断是毛泽东发动"文化大革命"的直接原因。1964 年 12 月,毛泽东对中共中央委员、农业机械部部长陈正人在洛阳拖拉机厂蹲点报告的批示就充分表明了这一认识。批示说:官僚主义者阶级与工人阶级和贫下中农是两个尖锐对立的阶级。这些人已经变成或者正在变成吸工人血的资产阶级分子……这些人是斗争对象、革命对象。社会主义教育运动绝对不能依靠他们。毛泽东在逝世前不久还愤慨地说:"一些同志,主要是老同志思想还停留在资产阶级民主革命阶段,对社会主义革命不理解,有抵触,甚至反对。"他认为:"为什么呢? 作了大官了,要保护大官们的利益。他们有了好房子,有汽车,薪水高,还有服务员,比资本家还厉害。"②有学者认为,虽然已经建立起了社会主义制度,但在实际的政治生活中,人民群众很难真正决定国家权力机关上层人员的命运。在一定意义上,国家上层人员的命运是自我决定的,他们能否很好地为人民服务,主要取决于他们个人的觉悟、品质和能力等个别情况,而不是主要取决于使这些人升到国家机关上层的政治制度的选择机制。这样,就难免在实际上形成一个不受选举制形式约束的、全体公民无法监督也无法影响其命运的官僚特权阶层。在长期执政的过程中,这个官僚特权阶层与广大群众的矛盾逐渐积累,并且越来越尖锐。

① 参见[美]李侃如《治理中国——从革命到改革》,胡国成、赵梅译,中国社会科学出版社 2010 年版,第 123 页。
② 转引自席宣、金春明《"文化大革命"简史》,中共党史出版社 2005 年版,第 58 页。

另一方面,中国共产党内一部分人主张不顾现有生产力的性质和水平,坚决按照马克思主义创始人对第一阶段共产主义社会的设想建设国家,而另一部分人主张按照中国现阶段生产力的性质和水平,保留多种经济成分,并实行一定程度的市场调节。到了 20 世纪 60 年代,中国共产党内部关于如何建设国家的意见分歧逐步发展到难以调和的地步。

为了解决这些矛盾,毛泽东发动了"文化大革命"。"革命"的对象主要是抵制超阶段推行共产主义的官员以及他们所依托的权力体系。1966 年,毛泽东利用群众对"官僚特权阶层"的不满,与群众结盟,发起了对"党内走资本主义道路当权派"即"官僚特权阶层"的冲击。

冲击首先指向执政党的机关。1966 年下半年,全国掀起"踢开党委闹革命"的浪潮,执政党的各级组织停止了活动。与此同时,全国出现了成千上万个以进行"文化大革命"为宗旨和任务的群众组织。他们任意张贴大字报、集会、游行、出版报刊。宪法所赋予公民的言论(含出版)、集会、结社、游行、示威等项权利,在此期间得到了比较充分的实现。而与此同时,公民的人身、住宅、财产不受侵犯的权利受到了破坏。

作为最高权力机构的全国人民代表大会,在 1966 年 7 月 7 日宣布延期召开常委会议以后,实际上也中止了活动,直到 1975 年 1 月四届全国人大召开,才结束了长达九年中断工作的状态。全国政治协商会议在十年中始终没有召开过。

这一时期,在政治形态上的一个突出现象是革命委员会的出现。1967 年 1 月,首先在上海、然后在全国掀起了一场由造反派夺取执政党和政府各级领导权的"全面夺权"运动。在毛泽东的倡导下,在全国各地产生了由"革命群众组织的负责人、人民解放军当地驻军的代表、革命领导干部组成"的"三结合"的革命委员会,作为一种代替原有政权机构的新的临时权力机构。经过 20 个月的几次反复,1968 年 9 月,全国 29 个省、市、自治区先后成立革命委员会。随后,地区、县也陆续成立了革命委员会。革命委员会集党政大权于一身,实际上大多是军队干部主持工作,形成党政合一、政企合一的一元化领导体制。这样,就在群众运动

"大民主"的基础上,实现了更高程度的集权。

　　1969 年中共"九大"以后,中国共产党重新建立了从中央到地方各级党组织,恢复了大多数党员的组织生活。毛泽东的"五十字建党纲领"强调:"党组织应是无产阶级先进分子所组成,应能领导无产阶级和革命群众对于阶级敌人进行战斗的朝气蓬勃的先锋队组织。"不难看出,毛泽东始终坚持把政党看成是政治组织,在剥削阶级作为阶级已经被消灭、阶级斗争只在一定范围内存在的社会主义条件下,仍然把"对于阶级敌人进行战斗"作为建党的唯一宗旨。

2. 社会意识状况

　　在生产资料社会主义改造完成之后,毛泽东便把如何在思想上根除一切剥削阶级的社会意识,如何避免资产阶级再生和资本主义复辟,作为自己和全党的主要课题。从整风到反右派再到"四清"等一系列批判运动,都体现了这一点。"文化大革命"的动机也是如此。在"文化大革命"中,伴随着对原有的权力体系的冲击,在社会意识领域中坚持超阶段实行共产主义的主张也压倒了反对这样做的主张。

　　1965 年 11 月 10 日,上海《文汇报》发表姚文元的《评新编历史剧〈海瑞罢官〉》,成为"文化大革命"发动的导火线。这篇文章点名批判北京市副市长、史学家吴晗,认为其所著新编历史剧《海瑞罢官》是资产阶级反对无产阶级专政这种阶级斗争的反映。到 1966 年初,这一批判发展到史学界、文艺界、哲学界,形成思想文化领域广泛的批判运动。1966 年 5 月的中共中央政治局扩大会议和 8 月的八届十一中全会,是"文化大革命"全面发动的标志。两个会议先后通过的《中国共产党中央委员会通知》(简称《五一六通知》)和《关于无产阶级文化大革命的决定》(简称《十六条》)是具有指导性的文件。

　　《五一六通知》指出,"高举无产阶级文化革命大旗,彻底揭露那批反党反社会主义的所谓'学术权威'的资产阶级反动立场,彻底批判学术界、教育界、新闻界、文艺界、出版界的资产阶级反动思想,夺取在这些文化领域中的领导权。而要做到这一点,必须同时批判混进党里、政府里、军队里和文化领域的各界里的资产阶级代表人物,清洗这些人,有些则要调动他们的职务"。这个通知"系统地表达了 1957 年以来逐步形成的关于社会主义社会的阶级和阶级斗争的错误理论;确定了'左'的方针、政策;是后来被称为'无产阶级专政下继续革命理论'的第一次比较完整全面的论证。因而产生了重大的影响,成为发动'文化大革命'的第一个纲领性文件。"①《十六条》也强调,这次运动的目的是"批判资产阶级和一切剥削阶级的意识形态"。而实际上它远远逾越了思想批判运动的界限,成为清除所谓党内"走资本主义道路的当权派"的急风暴雨式的政治斗争,最终目的是为坚持超阶段实现共产主义开辟道路。"以主观虚构的假想敌人为运动的重点和攻击对象,这是《十六条》的一个根本性错误。"②《十六条》的通过表明,中共中央正式确认了"文化大革命"的全局性的"左"倾错误指导方针,标志着"文化大革命"法定程序的完成。

广大人民群众对毛泽东和毛泽东思想的崇拜在"文化大革命"中达到了登峰造极的地步。有学者认为,这种"左"的倾向在 1969 年中共"九大"上达到了顶点,到 1971 年"九一三事件"则走到了尽头。

3. 阶级状况

在"文化大革命"中,总起来说,工人阶级的力量进一步壮大。具体分析,在运动的不同阶段,各个社会成分的地位又不完全相同。

支持青年学生,让他们成为到全国各地去"煽文化大革命之风,点文化大革命之火"的急先锋,是毛泽东点燃"文化大革命"之火的一个重要措施。在"文化大革命"初期,受到毛泽东直接支持的青年学生地位最高,行为最激进,能量最大。被称为"走资本主义道路当权派"的"官僚特权阶层"被打翻在地,不但失去原来掌握的行政权力,而且失去应有的公

---

① 席宣、金春明:《"文化大革命"简史》,中共党史出版社 2005 年版,第 78 页。
② 同上书,第 96 页。

民权利。工农兵等其他社会成分投入运动,组成无数个群众组织,都声称自己是"无产阶级革命派",坚决站在毛泽东的革命路线一边。尽管这些群众组织存在分歧,从宏观上看,无产阶级革命"左"派仍然占有压倒性的绝对优势。

在"文化大革命"中期,毛泽东派产业工人进驻学校等文化事业单位,管理知识分子。产业工人的政治地位和社会地位由此达到新中国建立以来的顶峰。1968 年 12 月,毛泽东发出号召:"知识青年到农村去,接受贫下中农的再教育,很有必要。要说服城里干部和其他人,把自己初中、高中、大学毕业的子女,送到乡下去。"这个号召发出后,全国各地迅速掀起了知识青年上山下乡的高潮,运动期间上山下乡总人数有 1600 多万。在毛泽东发动知识青年上山下乡、接受贫下中农再教育以后,贫农、下中农的社会地位上升,而知识分子的地位相对下降。经过冲击,没有被打倒的党政官员恢复工作,甚至在参加革命委员会"三结合"的领导班子以后,党政官员的地位重新上升。

有学者认为,"九一三事件"使"文化大革命"受到根本性的挫折。在"九一三事件"之前,中国社会一直处于向共产主义直接挺进的努力之中,而在"九一三事件"之后,这种努力便像退潮一样虽然缓慢却无可挽回地日益衰退了。尽管在中共中央高层有些人主观上还没有放弃这种努力,但是与这种努力的方向相反的许多事物和因素却不断涌动、增长和扩展。

4. 生产关系状况

这一时期,生产资料所有制的公有化程度进一步提高,许多集体所有制企业转变为全民所有制企业。

1966 年 9 月,中共中央批转的《关于财政贸易和手工业方面若干政策问题的报告》提出,将公私合营企业改为国营企业,取消资本家定息;把大型合作商店逐步转为国营商店,把大量的小商小贩转入国营商店的代购代销店。之后,大批的城镇集体工商企业或是合并,或是转为国营,或下放到农村人民公社。仅北京市二轻局系统的 110 个合作工厂有 60

个"过渡"为国营工厂。① 截至 1970 年,全国"二轻"集体工业共划出 2 万多个企业、120 万名职工,划出的企业带走资产和平调的资金共 20 多亿元。②

在农村,也几度出现了经济核算单位"升级过渡"的现象。一些地区否定了以生产队为基本核算单位的制度,向大队核算过渡,或并社,扩大人民公社规模。据 1977 年对 11 个省、直辖市和自治区的统计,大队核算单位占大队总数的比例为 11.2%(1962 年为 5%)。其中山西高达 39.9%,而晋中地区(大寨大队、昔阳县所在地)以大队为核算单位的 1971 年为39%,1977 年则达到 71%;北京也有 33.1%。全国人民公社的总数,由1966 年的 7.03 万个降到 1976 年的 5.27 万个,其中湖北省人民公社数从1974 年的 4285 个降到 1975 年的 1331 个,即减少 68.94%。③

这一时期,在所有制结构方面的另一个特征是,国营地方小型工业企业、城镇集体企业和农村社队企业等公有制经济获得了较大发展。出于加速农业机械化的需要,以支持农业为主要目标的"五小"(小钢铁、小机械、小化肥、小煤窑、小水泥等)工业在政府的支持下发展起来。1970年,全国有将近 300 个县、市办起了小钢铁厂,有 20 多个省、自治区、直辖市建起了手扶拖拉机厂、小型动力机械厂和各种小型农机具厂,有90%左右的县建起了农机修造厂。到 1975 年,"五小"工业中的钢、原煤、水泥和化肥年产量分别占全国总产量的 68%、37.1%、58.8%和 69%。④

这一时期,对城镇集体工业的管理,在许多方面采取了类似对待国营工业的管理办法,这一点特别体现在对待"大集体"企业的管理上。10年中,城镇集体企业大体上能够正常生产,尤其是街道工业和类似街道

---

① 参见汪海波《中华人民共和国工业经济史(1949 年 10 月—1998 年)》,山西经济出版社 1998年版,第 458 页。

② 参见董辅礽《中华人民共和国经济史》,经济科学出版社 1999 年版,第 521 页。

③ 参见同上书,第 522 页。

④ 参见汪海波《中华人民共和国工业经济史(1949 年 10 月—1998 年)》,山西经济出版社 1998年版,第 456 页。

工业的家属工厂获得了一定的发展。按不变价格计算,1965—1976 年,城镇集体工业产值由 133.1 亿元增加到 489.4 亿元,占工业总产值的比重由 9.9%上升到 15%。①

大工业开工不足、市场需求迫切等特殊历史条件,使农村社队工业有了较大的发展。尤其在 1975 年,农村社队工业的发展更为迅速。以江苏省为例,社队工业总产值 1975 年达到 22.44 亿元,比 1970 年的 6.96 亿元增长 2.22 倍。社队工业在全省工业总产值中所占的比重,由 3.3%上升到 9.3%。② 1965—1976 年期间,按不变价格计算,社队工业产值由 53 亿元增长到 123.9 亿元;在工业总产值中的比重由 0.4%上升到 3.8%。③ 社队工业在农村经济中的地位越来越为重要。据统计,1971 年,社队工业在农、林、牧、副、渔、工六业总产值中的比重只有 6.9%,到 1976 年已经提高到 16.9%。④ 社队工业也突破了当地资源和市场的局限,逐渐形成了采矿、冶炼、机械制造、石油等众多门类,成为全国工业的一支重要力量。

5. 交换关系状况

这一时期,计划经济体制进行了 1958 年之后的又一次改变。

1970 年开始,中国工业经济管理部门下放了企业以及财权、物权和计划管理权,简化了税收、信贷、劳动工资制度,并在一定程度上对政府与企业之间的关系进行了调整。在下放企业方面:1970 年中央工业交通各部属企业事业单位只剩下 500 家,比 1965 年减少了 86.5%,工业产值只占国营工业总产值的 8%。⑤ 一些下放到省、市、自治区的企业被继续

---

① 参见《中国统计年鉴》(1983),中国统计出版社 1983 年版,第 213—215 页。
② 参见莫远人《江苏乡镇工业发展史》,南京工学院出版社 1987 年版,第 140 页。
③ 参见《中国统计年鉴》(1983),中国统计出版社 1983 年版,第 214—215 页。
④ 参见汪海波《中华人民共和国工业经济史(1949 年 10 月—1998 年)》,山西经济出版社 1998 年版,第 462 页。
⑤ 参见中华人民共和国国史学会编写《新中国国史教育干部读本》,长春出版社 1999 年版,第 348 页。

下放到地区甚至县、市。随着中央部属企业的下放,有些省属企业也纷纷下放。冶金系统有的省属企业下放到了专区,有的一直下放到县或镇。

这次改革的主旨是通过解决中央集权与地方分权的问题,以调动地方政府搞经济的积极性,消除中央集权运转不灵活的弊端。企业下放,确实扩大了地方政府对工业和整个经济的管理权,特别是扩大了地方的财权,壮大了地方的财力,对发展地方工业、繁荣地方经济产生了一定的促进作用。

但是,这次改革由于所变更的只是管理的不同行政级别,没有突破原有经济体制的框架,没有改变政府与企业的直接隶属与管理关系,因而不仅没有消除原有经济体制中的弊端,反而增加了经济秩序的混乱。一些重点大型企业下放后,地方政府无法解决生产计划、原材料和设备供应等问题,同时打乱了原有的协作关系,经济效益因此进一步下降。而财政大包干基本上只是为解决当时下放问题的临时过渡措施,缺乏整体安排,地方分散资金、盲目建设的现象也随之增加。同时,在当时物资紧缺的情况下,层层下放物资分配权后,物资调配困难,影响了重点企业和项目的建设。而简化税收、信贷制度,削弱了税收、利率等经济杠杆的调节作用;劳动工资制度的简化,更使得平均主义进一步发展,妨碍了劳动生产率的提高。

6. 生产和生产力状况

十年"文化大革命"期间,国民经济的发展起伏震荡,三起三落。1967—1968年,由于全面内乱,造成国民经济严重衰退。1969—1970年,随着国内政治局势逐步趋向相对稳定,经济有了初步回升;1971年出现"三个突破",造成国民经济比例关系严重失调,经过调整,1973年国民经济状况较前两年有明显好转;1974年"批林批孔"再度造成经济混乱,经过1975年的全面整顿,国民经济摆脱了停滞状态,但不久又因"反击右倾翻案风"使国民经济再度陷入停顿。但就总体而言,这一时期的国民经济是在起伏震荡中缓慢发展的。

在工业方面,20 世纪 60 年代初建成投产的大庆油田,已成为年产原油 5000 万吨的大型企业。山东胜利油田、天津大港油田也初具规模。1976 年我国原油产量达到 8716 万吨,相当于 1965 年产量 1131 万吨的 7.7 倍。除了上述油田外,建成和在建的大型企业还有:贵州六盘水,四川宝鼎山、芙蓉山、山东兖州等大型煤矿;甘肃刘家峡,湖北丹江口、葛洲坝,贵州乌江等大中型水电站;四川攀枝花钢铁厂、甘肃酒泉钢铁厂、成都无缝钢管厂、贵州铝厂、四川德阳第二重型机器厂、陕西富平压延厂、湖北汽车制造厂、四川大足汽车厂,等等。

十年期间,一批交通运输线、输油管线和邮电通信设施相继建成。1959 年动工、1968 年建成的南京长江大桥,是当时我国自行设计建造的最大的铁路、公路两用桥。全长 1091 公里的成昆铁路、全长 820 公里的湘黔铁路、全长 753 公里的焦枝铁路等建成通车。1975 年 7 月 1 日,通过技术改造建成我国第一条电气化铁路——宝成铁路。此外,1974 年,建成大庆至秦皇岛的第一条长距离输油管道,以及秦皇岛到北京等输油管道。1976 年,我国又建成一条纵贯 8 个省市、全长 1700 多公里的中同轴 1800 路载波通信干线和连通全国 20 多个省市的微波通信干线。

特别值得指出的是,第一,在工业布局方面,"三五"、"四五"计划期间,国家分别以 52.7％和 41.1％的基本建设投资投入"三线"(内陆腹地,即战略总后方)建设,"三线"建设的加快使中国工业地区分布进一步改善。截至 1975 年底,划为"三线"地区的 11 个省、自治区,全民所有制工业固定资产在总额中的比重,由 1965 年的 32.9％提高到 35.3％。同一时期,工业总产值占比由 22.3％提高到 25％。全国将近 1506 家大型企业,分布在这 11 个省、自治区的占 40％以上。① 第二,在技术引进方面,1973 年,中国从国外进口了一批技术先进的成套设备和单机,包括

---

① 参见汪海波《中华人民共和国工业经济史(1949 年 10 月—1998 年)》,山西经济出版社 1998 年版,第 481 页。

13 套大化肥、4 套大化纤、3 套石油化工等重要项目,这就是后来被称为"四三方案"的"文化大革命"期间最大的对外引进工程,是继"一五"计划后第二次大规模引进国外先进技术设备的方案。除了"四三方案"的主要项目外,其他重要项目还有:从美国引进彩色显像管成套生产技术项目;利用外汇贷款购买新旧船舶,组建远洋船队;购买英国三叉戟飞机,增强民航运输能力等。①

在农业方面,十年期间,国家对农业的资金、物质投入继续增加。1976 年,国家财政支农资金和农业贷款年底余额总计为 200.9 亿元,与 1965 年相比,增长 50.8%。拥有农业机械总动力 8629.6 万千瓦,增长 6.9 倍,其中,大中型拖拉机 39.7 万台,增长 4.5 倍;排灌动力机械 3984 万千瓦,增长 4.97 倍,原来的人力、畜力、风力等简易提水工具基本为机电泵所代替。化肥施用总量达 582.8 万吨,增长 2 倍;农药生产量和进口量达 43.6 万吨,增长 90.6%。农村用电量达 204.8 亿度,增长 4.5 倍。农田基本建设继续得到加强,20 世纪 70 年代前期是新中国成立以来农田水利建设成就最大的时期。它不仅保证了粮食生产能够持续增长,而且为 20 世纪 80 年代农业的新发展提供了必要的物质基础。

从生产总量上看,十年期间,农业总产值以每年 3.3%的速度增长。1976 年,全国农业总产值达 1258 亿元,按可比价格计算,比 1965 年增长 35.3%;全国粮食生产保持了比较稳定的增长,1976 年达到 5726 亿斤,比 1965 年增加了 1835 亿斤。② 中国农业科学家育成的籼型杂交水稻优良品种得到大面积推广。由于城市的党政机关、科研机构、大专院校的各类人员下放农村和知识青年上山下乡,给农村带来了科技知识和经济信息,改善了农村的精神面貌,提高了农民的文化教育卫生水平。

但是,应该看到,这十年当中,工业的比例关系,工业与农业、交通运

---

① 参见《中国共产党历史》第 2 卷(下),中共党史出版社 2011 年版,第 865 页。
② 参见同上书第 2 卷(下),第 973 页。

输业的比例关系又一次严重失调,企业管理受到严重破坏,工业管理体制的弊端更趋严重。由于一些地区不顾本地人力、物力和自然条件,盲目开展"移山造田"、"填湖填海造田"、"菜农种粮"、"经济作物上山"等大规模活动,既浪费了人力物力,又破坏了生态环境。如湖北原有千亩以上的湖泊1066个,总面积833万公顷,由于围垦造田及筑坝建闸使水位降低,到1977年只剩下326个,总面积202.6万公顷,减少了76%。全国著名的大湖泊如洪湖、洞庭湖、鄱阳湖、太湖、滇池、乌梁素海等在这一时期都遭到不同程度的破坏。[①]

在科学技术方面,尖端科学技术研究取得了丰硕成果。1967年6月,中国成功地爆炸了第一颗氢弹;1969年9月,首次成功地进行了地下核试验;1970年4月,中国第一颗人造地球卫星发射成功。1971年3月,又发射科学实验卫星"实践"一号。邓小平后来评价道:"如果六十年代以来中国没有原子弹、氢弹,没有发射卫星,中国就不能叫有重要影响的大国,就没有现在这样的国际地位。这些东西反映一个民族的能力,也是一个民族、一个国家兴旺发达的标志。"[②]但是,应该看到,"文化大革命"的十年,正是第三次科学技术革命在西方国家蓬勃兴起的时期。20世纪60年代和70年代,西方发达国家争先恐后地在微电子技术、激光技术、海洋开发、遗传工程、信息技术、遥感技术、能源开发和新材料开发等方面进行技术研究竞争,取得了重大突破,极大地推动了生产力的发展。而在中国,由于大批科研机构被拆散,大量科学技术人员和工程技术人员下放劳动或被迫改行从事其他工作,科研开发几乎处于停滞状态,丧失了宝贵的历史机遇,进一步拉大了中国科学技术水平同世界先进水平的差距,影响了生产力的快速发展。这十年中,美国的国内生产总值增长了124%,日本增长了345%,而中国只增长了57.6%。从国民收入看,美国十年增长了143%,日本增长了413%,而中国只增长了

---

① 参见农业部农业经济研究中心编《当代农史研究》1997年第4期,第40页。
②《邓小平文选》第3卷,人民出版社1993年版,第279页。

75％。正如邓小平所指出的:"中国六十年代初期同世界上有差距,但不太大。六十年代末期到七十年代这十一二年,我们同世界的差距拉得太大了。"①

---

① 《邓小平文选》第3卷,人民出版社1993年版,第274页。

第六章　改革开放年代的中国社会（一）

以 1978 年党的十一届三中全会的召开为标志，新中国正式告别毛泽东探索的历史时期，开始进入改革开放新的历史时期。以邓小平为主要代表的中国共产党人，从科学总结新中国 30 年社会主义建设的经验教训，从思考"什么是社会主义，怎样建设社会主义"这一问题出发，逐步提出了一系列新的路线方针政策，由此开启了中国特色社会主义道路探索的新航程。

一、生产力、生产关系与中国特色社会主义

1. 马克思：生产力与未来社会

马克思主义创始人认为，生产力的极高度发展是未来理想社会的实现条件，构成这一社会的现实基础。在 1877 年给《祖国纪事》杂志编辑部的信中，马克思明确指出，人类社会最后达到的是"在保证社会劳动生产力极高度发展的同时又保证每个生产者个人最全面的发展的这样一种经济形态"[1]。通过这"两个保证"，马克思阐明了未来社会的实现条件

---

[1]《马克思恩格斯选集》第 3 卷，人民出版社 1995 年版，第 342 页。

和基本原则及两者之于未来社会的意义。

第一，生产力的发展开创的世界历史，是共产主义社会实现的必要条件。作为人类社会发展的决定性因素，生产力是社会发展的根本动力。历史之所以转变为世界历史，是生产力长期发展的客观结果。世界历史形成的根本原因，就在于生产力自身的发展之中。"世界史不是过去一直存在的；作为世界史的历史是结果"①。而生产力只是发展到资本主义历史阶段才打开了世界历史的大门。正如有学者指出的："没有现代工业生产和现代商品生产的出现，就没有世界历史的产生。"②

世界历史既是一个结果概念也是一个过程概念，是结果概念和过程概念的统一。马克思的"世界历史"范畴，作为一个具有历史哲学意义而非编纂学意义上的范畴，从方法论层面涵盖人类世界历史的过去、现在和未来，是人类世界历史的过去、现在和未来的有机统一。③ 随着世界历史的深入发展，一种崭新的社会形态替代曾经创造了世界历史的资本主义的条件也在逐步成熟，这一替代开启了世界历史一个崭新的时代。正是从这一意义上说，未来社会是世界历史的产物。

具体而言，这个必要条件一方面表现为，世界历史的发展为未来社会奠定了坚实的物质基础。没有生产力的发展，就没有世界历史的出现。而世界历史的出现又有力推动了生产力的发展。没有世界历史，也就没有生产力的跨越发展。生产力的跨越发展是生产力的超常发展，即超越常规的发展。它以经济的迅速增长和生产技术的重大跃迁为标志。跨越发展不同于一般的快速发展，而是表现为特定时期、特定阶段生产力发展上的某种"突进"。④ 随着历史向世界历史的转变，生产力的跨越

---

① 《马克思恩格斯选集》第 2 卷，人民出版社 1995 年版，第 28 页。
② 丰子义：《走向现实的社会历史哲学——马克思社会历史理论的当代价值》，武汉大学出版社 2010 年版，第 367 页。
③ 参见叶险明《世界历史的"双重结构"与当代中国的全球发展路径》，载《中国社会科学》2012 年第 6 期。
④ 参见丰子义《发展的呼唤与回应——哲学视野中的社会发展》，北京师范大学出版社 2009 年版，第 144 页。

式发展不再是偶然,而逐渐成为一种常见的现象。这个必要条件另一方面表现为,世界历史的发展为未来社会确立了生存的空间。共产主义是全球性的事业。在马克思看来,共产主义从来都不是一个地域性的存在,共产主义事业只有作为"世界历史性的"存在才有可能实现。换言之,世界历史的深入发展将全球分离的点逐渐联系在了一起并形成越来越紧密的联系,这个过程在进一步推动资本全球化的同时,也在不知不觉之中预设了共产主义的全球性生存场所。共产主义社会是世界历史发展的自然的结果。

第二,生产力的发展提出了建立新的生产关系的要求。一切阶级对立和历史冲突都根源于生产力与生产关系之间的矛盾,唯物史观关于世界历史的考察自然蕴涵着生产力与生产关系的双重维度。在资本主义社会中,资本具有支配一切的决定性作用,资本的逻辑决定着生产的逻辑。"资本不是物,而是一定的、社会的、属于一定历史社会形态的生产关系,它体现在一个物上,并赋予这个物以特有的社会性质。"①资本主义的生产关系一方面极大地推动了生产力的发展,另一方面也造成资本主义生产关系与生产力之间内在矛盾的紧张。马克思恩格斯在他们生活的资本主义时期就深刻地觉察到,这种生产力本身以日益增长的威力要求消除这种矛盾,要求摆脱它作为资本的那种属性,要求在事实上承认它作为社会生产力的那种性质。

虽然随着资本主义的不断发展,资产阶级在不断扩大资本关系内部可能接受的限度内,越来越把生产力当作社会生产力看待。但这种调整和让步具有无法克服和逾越的局限性。资本主义发展史上一次又一次危机的爆发一次又一次地证明了这一点:资本主义框架内任何意义上的让步,都不能从根本上解决资本主义社会的基本矛盾。这样,由生产力的发展开辟的世界历史的进一步发展在加剧资本对世界的统治的同时,也造成了资本主义生产力与生产关系的矛盾在广度和深度上的进一步展开。

①《马克思恩格斯全集》第 25 卷,人民出版社 1974 年版,第 920 页。

　　马克思在揭示资本主义自身无法克服的局限性的同时,提出了资本主义生产关系的替代性方案。在他们看来,只有共产主义才能根本解决这一资本主义自身无法克服的难题,即只有在消除私有制的基础上,才能从根本上消除资本主义的基本矛盾。除此之外别无良方。可以认为,共产主义公有制对资本主义私有制的替代,是一种响应生产力呼唤的实践。对于共产主义的生产关系,恩格斯在 1890 年致奥·伯尼克的信中明确指出:"社会主义社会""同现存制度的具有决定意义的差别当然在于,在实行全部生产资料公有制(先是单个国家实行)的基础上组织生产"①。当然,与历史上存在的任何形式的公有制所根本不同的是,马克思恩格斯所言的共产主义社会公有制意指的是整个社会占有全部生产资料,同时,这个社会是由联合起来的个人组成的。

　　第三,在归根到底的意义上,生产力的状况决定了人类走向未来社会的状况。马克思设想的共产主义社会根基于生产力的极高度发展。在马克思看来,生产力条件之所以是绝对必需的实际前提,是因为如果没有这种发展,那就只会有贫穷、极端贫困的普遍化;而在极端贫困的情况下,必须重新开始争取必需品的斗争,全部陈腐污浊的东西又要死灰复燃。正是基于生产力的标准,马克思提出了"两个决不会"的思想,他指出:"无论哪一个社会形态,在它所能容纳的全部生产力发挥出来以前,是决不会灭亡的;而新的更高的生产关系,在它的物质存在条件在旧社会的胎胞里成熟以前,是决不会出现的。"②他明确指出,共产主义的实现"需要有一定的物质基础或一系列物质生存条件,而这些条件本身又是长期的、痛苦的历史发展的自然产物"③。尚处于青年时期的列宁按照马克思的这一逻辑阐明了生产力的决定性意义。他指出,不能仅仅从社会关系出发,而要着眼于更基础的物质生产力,"社会主义

---

①《马克思恩格斯选集》第 4 卷,人民出版社 1995 年版,第 693 页。
②《马克思恩格斯选集》第 2 卷,人民出版社 1995 年版,第 33 页。
③《马克思恩格斯全集》第 23 卷,人民出版社 1972 年版,第 97 页。

不是幻想家的臆造,而是现代社会生产力发展的最终目标和必然结果。"①

　　长期以来,马克思提出的"两个必然"与"两个决不会"这两个观点被一些人赋予相互否定的解读。有学者出于强调两者一致性的考虑,用战略思想和战术思想的关系说明"两个必然"和"两个决不会"之间的关系。他认为,"两个必然"是马克思主义的战略思想,也就是说,从战略上、从历史的发展规律和当今历史的总趋势上,资本主义的灭亡和社会主义的胜利的确同样是不可避免的。"两个决不会"是一个战术思想,就具体的国家或地区,以及某一具体历史阶段而言,资本主义可能还有调整的空间,社会主义还需要走艰难的道路,社会主义取代资本主义需要经历一个较漫长的历史过程,不能指望速战速决,这是战术原则。这一论述确有新意,但战略与战术的比喻并不能准确揭示两者之间的关系。

　　遵循历史辩证法,第一,无论是"两个必然"还是"两个决不会",都是基于生产力的根本标准从人类社会发展规律的高度作出的科学论断,即都具有战略性的意义,两者之间不仅不存在根本对立的关系,反而相互补充、相互说明。第二,社会主义革命能否发生不仅取决于生产力的水平,还取决于社会基本矛盾的状况。新的更高的生产关系出现的条件,并不完全等同于资本主义全球灭亡的条件。因此,对社会主义革命与生产力因素之间的关系要辩证地加以理解。历史的事实是,在资本主义全球化条件下,经济文化相对落后的国家最先发生了社会主义革命。但必须承认两个现实的矛盾状态:一是经济文化相对落后的国家革命胜利容易但生存和发展困难的状态;二是生产力发展水平相对较高的西方资本主义国家不仅不构成外部支持而是作为敌对力量存在的状态。社会主义历史的长期性艰巨性复杂性由此形成。当然,这种状况的出现不是对马克思两个观点的否定,反而恰恰是一种证明。

①《列宁全集》第2卷,人民出版社1984年版,第1页。

2. 毛泽东：生产关系与社会主义

毛泽东时代的社会主义探索已成历史渐渐远去。对于这一段历史，今天的人们众说纷纭，莫衷一是。其中，有人评价道，毛泽东没有认识到生产力之于社会主义的重要性。这显然不是一种公允的态度，但确实提出了重新思考毛泽东视野中生产力与社会主义关系的问题。

毛泽东自己承认，他注意得较多的是制度方面的问题，生产关系方面的问题。至于生产力方面，他的知识很少。① 但这是否能得出毛泽东不重视发展生产力的结论呢？事实上，新中国成立前后，毛泽东对于生产力之于社会主义的意义都有重要论述。1944 年 3 月，毛泽东在谈到马克思主义基本原理时说："我们搞政治、军事仅仅是为着解放生产力。学过社会科学的同志都懂得这一条，最根本的问题是生产力向上发展的问题。我们搞了多少年政治和军事就是为了这件事。马克思主义社会科学也主要是讲的这件事，讲生产力在历史上是如何发展起来的。"② 在中共七大上所作的《论联合政府》的政治报告中，毛泽东明确地提出了生产力标准："中国一切政党的政策及其实践在中国人民中所表现的作用的好坏、大小，归根到底，看它对于中国人民的生产力的发展是否有帮助及其帮助之大小，看它是束缚生产力的，还是解放生产力的。"③在新中国即将成立前夕召开的党的七届二中全会上，毛泽东明确提出了发展生产力的根本任务："在革命胜利以后，迅速地恢复和发展生产，对付国外的帝国主义，使中国稳步地由农业国转变为工业国，把中国建设成一个伟大的社会主义国家。"④

社会主义改造即将基本完成之际，毛泽东就要求全党将工作重心转移到经济建设和文化建设上来。他说，现在我们是革什么命呢？ 现在是

---

① 参见逄先知、金冲及主编《毛泽东传(1949—1976)》(下)，中央文献出版社 2003 年版，第 1203 页。
②《毛泽东文集》第 3 卷，人民出版社 1996 年版，第 109 页。
③《毛泽东选集》第 3 卷，人民出版社 1991 年版，第 1079 页。
④《毛泽东选集》第 4 卷，人民出版社 1991 年版，第 1437 页。

革技术的命,叫技术革命,叫文化革命,要搞科学,要革愚蠢同无知的命。他提出,我们要大发展,"要在几十年内,努力改变我国在经济上和科学文化上的落后状况,迅速达到世界上的先进水平。"[1]1957 年 3 月 20 日,毛泽东在江苏、安徽两省党员干部会议上豪情满怀地宣告,让我们跟全国人民一道,跟国家一道,跟青年们一道,干它个几十年。长期不说,干它个 50 年。这个世纪上半个世纪搞革命,下半个世纪搞建设,这个世纪还有 40 年,现在的中心任务就是建设。事实上,无论是"独立自主地干工业、干农业、干技术革命和文化革命"的号召,还是"大跃进"和人民公社化运动,都表明毛泽东在期望"第二次结合",目的都在于探索中国自己的社会主义现代化道路,所表达的都是生产力发展的价值诉求。

通过历史文献的考察,至少在思想认识的层面上,毛泽东充分认识到了生产力之于社会主义的重大意义。但"大跃进"、人民公社化运动的历史实践证明了事理矛盾,事与愿违,毛泽东的悲剧恰在于此:新中国社会主义实践中出现的偏颇"不是发生在社会主义的合目的性上(因为我们的社会主义建设总的说是为了人民的),而是发生在合规律性上"[2]。正如邓小平所指出的:"毛泽东同志是伟大的领袖,中国革命是在他的领导下取得成功的。然而他有一个重大的缺点,就是忽视发展社会生产力。不是说他不想发展生产力,但方法不都是对头的,例如搞'大跃进'、人民公社,就没有按照社会经济发展的规律办事。"[3]因此,从根本上说,毛泽东的失误并不在于不重视发展生产力,邓小平与毛泽东的主要差别也并不反映在发展不发展生产力上,而是反映在如何发展生产力上。概括而言,毛泽东的失误主要反映为以下三个方面。

其一,在理想与现实之间关系的认识和处理上出现了偏差。把中国建设成为一个富强的社会主义国家,是毛泽东一生追求的目标。有学者指出,毛泽东为了追求现代化的强国梦,以非凡的想象力构思出一个"最

---

[1]《毛泽东文集》第 7 卷,人民出版社 1999 年版,第 2 页。
[2] 陈筠泉、方军:《邓小平理论的哲学基础》,北京出版社 2002 年版,第 61 页。
[3]《邓小平文选》第 3 卷,人民出版社 1993 年版,第 116 页。

新最美"的纯洁之梦。毛泽东想象的理想社会是一个与所有以往社会模式"彻底决裂"的社会,是扫除了一切社会都难以避免的所有丑恶现象的纯洁社会。"新社会"在抛弃旧模式、欢迎新经验、探索新制度等方面,都对"新"和"不断的新"有着无比的热情。毛泽东的纯洁梦想至今还鼓舞着中国老百姓和许多第三世界人民。① 应该说,这一理想集中反映了全党和全国人民渴望迅速改变一穷二白的落后面貌的急迫心情。在毛泽东的内心深处,有着浓郁的超越情结,也提出了实现超越的一系列战略构想。但"在伟大的战略构想与浓重的历史悲剧之间"②,可以清晰地发现理想与现实之间的剧烈冲突,正是这一理想因素构成理论和实践上偏差的源头,即理想的放大忽略了现实,忽略了规律。费正清在正确指出"大跃进"是一种模式的一部分的同时认为,造成"大跃进"灾难的一个很明显的原因,就是毛泽东的一种浪漫主义想法,以为把人民巧妙地组织起来,就能增加生产力,精神比经济因素对生产更有效力。③ 应该说,这一论点指中了要害。新中国的历史挫折再次用事实说明,价值观只有在与历史观相一致的条件下才有实现的可能性。

其二,在生产力与生产关系之间关系的认识和处理上出现了偏差。正如毛泽东自己所说,他比较多地注意了生产关系方面的问题。这主要是因为他认为生产关系的提升能够促进生产力的发展,同时,生产关系的提升也是最能显示社会主义的不断发展的。④ 毛泽东说:"首先制造舆

---

① 参见赵汀阳《美国梦、欧洲梦和中国梦》,载《跨文化对话》第 18 辑,江苏人民出版社 2006 年版。

② 徐俊忠:《毛泽东社会主义建设道路几个问题再探讨》,载《马克思主义与现实》2010 年第 6 期。

③ 参见[美]费正清《伟大的中国革命(1800—1985)》,刘尊棋译,世界知识出版社 2000 年版,第 356 页。

④ 毛泽东读苏联《政治经济学教科书》下册时说过这样的一段话:"有的同志说有三类社会主义国家:一类是退回到资本主义;一类是不满足于现状,不停顿地向共产主义前进;还有一类是达到一定阶段就停顿下来。就目前已知的情况来说,苏联的工业和农业,还是在发展,不停顿的;但是在社会制度、生产关系这些方面,多年来基本上是停顿的,而且这几年来还出现了值得引人注意的倒退现象。"

论,夺取政权,然后解决所有制问题,再大大发展生产力,这是一般规律。"①这一概括虽然基本上符合近代以来社会变革的历史实际,但是意识形态、政治上层建筑和经济基础之所以能够发挥作用,根本在于它执行了生产力的嘱托。② 问题的关键在于,解决所有制问题必须与生产力发展要求相适应。不顾生产力的实际要求,以为不断拔高生产关系就可以更有力地促进生产力的发展,就以为能够迈向更高一级的社会主义,就是对唯物史观的一种误用了。而一旦实践中出现了适应生产力的生产关系调整,毛泽东就倾向于认为是社会主义的倒退③,而加以否定。这样,毛泽东在不断努力拔高或维持生产关系的水平以体现社会主义的本质时,就造成了生产力与生产关系之间不相适应的状况,影响了生产力水平的迅速提高。

其三,在经济建设与阶级斗争之间关系的认识和处理上出现了偏差。毛泽东认为,在生产资料社会主义改造基本完成之后,我们虽然取得了基本胜利,但在政治战线和思想战线方面,我们还没有完全取得胜利,无产阶级和资产阶级之间在意识形态方面的谁胜谁负问题还没有真正解决。我们同资产阶级和小资产阶级的思想还要进行长期的斗争。这种认识并不错,但如果着眼于社会主义社会的整体,就会看到阶级斗争与经济建设相比毕竟已经是次要矛盾。毛泽东的错误在于,党内同志在生产关系调整方面的正确建议反而强化了他对资本主义复辟危险的担忧,阶级斗争的弦越绷越紧。而一味地将阶级斗争作为主要矛盾对待,无疑就会在相当大的程度上忽视经济建设。"在他的思想上,一方面是阶级斗争(越来越占主导地位),一方面是发展生产力。在许多情况下,他总想把这两者统一起来,方法是通过抓阶级斗争来促进生产力的

①《毛泽东文集》第 8 卷,人民出版社 1999 年版,第 132 页。
② 参见侯惠勤《我国意识形态建设的第二次战略性飞跃》,载《马克思主义研究》2008 年第 7 期。
③ 1962 年北戴河会议期间,针对"包产到户",毛泽东认为,"两年都不要,一年多就会出现阶级分化"。参见逢先知、金冲及主编《毛泽东传(1949—1976)》(下),中央文献出版社 2003 年版,第 1247 页。

发展。"①显然,这一思路已经严重偏离了社会主义建设规律的要求,生产力发展受到影响的结果也就自然地出现了。

3. 邓小平:生产力与社会主义

邓小平向历史深处发问的第一个问题是,"最根本的一条经验教训,就是要弄清什么叫社会主义和共产主义,怎样搞社会主义。"②"什么是社会主义,怎样建设社会主义"这一重大课题的提出,是新的历史时期开启的一个标志性事件。社会主义的理论和社会主义的实践始终是一种辩证互动的关系。探索社会主义建设规律问题的实质是研究"怎样建设社会主义"的问题,其前提是要回答"什么是社会主义"的问题,两者辩证统一、不可分割。因此,对社会主义建设规律的探索,实际上包含着对"什么是社会主义、怎样建设社会主义"这两个方面问题的统一性思考。邓小平基于如何建设社会主义来思考社会主义本质的逻辑进路可谓抓住了问题的关键。20世纪以来,社会主义实践者面临着的一个共同课题是,如何根据当时的社会状况和历史条件,将之与社会主义的理想和目标有机结合起来,正确确定发挥人的主观能动性的限度,在促进历史主体和客体的双重向度相统一的基础上有效地开展社会主义建设的问题。以往的实践失误在于,往往将马克思关于未来社会的设想作为现实社会主义形态的蓝本,在忽视生产力水平的条件下片面拔高社会主义生产关系,事实上"欲速则不达",既难以有力地促进生产力的发展,也难以推动社会主义制度的巩固和完善。

在1980年4—5月间与外宾的几次谈话中,邓小平集中阐发了对于这一课题的思考。他在与赞比亚总统卡翁达的谈话中指出:"现在我们正在摸索比较快的发展道路,我们相信这方面是有希望的。不解放思想不行,甚至于包括什么叫社会主义这个问题也要解放思想。经济长期处

---

① 逄先知、金冲及主编:《毛泽东传(1949—1976)》(下),中央文献出版社2003年版,第1247页。
②《邓小平文选》第3卷,人民出版社1993年版,第223页。

于停滞状态总不能叫社会主义。人民生活长期停止在很低的水平总不能叫社会主义。"①他在与阿尔及利亚民族解放阵线代表团的谈话中指出："要充分研究如何搞社会主义建设的问题。现在我们正在总结建国三十年的经验。总起来说,第一,不要离开现实和超越阶段采取一些'左'的办法。这样是搞不成社会主义的。我们过去就是吃'左'的亏。第二,不管你搞什么,一定要有利于发展生产力。"②"不能因为有社会主义的名字就光荣,就好。"③"社会主义是一个很好的名词,但是如果搞不好,不能正确理解,不能采取正确的政策,那就体现不出社会主义的本质。"④概括而言,邓小平在思考这一问题上有两个显著特点:一是他主要运用否定性的思维方式回答"什么是社会主义"的问题,二是以"什么是社会主义"的问题为思考的出发点,而以"如何建设社会主义"的问题为思考的落脚点。

在关于什么是社会主义的问题上,与毛泽东侧重从生产关系维度来定义社会主义不同的是,邓小平侧重从生产力的维度阐明这一因素对于社会主义的意义,为生产力标准正名,以此矫正毛泽东认识上的失误,并与毛泽东形成鲜明对比。在他看来,"什么叫社会主义,什么叫马克思主义? 我们过去对这个问题的认识不是完全清醒的。马克思主义最注重发展生产力。"⑤"马克思主义的基本原则就是要发展生产力。马克思主义的最高目的就是实现共产主义,而共产主义是建立在生产力高度发展的基础上的。"⑥"坚持社会主义,首先要摆脱贫穷落后状态,大大发展生产力,体现社会主义优于资本主义的特点。"⑦邓小平一个总的观点是,按照历史唯物主义的观点来讲,正确的政治领导的成果,归根结底要表现在社会生产力的发展上,以及人民物质文化生活的改善上。因此,在社

---

① 《邓小平文选》第 2 卷,人民出版社 1994 年版,第 312 页。
② 同上。
③ 同上书第 2 卷,第 313 页。
④ 同上。
⑤ 《邓小平文选》第 3 卷,人民出版社 1993 年版,第 63 页。
⑥ 同上书第 3 卷,第 116 页。
⑦ 同上书第 3 卷,第 224 页。

会主义国家,一个真正的马克思主义政党在执政以后,一定要致力于发展生产力,并在此基础上逐步提高人民的生活水平。

在关于怎样建设社会主义的问题上,和毛泽东一致的是,邓小平也强调要从本国实际出发探索社会主义现代化道路。在党的十二大开幕词中,邓小平指出:"我们的现代化建设,必须从中国的实际出发。无论是革命还是建设,都要学习和借鉴外国经验。但是,照抄照搬别国经验、别国模式,从来不能得到成功。这方面我们有过不少教训。把马克思主义的普遍真理同我国的具体实际结合起来,走自己的道路,建设有中国特色的社会主义,这就是我们总结长期历史经验得出的基本结论。"[①]超越苏联模式的努力,始自于毛泽东。新中国社会主义建设历史总结中一个重要的经验是,虽然认识到苏联社会主义模式的弊端,但始终没有实现对苏联模式的超越。就此而言,邓小平"建设有中国特色的社会主义"的声明是对毛泽东的这一探索的坚持和继承。只不过,这一超越在新的历史条件下更换了思路和主张,实现了前所未有的突破。正如邓小平所指出的:"我们过去照搬苏联搞社会主义的模式,带来很多问题。我们很早就发现了,但没有解决好。我们现在要解决这个问题,我们要建设的是具有中国自己特色的社会主义。"[②]

如果说毛泽东的错误是因为侧重从理想出发的话,那么,邓小平则展现出典型的从实际出发的原则,他在尽最大可能地将理想作现实化的处理。总体上说,邓小平探索的突破点在于两个方面。一是在处理政治和经济的关系上把经济摆在了首位。邓小平把整个工作的重点转到社会主义现代化建设事业上来,为此确立了"以经济建设为中心"的基本路线。这是克服毛泽东认识和实践偏差的第一个突破。政治路线"不管怎样表述,实质是搞四个现代化,最主要的是搞经济建设,发展国民经济,发展社会生产力"[③]。我们党在现阶段的政治路线,概括地说,就是一心

---

① 《邓小平文选》第 3 卷,人民出版社 1993 年版,第 2—3 页。
② 同上书第 3 卷,第 261 页。
③ 《邓小平文选》第 2 卷,人民出版社 1994 年版,第 276 页。

一意地搞四个现代化。经济成了社会主义国家最大的政治。这一工作重心的转移,标志着长期困扰人们的两大理论问题,即政治和经济、革命和生产的关系问题,在邓小平的艰辛探索中基本上得到了解决。① 二是在处理生产力和生产关系的关系上把生产力摆在首位。将长期以来忽略生产力发展要求的生产关系"往回拉",这是克服毛泽东认识和实践偏差的第二个突破。《关于建国以来党的若干历史问题的决议》指出:"社会主义生产关系的发展并不存在一套固定的模式,我们的任务是根据我国生产力发展的要求,在每一个阶段上创造出与之相适应的和便于继续前进的生产关系的具体形式。"所谓把生产力摆在首位,就是在处理生产力与生产关系的矛盾时首先考虑生产力的发展要求,通过生产关系的调整适应和满足生产力发展的需要。改革开放以来恢复私有经济关系的一系列调整,都是在这一原则下实施的。

4. 生产力标准、生产关系标准与中国特色社会主义

胡绳认为,毛泽东之所以没有找到正确道路,是因为他对社会主义社会生产力发展中遇到的障碍,或者说所受到的束缚在哪里出了问题,作出了完全错误的回答。在毛泽东看来,社会主义生产力要发展,就要不断地从资本主义的束缚中解放出来,因此,任务就应该是不断地寻找出社会主义社会中的资产阶级和资本主义的东西,并和它们进行斗争。② 而邓小平认为:"社会主义生产关系要随着生产力的发展,适应于生产力发展的要求,而改变其具体形式。各种具体形式是否适当,不能从是否又大又公的标准来判断,而要看它能不能促进社会生产力的发展。"③在某种程度上可以说,毛泽东与邓小平的差异在于对待资本主义因素的态度,这构成两人在社会主义建设思路上的分水岭。正确的结论是,在一

---

① 参见李景源《生产力标准是邓小平理论的基石》,载《哲学研究》2004 年第 7 期。
② 参见胡绳《马克思主义与改革开放》,中国社会科学出版社 2000 年版,第 111 页。
③ 同上。

定的历史条件下,追求至纯的社会主义是脱离实际的错误想法,而容留与生产力发展水平相适应的资本主义因素是必要的。与资本主义作斗争是必要的,但是斗争的方式多种多样,而消灭则是其中最极端的方式。不幸的是,毛泽东恰恰选择了最极端的这一种。

1978年以来的改革开放正是邓小平基于历史的反思作出的重大决策。"建设有中国特色的社会主义"这一论断的提出,蕴涵着在毛泽东探索受挫后开启新的探索的战略号召。对搞社会主义必须根据本国实际的特别强调,构成"中国特色社会主义"的最初立意。但显然,"中国特色社会主义"的意义已经远远超出了这一层次,而被邓小平赋予了更为深刻、更为丰富的解释。冷溶指出,"中国特色社会主义"这个概念,凝聚着改革开放以来我们党对社会主义的新认识。它不仅是总结历史得出的基本结论,而且是新道路的最高范畴。它由此成为党和国家全部工作的主题,成为我们党在整个社会主义时期全部理论和实践的主题。①

中国特色社会主义是一个可以从多维度解读其特殊性的概念。其中一种解释是,中国特色社会主义是从生产力标准出发的社会主义。依照生产力标准推动生产关系的适应性调整,实现生产力跨越发展,发展和完善社会主义,毫无疑问是中国特色社会主义的目的。与毛泽东依照生产关系标准通过生产关系的拔高和维持来发展和完善社会主义相比,这显然是在社会主义框架内实现跨越发展的另一种探索和尝试。

改革开放以来30多年经济的持续快速发展,证明了这一探索的有效性和正当性。在对这条道路坚持肯定性评价的同时,不能忽略或无视社会主义因素的消减和隐退。当前中国社会资本主义因素的大行其道以及封建主义因素的沉渣泛起,赋予人们在审视生产力标准时以矛盾性的思考。因为这条道路在作为总设计师的邓小平看来,解放和发展生产

---

① 参见冷溶《历史的基本结论和新道路的最高范畴——对邓小平同志提出"建设有中国特色的社会主义"重大命题的一点认识》,载《光明日报》2012年10月9日。

力与巩固和完善社会主义应是并行不悖地统一在一起的。在确认中国特色社会主义道路有效性和正当性的同时,一方面需要深入辨析生产力与社会主义之间的关系,生产力的发展固然是社会主义物质基础的增强但并不能简单地等于社会主义因素的增添,"不能将建立社会主义物质基础的经济手段与建设社会主义本身这一目的相混淆,尤其不能以前者代替后者。"①另一方面必须审慎地提出生产力发展后果两重性的问题。在承认生产力在改善人类生存状况的正面意义的同时,也必须承认生产力已经在某种层次上成为一种物化力量的条件下并不天然地享有肯定性评价的优越地位。显然,讨论这一问题的背景已经不是改革前的中国,而是改革开放行进了 30 多年后的中国。两重性的问题,已经不再是一个理论课题而是一个实践课题,已经不再是一个未来课题而是一个现实课题。

应该说,发展实践中的两重性效果有其必然性的一面,但也有主观认识的错误所致的另一面。有人认为,中国特色社会主义是一种全新的社会主义,它不同于经典的社会主义或传统的社会主义,不再以"生产资料归社会所有"为本质特征,而是以"共同富裕"这个价值目标为本质特征。这显然是一种误读。公有制究竟还是不是社会主义的本质特征,换言之,我们今天能否离开所有制问题来讨论社会主义?由于资本主义是一个全面性的问题,因此每一个方面对资本主义的否定都可能是社会主义的一种定义。但波兰新马克思主义者亚当·沙夫明确指出,根据世界社会主义运动的历史经验来看,社会主义者都坚信消灭人剥削人的一切形式是社会主义制度的首要目标。其余一切,包括"自由、平等、博爱"的口号都从属于这一基本原则,是对它的说明和补充。从根本上而言,资本主义所创造的一切积极成果和资本主义所带来的一切灾难性的波折之所以有着相对剥离的可能性,源于社会主义性质的经济基础。这个经

---

① [美]莫里斯·迈斯纳:《重新思考马克思主义对资本主义的批判》,载俞可平主编《全球化时代的"马克思主义"》,中央编译出版社 1998 年版,第 203 页。

济基础的现阶段表现形式,就是以公有制经济为主体、多种所有制经济共同发展的社会主义初级阶段的基本经济制度。离开了这一经济基础,社会主义就丧失了立身之本,任何关于公平的美好动听的口号和许愿都只是空中楼阁而难以有实现之可能。所以,在强调生产力的重要性的同时,邓小平反复声明,以社会主义公有制经济为主体,是我们在改革中必须始终坚持的根本原则。①

思想理论领域认识上的混乱迫切需要对邓小平社会主义本质论作再次重申。邓小平在 1992 年初的南方谈话中指出:"社会主义的本质,是解放生产力,发展生产力,消灭剥削,消除两极分化,最终达到共同富裕。"②这一重要论断蕴涵着生产力标准与生产关系标准的统一,邓小平在新的历史条件下对社会主义本质的说明,可以认为是将社会主义的价值目标与社会主义的制度特征分离开来,从价值的视角对什么是社会主义的一次全新的回答。张扬社会主义价值的意义,一方面表现为对社会主义价值实现的失误的一次自觉矫正,对社会主义一度缺失的价值诉求的重新唤回;另一方面也展示了社会主义敢于吸纳一切有利于社会主义巩固和发展的文明成果的自我超越的勇气和决心。但是,并不能以此否定邓小平对社会主义的认知中所有制因素的在场。其实,在他关于社会主义本质的论述中,生产关系一直是一种隐性的存在。联系生产关系,从生产力方面来揭示社会主义本质,正是邓小平关于社会主义本质论的特色。③

进一步而言,正确认识与处理生产力标准和生产关系标准的关系问题,是中国特色社会主义深入发展的元问题。面对改革开放 30 多年后的今天,更需要基于马克思主义历史观和价值观的统一,来正确提炼和讨论我们所面对的问题,换言之,问题的提出必须忠实于自己时代的实际条件。正如有学者所指出的:"在今天,我们遭遇的问题可能并不是生

---

① 参见《邓小平文选》第 3 卷,人民出版社 1993 年版,第 142 页。

② 同上书第 3 卷,第 373 页。

③ 参见陈筠泉、方军《邓小平理论的哲学基础》,北京出版社 2002 年版,第 78 页。

产力落后问题，而是生产力过于强大及其全球分配不平衡，由于这一点产生了人类历史任何一个时代都不能相比的环境、生态问题以及社会对立。"[1]将生产力视为社会主义的核心概念，是经济文化相对落后的中国在建设社会主义过程中的特殊考虑，所针对的是长期以来忽略生产力根本标准的问题。在社会主义初级阶段，这一标准的首要地位是不可动摇的。但是，对生产力标准的重视并不意味着对生产关系标准的忽视。在正确认识和把握生产力标准的同时，也有个正确认识和把握生产关系标准的问题。如果孤立地看待生产力标准，就会存在社会主义被资本主义所遮蔽的问题。这就要求正确认识和把握好社会主义与资本主义的同与异。发展生产力是两者的相同之处，不同之处在于发展的经济基础、发展的手段和发展的目的。脱离生产关系的标准而仅仅从生产力的标准出发来理解社会主义，与脱离生产力标准而仅仅从生产关系标准出发来理解社会主义，都是在社会主义认识上的偏离。

生产关系标准不仅是社会主义的制度标准，也是社会主义的价值标准，需要基于两者的统一来认识生产关系标准的意义。如果生产关系的因素被赋予社会主义价值的解读的话，那么，正确认识和处理发展生产力与巩固和完善社会主义的关系，就构成完善中国特色社会主义的理论主轴。有学者为此提出了"两个不能动摇"："从根本上说，发展和完善社会主义制度最终要靠生产力和科学技术的巨大发展，这一点是不能动摇的。而只有不断发展和完善社会主义制度才能在越来越大的程度上避免或消除发达国家工业化和现代化过程中所出现的普遍异化，这一点也是不能动摇的。"[2]在这方面现实存在的问题很多。比如，社会主义初级阶段贫富之间的一定差距在所难免，但决不能搞两极分化。现实的情况是，富裕在替代贫穷的同时，也实现了对共同富裕的遮蔽。邓小平有一句精辟的论断："社会主义的特点不是穷，而是富，但这种富是人民共同

---

[1] 胡大平：《恩格斯"合力论"再探讨》，载《江苏社会科学》2010年第5期。
[2] 叶险明：《"知识经济"批判》，人民出版社2007年版，第223页。

富裕。"①在他看来,两极分化就是资本主义。再比如,社会主义对资本主义的开放有界有度,因此存在着社会主义向资本主义开放的边界和程度的问题。在中国特色社会主义框架内,引进一定数量的外资是正确的,但现实的情况是在引进外资等方面缺乏相应的预警,阻碍了经济发展方式的转变,并导致中国经济越来越容易受到外部力量的左右。显然,面对中国特色社会主义的未来征程,关于"两个毫不动摇"之间关系的规律性认识,应随着实践的发展浮入思考和讨论。

二、个体私营经济恢复时期的中国社会(1978—1984)

以 1978 年末中国共产党第十一届三中全会的召开为标志,中国开始了以改革开放为基本特征的新的历史时期。这场改革极大地改变了中国社会原有的经济关系和阶级关系,中华人民共和国的社会形态也相应地发生了新的具体的变化。这个时期是以执政党的思想路线的变化开其端的,因此社会形态变化的叙述就从社会意识开始。

1. 社会意识状况

1978 年 5 月 11 日,《光明日报》以特约评论员的名义发表题为《实践是检验真理的唯一标准》的文章,重申马克思主义关于实践是检验真理的唯一标准的主张,任何理论都要不断接受实践的检验,由此掀起了关于真理标准问题的大讨论。据不完全统计,截至 1978 年底,中央及省级报刊登载的关于真理标准问题讨论的专门文章就达 650 篇之多。② 这场大讨论的实质是一次思想解放运动,目的是使干部和党员从对于毛泽东和毛泽东思想的迷信中解放出来,以便推翻毛泽东在"文化大革命"中作出的错误决策,改变党的基本路线。这场大讨论为中共十一届三中全会

---

① 《邓小平文选》第 3 卷,人民出版社 1993 年版,第 265 页。
② 参见李正华《中国改革开放的酝酿与起步》,当代中国出版社 2002 年版,第 159 页。

的召开作了思想理论准备。

中共十一届三中全会确立了实事求是的思想路线后,党内外思想空前活跃,出现了努力研究新情况和解决新问题的生动景象。同时,在社会意识领域也出现了许多与马克思主义相背离的论调。特别值得注意的是,借助于中共中央对"文化大革命"的彻底否定,以"脱离社会主义的轨道,脱离共产党的领导"为主旨的资产阶级自由化思潮逐渐在社会意识领域发展起来。资产阶级自由化既是彻底否定"文化大革命",否定毛泽东的"无产阶级专政条件下继续革命"理论的结果,又获得了经济领域恢复私有经济成分这种客观趋势的支持。与不存在资本主义经济成分和资产阶级社会成分的社会主义阶段不同,这一时期的资产阶级意识是有经济实体和社会成分支撑的社会意识,处在执政党要吸纳资本主义因素的改革开放过程中,因而具有相当强的生命力。在资产阶级自由化思潮的影响下,马克思主义在社会意识领域的主导地位受到一定程度的冲击。一些人借政治体制改革的名义要求"全盘西化",实行资本主义的经济制度和政治制度。针对这一反对共产党的领导和社会主义道路的社会思潮,邓小平在 1979 年 3 月鲜明地提出了"坚持四项基本原则"的问题,着重批判了从右的方面否定"四项基本原则"的错误思潮。1983 年10 月,在邓小平的主张下,中共十二届二中全会决定加强党对思想战线的领导,反对和抵制精神污染。这一努力取得了明显成效。

这一时期反对资产阶级自由化的斗争,成为社会主义精神文明建设的一个重要方面。1982 年中共十二大对社会主义精神文明进行了全面深刻的论述,认为社会主义精神文明是社会主义的重要特征。在这一方针的指引下,全国开展了"五讲四美"(不久又增加了"三热爱")①文明礼貌活动,这一活动从 1982 年开始到 1984 年共历时三年,提高了全国人民的思想政治觉悟,有力地促进了社会风气和社会秩序的好转。中共十

---

① "五讲"即"讲文明、讲礼貌、讲卫生、讲秩序、讲道德";"四美"即"心灵美、语言美、行为美、环境美";"三热爱"即"热爱祖国、热爱社会主义、热爱共产党"。

二大以后,还先后召开了全国农村思想政治工作会议、全国党员教育工作会议和全国职工思想政治工作会议,使得以思想建设为重点的社会主义精神文明建设进一步加强。

2. 生产关系状况

(1) 从集体经营制度向家庭联产承包责任制的转变

这一时期农村生产关系领域的重大变化,主要表现在经营制度方面从人民公社的集体经营制实现了向家庭联产承包责任制的转变。

20世纪70年代末,中国一些落后地区的农村出现了把土地包给农户耕种的现象。这在新中国历史上并非首次。新中国成立后,1957年前后、三年困难时期和1964年曾三次出现这一现象。① 一次次自发出现的包产到户,反映的是依据生产力发展的现有水平,农民对生产关系进行调整的自发努力。从纵向看,自合作社经济确立以后,一方面农民不断地违背国家政策搞"包产到户",另一方面政府则不断地批判这种分割集体经济的倾向,由此构成了这一阶段生产关系和社会上层建筑矛盾运动的主题。事实证明,上层建筑对于经济基础的这种反作用虽然维护了生产关系的社会主义属性,但确实制约了生产力的发展。

与前三次包产到户历史命运根本不同的是,20世纪70年代末农民自发实行的各种形式的农业生产责任制,经过"不许"、"可以"到"推广"②三个阶段,最终得到中共中央的支持和推动。据统计,到1983年初,全国农村实行包产到户、包干到户的生产队达93%。③

---

① 参见杜润生《中国农村制度变迁》,四川人民出版社2003年版,第4—5页。
② 1978年中共十一届三中全会通过的《人民公社工作条例(试行草案)》明确指出,"不许包产到户";1979年9月开始松动,十一届四中全会正式通过的《中共中央关于加快农业发展若干问题的决定》中规定,某些副业生产的特殊需要和边远山区、交通不便的单家独户,可以包干到户;1982年,中央批转《全国农村工作会议纪要》指出,大包干和其他形式的责任制一样,"都是社会主义集体经济的生产责任制。只要群众不要求改变,就不要变动。"1983年1月,中共中央一号文件对家庭联产承包制予以了全面肯定。
③ 参见胡绳主编《中国共产党的七十年》,中共党史出版社1991年版,第506页。

　　各种形式的农业生产责任制发展之始,大部分实行的是联产到组责任制。随后,许多地方又逐步将联产到组发展到联产到人,并进一步发展到包产到户、包干到户。所谓包产到户,就是使农户获得整个生产过程的自主权,但包产到户所得的是工分,这些工分最终能兑现为多少实物和现金,取决于生产队的统一经营效果和分配方案。而包干到户,则是把生产队每年应完成的国家统派购等任务和集体积累(提留)分解落实到地头,再一揽子把这些田地承包给农户。与包产到户相比,包干到户不仅使社员获得了其劳动成果的处分权,还获得了生产经营计划和生产要素配置的一定权利,也就是获得了较为完整的经营自主权。从当时的情况看,1983年全国实行家庭联产承包责任制后,其中绝大多数实行的是包干到户。

　　这样,与原来的合作经济比较,家庭联产承包责任制就使农业经营方式发生了重大的变化。合作经济的主要特点是,实行高度集中的经营管理和劳动调配,劳动成果由集体统一分配。当时绝大部分人民公社之所以办得不好,是因为这些特点影响了农民劳动积极性的发挥。实行家庭联产承包责任制后,作为集体的这部分权利就让渡给了农民个体,农民自身的生产和经营自主权得到了制度的保障。

　　单就经营方式而言,家庭联产承包责任制和土改后私有经济条件下的家庭分散经营并没有什么显著区别。两者的区别在于,前者是将公有的土地交给农户承包经营,在完成上缴和提留后,余下的归自己支配;而后者则由于土地私有,劳动成果除了纳税外都归私有。两者的区别还在于,在私有经济条件下,农村中允许存在土地买卖和租佃自由、雇工自由;而实行家庭联产承包责任制并不存在这些自由,另外,土地、大型农机具和水利设施仍然归集体统一管理和使用,有一定的公共提留,统一安排军烈属、五保户、困难户的生活,有的还统一规划农田基本建设,这种"统"的方面是合作化以前的小私有经济所没有的。

　　农民之所以拥护联产承包责任制,主要因为:一是照顾到他们个人的利益,能公私利益相结合,"交够国家的,留足集体的,其余都是自己的",从而改变了原来制度"干好干坏一个样"的弊端。二是有了自主权,可以直接管理生产和分配,防止由少数人专断包办、瞎指挥、不公正和其他不正之风。因此这种经营方式使农民的生产积极性得到较充分的调动发挥。[①] 仅以当时在全国率先实行包干到户的安徽省凤阳县马湖公社小岗生产队为例,实行包干到户的第一年,该生产队粮食总产量就达到132 370斤,相当于1966年到1970年5年粮食产量的总和;油料35 200斤,是过去20年产量的总和;养猪135头,超过历史上任何一年;售油料24 933斤,超过任务的80多倍;又还清借款800元;队里储备粮1500斤,公积金150元。全队人均收入达371元。[②]

1980年9月,中共中央下发题为《关于进一步加强和完善农业生产责任制的几个问题》的文件,在强调要进一步搞好集体经济的同时,指出,"在生产队领导下实行的包产到户是依存于社会主义经济,而不会脱离社会主义轨道的"。1982年1月,中共中央批发《全国农村工作会议纪要》明确指出:中国农业必须坚持社会主义集体化的道路,土地等基本生产资料公有制是长期不变的。目前实行的各种责任制,都是社会主义集体经济的生产责任制。它是建立在土地公有制基础上的,是社会主义农业经济的组成部分。

说家庭联产承包责任制并没有改变农村生产关系的社会主义性质,是基于以下两个方面的依据:一是,这种经营方式所依托的是土地公有,以生产资料公有制为制度基础,农民与集体之间只是发包和承包之间的关系,转让的是使用权而不是所有权。二是有分有统,统分结合。所谓分,就是将公有的土地发包给农户分散经营;所谓统,就是一家一户办不到的事情,由合作组织统一办理。由于采取集中经营和分散经营相结合,因此可视为合作经济的一个层次。

关于这个问题,还需要进一步加以分析:

---

① 参见杜润生《中国农村制度变迁》,四川人民出版社2003年版,第17页。
② 参见李正华《中国改革开放的酝酿与起步》,当代中国出版社2002年版,第230页。

　　一是关于土地所有权的问题。在马克思看来,不论地租有什么特殊的形式,它的一切类型有一个共同点,即"地租的占有是土地所有权借以实现的经济形式"①。既然土地所有权是产生地租的前提条件,那么,应当主要根据地租归谁占有来判断土地的归属。实行家庭联产承包责任制后,农民既需要向国家完成一定的缴售任务,又需要向集体提供一定的公共提留。这里虽然没有明确公共提留就是集体收取的承包费,但显然具有承包费的属性。到 20 世纪 80 年代末,国家开始明确规定集体必须收土地承包费,以体现土地的集体所有权。收取的标准是每亩 10 元。另外,有学者结合中国封建社会土地制度的特点,将占有地租权、土地继承权和土地买卖权等条件作为判断各种土地所有权界限的根本原则。②这一原则可为分析这一问题提供借鉴。实行家庭联产承包责任制后,国家规定农民没有对所承包的土地享有继承权和买卖权。这一点也可以说明土地公有的性质。

　　二是土地所有者主体的问题。单就地租的占有者而言,村集体确实是土地的所有者。但从所有者的角度看,实际上,村集体也并非最后的所有者。因此,与其说村集体是土地的所有者,倒不如说作为实际所有者的国家委托其代行所有权。

　　三是土地使用权的问题。只有当土地进入生产过程以后,其所有权才具有经济意义,才能得到经济的实现。因此,虽然在复杂的土地关系中所有权居于支配地位,但我们不能由此忽视对土地使用权的考察,承包期的长期性必然对所有权产生一定程度的影响,使之与经营权分离开来。

　　四是关于各种责任制形式的性质问题。说这种责任制形式是合作经济的一个层次,必须在土地公有的基础上坚持做到"统分结合"。倘若"统"的层次削弱到近乎无的程度,其分散经营的形式就与小农经济大同

① 《马克思恩格斯选集》第 2 卷,人民出版社 1995 年版,第 543 页。
② 参见胡如雷《中国封建社会形态研究》,三联书店 1979 年版,第 15、22 页。

小异了。实践表明,这一时期在"统"的方面,不是强化反而不断弱化了。有事实表明:家庭联产承包责任制的实行使农业机械化有所倒退。这是因为田块变小后,农户主要依靠大牲畜作为动力,机耕面积由 1978 年的 4067 万公顷减少到 1984 年的 3522 万公顷;灌溉面积也有所减少,从 1978 年的 44 965 万公顷减少到 44 453 万公顷,减少了 512 万公顷。一些水利设施缺乏养护,受到破坏。[①]

五是家庭联产承包责任制的发展前景。当集体把公有的土地承包给农民耕作后,这种变化实际上预示了农村土地经营方式的两种发展可能:一种是在农民分散经营、统分结合的基础上,随着经济发展,根据农民的主观愿望,实行适度规模经营,发展集体经济;另一种是由于土地所有权的形式上的独立,资本主义生产方式就有了进入的可能。

(2) 私有制经济的恢复和发展

私有制经济之所以能够恢复和存在,根本的原因在于它被现阶段生产力的性质和水平所允许。但改革开放以来私有制经济之所以能够得到迅速恢复和发展,主要的原因则是执政党和政府的鼓励与推动。在改革开放的条件下,个体经济和三资经济[②]首先得到了恢复和发展,私营经济也在有实无名的状况下逐渐恢复起来。

在对个体经济的法律承认和政策支持的条件下[③],个体经济逐步恢复,私营经济开始产生。有关个体工业的统计资料表明:1980—1984 年,城乡个体工业产值由 0.81 亿元增长到 14.81 亿元;占工业总产值的比

[①] 参见董辅礽《中华人民共和国经济史》,经济科学出版社 1999 年版,第 128 页。

[②] "三资"企业是指中外合资经营企业、中外合作经营企业和外商独资经营企业的简称。这三种经营方式是外商直接投资的主要形式。

[③] 1982 年党的十二大指出,在农村和城市,都要鼓励劳动者个体经济在国家规定的范围内和工商行政管理下适当发展,作为公有制经济的必要的、有益的补充。只有多种经济形式合理配置和发展,才能繁荣城乡经济,方便人民生活。1982 年 12 月五届人大五次会议通过的《中华人民共和国宪法》规定:在法律范围内的城乡劳动者个体经济,是社会主义公有制经济的补充。国家保护个体经济的合法权利和利益。国家通过行政管理指导、帮助和监督个体经济。

重由 0.02% 上升到 0.19%。但仍然远远低于 1957 年 0.88% 的比例。[1]
这一比例表明,个体经济仍然处于恢复阶段。

个体经济发展到一定规模,必然形成私营经济。其实,当时已经存在一定数量的私营工业企业。由于这一时期政府没有给予其合法的地位,它们一般或者戴上个体企业或者戴上集体企业的帽子,以求得自身生存和发展的条件。

三资企业也在对外开放中得到初步发展。新中国成立初期一段时间内,曾在沿海地区的一些大城市内保留过旧中国留下的少量外商投资企业,20 世纪 50 年代初,中国政府曾与苏联、波兰共同投资创办了 5 个合资经营的企业。生产资料所有制的社会主义改造之后,直到改革开放前,中国没有外商直接投资的企业。1978 年,直接利用外资成为实践对外开放政策一项最重要的内容。据统计,从 1979 年到 1984 年,中外合资经营企业达到 931 个,合同金额 13.95 亿美元,实际使用金额 4.28 亿美元;中外合作经营企业达到 2158 个,合同金额 60.7 亿美元,实际使用金额 12.23 亿美元;外商独资企业达到 74 个,合同金额 104.06 亿美元,实际使用金额 0.98 亿美元;合作开发项目达到 31 个,合同金额 24.21 亿美元,实际使用金额 13.12 亿美元;总计企业(项目)达到 3120 个,合同金额 178.71 亿美元,实际使用金额 29.63 亿美元。[2] 为进一步吸收利用外资,1980 年 5 月,国务院还在广东的深圳、珠海、汕头和福建的厦门各划出一定范围的区域,试办经济特区。其中深圳特区发展最快,到 1982 年,已从一个原来只有 2 万人、工业落后的边陲小镇,建设成为初具规模的新兴城市,同外商签约 1600 多项,投入资金 17 亿港元,引进大、小设备 15 万多套。

(3)以公有制为主体、多种所有制形式并存的所有制结构初步形成

在国民经济总量不断提高的基础上,公有制经济的比重不断下降、

---

[1] 参见汪海波《中华人民共和国工业经济史(1949 年 10 月—1998 年)》,山西经济出版社 1998 年版,第 575 页。

[2] 参见同上书,第 579 页。

私有制经济的比重不断上升。以工业为例,在工业总产值中,1978年,国营工业和集体工业产值各占 77.63% 和 22.37%,个体工业和以"三资"工业为主体的其他所有制类型工业的产值比重均为零;到 1984 年,国营工业比重下降到 69.1%,集体工业比重上升到 29.71%,个体工业和其他所有制形式工业比重上升到 0.19% 和 1.01%。[1] 从当时私有制经济的比重来看,似乎显得微不足道,但是这种此消彼长的发展态势,形成改革开放以来所有制结构变化的一个总体性特征。

上述事实表明,以公有制为主体、多种所有制形式并存的所有制结构开始显露出其整体性的框架结构。

3. 交换关系状况

如前所述,1956 年社会主义改造基本完成后,中国虽然宣称建立了社会主义制度,但就交换关系的性质而言,仍然是商品经济形态。所实行的计划经济,就实质而言,只不过是给价值规律披上了国家计划的外衣,而并没有从根本上改变交换关系的性质。这种建立在价值规律基础上的计划经济体制,随着各种历史条件的变化,日益显示出与生产力的要求不相适应的一面。改革开放前在交换关系领域的一系列调整措施,由于没有从根本上改变经济计划的指令性质,因此其局限性一直没有能够得到有效突破。

中共十一届三中全会指出,中国经济管理体制中存在的一个严重缺点是权力过分集中,应该有领导地大胆下放权力,让企业在国家统一计划的指导下有更多的经营管理自主权;应当坚决按照价值规律办事,重视价值规律的作用。在 1982 年中共十二大上,提出了"计划经济为主、市场调节为辅"的原则。

经济体制改革包括扩大企业自主权、推行经济责任制和实行利改税

---

[1] 参见汪海波《中华人民共和国工业经济史(1949 年 10 月—1998 年)》,山西经济出版社 1998 年版,第 581 页。

三个阶段,中心环节是扩大企业自主权。1978 年 10 月,四川省首先选择了 6 个企业进行扩大自主权的试点,不久试点企业扩大到 100 个。到 1980 年底,全国试点企业达 6600 个,占全国预算内工业企业 42 000 个的 15%,产值占 60%,利润占 70%。从 1981 年初到 1982 年底,工业企业在相当大的范围内推行了经济责任制。在县属以上国营企业中,实行工业经济责任制的企业占 80%。到 1983 年底,实行利改税第一步的国营企业共有 26 500 户,为赢利企业总户数的 94.2%。

市场经济,作为社会经济资源的配置方式,是商品经济的发达形态。就交换关系领域而言,改革的实际取向是沿着用市场经济体制替代计划经济体制,重新恢复它对资源配置的基础性作用进行的。这一期间,与市场取向改革有关的改革措施还包括:开始改革以指令计划为特征的计划体制;采取调(调整不合理比价)放(放开指令价格)结合、以调为主的价格改革;市场体系发育有了初步进展,消费品市场进一步扩大,生产资料、资金、劳动力和技术等要素市场也已开始发展;等等。这些改革又反过来从多个方面促进了企业自主权的扩大。

扩大企业自主权、实行责任制和利改税,就实质而言,并没有完全摆脱计划经济体制的框架,企业依然是国家行政附属物,而不是自主经营、自负盈亏的经济实体。因此,这一时期,可以认定为市场取向改革的起步阶段。

4. 生产和生产力状况

这一时期,农业生产全面、持续高速增长。按可比价格计算,农业总产值 1984 年比 1978 年增长了 55.4%,年平均增长 7.6%,是新中国成立以来增长速度最快的时期,大大高于 1952 年至 1978 年间的 2.7% 的年平均增长速度。其中,粮食生产 1984 年第一次突破 4 亿吨大关,比 1978 年增长 33.6%,年平均增长 4.95%;1984 年棉花产量超过 600 万吨,比 1978 年增长 1.19 倍,年平均增长 19.3%;油料增长 1.28 倍,年平均增长 14.7%。糖类、茶叶、肉、禽、蛋等农副产品的生产也都获得较大幅度的增长。①

这一期间,农业劳动生产率在不断提高。1979—1984 年,农作物的播种面积在不断减少,农产品的单位面积产量在持续增长,粮食每亩产量增长了 27.5%,年平均增长 4.1%;棉花每亩产量增长了 84.8%,年平均增长 10.8%。农业内部结构也发生了重大变化,农业产值比重下降,林业、牧业、渔业产值比重提高;种植业内部结构中,粮食种植面积持续减少,经济作物播种面积持续增加。②

工业方面也是如此。1978—1984 年,工业总产值由 4236.8 亿元增加到 7617.3 亿元,平均每年增长 9.6%。除了少数产品产量下降以外,大多数工业产品产量都有很大增长。其中以家电产品的高速增长最为突出。各种主要产品产量居世界的位次显著上升。钢产量由第五位升至第四位,煤由第三位升至第二位,原油由第八位升至第六位,发电量由第七位升至第六位,水泥由第四位升至第二位,化学纤维由第七位升至第五位,糖由第八位升至第六位,电视机由第八位升至第三位。③

工业内部结构趋于协调发展。这一时期,政府实行了改革开放以来第一次产业结构调整,从根本上改变了过去长期存在的轻工业落后于重工业的局面。有关资料显示:1984 年轻工业总产值为 3608 亿元,比 1978 年增长 100.76%,平均每年递增 12.3%;重工业产值为 4009 亿元,比 1978 年增长了 52%,平均每年递增 7.2%。④ 在工业总产值中,轻工业与重工业的比例已由 1978 年的 43.1:56.9 变为 47.4:52.6。⑤

1979—1984 年,国家用于技术改造的投资达 167 714 亿元,其中主要用于工业的技术改造。这一期间,在新增加的工业总产值中,靠现有

① 参见董辅礽《中华人民共和国经济史》,经济科学出版社 1999 年版,第 110、126 页。
② 参见同上书,第 129—130 页。
③ 参见汪海波《中华人民共和国工业经济史(1949 年 10 月—1998 年)》,山西经济出版社 1998 年版,第 583 页。
④ 参见《中国统计年鉴 1993》,中国统计出版社 1993 年版,第 58—60 页。
⑤ 参见汪海波《中华人民共和国工业经济史(1949 年 10 月—1998 年)》,山西经济出版社 1998 年版,第 583—584 页。

企业的技术进步以及企业整顿实现的大约占 2/3。拥有了一批具有现代化水平的新技术装备,采用了某些新材料和新工艺,并生产出了一些达到当代发达国家水平的新产品。如冶金工业已拥有 2580 立方米和 4000多立方米的大高炉,并采用了顶燃式热风炉等新技术;中国自行设计制造的 17 米轧机也已投入生产。机械工业已经能制造 30 万千瓦火电机组,150 万吨钢铁联合企业的成套设备,3 万吨模锻水压机、30 万吨合成氨和 24 万吨尿素的成套设备。石油工业已打成 6000 米超深井,初步掌握了海上打深井和斜井的技术等。①

与此同时,这一时期,中国在一些高科技领域达到了世界先进水平。如 1983 年中国自行设计研制成功每秒 1 亿次的"银河"计算机系统;1984 年建成达到世界一流水平的地球资源遥感卫星地面站。微型核反应堆的研制成功,试验通信卫星的发射成功,"风云一号"气象卫星的发射成功,核潜艇首次发射运载火箭成功和中国最大重离子加速器的建成等,都是这一时期我国在高科技领域所取得的突出成就的重要标志。

5. 阶级结构状况

鉴于地主、富农分子经过几十年的劳动改造,其中的绝大多数已经成为自食其力的劳动者,中共中央决定自 1979 年 1 月起,开始摘掉地主、富农分子的帽子,给予农村人民公社社员的待遇;其子女成分一律定为社员。有 400 多万人摘掉地主、富农分子的帽子。受"文化大革命"的影响,到 1976 年,城镇个体工业劳动者只剩下 4 万人。1977—1978 年由于继续推行"左"的政策,城镇个体劳动者又下降到 3 万人。

1979 年 6 月召开的五届全国人大二次会议的政府工作报告中第一次明确宣布:在中国(台湾除外),"作为阶级的地主阶级、富农阶级已经消灭"。"作为阶级的资本家阶级也已经不再存在"。虽然国内阶级斗争

---

① 参见汪海波《中华人民共和国工业经济史(1949 年 10 月—1998 年)》,山西经济出版社 1998年版,第 582—583 页。

还将长期存在,但是,"阶级斗争已经不是中国社会目前的主要矛盾。"①

但是,所有制结构的变化必然带来阶级阶层结构的变化。随着改革开放的起步,个体经济和私营经济等的恢复与发展,与之相对应的个体工商业经营者阶层和私营企业主阶层也得到恢复与发展,中国社会阶级阶层结构发生了自社会主义改造完成之后一次具有根本性的变化,原有的"两阶级一阶层"的社会结构被打破,总体性社会开始向分化性社会转化,一个与社会主义初级阶段经济结构相适应的现阶段中国社会阶级阶层结构框架初露雏形。

6. 政治形态状况

这一时期,中国政治生活方面的突出变化是:一方面是进一步加强了民主和法制的建设;另一方面,开始提出执政党和国家领导制度改革的问题,并进行了初步探索。

全国人大在1978年和1982年对宪法进行了两次修改。1982年全国人大五届五次会议通过了新宪法。新宪法重申,中华人民共和国是工人阶级领导的,以工农联盟为基础的人民民主专政的社会主义国家。

各级人民代表大会的工作在这一时期得到加强。1982年新宪法扩大了人大常委会的职权。根据全国人大五届二次会议通过的法律,省、县两级人代会设立了常务委员会;地方各级革命委员会改为人民政府;省、自治区和直辖市人代会及其常委会可以制定和颁布地方性法规;县级和县级以下人民代表由选民直接选举的制度普遍实行。在全国人大五届二次会议和五届三次会议上,先后通过了《中华人民共和国地方各级人民代表大会和地方各级人民政府组织法》、《中华人民共和国刑法》、《中华人民共和国国籍法》、《中华人民共和国个人所得税法》及《中华人民共和国婚姻法》等法律,同时,还取消了原宪法第45条公民"有运用大鸣、大放、大字报、大辩论的权利"的宪法条文。这几年当中,国家陆续颁

①《三中全会以来重要文献选编》(上),人民出版社1982年版,第148—150页。

布了几百个新法律、法令和行政法规。

以 1978 年 2 月在北京召开的全国政协五届一次会议为标志,政协在"文化大革命"结束后恢复了正常工作。1979 年 10 月,民革、民盟、民建、民进、农工民主党、致公党、九三学社、台盟等民主党派以及全国工商联分别在北京召开了各自的全国代表大会,根据新时期统一战线的任务修改了各自的章程,并选举了各自的新的中央领导机构。1982 年,中共十二大重新明确了中国共产党同民主党派"长期共存、互相监督、肝胆相照、荣辱与共"的方针。在这个方针的指引下,各民主党派在国家政治生活中的作用得到进一步发挥。在全国人大代表中,民主党派与无党派爱国人士的代表比例,从 1975 年四届全国人大的 8.2% 上升到 1983 年六届全国人大的 18.2%;各级政协委员中近 60% 是民主党派和无党派人士。在全国人大常委会副委员长和全国政协副主席中有 30% 以上是民主党派与无党派人士。[①] 各民主党派通过各种形式参政议政,参与关于国家领导机构人事安排的协商;参与领导宪法和政协章程的修订;对党政机关的廉政建设进行有效的监督;对经济、教育、科技的改革,尤其在改革开放中引进外资和开发人才资源、促进祖国统一和团结爱国侨胞等方面,发挥了不可替代的作用。

作为中国政治制度组成部分的民族区域自治制度也在这一时期得到完善和发展。1984 年 5 月,出台了《中华人民共和国民族区域自治法》,明确规定了民族区域自治是中国的一项基本政治制度。在维护祖国统一、保证中央政府统一领导的前提下,充分照顾好各民族区域自治地方的特点和需要。这样,就实现了民族区域自治的基本原则和规定的具体化。到 1987 年,全国已有 5 个自治区、31 个自治州、104 个自治县(旗),包括 44 个少数民族的 5900 多万人口实行了区域自治。

这一时期,中国政治体制改革也提上了议事日程。改革开放前,与

---

① 参见中华人民共和国国史学会编写《新中国国史教育干部读本》,长春出版社 1999 年版,第 469 页。

经济、文化体制的特点相一致,中国的行政体制也存在高度集中的特点。"主要的弊端就是官僚主义现象,是权力过分集中的现象,家长制的现象,干部领导职务终身制现象和形形色色的特权现象。"①其核心是权力过分集中。为适应经济建设的需要,1982 年进行了中国改革开放以来的第一次规模较大的行政体制改革。各级行政机构进行了较大幅度的精简。其中,国务院的机构由改革前的 100 个精简为 61 个。

为适应现代化建设的需要,中共在干部制度方面开始迈出改革的步伐,提出了干部队伍"四化"方针(即革命化、年轻化、知识化、专业化),按照德才兼备的原则选拔干部。1982 年 2 月,中共中央作出《关于建立老干部退休制度的决定》,废除干部领导职务实际上存在的终身制,有步骤地实现新老干部的交替。1982 年通过的新宪法规定,国家领导人连续任职不得超过两届(10 年)。

这次改革标志着政治体制改革的起步。这一时期政治领域还有一个突出的变化是,1982 年通过的新宪法改变了农村政社合一的体制,全国开始普遍设立乡政权,并在基层设立居民委员会、村民委员会作为群众自治组织。1983 年 10 月,中共中央、国务院正式发出《关于实行政社分开建立乡政府的通知》,规定撤消原来作为国家政权在农村的基层单位的人民公社,建立乡(镇)政府作为基层政权,同时撤消作为行政机构的生产大队,普遍成立村民委员会作为群众性自治组织。到 1984 年底,全国各地基本完成了政社分开的改革,建立了 9.1 万个乡镇政府,92.6 万个村民委员会。

三、个体私营经济初步发展时期的中国社会(1984—1992)

1. 生产关系状况

这一时期,生产关系领域最突出的变化是私营经济重新出现,这一经济成分在获得合法地位后快速发展起来。

---

① 《邓小平文选》第 2 卷,人民出版社 1994 年版,第 327 页。

　　20世纪80年代初（特别是1984年）以来，在没有取得合法地位之前，私营经济就已经呈现出较快发展的势头。对于这一经济成分，执政党的态度经历了一个变化的过程。中央开始采取了"看一看"的态度，即"不宜提倡，不公开宣传，不急于取缔"。某些党和国家领导人认为：私营企业的"少量存在不可避免"。1987年初，中共中央在《关于把农村改革引向深入的决定》中指出："在社会主义的初级阶段，在商品经济的发展中，在一个较长的时期内，个体经济和少量的私人企业的存在是不可避免的。"这是中共中央在资本主义工商业社会主义改造之后，第一次提出允许私营经济存在的文件，该文件还第一次正式提出了对私营企业"也应当采取允许存在、加强管理、兴利除弊、逐步引导"的方针。1987年10月中共十三大报告在明确私营经济是存在雇佣劳动关系的经济成分的基础上，首次以党的报告的形式确认，私营经济一定程度的发展，是公有制经济必要的和有益的补充。1988年4月，七届全国人大一次会议通过《中华人民共和国宪法修正案》，对宪法第十一条增加了内容：国家允许私营经济在法律规定的范围内存在和发展。私营经济是社会主义公有制经济的补充。国家保护私营经济的合法的权利和利益，对私营经济实行引导、监督和管理。这是继1982年修订的宪法中对个体经济的地位予以承认之后，运用根本大法的形式对私有制经济领域中的主干部分进行法律地位的认可。

　　私营经济的重新出现和一定程度的发展，反映了与之相适应的那部分生产力的发展要求。就当时的社会条件而言，在充分利用社会生产资源，增加生产、市场供应、财政税收和出口创汇，扩大就业，丰富人民生活等方面，私营经济确实发挥了积极的作用。1988年6月发布的《私营企业暂行条例》规定，私营企业指企业资产属于私人所有、雇工8人以上的营利性经济组织。雇工8人以下的则为个体经济。据有关单位估算，到1987年底，存在于个体经济和集体经济名义下的私营企业总数已经达到22.5万户，从业人员总数为360万人。除1989年夏季以后一段时期内私营经济的发展有所减缓外，这一阶段，私营经济发展很快。有资料显示:从零起步的私营工业到 1992 年,其产值已经达到 189 亿元,占全国工业总产值的 0.6%。① 这还不包括以个体工业和集体工业的名义存在的大量的私营工业产值在内。

乡镇企业由社队企业更名而来,其实际的性质远非乡镇集体企业这个名称所能简单涵盖。乡镇企业的构成中,既包括原有的乡镇和村组集体企业,也包括农民私人兴办或联合户办的企业,后者很快成为乡镇企业的主力军。由社队企业演变而来的乡镇企业虽然占乡镇企业总户数的比重很小,但它对乡镇企业的发展具有不可替代的前导作用,这种作用表现在:第一,对乡镇企业的崛起发挥了重要的示范作用;第二,为乡镇企业获得合法的地位发挥了基础性作用。有资料显示,这一时期,90%以上的乡镇企业名义上戴有集体企业的"红帽子",实际为农村个体工商业或私营企业。

随着人民公社的取消,作为土地所有者的农村集体经济组织在许多地方名存实亡,其原本应该承担的管理和服务职能大大削减。据有关资料显示,农村改革以后,作为农业基础设施的主要投资者的农村集体经济组织对农村的投入份额,已从占农业总收入 60% 以上的水平下降到不足 20% 的水平。其直接的结果造成农业基础设施不断老化衰退,抗灾能力减弱。到 20 世纪 80 年代末,全国 82 万多座水库中,40% 以上已成病险库;177 万多公里江河防洪堤年久失修,各大江河防洪标准大大下降,部分主要江河泄洪能力下降 20%;全国排灌设施中,20 世纪五六十年代装机的有 1028 万千瓦,8000 多万马力的排灌机械中有 1/4 属陈旧产品,需要更新却得不到更新;280 多万眼机电井大半已到更新年限却还在超期服役。② 究其原因,诚然有中央政府和地方政府对农业投入能力不断减少的因素,但农村集体经济组织削弱,投入不足,是其中一个重要因素。不难看出,所谓统分双层经营,实质上在很多地方只剩下"分"的层

---

① 参见汪海波《中华人民共和国工业经济史(1949 年 10 月—1998 年)》,山西经济出版社 1998 年版,第 661 页。
② 参见《农民日报》1989 年 4 月 12 日。

次,这一体制的合作经济性质由此也大大削弱,其直接结果是从外部影响了农业的持续增长。

当政府不断向农民强调土地承包关系的长期性时,农民所获得的经营权与所有权之间的关系就需要在特定的条件下予以重新界定。并且,对农民土地承包权的内容和性质加以明确界定也显得格外重要。从理论上说,农民所获得的承包经营权主要包括占有、使用、收益和处分四种权力。如果农民完整拥有这四种权力,并长时期保持不变,可以认为,这种使用权近似于所有权。需要指出的是,在国家与农民的土地承包关系上,双方的地位实质上并不平等。由于作为发包方的村集体以政府的名义出现,一旦发包者不按合同行事甚至单方废止、变更合同,承包方实际上并没有足够的能力要求对方履约。也就是说,农民本应拥有的土地处分权,在很多地方实际上形同虚设。因此,尽管中央政府一再强调土地承包关系的稳定,以改善和培养农户对土地长期投资的预期,并不断允诺延长土地承包期,但各地变更土地承包合同的情况还是比较普遍。据国务院发展研究中心农地课题组对 253 个村的一项调查,自包干到户起到 1988 年,有 65.2% 的受调查村进行过土地调整。①

政府一方面强调农村改革的深化主要是稳定与完善土地承包关系和家庭联产承包责任制,强调发展集体经济,加强统一经营,希望集体承担一家一户无法承担的经济职能,切实发挥双层经营的优势。另一方面,为克服小农户投入产出比率低,以利于现代化规模经营,政府也在两个方向上进行了尝试:一是允许和鼓励在承包期内土地使用权的流转,通过土地转承包,使土地集中到"种粮大户"手里,进行规模化经营。但就整体情况来看,这一时期,土地流转的发生率还很低。同时,1987 年以后,政府开始在全国 10 个省建立了 14 个以上的农村改革试验区,探索适度规模经营。这就从客观上提出了农村经营体制发展的两种可能。这两种可能性不能不对农村生产关系的变化产生影响。

① 参见董辅礽《中华人民共和国经济史》,经济科学出版社 1999 年版,第 233 页。

　　这一时期,工业经济体制改革的中心环节仍然是国营企业改革。1979 至 1984 年国营企业以扩大企业自主权为目标的改革并没有使企业真正活起来。政府认识到,要深化旨在增强企业(特别是大中型企业)活力的改革,除了要把国家规定的下放给企业的自主权坚决落实以外,还要把改革的重点放到转变企业的经营机制上。依据使用权和经营权分离的原则,实行多种形式的承包经营责任制,使企业真正成为自主经营、自负盈亏的经济实体。全国普遍推广承包经营责任制的一个直接的重要原因是,经济效益方面出现了问题。据有关资料显示,1987 年第一季度,预算内工业企业成本比上年同期上升 5％,亏损面增加 40％,财政收入下降 2.3％。① 由此就形成了推广承包经营责任制的现实要求。

　　按照 1988 年国务院发布的《全民所有制工业企业承包经营责任制暂行条例》的解释,承包经营责任制,是在坚持企业的社会主义全民所有制的基础上,按照所有权与经营权分离的原则,以承包经营合同形式,确定国家与企业的责权利关系,使企业做到自主经营、自负盈亏的经营管理制度。其中所有权与经营权相分离的原则,以法律的形式确定下来。根据有关部门对 9937 个国营大中型工业企业的调查,1988 年已有 9024 个实行了各种形式的承包经营责任制,占被调查企业总数的 90.8％。② 与承包经营责任制相比,租赁经营责任制所有权和经营权的分离程度更大,因而体现为经营自主权更大。到 1978 年底,在 8.8 万个国营小型工业企业中,实行租赁经营、承包经营和转让的达到 4 万个,占总数的 46％。③

　　这一时期,出于对股份制可以更好地使企业成为自主经营、自负盈亏的市场主体的考虑,股份制企业试点工作也进一步开展起来。1984 年以后,股份制的试点正式开展。1987 年中共十三大认定,改革中出现的

---

① 参见《中国经济年鉴 1988》,经济管理出版社 1988 年版,第Ⅲ—2 页。
② 参见同上书,第Ⅳ—7 页。
③ 参见《中国经济体制改革十年》,经济管理出版社 1988 年版,第 797 页。

股份制形式,包括国家控股和部门、地区、企业间参股以及个人入股。据对 34 个省、自治区、直辖市和计划单列市的不完全统计,到 1991 年底,全国共有各种类型的股份制试点企业 3220 家。① 也是出于增强企业活力的考虑,企业集团在企业承包制特别是股份制发展的基础上也得到很快的发展。

这一期间,还推进了劳动、工资和社会保障制度的改革;国有资产管理和改革也开始起步。

在私营经济获得初步发展的同时,私有制经济的其他成分也在这一时期继续发展。据有关资料显示,1984—1992 年,个体工业产值由 1481 亿元增长到 200 600 亿元,占全国工业总产值的比重由 0.19％上升到 5.8％。1985—1992 年,个体工业平均每年增长 45.7％。② 随着政府对外开放的力度进一步加大,"三资"经济在这一期间获得进一步发展。1985—1992 年总计,合资经营企业达到 57 979 个,合同金额为 443.79 亿美元,实际使用金额 173.81 亿美元;合作经营企业达到 14 673 个,合同金额 255.11 亿美元,实际使用金额 70.49 亿美元;外资企业达到 14 895 个,合同金额 136.03 亿美元,实际使用金额 79.75 亿美元;合计"三资"企业达到 87 547 个,合同金额 834.93 亿美元,实际使用金额 324.05亿美元。③

公有制经济和私有制经济在国民经济中此消彼长的势头日益突出。以工业为例,1984—1992 年,国营工业占工业总产值比重由 69.1％下降到 51.52％,集体工业由 29.71％上升到 35.07％,个体工业由 0.19％上升到 5.8％,主要由"三资"企业组成的其他经济类型企业由 1.01％上升到 7.61％。④

---

① 参见汪海波《中华人民共和国工业经济史(1949 年 10 月—1998 年)》,山西经济出版社 1998 年版,第 611 页。
② 参见同上书,第 657 页。
③ 参见同上书,第 583 页。
④ 参见同上书,第 696 页。

2. 交换关系状况

1984 年 10 月召开的中共十二届三中全会作出的《关于经济体制改革的决定》确定：中国社会经济是公有制基础上的有计划的商品经济。"七五"计划中进一步具体阐述道："国家计划应当成为从宏观上对经济活动进行管理、调节和控制的主要依据，保证国民经济大体按比例协调发展。在国家计划中，必须充分重视价值规律，自觉运用市场机制，使经济生活充满生机和活力。"1987 年召开的中共十三大则认为，"社会主义有计划商品经济的体制，应该是计划与市场内在统一的体制"，决定建立"国家调节市场，市场引导企业"的机制。这就意味着，计划与市场的关系还没有从理论上根本解决，在这样的思想指导下，面对当时的改革困境和经济建设中的问题，在计划调节与市场调节之间如何进行选择，采取什么样的政策措施，就颇费周折，且争论激烈，这些直接影响了这一时期"七五"计划的执行及其结果。[①]

与企业改革相一致，市场发育也在这一时期有重大进展。计划经济体制的改革仍然按照缩小指令计划比重的方向继续发展；价格改革采取了调放结合、以放为主的方针，并且在放开物价方面取得了重大进展；继续循着改革统收统支体制方向推进了财政金融方面的改革。在发育市场方面，商品市场和要素市场都有很大发展。据有关部门统计，1992 年，全国已建立生产资料和工业消费品的批发市场各 1000 多个，农副产品批发市场 1600 多个，工业小商品市场 3000 多个，城乡集贸市场 8 万个，等等。[②] 不难看出，就交换关系领域的改革而言，这一时期的改革已经呈现出全面性的特征。就产品的计划体制和价格体制的改革来说，基本打破了改革前的计划调节为主的格局，初步形成了以市场调节为主的格局。

---

① 参见刘国光主编《中国十个五年计划研究报告》，人民出版社 2006 年版，第 487 页。
② 参见《中国经济年鉴 1993》，经济管理出版社 1993 年版，第 833—834 页。

20 世纪 80 年代中期逐渐升温的经济过热的事实表明,宏观调控严重滞后。它反映了当时交换领域在改革统得过多、管得过死的经济体制的过程中,忽视了必要的集中;在强调微观搞活的同时,忽视了综合平衡和加强宏观调控。由此,使加强宏观调控体系的建设成为客观要求。从 1989 年起,政府计划用三年或更长一些时间,努力缓解社会总需求超过总供给的矛盾,逐步减小通货膨胀,使国民经济基本转上持续稳定协调发展的轨道。从当时宏观调控的政策看,在一些调节手段上,又程度不同地采取了一些传统的做法,如"改进计划体制,适当增加指令性计划的范围的比重,强化指令性计划的严肃性,完善指导性计划的实施办法"等。

3. 生产和生产力状况

从农业生产看,1992 年农业总产值达到 9085 亿元,按可比价格计算,比 1985 年增长 38.5%,年平均增长 4.7%。主要农产品在 20 世纪 90 年代初都达到历史最高产量。畜牧业除了农户分散饲养外,大规模机械化饲养有了很大发展。肉类产量增加了 78.1%,从 1985 年的 1926.5 万吨增长到 1992 年的 3430.7 万吨。渔业生产大力发展淡水和海水的人工养殖,以及远洋捕捞业,水产品产量增长了 1.21 倍,从 1985 年的 705.2 万吨增至 1992 年的 1557.1 吨。[①]

从工业生产看,工业总产值和主要产品产量高速增长。1992 年工业总产值由 1984 年的 7617.3 亿元增长到 34 599 亿元;1985 至 1992 年平均每年增长 16.1%。这一期间,除了少数产品产量下降以外,多数产品产量都有很大的增长。其中,发电量、钢材、水泥、纯碱、乙烯、塑料、发电设备和汽车的增长幅度都很高,家电耐用消费品继续保持了高速增长的态势。一些主要工业产品产量在世界上的位次和工业制成品在出口商品总额中的比重继续上升。1984—1992 年,钢产量居世界的位次由第四

---

① 参见董辅礽《中华人民共和国经济史》下卷,经济科学出版社 1999 年版,第 297 页。

位升至第三位,煤由第二位升至第一位,原油由第六位升至第五位,发电量由第六位升至第四位,水泥由第二位升至第一位,化学纤维由第五位升至第二位,糖由第六位升至第三位,电视机由第三位升至第一位。[①]1990 年初,中国电视机的产量已跃居世界第一位。

这一期间,一大批技术先进的大中型项目建成投产。如 1991 年投产的年炼铁和炼钢各 300 万吨的宝钢二期工程、上海南浦大桥、秦山核电站和安阳彩色显像管厂等。产业结构的变化出现符合工业化发展规律的趋势:第一产业所占的比重逐步下降,第二、第三产业所占的比重逐渐上升。

1988 年 10 月 16 日,中国第一座高能加速器——北京正负电子对撞机首次对撞成功,这是继原子弹、氢弹爆炸成功,卫星上天后,中国在高科技领域的又一个重大突破。这一时期,生物技术、农业科学、高能物理、计算机技术、运载火箭技术、卫星通信技术、超导材料的理论研究等领域的某些研究成果已经接近或达到国际先进水平。

4. 政治形态状况

这一时期,在坚持和完善人民代表大会制度的基础上,基层民主制度的法制化步伐加快,标志着在程序民主建设方面取得一定程度的进展。继 1982 年颁布的新宪法对农村群众性自治组织——村民委员会予以法律的承认,并对其性质、任务和作用进行明确的规定后,1987 年,《中华人民共和国村民委员会组织法(试行)》正式通过。1989 年,全国人大制定了《城市居民委员会组织法》,有力地推动了城市居民委员会的建设及其活动的开展。1986 年,国务院正式颁布了《全民所有制工业企业职工代表大会条例》,为职工群众实现直接参与企业管理提供了法律保障。

法制建设也进入一个较快的发展时期。

行政体制改革是政治体制改革的一个重要组成部分。其长远目标

---

① 参见汪海波《中华人民共和国工业经济史(1949 年 10 月—1998 年)》,山西经济出版社 1998 年版,第 697 页。

是根据党政职能分开、政企分开与精简、统一和效能的原则,逐步建立具有中国特色的功能齐全、结构合理、运转协调、灵活高效的行政管理体系。1988 年,以转变政府职能为目标的政府机构改革启动,这是继1982 年行政体制改革后的第二次改革。其重点是与经济体制改革关系密切的经济管理部门,特别是其中的专业管理部门和综合部门内的专业机构。政府的经济管理部门从直接管理为主转变为间接管理为主,强化宏观管理职能。改革后,国务院的部委由 45 个减为 41 个,直属机构从 22 个减为 19 个,非常设机构从 75 个减为 44 个,减少人员 9700 多人。①

各民主党派自恢复活动以来,在参政议政、发展教育科技事业、开展智力支边工作等方面发挥了重要作用。1989 年 12 月,中共中央通过了《关于坚持和完善中国共产党领导的多党合作和政治协商制度的意见》,强调中国共产党领导的多党合作和政治协商制度是中国的一项基本政治制度,重申了"长期共存、互相监督、肝胆相照、荣辱与共"的基本方针,决定加强中国共产党和各民主党派之间的合作与协商。在各级人民代表大会、各级政府及司法机关和人民政协中,民主党派和无党派人士的作用得到进一步发挥。

但从这一时期的政治体制改革实践来看,在实现党政职能分开方面,改革并没有迈出实质性步伐。

5. 社会意识状况

为了加强社会主义精神文明建设,1986 年 9 月中共十二届六中全会作出《关于社会主义精神文明建设指导方针的决议》。指出,以马克思主义为指导的社会主义精神文明建设是社会主义的重要特征,它为物质文明的发展提供精神动力和智力支持,为它的正确发展方向提供思想保

---

① 参见中华人民共和国国史学会编写《新中国国史教育干部读本》,长春出版社 1999 年版,第511 页。

证。邓小平强调,搞自由化就是要把我们引导到资本主义道路上去。所以,反对自由化,不仅这次要讲,还要讲十年二十年。不仅要讲十年二十年,还要"加上五十年"。

但实际上,这个决议所强调的加强马克思主义在精神文明建设中的指导地位和反对资产阶级自由化的重要内容,并没有立即得到认真的贯彻。由于对反对资产阶级自由化旗帜不鲜明、态度不坚决,从中央到许多地方存在着政治思想战线混乱的问题。不少思想阵地包括某些高等学校讲坛并没有能够抵制资产阶级自由化思潮的侵袭,资产阶级自由化思潮在社会意识领域泛滥起来,最终导致 1986 年底波及不少城市的学潮发生。学潮发生之后,中共中央在 1987 年 1 月 28 日发出了《关于当前反对资产阶级自由化若干问题的通知》,要求各级党组织切实对广大党员进行坚持四项基本原则,全面、正确理解和贯彻执行党的十一届三中全会以来的路线、方针、政策的教育,并规定了反对资产阶级自由化的若干政策界限。

1989 年政治风波的发生,是这一时期社会意识矛盾的集中表现。它的发生是当时国内外各方面主客观因素汇合而成的必然结果。就国内因素而言,一方面,党风和社会风气趋于恶化,尤其是极少数党政官员的腐败现象逐渐严重,大大降低了执政党在人民群众中的威信;另一方面,经济体制改革政策失误造成的物价大幅度上涨和经济秩序混乱引起了人民群众的强烈不满,治理整顿中的暂时困难也使人们对改革产生了某些误解和忧虑。就国际因素而言,一方面,新的科技革命和资本主义的自我调节使得人们从表象上看不到资本主义不可调和的矛盾的存在,对资本主义必然灭亡的判断产生了怀疑。一些社会主义国家在经济建设和社会发展进程中遇到了很多困难,使"社会主义不如资本主义"的社会思潮相当严重地泛滥开来。另一方面,社会主义国家的敌对势力加紧推行和平演变战略,有计划地通过各种途径对包括中国在内的社会主义国家加紧进行思想、政治渗透,竭力支持和扶植各种反共反社会主义的活动,通过各种渠道对中国施加影响。东欧一些社会主义国家中反社会主义势力的猖獗活动,给国内热衷进行资产阶级自由化活动的人以极大的鼓舞。

政治风波发生后,执政党开始注意加强社会意识领域的思想工作,如,从 1990 年到 1991 年上半年,在全国党政干部和广大人民群众中广泛开展了社会主义的思想教育;加强和调整了意识形态领域一些部门的领导班子;对发生政治方向错误的一些新闻出版单位、社会科学研究机构、文学艺术团体,有领导地切实进行了思想整顿和组织整顿。另外,还在坚持马列主义、毛泽东思想的前提下,认真贯彻"双百"方针,一手抓整顿,一手抓繁荣。在哲学社会科学和文学艺术领域中产生了一批比较好的作品,发表了一批有说服力的宣传社会主义、批判资产阶级自由化思潮的论著。一度发生过的那种宣扬资产阶级腐朽思想的作品在思想文化领域泛滥的现象得到了改变。

6. 阶级结构的变化

这一时期,我国社会阶级阶层结构最突出的变化是,私营企业主阶层不仅获得了合法地位,也获得了较快的发展。1988 年宪法修正案确认了私营经济的合法地位之后,推动了私营经济的较快发展。据有关资料表明:到 1992 年,全国私营企业达到 139 633 户,从业人员 232 万人。[①]因为有戴"红帽子"、"小帽子"现象的大量存在,实际数字远远超过以上统计。可以认为,这一现象是改革开放以来我国社会阶级阶层结构中出现的最大的结构性变化,其对我国社会结构的深层和长远影响伴随着该阶层的不断壮大逐渐凸现出来。

研究者在 1993 年对私营企业主过去社会地位分布的抽样调查中发现,干部(包括城镇国有集体单位干部和农村干部)是私营企业主的一个主要来源。1980—1985 年,进入私营经济领域的主要是农村干部和农民。1992 年以后,城镇地区干部进入私营经济领域的人数大大增加。在

---

① 参见张厚义、明立志《中国私营企业发展报告》,社会科学文献出版社 1998 年版,第 60 页。

私营企业主中约有 50％来自普通工人、农民、个体户和无业者。① 1993 年第一次全国私营经济调查中,私营企业主阶层中的中共党员比例为 13.1％。虽然 1989 年 8 月中共中央作出了"不能吸收私营企业主入党"的政策规定,但一些地区并没有完全执行,私营企业主阶层中的党员数量仍然呈上升趋势。有关资料还显示了这一时期私营企业主阶层的政治地位状况。1990 年个体私营企业者中县以上人大代表 5114 人,县以上政协委员 7238 人。在 1993 年的全国政协会议上,有 20 位私营企业主作为全国政协委员的身份出现。"标志着私有经济在时隔近 40 年后重新登上参政议政的舞台。"②

农业劳动者也在持续分化。据国家统计局农调总队的抽样调查,到 1987 年,全国只从事农业生产的纯农户已降至总农户的 24.4％,其中东部地区为 17.9％,中部为 27.9％,西部为 21.2％;以农为主,兼营非农业的兼农户占 67％;以非农业为主的兼农户占 10.6％。另一项调查表明:1984—1988 年间,以非农业为主的兼农户占总农户的比重每年增加 2 个百分点,由 7.5％增加到 13.3％。1992 年之后,随着各种私有制经济成分的快速发展,分化开始加速。农村大量剩余劳动力从乡村向城市,从中西部地区向东南沿海地区,从第一产业向第二、三产业转移。个体农业劳动者在社会各阶层构成中的比重迅速下降。个体工商业经营者在这一时期也获得发展。到 1992 年底,该阶层已有 1534 万户。

四、社会主义初级阶段的历史定位

社会主义初级阶段理论,是以正确认识我国社会所处发展阶段为出发点,以社会主义建设路线政策的调整为理论指向的重要思想。这一理论的提出,不仅标志我国社会所处发展阶段的问题得到了正确解决,而且也有力地推动了改革开放的深入发展。我们党在提出社会主义初级

---

① 参见李路路《中国社会分层结构的变迁》,载《二十一世纪》1999 年第 6 期。
② 王巍:《走上政治舞台的大亨们》,载《经济管理》1993 年第 10 期。

阶段理论时强调,"社会主义初级阶段是很长的历史发展过程。我们对这个阶段的状况、矛盾、演变及其发展规律的认识,在许多方面还知之不多,知之不深。"①因此,对于中国特色社会主义事业而言,社会主义初级阶段始终是一个崭新的课题。以唯物史观为指导,结合变化了的具体实际,不断深化对社会主义初级阶段的认识,具有重要的理论价值和现实意义。

1. 马克思关于未来社会阶段划分的基本思想

从方法论的角度考察,回顾马克思恩格斯关于未来社会阶段划分的基本思想,构成讨论社会主义初级阶段历史定位的前提。

马克思对未来社会的基本认知并非一蹴而就,而是经历了一个不断深化的探索过程。在马克思的设想中,作为资本主义社会的替代形态的共产主义社会起初一直被视为一个整体,换言之,马克思在提出这一设想时并没有对共产主义社会作具体的阶段划分。之后,经过深入的研究,马克思提出了共产主义社会在其发展进程中有两个不同的历史阶段的观点。这一观点的提出,可以认为是马克思对这一设想的补充性说明。之所以将共产主义社会划分为共产主义社会第一阶段和共产主义社会高级阶段这样两个历史阶段,他的主要依据在于,在第一阶段,个人付出的劳动和他所获得的消费资料之间存在着等量交换,"每一个生产者,在作了各项扣除以后,从社会领回的,正好是他给予社会的。他给予社会的,就是他个人的劳动量。"②进入共产主义社会高级阶段后,在迫使个人奴隶般地服从分工的情形已经消失从而脑力劳动和体力劳动的对立也随之消失之后,在劳动已经不仅仅是谋生的手段而且本身成了生活的第一需要之后,在随着个人的全面发展他们的生产力也增长起来,集体财富的一切源泉都充分涌流之后,社会可以在自己的旗帜上写上:各

①《十三大以来重要文献选编》(上),中央文献出版社1991年版,第58页。
②《马克思恩格斯选集》第3卷,人民出版社1995年版,第304页。

尽所能,按需分配,这个等量交换关系就不复存在了。这两个阶段被后来的马克思主义者分别指称为"社会主义社会"和"共产主义社会"。

马克思认为,共产主义社会第一阶段由于是"在经过长久阵痛刚刚从资本主义社会产生出来的",并"不是在它(共产主义社会第一阶段)自身基础上已经发展了的",因而它在经济、道德和精神方面都还带着它脱胎出来的那个旧社会的痕迹。与共产主义社会第一阶段相比,共产主义社会高级阶段是"在它(共产主义社会第一阶段)自身基础上已经发展了的",因而表现为共产主义社会的成熟状态或完善状态。马克思在分析社会形态演进时指出,正像各种不同的地质层系相继更迭一样,在各种不同的社会经济形态的形成上,不应该相信各个时期是突然出现的,相互截然分开的。这样,无产阶级专政时期、共产主义社会第一阶段、共产主义社会高级阶段,可以被理解为依次递进的不同层系,体现出前者之于后者的过渡性特征。当然,如果将共产主义社会第一阶段视为向共产主义社会高级阶段过渡的历史阶段的话,那么,这个过渡阶段与作为从资本主义社会向共产主义社会转化的无产阶级专政时期有根本区别。具体而言,前者的过渡是指在同一社会形态中由不成熟状态向成熟状态量的转变,而无产阶级专政作为过渡时期的意义则是从一种社会形态向另一种社会形态质的转变。

对于马克思关于未来社会阶段划分的思想,理论界存在着认识上的差异。有学者认为,应该把马克思说的共产主义社会第一阶段理解为共产主义社会的最初阶段;把马克思说的共产主义社会高级阶段理解为更高阶段,即比最初阶段更高级的阶段,而不应该把马克思说的共产主义社会高级阶段理解为共产主义社会的最后阶段。其依据在于,马克思和恩格斯认为,在共产主义社会到来之前只是"人类社会的史前史",而共产主义社会开启的人类历史才是"真正的人类史"。马克思的历史辩证法已经粉碎了无论是将资本主义社会还是将共产主义社会视为"历史终结"的一切唯心主义的观点。问题的关键在于,马克思的历史辩证法只能解释后资本主义社会存在的历史必然性,却不能构成解释"共产主社会高级阶段不是共产主义社会最后阶段"的根据。在马克思那里,将共产主义社会区分为第一阶段和高级阶段这两个阶段,是对共产主义社会所作出的两阶段划分。在这里,"高级阶段"与"最后阶段"具有外延的一致性。事实上,当马克思将"经过长久阵痛刚刚从资本主义社会产生的共产主义社会"指称为共产主义社会第一阶段时,仅仅是因为其尚未完全达致共产主义社会的成熟状态,尚且留存一些"旧社会的痕迹"和一些"弊病";马克思所指认的共产主义社会高级阶段,其实指向的是共产主义社会的成熟状态。虽然对于共产主义社会阶段划分思想可以做多种角度的考量,但任何一种阐释都应忠实于马克思的共产主义社会分析框架,努力避免无意之间溢出这个基本框架。

在有关共产主义社会阶段划分的讨论中,关键是把握这一划分的特点和意义。第一,这种划分不是一种精细的和刻意的划分。通过文本阅读可以发现,即使在提出这一划分时,马克思也没有刻意将共产主义社会的阶段划分作为思考的论题。换言之,马克思并没有将未来社会的阶段划分作为需要特别关注的课题加以思考。这一点进一步证明了,对于在批判旧世界中发现的新世界,马克思和恩格斯所描绘的只是一个大致的轮廓,科学的态度决定了他们从来就无意对未来的图景做精细的构思。第二,这种划分主要是以分配关系为尺度,对共产主义社会不成熟状态和成熟状态所做的区别。事实上,不成熟状态与成熟状态之间的区别具有整体性的特征。无论在分配方面还是劳动以及其他方面,两者之间都存在显著的差异,划分的标尺其实并不是唯一的。当然,不同的尺度所显示的意义都只在于展示,共产主义作为一种社会形态从不成熟状态向成熟状态发展变化的过程。第三,这种划分的方法论意义在于,关于未来社会的认识不能只停留于抽象的层面。只有依靠这一正确的方法,才能正确认识共产主义社会第一阶段同现实的社会主义所处的发展阶段之间的区别与联系,以及现实的社会主义中不同历史阶段之间的区别与联系,从而为制定正确的路线方针政策提供科学的理论指导。

2. 列宁、毛泽东和邓小平关于社会主义阶段划分的思想

讨论现实社会主义阶段划分的课题,列宁无疑是首先需要对话的对象。这不仅因为他最先在实践中遭遇到这一课题,还因为他对这一课题有着深刻的理论思考。概括而言,在这个论题上,列宁提出了两个重要观点,进一步丰富了马克思关于未来社会阶段划分的思想。其一,早在十月革命前夕,列宁就已经深入研究了马克思关于共产主义社会发展阶段的基本构想,明确指出由"长久的阵痛"(从资本主义到社会主义的过渡时期)到"共产主义低级阶段"(社会主义社会)再到"共产主义高级阶段"(共产主义社会),要经过三个大的发展阶段。与马克思相比较,列宁已经意识到,无产阶级专政时期并不像马克思所设想的只是一个短暂的过渡时期,而必须经历"长久的阵痛"。其二,列宁清醒地认识到,社会主义本身是一个发展过程,开始是"初级形式的社会主义",将来要过渡到"发达的社会主义",需要分阶段逐步过渡。这是列宁提出的关于共产主义社会第一阶段即社会主义社会阶段划分的设想。这一成果反映了在当时的历史条件下列宁基于理想性的引导的理论创新,是经济文化相对落后国家社会主义建设复杂性和艰巨性的赋予。

如果说十月革命前列宁主要从理论上明确阐述走向社会主义是一个"长久的阵痛"的话,那么,十月革命后列宁则从实践上进一步充分意识到过渡的困难和艰辛。十月革命胜利后,俄国处于艰难地向社会主义过渡的历史阶段。对于未来,列宁指出:"我们连社会主义经济的基础也没有建设完成。仇视我们的垂死的资本主义势力还有可能把这夺回去。""承认这一痛苦的真理根本没有什么'可怕',也决不会使人有正当的理由可以有一丝一毫的灰心失望,因为我们向来笃信并一再重申马克思主义的一个起码的真理,即要取得社会主义的胜利,必须有几个先进国家的工人的共同努力。可是我们暂时还是孤军作战,而且是在一个落后的,经济破坏比别国更厉害的国家里,但我们做了很多事情。""我们毕竟在为社会主义创造条件的经济领域内开始前进

了。"①显然,这些论述表明,列宁在走向社会主义的实践探索中,强烈地感受到了来自国内和国外两个方面的严重制约和压力。需要特别指出的是,尽管列宁将马克思所说的共产主义社会第一阶段指称为社会主义社会,但他在有生之年,始终没有认为自己的国家已经进入到共产主义社会的第一阶段。

在关于社会主义阶段的划分问题上,毛泽东的主要理论贡献在于,一方面提出了社会主义的"建立"和"建成"的区别,另一方面又对社会主义做了"不发达"和"比较发达"两个阶段的划分。

1957 年 2 月,毛泽东在《关于正确处理人民内部矛盾的问题》的讲话中指出:"我国的社会主义制度还刚刚建立,还没有完全建成,还不完全巩固。"②"建立"和"建成"一字之差,反映了毛泽东在关于社会主义发展阶段认识上的谨慎态度。何谓"建成",毛泽东特别强调了生产力因素的标尺。他说,建成社会主义,也有一个"边",要有笔账。例如工业占多大比重,生产多少钢,人民生活水平多么高,等等。③ 至于何时建成社会主义,毛泽东最初认为需要 10 至 15 年。他说:"只有经过十年至十五年的社会生产力的比较充分的发展,我们的社会主义的经济制度和政治制度,才算获得了自己的比较充分的物质基础(现在,这个物质基础还很不充分),我们的国家(上层建筑)才算充分巩固,社会主义社会才算从根本上建成了。现在还未建成,还差十年到十五年。"④"大跃进"遭遇挫折后,毛泽东对于建成社会主义的时间判断发生了重大变化。1961 年,他对英国蒙哥马利元帅说:"在我国,要建设起强大的社会主义经济,我估计要花一百多年。"1962 年初,毛泽东在"七千人大会"上再次指出:"中国的人口多,底子薄,经济落后,要使生产力很大的发展起来,要赶上和超过世

---

① 《列宁选集》第 4 卷,人民出版社 1995 年版,第 640 页。
② 《毛泽东文集》第 7 卷,人民出版社 1999 年版,第 214 页。
③ 参见《毛泽东读社会主义政治经济学批注和谈话》(简本),中华人民共和国国史学会 2000 年编印,第 290—291 页。
④ 《建国以来毛泽东文稿》第 6 册,中央文献出版社 1992 年版,第 549—550 页。

界上最先进的资本主义国家,没有一百多年的时间,我看是不行的。"①对于建成社会主义所需时间估计的重大变化,充分反映出毛泽东对于社会主义建设的艰巨性和复杂性的深刻认识。

当然,毛泽东所说的"建成",所指的是具备了逾越共产主义社会第一阶段框架的条件。1959年2月,他在读苏联《政治经济学教科书》下册谈话中说:"社会主义这个阶段,又可能分为两个阶段,第一个阶段是不发达的社会主义,第二个阶段是比较发达的社会主义。后一阶段可能比前一阶段需要更长的时间。经过后一阶段,到了物质产品、精神财富都极为丰富和人们的共产主义觉悟极大提高的时候,就可以进入共产主义社会了。"②毛泽东的"建成"显然标志着对社会主义第二个阶段的超越。由于毛泽东的这一论断主要是对苏联基本上建成社会主义的论点阐发的,因此他着重强调了社会主义第二个阶段比第一个阶段需要更长时间的思想。社会主义不发达阶段的长期性在这里有所忽略。并且,也"没有能从社会主义初级阶段的实际出发来考虑中国的问题"③。

从根本上而言,"社会主义初级阶段"概念的提出,固然有列宁和毛泽东关于社会主义阶段划分的思想渊源,但在很大程度上实现了前所未有的理论突破和政策突破。在新的历史条件下,邓小平着重思考的是基于历史的经验教训如何搭建从现实通向理想的桥梁的问题,这是他提出社会主义初级阶段理论的初衷。换言之,社会主义初级阶段理论所要完成的,就是解决社会主义理想与现实差异性这样的一个历史使命,其实践价值在于为社会主义建设路线方针政策的调整提供理论支撑。在1981年党的十一届六中全会上,我们党第一次明确提出了我国还处在社会主义初级阶段的基本论断。这次会议通过的《中共中央关于建国以来党的若干历史问题的决议》中对此这样论述道,尽管我们的社会主义制

①《毛泽东文集》第8卷,人民出版社1999年版,第302页。
②《毛泽东读社会主义政治经济学批注和谈话》(简本),中华人民共和国国史学会2000年编印,第291页。
③ 胡绳:《马克思主义与改革开放》,中国社会科学出版社2000年版,第113页。

度还处于初级的阶段,但是毫无疑问,我国已经建立了社会主义制度,进入了社会主义社会,任何否认这个基本事实的观点都是错误的。1987 年10 月召开的中共十三大系统阐述了关于社会主义初级阶段的观点,即中国社会已经是社会主义社会;中国的社会主义社会还处在初级阶段。这个阶段不是泛指任何国家进入社会主义都会经历的起始阶段,而是特指中国在生产力落后、商品经济不发达的条件下建设社会主义必然要经历的阶段。以这一理论的提出为显著标志,社会主义建设新的实践形式的探索由此开启。

3. 社会主义初级阶段的形态说明

坦率地说,以往社会主义研究的最大不足在于,往往忽视了对唯物史观特别是马克思世界历史理论指导下社会主义历史生成过程的科学论证。并且将现实和理想这双重维度混淆起来看待社会主义自身及其与资本主义的关系,从而导致认识上的混乱和实践中的偏差。

马克思的"历史向世界历史的转变"论述具有两层含义:第一层含义是指历史向资本主义世界历史时代的转变,第二层含义是人类普遍地向社会主义社会的转变。[1] 由此,世界历史可以划分为资本主义世界历史时代和社会主义世界历史时代两大世界历史时代。并且,这两大历史阶段之间并没有一个严格的界限,在时间的规定性上并非截然分开。马克思和恩格斯关于未来社会的设想,所指向的是社会主义世界历史时代。但历史的事实是,在资本主义世界历史发展的一定历史阶段上,作为制度的社会主义开始生成。尽管这时社会主义并不构成世界历史的主体,但已经在资本主义世界历史的框架内获取了自身的存在。列宁正是借助"世界历史发展的一般规律,不仅丝毫不排斥个别发展阶段在发展的形式或顺序上表现出特殊性,反而是以此为前提的"[2]理论武器,取得了

---

[1] 参见叶险明《"知识经济"批判》,人民出版社 2007 年版,第 275 页。
[2]《列宁选集》第 4 卷,人民出版社 1995 年版,第 776 页。

十月社会主义革命的胜利,在资本主义世界历史时代开辟出社会主义的崭新世界。

有学者指出,马克思关于未来社会的构想是一种逻辑上的典型形态。马克思对共产主义社会第一阶段和共产主义社会高级阶段的基本构想,不应该被理解为开始进入这个阶段时的状态,而应该是其成熟状态,因为只有成熟形态才能与典型形态相一致。① 正是基于对其特殊性的认定,有的学者将当前的社会主义国家指称为"现实的社会主义"国家。因为,在他们看来,这些国家既参照了马克思和恩格斯对未来共产主义社会第一阶段的设想,事实上又与马克思和恩格斯在理论上设想的那种社会又很不相同。② 和苏联一样,中国的社会主义就是在资本主义世界历史阶段出现的现实的社会主义。

马克思虽然对作为资本主义社会替代形态的共产主义社会的基本特征作出过概括性的说明,但对与资本主义社会共时存在的社会主义社会的基本特征并没有作出明确的阐述。基于唯物史观的基本理论和方法,现实的社会主义与马克思关于未来社会的设想相比,至少呈现出以下三个方面的特殊性。

现实的社会主义虽然在资本主义世界历史时代获得了全球存在的机会,但必然表现为少数国家的空间存在,并具有较强的不稳定性。社会主义从一个或少数国家向全球的蔓延,以社会主义全球化实现对资本主义全球化的替代,是社会主义生成和发展的规律。马克思和恩格斯指出,不论是共产主义社会的第一阶段还是高级阶段,都不是单个民族国家的独立存在,而是一种全球性的普遍存在。需要指出的是,他们虽然强调共产主义革命必须具有世界性的活动场所,但同时承认共产主义革命是以一个又一个国家为单位进行的。并且,在向共产主义过渡的历史时期内,无产阶级专政国家仍然是变革生产关系和增加生产力总量的组

---

① 参见项启源《论我国社会主义初级阶段的历史定位》,经济科学出版社 2001 年版,第 54 页。
② 参见李延明《马克思恩格斯的未来世界》,安徽人民出版社 2006 年版,第 160 页。

织载体。在资本主义全球存在并主导世界历史的条件下,新生的社会主义不仅并不占据统治地位,而且具有较强的不稳定性。在社会主义河流汇成大海之前,如果不能正确地把握好自己,现实的社会主义就存在着被资本主义所阻断的可能性。苏东剧变充分证明了这一点。

作为一种超越资本主义的社会形态,现实的社会主义虽然已经生成,但表现为不成熟和不完善的状态,残留着种种旧社会的痕迹。资本主义世界历史时代出现的社会主义,只是社会主义的初步生成。社会主义生成后必然经历一个成长的过程,在社会主义的生成和社会主义的成熟之间,存在明显的差异。社会主义初级阶段,既是一个标志中国社会所处发展阶段的概念,也是一个包含有中国社会主义发育水平的概念。邓小平说过,中国的社会主义"处在初级阶段,是初级阶段的社会主义","社会主义的初级阶段,就是不发达的阶段"。[1] "现在虽说我们也在搞社会主义,但事实上不够格。"[2]这里,"初级阶段"、"不发达的阶段"、"不够格"与"初级形态"的内涵具有一致性。这一新生的社会形态在一个较长的历史时期内残留着种种旧社会的痕迹。改革开放以来,封建主义和资本主义腐朽因素在社会主义中国获得了复萌和滋生的机会,与社会主义相伴相随,并对这一新生成的社会形态产生严重的侵扰。

现实的社会主义在获得与资本主义的共时存在的同时,与资本主义之间必然表现为既合作又斗争的矛盾关系,斗争性处于主要方面。当社会主义跻身于资本主义空间时,西方资本主义对于这种新生的社会形态的根本态度必然反映为敌对,但资本出于自身利益的考虑又必然会提出与社会主义合作的要求。斗争和合作哪一个方面居于主要方面,在很大程度上取决于国际条件和环境的具体变化,但斗争性始终是矛盾的主要方面。实践证明,在这一斗争和合作相互交织的过程中,一方面,社会主义虽然在理论上具有相较于资本主义的优越性,但由于自身发育的不完

---

[1] 参见《邓小平文选》第 3 卷,人民出版社 1993 年版,第 252 页。
[2] 同上书第 3 卷,第 225 页。

善,往往在一些领域难以展现相对优势,甚至表现为相对劣势。两者之间的竞争主要反映为初级形态的社会主义与成熟状态的西方资本主义之间的较量,社会主义在许多方面与西方资本主义存在着实际的差距。但另一方面,在资本主义全球化这一历史时期出现的社会主义,必须自觉地融入资本主义全球化的历史进程之中,因为只有在与资本主义的斗争和合作中,社会主义才能逐步完善和成熟起来。中国特色社会主义道路的成功充分证明了这一点。

4. 社会主义初级阶段的特征和矛盾

胡绳指出:"中国共产党不是从一般的意义上,而是特别从中国的具体国情出发,提出社会主义初级阶段这个科学的概念。"[1]生产力水平较低,是中国具体国情最突出的特征。之所以认为中国处于社会主义初级阶段,邓小平主要就是基于中国生产力的现实状况作出的判定。他在考虑新的历史条件下中国现代化建设的问题时指出,必须看到两个重要特点:一个是底子薄。建国后我们的经济建设是有伟大成绩的,建立了比较完整的工业体系,培养了一批技术人才,每年的平均增长速度在世界上是比较高的,但是由于底子太薄,现在中国仍然是世界上很贫穷的国家之一。中国的科学技术水平从总体上看要比世界先进国家落后二三十年。二是人口多,耕地少。现在全国人口有 9 亿多,其中百分之八十是农民。人多有好的一面,也有不利的一面。在生产还不够发展的条件下,吃饭、教育和就业都成为严重的问题。[2] 这两个重要特点,集中反映了生产力落后的具体国情,构成邓小平提出社会主义初级阶段概念和判断的核心依据。

党的十三大第一次从生产力、生产关系和上层建筑等方面,系统地概括和说明了社会主义初级阶段的基本特征。第一,从生产力方面看,

---

[1] 胡绳:《马克思主义与改革开放》,中国社会科学出版社 2000 年版,第 113 页。
[2] 参见《邓小平文选》第 2 卷,人民出版社 1994 年版,第 163—164 页。

人口多,底子薄,人均国民生产总值仍居于世界后列。第二,从生产关系方面看,发展社会主义公有制所必需的生产社会化程度还很低,商品经济和国内市场很不发达,自然经济和半自然经济占相当比重,社会主义经济制度还不成熟不完善。第三,从上层建筑方面看,建设高度社会主义民主政治所必需的一系列经济文化条件很不充分,封建主义、资本主义腐朽思想和小生产习惯势力在社会上还有广泛影响。[①] 正是由这些基本特征所决定,中国还处于社会主义初级阶段。

强调中国在社会主义制度建立几十年后仍然处于社会主义初级阶段,作为一种客观的事实认定,其参照物显然不是社会主义制度建立之初的基本状况,而是与社会主义成熟状态相比较得出的结论。与新中国前30年相比,这一结论对于我们党来说无疑是一种"低调"的认定。对于这一"低调"的认定,不能作为否定新中国成立以来我们党社会主义现代化建设实践的根据,只是表明我们党对社会主义建设各个领域艰巨而繁重的历史任务所持的任重道远的科学态度。

经过改革开放30多年的快速持续发展,这一基本国情仍然没有实现根本性的变化。总体而言,在生产力方面,虽然GDP已经位居世界第二,但人均国民生产总值仍然偏低;在生产关系方面,包括私有制在内的多种所有制并存,虽然国有经济在所有制结构中仍然占主导地位,但私有制经济的综合实力在不断上升;在上层建筑方面,封建主义、资本主义的腐朽思想展现出很大的生存空间,各种社会思潮相互激荡,社会意识领域趋于复杂。如果说改革开放初期主要从生产力特征来把握社会主义初级阶段的话,那么,在改革开放30多年之后,生产关系和上层建筑等方面的因素则构成社会主义初级阶段总体判断的主要依据。

关于社会主义初级阶段基本特征的科学分析,自然地导引出正确把握社会主义初级阶段主要矛盾的问题。正如有学者指出的:"社会主义初级阶段理论的核心问题,是对这个历史阶段的主要矛盾做出正确的分

①参见《十三大以来重要文献选编》(上),中央文献出版社1991年版,第10—11页。

析和判断,以及由此而来的对这个历史阶段的中心任务进行详尽的研究和确定。"①邓小平在《坚持四项基本原则》这篇重要讲话中指出:"我们的生产力发展水平很低,远远不能满足人民和国家的需要,这就是我们目前时期的主要矛盾,解决这个主要矛盾就是我们的中心任务。"②毫无疑问,社会主义初级阶段理论提出的实践要求,首要地体现在发展生产力上。发展生产力由此构成社会主义初级阶段的根本任务。并且,社会主义初级阶段的一系列具体特征决定了社会主义实践形式与之相协调的必要性。

在承认发展生产力作为社会主要矛盾的同时,还必须关注由差异所导致的非对抗性社会矛盾的客观存在。物质利益关系的状况是最为主要的社会分型尺度,由此出发,有学者将人类社会分为同质性社会、阶级对抗性社会和差异性社会三种类型。人民内部物质利益关系上的差异、分层和矛盾成为社会矛盾的主体形态。所谓差异性社会的具体特征就是,急风暴雨式的大规模阶级斗争和阶级对抗关系已经成为历史。虽然资本依然大量存在,与劳动之间的矛盾仍然具有剥削与被剥削的对抗性一面,但是在以公有制为主体、人民当家作主的社会中,大量地表现为非对抗性矛盾。③ 处于社会主义初级阶段的中国社会正是一个典型的差异性社会。在有的学者看来,造成差异的根本原因在于生产力的落后。正是生产力的相对落后,造成有限的社会物质财富和精神财富在人民群众中间的分配有可能形成较大的差距,大量旧社会的残余物和旧痕迹的存在,财产的多种所有制结构和多样化的分配方式,以及复杂的市场经济关系,以上三个方面构成社会主义初级阶段存在利益差异的根本的物质原因、广泛的社会基础和最直接的经济根源。④

毋庸讳言,在社会主义初级阶段,阶级矛盾并没有消失,仍然是一个

---

① 陈筠泉、方军:《邓小平理论的哲学基础》,北京出版社 2002 年版,第 139 页。
②《邓小平文选》第 2 卷,人民出版社 1994 年版,第 182 页。
③ 参见任平、王建明《论差异性社会与中国特色社会主义民主政治的未来》,载《马克思主义研究》2010 年第 5 期。
④ 王伟光:《社会矛盾论——我国社会主义现阶段阶级、阶层和利益群体的分析》,中国社会科学出版社 2011 年版,第 233—234 页。

客观存在。只不过,阶级矛盾在这一历史时期一般不构成社会的主要矛盾,并主要表现为非对抗性矛盾的状态。需要特别指出的是,社会主义初级阶段主要矛盾和次要矛盾的关系只具有相对的稳定性。换言之,两者之间的关系并非不可换位和易移,如果在解决主要矛盾的过程中不能正确认识和处理好次要矛盾,次要矛盾也就有可能向主要矛盾的方向转化,非对抗性矛盾就有可能向对抗性矛盾转化。随着改革开放的逐步深入,正确认识和处理社会主义初级阶段主要矛盾和次要矛盾的关系,已经成为推进中国特色社会主义事业健康发展需要特别关注的现实课题。

5. 社会主义初级阶段的历史跨度与分期

马克思主义理论界的一个共识是,从1956年社会主义改造基本完成和社会主义制度基本确立后,中国就正式进入社会主义初级阶段。[1]1956年社会主义改造完成,构成社会主义初级阶段的历史起点。与之相联系的另一个事实是,1987年党的十三大正式提出了社会主义初级阶段理论。随着中国特色社会主义事业的不断推进,无论从理论上还是从实践上,社会主义初级阶段历史跨度及其分期的问题都应成为被高度关注的重点。这一问题,既是中国特色社会主义实践深入发展的结果,也是深化社会主义初级阶段理论认识的契机。

邓小平一直认为,社会主义是一个很长的历史阶段。1986年9月,他在回答美国记者迈克·华莱士的提问时指出:"按照马克思主义观点,共产主义社会是物质极大丰富的社会。因为物质极大丰富,才能实现各尽所能、按需分配的共产主义原则。社会主义是共产主义第一阶段,当然这是一个很长很长的历史阶段。社会主义时期主要任务是发展生产力,使社会物质财富不断增长,人民生活一天天好起来,为进入共产主义创造物质条件。"[2]1987年4月,他在会见西班牙客人时说了近似的一段

---

① 参见李捷《国史静思录》,中国社会科学出版社2009年版,第113页。
②《邓小平文选》第3卷,人民出版社1993年版,第171页。

话:"共产主义的第一阶段是社会主义,社会主义就是要发展生产力。这是一个很长的历史阶段。生产力不断发展,最后才能达到共产主义。"①1992年7月12日,他在与弟弟邓垦的谈话中再次指出:"达到共产主义的目标,要经过社会主义阶段,而这个阶段是很长的。共产主义理想是伟大的,但要经过相当长的历史阶段才能达到。"②邓小平之所以反复强调社会主义是一个很长的历史阶段,其立意在于为社会主义初级阶段提供立论的依据,但对于社会主义初级阶段的历史跨度却一直没有提出明确的看法。

关于社会主义初级阶段的历史跨度,党的十三大以来的历次党代会都有回答。中共十三大在第一次全面阐述社会主义初级阶段理论的同时就指出,我国从50年代生产资料私有制的社会主义改造基本完成,到社会主义现代化的基本实现,至少需要上百年时间,都属于社会主义初级阶段。③ 中共十四大在阐述邓小平建设有中国特色社会主义理论的内容时强调,我国正处的社会主义初级阶段"是一个至少上百年的很长的历史阶段"④。中共十五大指出:"我国进入社会主义的时候,就生产力发展水平来说,还远远落后于发达国家。这就决定了必须在社会主义条件下经历一个相当长的初级阶段,去实现工业化和经济的社会化、市场化、现代化。"⑤这次会议也进一步明确,这样的历史进程至少需要100年时间。中共十六大和十七大虽然没有重申社会主义初级阶段的历史跨度,但对社会主义初级阶段的长期性都作了强调。显然,党的重要文献业已明确了,到21世纪中叶当我国建成富强民主文明的社会主义国家时,社会主义初级阶段的终点也就相应来临了。

关于社会主义初级阶段的历史跨度,有三个问题值得特别关切。

---

① 《邓小平文选》第3卷,人民出版社1993年版,第228页。
② 中共中央文献研究室编:《邓小平年谱(1975—1997)》(下),中央文献出版社2004年版,第1348页。
③ 参见《十三大以来重要文献选编》(上),中央文献出版社1991年版,第12页。
④ 《十四大以来重要文献选编》(上),中央文献出版社1996年版,第10页。
⑤ 《十五大以来重要文献选编》(上),中央文献出版社2002年版,第15页。

其一,社会主义初级阶段具体历史分期的问题。2000 年 6 月 9 日,江泽民在全国党校工作会议上明确指出:"在这个过程中,我们已经经历了若干个具体的发展阶段,还要继续经历若干个具体的发展阶段。"①显然,对社会主义初级阶段规律性认识的深度把握,必然首先反映为对这一阶段的历史分期及其对各个具体阶段的深刻认识和了解。对于马克思主义而言,"源于实践的理论并不是消极地反映现实,而是以其既'合目的'又'合规律'的思想对现实进行批判性的反思、规范性的矫正和理想性的引导。"②讨论社会主义初级阶段内部的阶段划分,决不仅仅出于理论完善的需要,更是为了基于对现实矛盾的深入分析以寻求解决矛盾之道。

其二,社会主义初级阶段终结之后社会发展阶段的问题。当我们说中国特色社会主义是社会主义时,一方面,需要经受一系列具有现实合理性的因素的社会主义属性的追问和检验,由此承认社会主义初级阶段的某些制度和体制安排与未来社会相比较所呈现出的不完善性;另一方面,也需要批判那些用一些只具有社会主义初级阶段合理性的因素重新定义和解释社会主义,或者用只具有现实合理性的某些制度和体制安排否定社会主义方向的种种错误观点。因此,不仅需要对于社会主义初级阶段的丰富性有战略性的分析,更需要对社会主义现代化基本实现后的未来有战略性的考量。社会主义在中国的确立和发展是历史、现实和未来的有机统一,需要基于社会主义不同发展阶段的统一来把握社会主义事业的前途命运。这种前瞻性的思考不仅具有高扬理想和昭示方向的现实意义,更为重要的是,进一步明确社会主义是一个逐步完善和巩固的过程而不是相反。

其三,社会主义初级阶段与共产主义的内在关联的问题。在 1992 年南方谈话中,邓小平指出:"我们搞社会主义才几十年,还处在初级阶

---

① 江泽民:《论"三个代表"》,中央文献出版社 2001 年版,第 29 页。
② 孙正聿:《历史唯物主义与哲学基本问题》,载《哲学研究》2010 年第 5 期。

段。巩固和发展社会主义制度,还需要一个很长的历史阶段,需要我们几代人、十几代人,甚至几十代人坚持不懈地努力奋斗,决不能掉以轻心。"①对于这一重要论断,需要辩证地加以解读。有人认为,社会主义初级阶段既然如此漫长,共产主义更是遥不可及。这是一个有意或无意的严重误读,其实为共产主义渺茫论提供了依据。社会主义初级阶段的提出,没有割裂社会主义初级阶段与社会主义进而与共产主义的内在关联,没有割裂中国特色社会主义事业与共产主义伟大事业的内在关联。巩固和发展社会主义制度,意味着我们每一天的努力都是在向共产主义成熟形态靠近。马克思始终强调理论与实践的一致性:"光是思想力求成为现实是不够的,现实本身应当力求趋向思想。"②对于中国共产党而言,唯一要做的事情就是在实践中向共产主义的成熟形态一步一步靠近。

---

① 《邓小平文选》第 3 卷,人民出版社 1993 年版,第 379—380 页。
② 《马克思恩格斯选集》第 1 卷,人民出版社 1995 年版,第 11 页。

第七章　改革开放年代的中国社会（二）

　　继 1978 年之后,1992 年和 2001 年是改革开放以来两个重要的年份。1978 年的意义是开启了中国改革开放的历史进程,1992 年则标志中国社会主义与市场经济的结合进入实质性探索的历史阶段,与之相联系的 2001 年加入世界贸易组织的举动,表明中国社会已经全面而深入地在全球化的条件下探索自己的现代化道路。从一定意义上说,这是社会主义与资本主义的亲密接触,尽管立意是取其利避其害,但道路的探索从一开始起就非一帆风顺,成绩与代价并存。在经过一段艰辛的跋涉后,中国特色社会主义开始面临一系列越来越多的矛盾和问题,社会主义初级阶段的复杂性由此全面而丰富地展开。

一、社会主义与市场经济

1. 市场与未来社会

　　商品经济以及作为商品经济极度发展的市场经济,从其一般意义上而言,指的是为交换的目的而进行生产并经过交换而实现其价值的经济。不同社会形态下的商品经济,都有其各自的特殊性。基于交换关系的视角,马克思将人类社会的发展史划分为自然经济、商品经济和产品经济三大历史阶段。显然,马克思设想的未来社会所对应的是超越了商品经济的产品经济的历史阶段。

任何一个社会都存在着按比例分配劳动的规律,在马克思所描述的三大历史阶段中,这一规律始终发挥作用。马克思和恩格斯对这一论点的具体解释是:"要想得到和各种不同的需要量相适应的产品量,就要付出各种不同的和一定量的社会总劳动量。这种按一定比例分配社会劳动的必要性,决不可能被社会生产的一定形式所取消,而可能改变的只是它的表现形式,这是不言而喻的。"①在社会劳动的联系体现为个人劳动产品的私人交换的社会制度下,这种按比例分配劳动所借以表现的形式,是这些产品的交换价值。在这种条件下,社会劳动按比例分配的规律表现为价值规律。但是,马克思所设想的未来社会中,这一规律的表现形式发生了重大改变,对市场的驱除就是其典型的表现。当人类进入共产主义社会后,由于社会占有了全部生产资料,劳动者与物的生产条件在全社会范围内就可以实现直接结合,整个社会成为一个经济主体,所有的生产、分配、消费都将在同一经济主体内部完成。生产要素和产品的流动,都不会发生所有权的变化。这样,每个劳动者的个别劳动直接成为社会劳动,不再需要经过商品和货币的形式。马克思对此有着明确的论述:"在一个集体的、以生产资料公有为基础的社会中,生产者不交换自己的产品;用在产品上的劳动,在这里也不表现为这些产品的价值,不表现为这些产品所具有的某种物的属性,因为这时,同资本主义社会相反,个人的劳动不再经过迂回曲折的道路,而是直接作为总劳动的组成部分存在着。"②马克思和恩格斯认为,只有到了共产主义社会,社会按比例分配劳动的规律才以其本来面貌表现出来,它"表现为社会直接按比例分配劳动量,表现为直接以劳动本身的自然尺度——劳动时间的

---

① 《马克思恩格斯选集》第 3 卷,人民出版社 1995 年版,第 303 页。
② 《马克思恩格斯选集》第 4 卷,人民出版社 1995 年版,第 580 页。

分配来调节社会的生产"。①

对市场的超越与对动物的生存状态的超越是一致的。共产主义对资本主义的超越意味着人从动物的生存状态进入真正的人的生存状态。对于资本主义社会中的市场,马克思和恩格斯的言辞中表达了批判和贬抑的情绪。他们认为,资本主义社会中市场的残酷竞争导致人的生存条件与动物的生存条件相提并论。"这是从自然界加倍疯狂地搬到社会中来的达尔文的个体生存斗争。动物的自然状态竟表现为人类发展的顶点。"②"达尔文并不知道,当他证明经济学家们当作最高的历史成就加以颂扬的自由竞争、生存斗争是动物界的正常状态的时候,他对人们,特别是对他的同胞作了多么辛辣的讽刺。"③当然,这种道德谴责基于对市场的科学评价之上,马克思和恩格斯认为,资本主义的市场经济最终是要被超越的。在他们看来,共产主义要消灭的不仅是资产阶级的生产关系和资产阶级,还要消灭买卖。因为只有一个有计划地从事生产和分配的自觉的社会生产组织,才能在社会方面把人从其余的动物中提升出来。"一旦社会占有了生产资料,商品生产就将被消除,而产品对生产者的统治也将随之消除。社会生产内部的无政府状态将为有计划的自觉的组织所代替。个体生存斗争停止了。于是,人在一定意义上才最终脱离了动物界,从动物的生存条件进入真正人的生存条件。"④

总体而言,马克思和恩格斯所设想的未来社会是排斥商品、货币和市场的。因此,无论是"市场经济"的概念还是"社会主义市场经济"的概念,在马克思关于未来社会的设想中都是不存在的。

2. 市场与社会主义:从列宁到毛泽东

市场的去留成为 20 世纪初社会主义实践首先遭遇的问题。列宁一

---

① 参见李延明《马克思恩格斯的未来世界——科学共产主义原理》,安徽人民出版社 2006 年版,第 54 页。
② 《马克思恩格斯选集》第 3 卷,人民出版社 1995 年版,第 747 页。
③ 《马克思恩格斯选集》第 4 卷,人民出版社 1995 年版,第 275 页。
④ 《马克思恩格斯选集》第 3 卷,人民出版社 1995 年版,第 633 页。

度试行的战时共产主义政策的实践,在一定意义上是对马克思关于未来社会设想的遵循。1918 年春,列宁明确要求对主要生产资料进行国有化的同时,也提出"对千百万人生存所必需的产品进行有计划的生产和分配"①,开始建立国家计划生产和计划分配的实践。在战时共产主义政策的实践遭遇挫折后,列宁清醒地认识到直接驱除市场的非现实性。他告诫全党:"试图完全禁止、堵塞一切私人的非国营的交换的发展,即商业的发展,即资本主义的发展,而这种发展在有千百万小生产者存在的条件下是不可避免的。一个政党要是试行这样的政策,那它就是在干蠢事,就是自杀。"②"我们计划(说我们计划欠周到地设想也许较确切)用无产阶级国家直接下命令的办法在一个小农国家里按共产主义原则来调整国家的产品生产和分配,现实生活说明我们错了。"③1921 年起,苏维埃政府把余粮收集制改变为粮食税制,同时帮助私人小工业、小商品生产合作社进行恢复和发展,并以租让制、合作制、代购代销等形式发展国家资本主义经济。一年以后经济得到了恢复。需要强调的是,实行新经济政策,恢复商品生产和交换,在列宁看来,其目的是"用所谓'新的迂回方法'来夺取一些阵地,实行退却,以便更有准备地再转入对资本主义的进攻"④。即使意识到禁止商业发展的政策在当时条件下是行不通的死路,列宁依然是将商业、市场与资本主义画等号的,这一观点并没有因改行新经济政策而有所改变。他始终坚持认为:"只要还存在着市场经济,只要还保持着货币权力和资本力量,世界上任何法律都无法消灭不平等和剥削。只有建立起大规模的社会化的计划经济,一切土地、工厂、工具都转归工人阶级所有,才可能消灭剥削。"⑤

---

① 《列宁选集》第 3 卷,人民出版社 1995 年版,第 477 页。
② 《列宁选集》第 4 卷,人民出版社 1995 年版,第 504 页。
③ 同上书第 4 卷,第 570 页。
④ 同上书第 4 卷,第 619—620 页。
⑤ 《列宁全集》第 13 卷,人民出版社 1987 年版,第 124 页。

可见,在对待市场的态度上,列宁始终没有更改过马克思的观点。市场经济被作为非社会主义因素以至于后来人们将市场经济简单地等同于资本主义并流行开来,并不是没有理由的。如西方经济学家中最先使用这一说法的米塞斯,在 1920 年发表的《社会主义制度下的经济计算》一文中就指出:"如果没有企业家(包括股票持有者)对利润、地主对地租、资本家对利息和劳动者对工资的追求,那么整个市场机制就不可能成功地运转。""问题仍然是二者必居其一,要么是社会主义,要么是市场经济。"[①]市场经济—资本主义、计划经济—社会主义的说法,实际上演变为一种简单明了的两种不同社会制度的划分。虽然将市场与资本主义等同并将新经济政策视为一种"迂回",但是列宁意识到了市场在走向社会主义中的重要意义,无疑也蕴涵着"利用市场"的主观立意。新经济政策的实质在于"承认商品交换、市场机制的必然存在,并且通过国家调节下的市场来组织整个经济运行,以市场关系为桥梁走向社会主义建设的康庄大道"[②]。然而,由于各种主客观条件的限制和影响,"市场经济—资本主义、计划经济—社会主义"划分的思维模式逐渐固化,"利用市场"恰恰为后来 20 世纪的社会主义历史实践者所忽略。

历史的事实是,苏联建立起的社会主义计划经济体制,一方面,并不是消除了商品货币形式的计划经济,从而与马克思主义创始人所言的共产主义条件下的计划调节有着显著差别。因为在马克思和恩格斯看来,"计划调节概念是一种排斥交换价值形式即排斥商品和货币形式的劳动直接分配的概念。"[③]同时,由于各个经济主体相对独立,苏联又存在着不完全的商品交换关系,市场虽然存在,但价格并不是通过市场自然形成的,在相当大程度上受到政府计划的限制,从而又与资本主义条件下的

---

① 《现代国外经济学论文选》第 9 期,商务印书馆 1985 年版,第 64 页。

② 张阳升:《市场经济与社会主义兼容的可能性——一种纯学说史考察》,载《马克思主义与现实》2000 年第 5 期。

③ 参见李延明《马克思恩格斯的未来世界——科学共产主义原理》,安徽人民出版社 2006 年版,第 54 页。

市场经济有着原则区别。因为在资本主义条件下,作为社会经济运行方式的市场经济,是由市场机制(以价格机制为核心)配置社会经济资源的经济。依照马克思主义社会形态学说,即使宣布实行计划经济的社会主义国家,所建立的并不是产品经济形态,而是以计划调节基本替代市场调节的商品经济形态。

在当时的历史条件下,中国等社会主义国家基本上以苏联社会主义模式为样板,建立了高度集中的以行政指令为主的、排斥市场机制的计划经济体制。在关于市场与社会主义关系的问题上,可以说,毛泽东的探索为新中国后来选择社会主义市场经济体制埋下了深深的伏笔。他首先基于中国的生产力水平和社会主义初步实践的历史经验,认识到商品生产和交换的现实性。在读斯大林《苏联社会主义经济问题》时,毛泽东指出,"商品生产的命运,最终和社会生产力的水平有密切关系。""即使是过渡到了单一的社会主义全民所有制,如果产品还不很丰富,某些范围内的商品生产和商品交换仍然有可能存在。"[1]其次,毛泽东认为商品生产具有不同的社会属性,并不能简单地将商品生产确定为资本主义的因素。他指出:"不能孤立地看商品生产,要看它与什么经济相联系。商品生产和资本主义相联系,是资本主义商品生产;商品生产和社会主义相联系,是社会主义商品生产。""我国现在的情况是,已经把生产资料的资本主义所有制变成了全民所有制,已经把资本家从商品生产和商品流通中排挤出去,现在在商品生产和商品流通领域中占统治地位的是国家和人民公社,这同资本主义的商品生产和商品流通是有本质差别的。"[2]再次,毛泽东还认为两种不同社会属性的商品生产的目的根本不同。他指出:"我们发展商品生产,不是为了利润,而是为了满足社会需要,为了五亿农民,为了巩固工农联盟,为了引导五亿农民从集体所有制过渡到全民所有制。在这方面,商品生产还是一个有利的工具,这点应

---

[1] 中华人民共和国国史学会编:《毛泽东读社会主义政治经济学批注和谈话》(简本),载《国史研究学习资料》,2000年,第33页。

[2] 同上书,第26、25页。

当肯定,我们应当充分利用这个工具。"①不过,在相当长的一个历史时期内,毛泽东的这些理论思考并没有很好地转化为实践。

3. 邓小平社会主义市场经济论的提出

虽然建立了社会主义基本制度,但从交换关系的角度看,中国社会依然处于商品经济形态时期。只要有商品经济,就会存在市场的自发调节。和苏联一样,新中国长期以来实行的计划经济,其实质决非是产品经济替代了商品经济,只是计划调节在很大程度上抑制和替代了市场调节,这种抑制和替代虽然在一定的历史条件下发挥了积极作用,但随着历史条件的变化其弊端也不断呈现出来,对生产力的快速发展带来了不利的影响。对于计划经济的利与弊,邓小平有一番精辟的解释:"社会主义同资本主义比较,它的优越性就在于能做到全国一盘棋,集中力量,保证重点。缺点在于市场运用得不好,经济搞得不活。计划与市场的关系问题如何解决? 解决得好,对经济的发展就很有利,解决不好,就会糟。"②如何正确认识和处理计划与市场的关系,成为改革开放条件下我们党进行经济体制改革面临的一个重要问题。

强化市场因素的意义和作用,是邓小平和陈云等党的领导人在交换关系领域改革的共同取向。1979 年 11 月,邓小平在接见美国《大不列颠百科全书》副总编吉布尼时就指出:"说市场经济只限于资本主义社会,只有资本主义的市场经济,这肯定是不正确的,社会主义为什么不可以搞市场经济,这个不能说是资本主义。我们是计划经济为主,也结合市场经济,但这是社会主义的市场经济。""市场经济不能说只是资本主义的。市场经济,在封建社会时期就有了萌芽。社会主义也可以搞市场经济。"③陈云指出:"1917 年后苏联的经济计划和 1949 年后的中国经济计

---

① 中华人民共和国国史学会编:《毛泽东读社会主义政治经济学批注和谈话》(简本),《国史研究学习资料》,2000 年,第 28 页。
②《邓小平文选》第 3 卷,人民出版社 1993 年版,第 16—17 页。
③《邓小平文选》第 2 卷,人民出版社 1994 年版,第 236 页。

划,都是按照马克思所说的有计划按比例办事的。当时苏联和中国这样做是完全对的,但是没有根据已经建立社会主义经济制度的经验和本国生产力发展的实际状况,对马克思的原理(有计划按比例)加以发展,这就导致现在计划经济中出现的缺点。六十年来,无论苏联或中国的计划工作制度中出现的主要缺点:只有'有计划按比例'这一条,没有社会主义制度下还必须有市场调节这一条。"①在他看来,在整个社会主义时期,必须有两种经济,即"(1)计划经济部分(有计划按比例的部分);(2)市场调节部分(即不作计划,只根据市场供求的变化进行生产,即带有盲目性调节的部分)"②。市场经济作用的不断强化,成为改革开放以来中国共产党人摆脱苏联经验和苏联模式探求中国特色社会主义发展道路的一个重要方面,也是我们回顾20世纪新中国改革开放史的一个重要线索。

在邓小平看来,在市场经济作为方法和手段的层次上,社会主义与资本主义没有本质的不同,但社会主义市场经济与资本主义市场经济存在着根本区别。这实际上涉及对社会主义市场经济的特殊本质和特殊运动规律的思考。概括而言,社会主义市场经济的特殊性具体体现在以下两个主要方面。

第一,社会主义市场经济所联系的是社会主义初级阶段的经济基础和上层建筑。与资本主义市场经济比较,这主要是就社会主义市场经济的外部条件的特殊性而言的。邓小平指出,社会主义的市场经济"虽然方法上基本上和资本主义社会的相似,但也有不同,是全民所有制之间的关系,当然也有同集体所有制之间的关系,也有同外国资本主义的关系,但是归根到底是社会主义的,是社会主义社会的"③。在他看来,由于社会主义只是利用市场经济这种方法来发展社会生产力,并不等于实行资本主义,只要在改革中坚持公有制经济始终占主体地位和发展经济走共同富裕的道路,始终避免两极分化,就"不会影响整个社会主义,不会

① 《陈云文选》第2卷,人民出版社1995年版,第244页。
② 同上书第2卷,第247页。
③ 《邓小平文选》第2卷,人民出版社1994年版,第236页。

重新回到资本主义"①。邓小平在晚年概括指出:"社会主义市场经济优越性在哪里？就在四个坚持。"②这可以认为是对社会主义市场经济与资本主义市场经济本质区别的经典论述。江泽民也强调:"我们搞的市场经济,是同社会主义基本制度紧密结合在一切的。如果离开了社会主义基本制度,就会走向资本主义。"社会主义市场经济中的"'社会主义'这几个字是不能没有的,这并非多余,并非'画蛇添足',而恰恰相反,这是'画龙点睛'。所谓'点睛',就是点明我们市场经济的性质"。"西方市场经济符合社会化大生产、符合市场经济一般规律的东西,毫无疑义,我们要积极学习和借鉴,这是共同点;但西方市场经济是在资本主义制度下搞的,我们的市场经济是在社会主义制度下搞的,这是不同点,而我们的创造性和特色也就体现在这里。"③

第二,社会主义市场经济中市场与计划相辅相成。与资本主义市场经济比较,这主要是就交换关系内部资源配置因素的特殊性而言的。邓小平在改革开放过程中一直强调计划经济要与市场经济相结合。1980年1月,邓小平指出:合乎中国实际的、能够快一点、省一点的道路的主要内容之一是"计划调节和市场调节相结合"④。1985年10月,他指出:"社会主义与市场经济不存在根本矛盾。""把计划经济和市场经济结合起来,就更能解放生产力,加速经济发展。"⑤1989年6月,邓小平明确指出:"要继续坚持计划经济与市场调节相结合,这个不能改。在实际工作中,在调整时期,我们可以加强或者多一点计划性,而在另一个时候多一点市场调节,搞得更灵活一些。以后还是计划经济与市场调节相结合。"⑥在建立社会主义市场经济体制的过程中,江泽民认为:"我国是社

①《邓小平文选》第2卷,人民出版社1994年版,第236页。
②《邓小平年谱(1975—1997)》(下),中央文献出版社2004年版,第1363页。
③ 江泽民:《论社会主义市场经济》,中央文献出版社2006年版,第202—203页。
④《邓小平文选》第2卷,人民出版社1994年版,第246—247页。
⑤《邓小平文选》第3卷,人民出版社1993年版,第148—149页。
⑥ 同上书第3卷,第306页。

会主义国家,应该而且也更有条件搞好宏观调控。"①"国家宏观调控和市场机制的作用,都是社会主义市场经济体制的本质要求,二者是统一的,是相辅相成、相互促进的。"②从交换关系的角度看,社会主义与市场经济的结合,就是国家宏观调控和市场机制的结合。这里的"宏观调控"所指的就是计划调节。一方面,要使我国经济充满活力和富有效率,必须充分发挥市场在资源配置中的基础性作用,"凡是应当由市场调节的经济活动,要进一步放开放活,激发经济活力"③;另一方面,要克服市场自身存在的盲目性、自发性和滞后性等弱点和消极方面,必须充分发挥宏观调控的作用,"微观经济越放开,市场化进程越快,要求宏观调控越有力和灵活有效。"④通过两者的有机结合,将计划和市场的优点的一面发挥出来,将两者的弱点的一面加以克服,以求得公平与效率相得益彰的效果。江泽民颇有信心地指出,我国的社会主义市场经济,"既可以发挥市场经济的优势,又可以发挥社会主义制度的优越性,在处理市场机制和宏观调控、当前发展和长远发展、效率和公平等关系方面,应该比西方国家做得更好、更有成效。"⑤这一论述既是建立社会主义市场经济体制的初衷,也是社会主义市场经济内在的特殊本质,并反映为社会主义市场经济体制的建设要求。

4. 社会主义市场经济辨析

　　从列宁以新经济政策替代战时共产主义政策,到中国提出建立社会主义市场经济,这两个选择蕴涵着深刻的必然性和历史关联。尽管马克思在关于未来社会的设想中并没有包含有市场的因素,但是他在晚年关于东方社会发展道路的设想赋予东方国家利用市场机制走向和建设社

---

① 江泽民:《论社会主义市场经济》,中央文献出版社 2006 年版,第 159 页。
② 同上。
③《江泽民文选》第 1 卷,人民出版社 2006 年版,第 467 页。
④ 同上书第 1 卷,第 468 页。
⑤ 同上书第 1 卷,第 467 页。

会主义的启示。基于唯物史观的理论和方法,陆续走上社会主义道路的经济文化相对落后的国家,由于尚未完成资本主义历史阶段现代化的任务,因此普遍面临集中主要力量尽快发展生产力、为社会主义奠定物质基础的现实任务。对于这些国家而言,在西方资本全球扩张的历史条件下,正确而合理地发挥市场机制的作用,是获取西方资本主义所创造的肯定性文明成果的重要手段。从人类社会发展规律的高度看,这是经济文化相对落后的社会主义国家实现现代性的内在超越,建构新的现代性的必由之路。但是,无论在理论上还是在实践上,苏联并没有关于在社会主义条件下建设和发展市场方面的思考与探索。这不能不认为是一重大缺憾。

由于苏联社会主义模式的长期影响,中国市场经济与社会主义结合起来的道路的选择并不轻而易举。改革开放以来社会主义市场经济理论和实践的探索过程表明,中国共产党自觉运用这一手段是一个异常艰难的过程。在邓小平的许多论述中,可以发现他在消除计划经济等于社会主义、市场经济等于资本主义的思维定势的影响方面所作出的积极努力。邓小平反复强调,市场经济不等于资本主义,计划经济不等于社会主义。"为什么一谈市场就说是资本主义,只有计划才是社会主义呢?计划和市场都是方法嘛。只要对发展生产力有好处,就可以利用。它为社会主义服务,就是社会主义的;为资本主义服务,就是资本主义的。"①这些论述充分说明,邓小平一直试图让全党懂得,市场经济与现实社会主义的关系并不是想象的那样水火不容。

社会主义市场经济理论一经提出,社会主义市场经济与资本主义市场经济之间的概念辨析就成为首先需要解决的问题。由此需要澄清关于市场经济三个层次的认识:第一个层次——作为资源配置手段的市场经济。当邓小平说"计划多一点还是市场多一点,不是社会主义与资本主义的本质区别。计划经济不等于社会主义,资本主义也有计划;市场

---

① 《邓小平文选》第 3 卷,人民出版社 1993 年版,第 203 页。

经济不等于资本主义,社会主义也有市场。计划和市场都是经济手段"①时,这里,他基本上是将市场作为方法和手段来讨论它之于建设社会主义的意义的。对于属于资源配置手段范畴的市场经济而言,资本主义条件下的市场经济与社会主义条件下的市场经济并无任何差异。第二个层次——作为经济体制的市场经济。建立社会主义市场经济体制任务的提出,标志着与资本主义市场经济体制所不同的一种经济体制探索的开始。市场作为一种经济运行手段,一旦和某种所有制关系相联系作为经济体制而存在,那么,社会主义市场经济就与资本主义市场经济存在着原则的区别,内在地具有与资本主义市场经济所不同的特殊规律。第三个层次——市场经济作为商品经济形态的意义。当邓小平讨论市场之于现实社会主义的意义时,他可能并没有完全意识到,社会主义与市场经济的结合正在创造一种新的商品经济形态。倘若基于交换关系的视角,市场经济发展到一定阶段,由社会主义与市场经济相结合建构起的社会主义市场经济形态,就形成了与资本主义市场经济形态共时存在的另一种商品经济形态。

社会主义市场经济体制建立和完善的过程,也是探索社会主义市场经济特殊规律的过程。正如有学者所指出的:"社会主义市场经济对于社会主义国家来说,是一个全新的事业。我国进行社会主义市场经济建设已经有十多年了,积累了许多经验,但也存在不少问题,需要在实践过程中,不断地进行研究和创新,探索它不同于其他市场经济运行的特殊规律和特殊运行方式,这对于我们完善社会主义市场经济体制是必不可少的。"②邓小平提出社会主义市场经济理论的意旨,在于将计划调节和市场调节有机统一起来,革除计划经济体制的弊端,更快地发展社会生产力。这就在严格区分作为手段的市场经济与作为经济体制的市场经济的基础上,明确了社会主义市场经济体制建设的原则和方向。具体而

①《邓小平文选》第 3 卷,人民出版社 1993 年版,第 373 页。
② 罗文东:《坚持、发展、研究、创新马克思主义——靳辉明教授学术思想述要》,载《高校理论战线》2007 年第 6 期。

言,即在所有制结构上,坚持以公有制经济为主体,个体经济、私营经济和其他经济成分为补充,多种成分共同发展;在分配制度上,坚持以按劳分配为主体,其他分配方式为补充;在经济运行机制上,把市场经济和计划经济的长处结合起来,充分发挥各自的优势作用,促进资源的优化配置,合理调节社会分配。显然,这一探索的理论意义和实践意义是极其重大的,既是社会主义理论的重大创新,也决定了 21 世纪中国特色社会主义的前途命运。

二、建立社会主义市场经济体制时期的中国社会(1992—2001)

1992 年中共十四大指出,我国经济体制改革确定什么样的目标模式,是关系整个社会主义现代化建设全局的一个重大问题。而这个问题的核心,是正确认识和处理计划与市场的关系。这次大会明确提出,我国经济体制改革的目标是建立社会主义市场经济体制,以利于进一步解放和发展生产力。交换关系领域发生的这一重大变化,是将 1992 年作为社会主义初级阶段一个新起点的根据所在。

1. 交换关系状况

1992 年中共十四大明确提出,"我国经济体制改革的目标是建立社会主义市场经济体制,以利于进一步解放和发展生产力。""我们要建立的社会主义市场经济体制,是要使市场在社会主义国家宏观调控下对资源配置起基础性作用,使经济活动遵循价值规律的要求,适应供求关系的变化;通过价格杠杆和竞争机制的功能,把资源配置到效益好的环节中去,并给企业以压力和动力,实现优胜劣汰;运用市场对各种经济信号反应比较灵敏的优点,促进生产和需求的及时协调。"1993 年,八届全国人大一次会议通过修改宪法,把"国家在社会主义公有制基础上实行计划经济",改为"国家实行社会主义市场经济"。建立社会主义市场经济体制的实践全面而深入地展开了。

1993 年 11 月召开的中共十四届三中全会通过的《关于建立社会主义市场经济体制若干问题的决定》中,清晰地展现出社会主义市场经济体制的基本框架。提出建立以公司作为组织形式的现代企业制度,现代企业制度的基本特征是产权清晰、权责明确、政企分开、管理科学。这样,对国有大中型企业进行有计划的公司化改造,就成为国有企业改革的主要途径。从 1994 年开始,国家经贸委、国家体改委选择 100 家国有企业进行试点。截至 1996 年底,百户试点企业改革开始实施。这一期间国有大中型企业改革的进展,并不限于上述百户建立现代企业制度的试点和上海市在这方面的改革,大量的还表现为股份制企业(包括责任有限公司和股份有限公司)的发展。截至 1996 年底,全国股份制企业已达到 3.6 万家。其中有限责任公司 2.68 万家,以国有企业为主改建或新设的股份有限公司 9200 多家,股本总额约 6000 亿元,从业人员约 750 万人。9200 多家股份有限公司固定资产平均余额约为 5300 多亿元,分别占全国工业企业固定资产净值平均余额的 13.6%,占全国国有工业企业的 20.6%,占全国国有大中型企业的 24.9%。[①] 之后,在培育和发展多元化投资主体,推动政企分开和企业转换经营机制方针的指引下,国有大中型企业实行规范的公司制改革不断深入。

从 1993 年到 1998 年,以国有企业改革为重点,配套推进了经济改革和市场发育,并且取得了显著进展。在市场发育方面,据有关资料,到 1996 年,全国商品交易市场已达到 90 121 个,其中,消费品市场 85 391 个,生产资料市场 4730 个。工业消费品批发市场 2417 个,农副产品批发市场 3844 个。这一年全国要素市场达到 1004 个。[②] 计划和价格体制的改革继续朝着缩小国家行政指令范围的方向前进,财政和金融体制改革也取得了突破性的进展。在财政税收管理体制方面,改变了过去 10 多年实行的地方财政包干制度,实行在合理划分中央和地方事权的基础

---

① 参见汪海波《中华人民共和国工业经济史(1949 年 10 月—1998 年)》,山西经济出版社 1998 年版,第 719 页。
② 参见同上书,第 738 页。

上的分税制。在金融体改革上有三个方面取得了重大进展：一是把中国人民银行办成真正的中央银行，使它能够独立执行货币政策，有效调控货币流通量，保持币值稳定；二是实行政策性银行和商业性银行职能的分离；三是实行专业银行向商业银行转变。这几项改革初步奠定了适应社会主义市场经济要求的宏观经济体制的基本框架。与此同时，在劳动、工资和社会保障制度的改革方面，也由于建立社会主义市场经济体制和现代企业制度的客观要求而逐步深入。

中共十四大报告指出，市场是在社会主义国家宏观调控下对资源配置起基础性作用的。要看到市场有其自身的弱点和消极方面，必须加强和改善国家对经济的宏观调控。中共十四届三中全会通过的《关于建立社会主义市场经济体制若干问题的决定》，比较全面地阐述了建立宏观调控体系的问题。它明确宏观调控的任务是，"保持经济总量的基本平衡，促进经济结构优化，引导国民经济持续、快速、健康发展，推动社会全面进步"。主要手段是采取经济办法，在财税、金融、投资和计划体制的改革方面迈出重大步伐，建立计划、金融、财政之间相互配合和相互制约的机制，加强对经济运行的综合协调。宏观调控手段强调以经济手段为主，各种手段不仅要"相互配合"，而且还要"相互制约"。

但是，宏观调控体系的初步建立却是在市场经济的缺陷显现之后。从 1992 年开始，工业和整个国民经济过热状态进一步加剧，对经济的正常运行造成严重威胁。主要表现在：货币过量投放，金融秩序混乱；投资需求和消费需求都出现膨胀趋势；财政困难加剧；工业增长速度越来越快，基础设施和基础工业的"瓶颈"制约进一步强化；出口增长乏力，进口增长过快，国家外汇结存下降较多，物价上涨越来越快，通货膨胀呈现加速之势。经济发展的再次过热，暴露出与市场经济相适应的宏观调控体系建设严重滞后的问题。

1993 年 6 月 24 日，中共中央、国务院发出了《关于当前经济情况和加强宏观调控的意见》。《意见》指出，我国经济在继续大步前进中，也出现了一些新的矛盾和问题，某些方面的情况还比较严峻。在解决问题时,要切实贯彻在经济工作中要抓住机遇,加快发展,同时要注意稳妥,避免损失,特别要避免大的损失的指导思想,把加快发展的注意力集中到深化改革、转换机制、优化结构、提高效益上来。文件提出了严格控制货币发行、稳定金融形势等 16 条加强和改善宏观调控的措施。在宏观调控过程中,一方面控制固定资产投资规模过快增长,从而减少货币发行,促使物价降下来;另一方面大力加强农业,加强基础设施和基础产业,调整经济结构,增加有效供给,使总量平衡状况逐步改善。经过三年多的努力,到 1996 年,中国经济成功地实现了"软着陆",既有效地抑制了通货膨胀,使商品零售价格涨幅从最高峰 1994 年 10 月的 25.2% 降低到 1996 年 12 月的 4.4%;又保持了经济的较快速度的增长,1996 年国内生产总值增长率仍达 9.7%,避免了经济的大起大落。①

通过这次宏观调控成功的实践,一个适应中国社会主义市场经济的宏观调控体系开始初步形成。

2. 生产关系的变化

以邓小平 1992 年初南方谈话和 1992 年 10 月中共十四大召开为标志,中国的改革开放和现代化建设事业进入一个新的历史阶段。这一历史阶段的新变化表现在生产关系领域就是,私有制经济在再生恢复的基础上进一步快速发展,1992 年也成为改革开放以来私有经济发展历程的一个重要节点。形成这一态势的上层建筑因素,一是邓小平南方谈话中提出了有关判断姓"社"还是姓"资"的"三个有利于"标准②,二是中共十四大提出了以公有制包括全民所有制和集体所有制为主体,个体经济、

---

① 参见中华人民共和国国史学会编写《新中国国史教育干部读本》,长春出版社 1999 年版,第 559 页。

② 邓小平 1992 年春在武昌等地的讲话中指出:"改革开放迈不开步子,不敢闯,说来说去就是怕资本主义的东西多了,走了资本主义道路。要害是姓'资'还是姓'社'的问题。判断的标准,应该主要看是否有利于发展社会主义社会的生产力;是否有利于增强社会主义国家的综合国力,是否有利于提高人民的生活水平。"参见《邓小平文选》第 3 卷,人民出版社 1993 年版,第 372 页。

私营经济、外资经济为补充,多种经济成分长期共同发展,不同经济成分还可自愿实行多种形式的联合经营的方针。

1997年中共十五大明确提出:"公有制为主体、多种所有制经济共同发展,是我国社会主义初级阶段的一项基本经济制度。""非公有制经济是我国社会主义市场经济的重要组成部分。对个体、私营等非公有制经济继续鼓励、引导,使之健康发展。"1999年九届全国人大二次会议修改后的宪法指出:"在法律规定范围内的个体经济、私营经济等非公有制经济,是社会主义市场经济的重要组成部分。""国家保护个体经济、私营经济的合法的权利和利益。国家对个体经济、私营经济实行引导、监督和管理。"这无疑又以根本大法的形式对个体经济和私营经济的合法地位予以了确认。1999年8月30日,《中华人民共和国个人独资企业法》出台。以此为标志,我国关于私营经济三种主要形式——独资企业、合伙企业、有限责任公司——的主体法律已经基本完备。我国多年来将雇工7人以下的个人经济组织划为个体工商户,将雇工8人以上的私人经济组织划定为私营企业。新的个人独资企业法明确规定,有必要的从业人员以及有出资、有合法的企业名称、有固定的生产经营场所等,就可以申请注册为个人独资企业。这样,雇工就没有了7个或8个的划分界限。

20世纪80年代和90年代初,在贷款、税收、购销以及人事管理等各方面还存在着对私营企业的一些限制性做法。当时私营企业主对于多种所有制经济并存的政策尚有较大疑虑,因此相当一部分私营企业纷纷挂靠乡镇集体企业(戏称戴"红帽子",其实还有挂靠学校为"校办企业"、挂靠民政部门为"福利企业"等,花样百出,不一而足),或设法造成合资假象(称为戴"洋帽子"),有的不愿登记为私营企业而诡称"个体户"(所谓戴"小帽子")。据国家工商行政管理局抽样调查的结果表明,企业资产51%以上为私人所有的"假集体"企业占集体企业总数的20.8%。由此推算,当时全国实有的"假集体"企业相当于私营企业登记户数的2倍。[1]

---

① 参见刘应杰《我国个体私营经济的发展及其问题》,载《内部文稿》1999年第15期。

可以认为,当以公有制为主体、多种所有制经济共同发展作为中国社会主义初级阶段的一项基本经济制度,并把私有制经济作为中国社会主义市场经济的重要组成部分以宪法的形式予以确认后,私有制经济实际上就基本获得了生存和发展所必需的全部条件和强大的政治保障。

私营经济在法律上得到平等地位以后,许多私营企业又要求重新明确产权,脱帽还其本来面目。有调查显示:"摘帽"时间发生在1989—1991年的占12.3%,1992—1996年的占48.1%,1997年以来摘帽的占39.6%。"戴帽"策略,对于这些私营企业来说曾是一种成功的策略,由于躲在各种"帽子"后面,得到保护和便利,比没有戴过帽子的发展得更快更顺利。无论是规模还是经济效益,前者一般都超过后者。据《浙江日报》1999年9月14日报道,仅浙江省台州一地,九届全国人大二次会议后,就有208家私营企业主消除顾虑,纷纷要求"摘帽",申请办理变更登记手续,恢复私营本来面目。[1]

有统计资料显示,"八五"期间,私营企业和个体工商户的总户数年平均增幅分别达到46.2%和13.7%。其中1993年和1994年私营企业总户数年平均增幅分别高达70.4%和81.6%。到1997年,中国有私营企业96.1万户,个体工商户285.09万户,分别是1990年的9倍和1倍以上。[2] 2000年,经工商部门注册的全国私营企业达到176.18户,注册资本13 307.69亿元。个体工商户达到2571.36万户,注册资本3315.26亿元。[3] 1989—2001年,中国实际利用外商直接投资规模由33.9亿美元增加到468.8亿美元,增长了12.8倍,年均增长24.4%,连续9年居发展中国家首位。[4]

这一时期,国有企业的产权变革也促进了私营经济在整个国民经济

---

① 参见《报刊文摘》1999年9月20日。

② 参见国务院发展研究中心"促进多种经济成分协调发展"课题组《私营个体经济的发展现状及在国民经济中的地位》,载《经济工作者学习资料》1999年第32期。

③ 参见《中华工商时报》2001年3月30日,4月26日。

④ 参见林兆木《取得重大历史性成就的十三年》,载《人民日报》2002年1月26日。

中比重的提升。前一时期的国有企业改革并没有有效扭转经济效益低下、亏损严重的现象,甚至亏损更为严重。有关材料表明,到1995年,国有企业的亏损面已达到33.53%,亏损率达到43.87%。① 这种状况产生的根本性原因,被认为是政企不分、产权不清,自我约束和自我积累机制不健全等制度缺陷。政府开始推行以股份制为主要形式的现代企业制度,试图改变这一状况。

股份制是现代企业的一种资本组织形式,有利于所有权和经营权的分离,有利于提高企业和资本的运作效率。在马克思那里,股份公司被视为"资本主义生产方式在资本主义生产方式本身范围内的扬弃"②的具有过渡性质的企业组织形式。在中国国有企业改革的具体实践中,股份制改造,不仅意味着投资主体的多元化,而且实际上还伴随有大量化公为私、侵吞国有资产的现象。一些地区国有小企业在"抓大放小"的改革方针指导下私有化的状况非常明显,对放活小企业实际上采取了放任自流和一卖了之的态度。正如有学者所揭示的:"除了国家保留一小部分行使特殊功能的国有小企业外,大多数国有小企业改革方向是非国有化的民营发展道路。"③这样,在诸如改组、联合、兼并、股份合作制、租赁、承包经营和出售等改革方式中,核心问题就是国有产权的转让。④ 到1999年末,全国县级和县级市属的国有企业已经所剩无几。一些国有企业越来越穷,职工收入越来越低,而承包人的私人财产却在不断膨胀。在许多中小国有企业和集体所有制企业中,自发的或非正式的私有化,即未经许可而将财产转化为私人资产这种事情已经非常普遍。⑤

----

① 参见董辅礽《中华人民共和国经济史》,经济科学出版社1999年版,第402页。
② 《马克思恩格斯选集》第2卷,人民出版社1995年版,第518页。
③ 董辅礽:《中华人民共和国经济史》,经济科学出版社1999年版,第402页。
④ 这样的例子很多:2000年,山东出了个"陈卖光"。菏泽市市长陈光(当年作为诸城市委书记鼓吹私有化的"诸城模式"),鼓吹卖企业,送企业,私有化。2001年,吉林省计划实施国有资产大面积退出计划,除20户大中型骨干企业外,准备用5年左右时间实现其他1500多户国有企业和新组建的企业不再保留国有或国有控股。对中小企业原则上不再保留全民所有制。等等。
⑤ 参见何清涟《现代化的陷阱——当代中国的经济社会问题》,今日中国出版社1998年版,第87页。

这一时期,农村土地关系也在发生深刻的变化。农村土地使用权的流转在一些地方的规模逐步扩大,速度逐步加快。其中突出的问题,一是农民在地方基层政府的压力下被迫而不是自愿放弃土地的承包权,从而失去土地;与之相关的问题是,虽然执政党和政府不断强调土地政策长期不变,但土地处置权从来没有真正地赋予农民。二是土地长时间、大面积地向私营工商企业流转情况较多。

3. 生产和生产力状况

这一时期,是改革开放以来中国经济发展最快的时期。①

经过快速发展,中国国内生产总值从 1989 年的 16 909 亿元增长到 2001 年的 95 933 亿元,并在 1995 年和 1997 年分别提前实现了国内生产总值比 1980 年翻两番的目标,年均增长 9.3%,远远高于同期世界 3.2% 的平均增长速度。经济总量由居世界第十位跃升到第六位。进出口贸易总额从 1989 年的 1117 亿美元上升到 2001 年的 5098 亿美元,位居世界第六。外汇储备从 1989 年的 56 亿美元上升到 2002 年的 2500 多亿元,居世界第二位。

在农业方面,1990—2001 年粮食平均年产量 93 777 亿斤,比 20 世纪 80 年代平均年产量增加 1838 亿斤。主要农产品中,谷物、肉类、棉花、花生、油菜籽、水果等产品产量居世界第一位;茶叶、大豆、甘蔗居世界第三位。在工业方面,随着工业产量的大幅增长,主要工业品中,钢、化肥等产量陆续居于世界首位。其他产品的位次也明显上升。产业结构逐步优化。1990—2001 年,在国内生产总值比重中,第一产业由 27.1% 降为 15.2%,第二产业由 41.6% 上升为 51.1%,第三产业由 31.3% 上升为 33.6%。

---

① 本部分内容主要参见林兆木《取得重大历史性成就的十三年》,载《人民日报》2002 年 1 月 26 日;中共中央文献研究室《中共十三届四中全会以来大事记》,转引自中国社会科学院主办《学习与参阅》2002 年第 33 期。

高新技术产业迅速发展。1989—2001 年,电子信息产品制造业年均增长 29％,成为重要支柱产业。高新技术产业在国民经济中所占比例由 10 年前的 1％左右提高到 15％。1996—2001 年,高新技术产业工业产值年均增长 20％左右。城市轨道交通设备制造、环保装备国产化、数字化通信设备等专项进展顺利,装备制造企业的自主创造能力不断增强。1999 年 11 月 20 日,中国第一艘载人航天试验飞船"神舟"号发射成功。其他诸如杂交水稻、基因测序等达到了世界先进水平。

这一时期,电力、交通、通信等基础设施以及与人民生活密切相关的城市公共设施的建设步伐大大加快。特别是 1998—2001 年,累计发行国债 6600 亿元,形成投资总规模 3 万亿元,其中大部分投入基础设施建设。这一期间,一大批技术水平先进的大中型项目建成投产,其中重要的有京九、南昆铁路全线投入运营。长江三峡水利枢纽等江河上游水利枢纽工程、加固长江干堤、公路国道主干线、西电东送、青藏铁路、生态建设等一大批重点项目相继开工建设。

人口自然增长率从 1989 年的 15.04‰下降到 2001 年的 6.95‰,人口素质也不断提高。1998—2002 年,全国用于环境保护和生态建设方面的投入达 5800 亿元,占同期国内生产总值的 1.29％。五年中全国共植树造林 36 亿亩,封山育林 48 亿亩。2001 年与 1991 年相比,污水排放量下降 57.2％,固体废物排放量下降 33.4％,废气排放量下降 30.5％,城市污水处理率由 16％提高到 36％。

这一时期,中国先是打破 20 世纪 90 年代初期西方国家的经济贸易制裁,克服了经济增长速度连续两年降到 4％左右所带来的严重困难,推动经济发展重新进入快车道。90 年代中期,成功地抑制了严重的通货膨胀,实现了"软着陆";90 年代后期,又克服亚洲金融危机和美、日、欧三大经济体同时陷入经济低迷的不利影响。

4. 政治形态状况

1997 年 9 月,中共十五大报告把原来"依法治国,建设社会主义法制国家"的提法正式改为"依法治国,建设社会主义法治国家",使之成为政治体制改革的基本目标。1999 年 3 月,九届全国人大二次会议通过宪法修正案,将"依法治国,建设社会主义法治国家"载入宪法,使之成为一项宪法原则。依法治国的主体是广大人民群众;客体是国家和社会事务,经济和文化事业;依据是宪法和法律,以及依据宪法和法律制定的规范性文件;方式是人民在共产党的领导下,依法通过各种途径和形式治理国家。

这一时期,政治体制改革有所进展。

在健全基层民主制度方面,通过制定和修改有关法律,中国基层民主制度有所完善。1994 年,八届全国人大制定了劳动法。2001 年九届全国人大通过了工会法,从劳动者的权利方面,对劳动者参与企业事业单位民主管理的权利作了规定。为了进一步巩固和完善村民自治,1998年全国人大常委会颁布了村民委员会组织法,对民主选举、民主决策、民主管理、民主监督制度进行了完善。

1993 年,八届全国人大一次会议修改宪法,在序言中增加了"中国共产党领导的多党合作和政治协商制度将长期存在和发展"的规定。1994年,全国政协八届二次会议把参政议政列入政协的主要职能,进一步拓宽了政协工作的渠道和领域。在多党合作和政治协商方面,各民主党派和无党派人士发挥着越来越重要的作用。[①]

据统计,到 2002 年,全国已经有现行法律 200 多件,国务院制定通

[①] 截至 1999 年底,各民主党派和无党派人士有 12 万多人当选为各级人大代表,有 24 万多人被邀请担任各级政协委员。经过 1998 年全国人大和全国政协的换届,首次实现了 8 个民主党派中央主席分别担任全国人大常委会或全国政协副主席。截至 1998 年初,全国担任县处以上领导职务的民主党派和无党派人士共计 7300 多人,其中担任部级、副部级领导的 24 人,地方省级领导的 25 人。一大批民主党派和无党派人士受聘为国家和地方的特约检察员、特约监察员、特约审计员、教育督导员。另据统计,八届政协的五年间,全国政协共收到提案11 711 件,立案 11 078 件,共有 1980 位委员 41 331 次参与提案。十多年来,各民主党派在调查研究的基础上,向中共中央和国务院有关方面提出重大建议 110 多项,不少建议已被采纳并取得重大成效。参见李铁映《论民主》,人民出版社、中国社会科学出版社 2001 年版,第180 页。

过的现行行政法规 600 多件,地方人大及其常委会制定通过的地方性法规 8000 多件。以宪法为核心的法律体系初步形成。[1] 据统计,八届全国人大及其常委会共审议、通过 96 件法律和有关法律问题的决定,占改革开放 18 年来制定法律总数的 1/3。其中有关市场经济方面的法律和法律问题的决定就有 39 件。[2]

这一时期,政府机构与行政体制改革的重点是转变政府职能,中心内容是政企分开。与前三次改革相比,1998 年的行政体制与政府机构改革是新中国成立以来规模最大的一次。这次改革的目标是:建立办事高效、运转协调、行为规范的行政管理体系,完善国家公务员制度,建立高素质的专业化行政管理干部队伍,逐步建立适应中国特色社会主义市场经济体制的行政管理体制。经过改革,国务院组成部门除国务院办公厅外,其组成部门从 40 个减少到 29 个。国务院行政人员在原来的基础上裁减了近一半。

需要特别指出的是,这一时期,作为政治体制改革重要目标的党政分开虽然在理论的思考上有所表现,但在实践上并没有迈出实质性的步伐。在国家政治生活的诸多方面,社会主义民主应有与实有之间的矛盾依然突出。探索如何真正实现人民当家作主的方式,探索如何切实实现党内民主的方式,依然是呈现在执政党面前急需解决的重大课题。尤其是,随着依法治国方略的逐步确立,作为执政党的中国共产党面临着领导方式和执政方式的重大转变,将由主要依靠政策领导,经过政策、法律共同调控,逐步转变为更多依法办事。这种转变,不仅要求执政党把自己的执政和领导活动置于宪法和法律的范围内,切实实现党政分开,而且要求加强党内的规章制度建设,实现党内民主的制度化、规范化。

5. 社会意识状况

从国内条件看,随着非公有制经济的进一步发展和对外开放程度的

---

[1] 参见《人民日报》2002 年 10 月 19 日。
[2] 参见中华人民共和国国史学会《新中国国史教育干部读本》,长春出版社 1999 年版,第 566 页。

提升,社会存在对社会意识的影响逐步加深。从外部条件看,苏联解体之后,一些西方学者相继提出了社会主义意识形态终结的论点。福山等人认为,西方的自由民主制度将是"人类意识形态发展的终点",是"人类最后一种统治形式",并因此构成"历史的终结"。"换句话说,在此之前的种种政体具有严重的缺陷及不合理的特征从而导致其衰落,而自由民主制度却正如人们所证明的那样不存在这种根本性的内在矛盾。"①"历史终结论"的甚嚣尘上对中国国内的社会意识领域产生了重要影响。

1989 年政治风波后,执政党一度扭转了社会意识领域资产阶级社会思潮泛滥的状况。1996 年,中共十四届六中全会通过了《中共中央关于加强社会主义精神文明建设若干重要问题的决议》,并采取了一些积极的政策措施。但是,随着改革开放的逐步深入,各种资产阶级和封建主义的腐朽没落的东西的社会影响有增无减,不仅造成党的干部队伍思想素质的大面积滑坡,各种贪污腐败、行贿受贿现象增多,也使广大青少年深受西方资本主义价值观和人生观的熏染,共产主义和社会主义思想觉悟大大降低。

在思想理论领域,马克思主义与资产阶级自由化思潮在这一时期的交锋逐渐白热化。随着经济基础的巨大变化,马克思主义在社会意识领域已经呈现出节节阻击态势。

总体上,这一时期马克思主义在社会意识领域的主导地位有所削弱。与之相对应的是,各种非马克思主义甚至反马克思主义的社会思潮的影响不断扩大。越来越多的人民群众对马克思主义、社会主义的前途产生了困惑和动摇。

6. 阶级阶层结构状况

经过 20 多年的社会分化和组合,中国社会新的阶级阶层结构框架

---

① [美]弗朗西斯·福山:《历史的终结及最后之人》代序,黄胜强、许铭原译,中国社会科学出版社 2003 年版,第 1 页。

到新世纪之初已经基本形成。

这时中国社会的主要阶级阶层包括：第一，工人阶级。主要包括国有企业工人，国有企业技术人员、管理人员，政府公务员（有腐败行为者除外），国有企业经营管理者（有腐败行为者除外），雇佣工人，雇佣技术人员、雇佣管理人员，等等。第二，资产者。其中，私营企业主阶层是资产者的主体和代表阶层；涉外经济管理部门、"三资"企业、国家和集体在国外及港澳投资的中资企业，以及职业充当外商代理的中方人员的少数人与外商勾结，帮助外资从我国榨取超额利润，以从中分一杯羹，由此形成现阶段中国社会资产者中对外资依附性最强的新买办阶层；等等。第三，中间阶层。主要包括个体农业劳动者，个体工商业经营者（以劳动收入为主要来源），等等。

可以预见，在未来很长一段时期内，这一社会阶级阶层结构将处于动态的相对稳定状态。

三、全球化与资本主义、社会主义

抽象的世界历史并不存在，因为世界历史本身就是资本主义制度的产物，并且，世界历史的发展跟社会形态的演变紧密联系在一起。换言之，抽象的全球化也并不存在，因为全球化本身就是资本运动的产物。马克思对世界历史的考察，总是与社会制度联系在一起的。沿着马克思主义的思路考察当今全球化，也需要与社会制度的分析联系起来，即将全球化的发展的探讨与资本主义和社会主义的现状与未来的思考联系起来。

1. 当今全球化的本质

2002 年，马克·鲁伯特（Mark Rupert）和哈泽尔·史密斯（Hazel Smith）编辑出版了论文集《历史唯物主义与全球化》，该书作者对历史唯物主义之于全球化研究的意义表示了普遍性的认同。他们认为："资本的国际化,如此地处于修辞学和现实的全球化的中心,引发了人们对历史唯物主义新的兴趣。"①马克思主义研究传统可以更好地理解"全球资本主义"的动力学和它的轨迹,帮助我们理解当代国际关系或"全球化"。历史唯物主义之于全球化分析的理论和方法的科学性,显然是一个很好的例证。马克思虽然没有提出过"全球化"的概念,但在他所创立的历史唯物主义理论中,蕴涵着马克思主义关于全球化问题的丰富思想和卓越见解。全球化所导致的一切现象都可以基于唯物史观的理论和方法得到科学的说明,借助它,也能够获得关于新一轮全球化的马克思主义阐释。

马克思和恩格斯在《共产党宣言》中就有关于资本全球化初始阶段的一系列经典论述,蕴涵了关于全球化问题的深刻见解:"不断扩大产品销路的需要,驱使资产阶级奔走于全球各地。它必须到处落户,到处开发,到处建立联系。""资产阶级,由于开拓了世界市场,使一切国家的生产和消费都成为世界性的了。""过去那种地方的和民族的自给自足和闭关自守状态,被各民族的各方面的互相往来和各方面的互相依赖所代替了。物质的生产是如此,精神的生产也是如此。"②马克思和恩格斯通过对资本忙碌身影的描述,揭示了所谓全球化只不过是资本增殖的本性使然罢了。

马克思和恩格斯还进一步指出了全球化所蕴涵的一体化的趋势:"资产阶级,由于一切生产工具的迅速改进,由于交通的极其便利,把一切民族甚至最野蛮的民族都卷到文明中来了。它的商品的低廉价格,是它用来摧毁一切万里长城、征服野蛮人最顽强的仇外心理的重炮。它迫使一切民族——如果它们不想灭亡的话——采用资产阶级的生产方式;它迫使它们在自己那里推行所谓的文明,即变成资产者。一句话,它按照自己的面貌为自己创造出一个世界。"③"正像它使农村从属于城市一

---

① Mark Laffey and Kalthryn Dean, *A Flexible Marxism for Flexible Times: Globalization and Historical Materialism*, in Mark Rupert and Hazel Smith (eds.), *Historical Materialism and Globalization*, Routledge, 2002, p. 90.
②《马克思恩格斯选集》第 1 卷,人民出版社 1995 年版,第 276 页。
③ 同上。

样,它使未开化和半开化的国家从属于文明的国家,使农民的民族从属于资产阶级的民族,使东方从属于西方。"①有学者指出,一体化和多元化构成全球化的基本矛盾。在他看来,全球化作为一种复杂的世界历史进程,绝不仅仅是全球一体化的进程,更不是民族和国家日趋削弱的过程,而是一体化与多元化在对立统一的矛盾运动中交织发展的进程。"由一体化和多样化构成的全球化的基本矛盾既是全球化的内在动力,也是全球化进程的主线。"在他看来,"一体化"标识的是各个民族和国家的相互依存性、行为活动的协调性和利益关系方面的相关性;"多元化"标识的是各个民族和国家在国际关系中的相对独立性、行为活动的特殊性、利益关系方面的差异性和价值取向的多样性。②

面对新的一轮全球化,正确认识和把握其特殊的本质,需要基于马克思主义关于时代的基本判断。我们究竟处于什么样的时代? 这个提问之所以非同寻常,是因为只有正确认识我们所处的时代的性质,才能获得关于全球化本质的科学判断。显然,"和平与发展的时代"、"后工业社会时代"、"知识经济时代"、"数字化时代"等称谓,尽管可以从一定层面揭示出我们所生活的这个时代的具体特征,但是它们都没有正确揭示出时代的性质。而且,过分强调和突出这些说法,也就必然会模糊人们对当今时代性质的科学判断。需要重申的是,只有以生产力和生产关系的矛盾统一体为划分标准的"五形态论",才是马克思主义时代观的主体;也只有以此为基础,才能获得对时代性质的科学把握。就时代的性质而言,马克思主义认为,人类自20世纪初以来所处的历史时代是资本主义向社会主义过渡,但资本主义生产方式还占统治和支配地位的历史时代。这是正确认识和把握新一轮全球化的理论基础。

基于关于全球化基本矛盾和时代性质的认识,可以得出的一个结论是,迄今为止的全球化的本质并没有发生任何根本意义上的改变。在资

①《马克思恩格斯选集》第1卷,人民出版社1995年版,第277页。
② 参见叶险明《"知识经济"批判》,人民出版社2007年版,第259—260页。

本主义生产方式仍然居于支配和统治地位,国际政治经济秩序仍然由西方资本主义国家主导的条件下,全球化的本质依然是资本在全世界范围内的野性扩张。正如有学者所精辟概括的:迄今为止的全球化,"是指以资本主义为主导的,以实现全球少数人利益为目的的资本征服整个世界的现象和过程。西方强国所要达到的全球化,绝不仅仅是要在经济上维护不公正、不合理的国际经济的旧秩序,而是图谋建立更加不公正、不合理的所谓国际经济新秩序;绝不仅仅是国际间的联系、合作与交流,而是社会生产关系和财产所有制,其中包括社会政治制度和文化价值观念的趋同与质同。"①

　　显然,这一论述表明,一体化并不是平等主体的联系和交流,多元化正是在一体化的冲击下才得以彰显。就新一轮全球化而言,一体化趋势的主体主要是西方资本主义国家,多元化趋势的主体则主要体现为后发的民族国家。对于资本而言,所谓一体化是一种"主体—外围"秩序的建构。巴西政治经济学家多斯桑托斯提出的"依附论"很好地揭示了这种不平等。他指出:"依附是这样的一种状况,即一些国家的经济受制于它所依附的另一国经济的发展和扩张。两个或更多国家的经济之间以及这些国家的经济与世界贸易之间存在着互相依赖的关系,但是结果某些国家(统治国)能够扩展和加强自己,而另外一些国家(依附国)的扩展和自身的加强则仅是前者扩展——对后者的近期发展可以产生的积极或消极的影响——的反映,这种相互依赖关系就呈现依附的形式。"②"二战"以后所产生的工业—技术的新依附形式,是后发国家的工业发展受到帝国主义中心技术垄断的决定性制约的有力证据。并且,基于上述分析,全球化并非简单的经济全球化,而是包含了经济、政治和文化在内的全球化,由此,一体化决非仅仅是经济的一体化,而是包含着经济、政治和文化在内的一体化,多元化也决非仅仅是政治和文化的多元化,而是

---

① 李慎明:《中国和平发展与国际战略》,中国社会科学出版社 2007 年版,第 139 页。
② [巴西]特奥托尼奥·多斯桑托斯:《帝国主义与依附》,杨衍永等译,社会科学文献出版社 1999 年版,第 302 页。

包含着经济、政治和文化在内的多元化。

就其基本内涵而言,全球化并非是一个崭新的名词。20 世纪 80 年代末 90 年代初兴起的经济全球化,只是 19 世纪以来全球化的新一轮展开,是经历了相当长久的发展进程和历史曲折的人类社会生产力发展的必然结果。新一轮全球化所依托的历史条件的特殊性至少包括以下几点:第一,随着新科技革命的深入发展,信息技术及其产业的迅猛发展推动了西方国家产业结构调整步伐的不断加快;第二,苏联解体、东欧剧变标志着两个平行市场的终结,资本由此获取了一个新的全球生存条件;第三,中国不断扩大开放,并选择了以市场经济替代计划经济作为资源配置的基础性手段的改革方向。

2. 全球化与资本主义

在马克思看来,资本是一个历史性的概念,有其产生、发展和灭亡的过程。这一论断决不仅仅出于对资本的道德谴责和宗教式的预言,而是基于科学的分析。马克思指出:"资本的伟大的历史方面就是创造这种剩余劳动,即从单纯使用价值的观点,从单纯生存的观点来看的多余劳动,而一旦到了那样的时候,即一方面,需要发展到这种程度,以至超过必要劳动的剩余劳动本身成了从个人需要本身产生的普遍需要,另一方面,普遍的勤劳,由于世世代代所经历的资本的严格纪律,发展成为新的一代的普遍财产,最后,这种普遍的勤劳,由于资本的无止境的致富欲望及其唯一能实现这种欲望的条件不断地驱使劳动生产力向前发展,而达到这样的程度,以至一方面整个社会只需要较少的劳动时间就能占有并保持普遍财富,另一方面劳动的社会将科学地对待自己的不断发展的再生产过程,对待自己的越来越丰富的再生产过程,从而,人不再从事那样可以让物来替人从事的劳动。——一旦到了那样的时候,资本的历史使命就完成了。"[1]换言之,马克思依据唯物史观的理论和方法得出的结论

---

①《马克思恩格斯全集》第 46 卷(上),人民出版社 1979 年版,第 94 页。

是,当生产力发展到一定程度,资本就必然丧失存在的历史条件,从而退出人类社会的历史舞台。

一旦确认了资本的这种非永恒性,资本主导的全球化的历史性也就昭然了。资本确实创造了世界历史,但世界历史的未来确实又与资本无关,这就是历史的辩证法。马克思深刻阐明了这一点。马克思和恩格斯在《德意志意识形态》中,从论述资本全球化的历史作用的角度,详细阐明了生产力的发展与全球化发展的关系:"生产力的这种发展(随着这种发展,人们的世界历史性的而不是地域性的存在同时已经是经验的存在了)之所以是绝对必需的实际前提,还因为如果没有这种发展,那就只会有贫穷、极端贫困的普遍化;而在极端贫困的情况下,必须重新开始争取必需品的斗争,全部陈腐污浊的东西又要死灰复燃。其次,生产力的这种发展之所以是绝对必需的实际前提,还因为:只有随着生产力的这种普遍发展,人们的普遍交往才能建立起来;普遍交往,一方面,可以产生一切民族中同时都存在着'没有财产的'群众这一现象(普遍竞争),使每一民族都依赖于其他民族的变革;最后,地域性的个人为世界历史性的、经验上普遍的个人所代替。""共产主义只有作为占统治地位的各民族'一下子'同时发生的行动,在经验上才是可能的,而这是以生产力的普遍发展和与此相联系的世界交往为前提的。"①

全球化既是资本生存和发展的必要条件,也是资本灭亡的必要条件。资本主导的全球化的发展必然反映为自身内部否定因素的发展的过程,必然伴随新的全球化因素的生成的过程。诚然,现实中全球化的本质依然是资本在全球范围内的扩展,新一轮全球化是由资本主义对社会主义的暂时胜利为其拉开序幕的,对于资本而言,新一轮全球化确实为其增殖提供了更广泛的舞台,但基于唯物史观的高度,新一轮全球化所展示的资本的否定性因素和资本全球化的内在矛盾发展达到一定程度,现实中的全球化必然会发生一定的质的变化。

---

① 《马克思恩格斯选集》第 1 卷,人民出版社 1995 年版,第 86 页。

20 世纪 80 年代以来全球化的发展,业已证明了其对于资本主义所体现出的双刃剑的意义。新自由主义主导的经济全球化,已经使西方资本主义国家在分配领域和上层建筑领域遭遇了新的挑战。随着经济全球化的逐步深入,西方资本主义国家的社会福利制度普遍面临着被削减的危机,工会运动普遍遭到压制。欧洲主要国家面临着一方面千方百计地改革福利制度试图减轻财政负担,而另一方面又不得不妥协退让增加福利项目和提高福利标准,在改革中又具有明显的福利强化的矛盾境地,这与"二战"以后相当长一个历史时期形成鲜明的反差。其主要原因在于,"二战"以来所有在分配领域和上层建筑领域作出的妥协,原本就是违背资本意志的无奈之举。一旦丧失了社会主义的压力和威胁,并在全世界范围内获得自由猎取更为廉价的原料和劳动力的条件,资本就试图挣脱和抛弃作为资本家总代表和整体协调人的国家。由此,资本主义的基本矛盾就不仅在本国内再次激化,而且也必然在更大范围内和更深程度上全面展开。正如瓦迪·哈拉比所指出的,沃尔玛的崛起是面对全球生产过剩的垄断资本所选择的最坏出路,即力图通过削弱全球工人的力量,降低工人生活条件,重新恢复利润率。但是这将进一步恶化全球生产过剩的局面,并毁灭地球和人类。[1]

科技已经被西方资本视为一种统治工具,而新科技革命的迅猛发展确实为资本的继续存在提供了机会和力量。但是,资产阶级无论怎样把科技当作统治工具,企图以它作为巩固阶级统治的手段,有一点却是毋庸置疑的,即不断深化的科技革命在为资本效力的同时,也赋予资产阶级以不断调整自身赖以生存的经济基础的压力。股权分散化、雇员持股计划等资本主义私有制的新的实现形式的不断推出,就是"二战"以来西方资本主义国家主观努力的具体表现。由此,我们也看到了由"金钱就是一切"的意识形态所决定的,只要在不触动其基本制度的前提下,资产阶级所具有的"自行扬弃"的智慧和能力。但从生产关系变化的未来趋

---

[1] 参见刘元琪《2004 年纽约世界社会主义学者大会述要》,载《国外理论动态》2004 年第 6 期。

势看,有一点是可以确认的,即资本主义私有制实现形式的自我调整,客观上始终存在一个自身无法逾越的限度。"这个限度就是可以调整私有制的实现形式,却不可以损害生产资料私有制的实质。"①因此,无论是彰显资本主义追逐利润的动力机制的美国模式,还是突出资本主义协调各种社会力量的平衡机制的莱茵模式和日本模式,都始终被局限于私有制的框架内,自我革新的努力始终没有超越私有制的基本框架。可见,科技革命的发展不会使资本自动放弃其本性。换言之,虽然新科技革命不断深入,但资本的本性依然没有改变,这就意味着,任何形式的调整,一旦逾越了资本主义私有制的框架,资本就必然将其拉回。

目前,新一轮全球化已经显示出严重危机的迹象。美国耶鲁大学著名学者伊曼纽尔·沃勒斯坦指出,当世界迈入 21 世纪的第二个十年时,我们预计将会有两大领域发生强烈动荡:一是地缘政治出现大混乱。他指出,我们已确确实实步入了一个多极世界,实力稍逊的国家正突然变得强大起来。同盟关系中存在着诸多博弈。地缘政治的新形势显然与世界长久以来的所见所闻都不尽相同。这并不是完全的无序状态,但肯定属于地缘政治的大混乱。与之伴随的是美国地缘政治实力的相对衰落。二是世界经济出现强烈的不确定性。美元的衰落使其他国家在经济上陷入一个棘手的两难境地。所有这些消极的近期前景表明,世界体系早已从均衡状态步入混乱之中。20 世纪 90 年代初,必胜的信念在世界的左岸消失了,取而代之的是弥漫四处的消沉心理。然而,正如我们所知,随后产生的右岸世界的必胜信念也崩溃了,这主要是因为相信美国将永远统治世界的新保守主义理念遭到了彻底的惨败。从 1994 年的萨帕特运动,到 1999 年世界贸易组织西雅图会议的被迫结束,再到 2001 年世界社会论坛成立,重新活跃起来的左岸再次出现在世界舞台上。②2011 年 9 月中旬开始,美国纽约等近百个城市爆发"占领华尔街"活动。

① 徐崇温:《当代资本主义新变化》,重庆出版社 2004 年版,第 333 页。
② 参见《世界两大领域将发生强烈动荡》,载《参考消息》2008 年 7 月 18 日。

最新数据显示,美国有 4600 万人生活在贫困线以下,占总人口的 15％。抗议者声称:"我们代表 99％的人口,反对的是那些掌握 40％财富的 1％的人。"①斯蒂格利茨在 2011 年 5 月曾指出:"美国最富有的 1％的人有最好的房屋、最好的教育、最好的医生和最好的生活方式,但有一样看来是金钱买不到的:即明白他们的命运与其他 99％的人生活得如何紧密相联。在历史上,这是最富有的 1％最终都能明白的事情。只是太晚了。"②资本的逻辑发展的趋势是资本的自我毁灭。正如法国学者德里达所精辟概括的,资本主义制度由于其无法愈合的伤口,最终会发展到无法调节的地步。随着经济全球化的深入发展,资本主义内在的否定趋势也在不断增加之中。在无意之中客观地为走向更高一级社会形态进行着质的积累,资本主义的这一特性也从来未曾改变过。全球化的趋势必然是资本主义历史的终结。

3. 全球化与社会主义

西方资本全球化的否定性不仅体现于内部,也体现于外部。这个外部因素就是在资本全球化发展到一定历史阶段社会主义的生成和发展。资本向全球扩张的过程,也是社会主义形成和发展的过程。20 世纪初俄国十月革命第一次打破了资本全球化的历史进程,它使我们在资本全球化的世界框架中第一次目睹了资本主义与社会主义共时存在这一人类发展史上的特殊景观。列宁指出:"社会主义现在已经在现代资本主义的一切窗口中出现,在这个最新资本主义的基础上,每前进一步的每一个重大措施中,社会主义都直接而实际地显示出来了。"③它用事实说明,在资本主义生产方式占统治地位的世界历史时代,生产力的发展日趋国际化与生产力及其诸要素日益被少数发达国家所垄断的矛盾,决定了大

---

① 《美"占领华尔街"运动蔓延全国》,载《参考消息》2011 年 10 月 4 日。
② 转引自王恬等《美国 1％最富者到底是谁》,载《环球时报》2011 年 10 月 14 日。
③ 《列宁全集》第 3 卷,人民出版社 1973 年版,第 164 页。

多数发展中国家要彻底摆脱国际资本的压迫和控制,获得自主发展,最终只有选择社会主义道路。这是资本全球化的一条重要发展规律,并且,"资本全球化的发展程度越高,这一规律起作用的条件也就越成熟和越充分。"①

资本的全球扩张的历史进程,其实也是为社会主义创造在全球生成和发展条件的历程。在马克思看来,"历史向世界历史的转变"具有两层含义:第一层含义是指历史向资本主义世界历史时代的转变,第二层含义是指人类普遍地向社会主义社会的转变。资本主义全球化与社会主义全球化是相互联结的。所谓"历史向世界历史的转变",决不仅仅意味着全球化只是历史向资本主义世界历史时代的转变,同时也蕴涵着资本主义世界历史时代向共产主义世界历史时代的转变。全球化由此可以划分为资本主义世界历史时代和社会主义世界历史时代两大世界历史时代。② 并且,这两大历史阶段之间并没有一个严格的界限,在时间的规定性上并不是截然分开的。历史发展的辩证法在于,在资本主义全球化发展的一定历史阶段上,作为制度的社会主义就开始生成。尽管并不构成全球化的主体,但是社会主义已经在资本主义全球化的框架内获取了自身的存在。

基于这一分析,不仅可以更加深刻地把握中国的社会主义在资本全球化进程中的历史方位,也可以由此更加清醒地认识到在新一轮全球化进程中社会主义中国的基本立场和原则。积极参与的选择无疑是正确的,这是社会主义理论和历史实践共同赋予的结论。马克思认为,占有资本主义制度所创造的一切肯定性文明成果是社会主义国家取得胜利的前提。历史的事实是,由于社会主义最先在经济文化相对落后的俄国和中国取得胜利,导致马克思提出的这一前提转化成了这些走上社会主义道路的国家必须承担的历史任务。就全球化与

---

① 叶险明:《"知识经济"批判》,人民出版社 2007 年版,第 280 页。
② 参见同上书,第 275 页。

现代化的关系而言,全球化虽然并不意味着现代化,但现代化必须借助于全球化。社会主义的历史实践也证明,拒绝或排斥是没有出路的选择。在新的历史条件下,邓小平准确把握住了这一点,他说:"社会主义要赢得与资本主义相比较的优势,就必须大胆吸收和借鉴当今世界各国包括资本主义发达国家的一切反映现代社会化生产规律的先进经营方式、管理方法。"①他所提出的对外开放就是对这一原则的贯彻落实。

中国选择市场经济和加入 WTO,意味着中国对全球化的主动参与。但是,资本从来都不是纯粹的文明的使者,西方资本的全球化始终具有两重性。20 世纪 80 年代以来的全球化,"就其狭隘的利己性而言,其本质是对 20 世纪五六十年代世界范围内兴起的社会主义运动和民族民主运动的反向清算和逆向报复。"②对此,邓小平也深刻指出:"整个帝国主义西方世界企图使社会主义各国都放弃社会主义道路,最终纳入国际垄断资本的统治,纳入资本主义的轨道。"③

这就提出了西方资本全球化和中国社会主义之间张力的问题。总体而言,对于中国这样的大国而言,在选择建立社会主义市场经济体制和加入 WTO 后,就必须准备承受如何在经济全球化中保持自我的问题。共产主义全球化必然实现对资本主义全球化的全面替代,这是从人类社会发展客观规律的高度所作出的结论,这一结论轻而易举地作出并不意味着这一历史进程一路坦途,一帆风顺。在西方资本主导的全球化的历史阶段,社会主义无论在维持存在还是在完善自我上都必然经历一个艰辛的探索和奋斗过程。在这一历史进程中,社会主义的暂时性挫折也不能完全避免。苏联解体的历史证明了社会主义一旦不能很好地把持自我,就有可能重新堕入资本主义的框架之中。对于中国而言,如果

---

① 《邓小平文选》第 3 卷,人民出版社 1993 年版,第 373 页。

② 中国社会科学院"重大理论动态"课题组:《关于经济全球化问题》,载《中国社会科学院院报》2002 年 9 月 17 日。

③ 《邓小平文选》第 3 卷,人民出版社 1993 年版,第 311 页。

不能在西方资本主导的全球化进程中保持足够的清醒,坚持独立自主地选择适合本国国情的发展道路,也有可能在西方发达国家主导的一体化中迷失自我,在经济、政治和文化方面受制于西方发达国家,从而最终在总体上丧失发展的自主性,堕入全球化的"陷阱",丧失自我。从参与的目的性看,中国所参与的全球化无疑应是一种"浅度"全球化。① 换言之,在中国与全球化的关系上,中国始终有一个参与的限度的问题。这个限度的原则就是以最小的代价最大限度地获取西方肯定性文明成果。应该看到,在参与全球化的历史进程中,几乎任何一项选择都不可避免地具有利和弊这两重性,需要以辩证的思维方式认识和处理关涉全球化的具体问题。

其中,有两个根本性的问题。

一是关于维护和强化国家主权的问题。在资本全球化的起初阶段,全球化是和民族国家相伴随的,道理很是简单,为了在国际竞争中挡住比自己强大的对手,维护自己的利益,就必须依托国家。在这一历史阶段,资本对待国家主权的问题是一种矛盾的态度。20 世纪 80 年代的新一轮全球化中,资本的这一矛盾态度发生了变化,因为,当"资本成长为强大的跨国公司时,就把疆界和国家主权统统踩在脚底。因为此时,固定的国界(和主权)已经成为它扩大资本积累的消极界限了"②。主权弱化论、全球治理论等鼓吹民族国家过时的理论就这样粉墨登场了。艾伦·伍德在《全球资本,民族国家》一文中认为,尽管国际经济生活中的相互联系正在不断增长,但是仍然没有理由相信全球化资本主义使得地域国家必须被一些超国家的主权所取代,也没有理由相信这些政治实体所建构起来的民族国家经济空间必须被取代。当前的经济全球化不会导致民族国家的消亡。正如鲁道夫所言:主权"不是处于一种衰落的状态。我们今天所看到的只是一种对主权的各个方面的意识的增强,及通

---

① 参见林春《承前启后的中国模式》,载俞可平、黄平等主编《中国模式与"北京共识"——超越"华盛顿"共识》,社会科学文献出版社 2006 年版,第 244 页。
② 王锐生:《全球化的几个哲学问题》,载《首都师范大学学报》2001 年第 6 期。

过讨价还价而获得收益。主权是,并始终是一种动态的制度"①。更为重要的,对于像中国这样的后发国家而言,在与西方发达国家的博弈中,国家主权的强化是一个必须作出的反应。当今的全球化依然为西方国家主导,世界经济的规则依然基本上为少数西方国家制定。所以,在改革开放新的历史条件下,邓小平始终强调,在与资本主义相处中,国家的主权、国家的安全要始终放在第一位。

二是关于维护和完善社会主义制度与价值的问题。社会主义对于西方资本主导的全球化的矛盾心态显而易见。主动参与全球化的中国,一方面面临着制度和体制的调整与改革以适应参与全球化的现实要求,另一方面也面临着如何最大限度地维持和完善社会主义的制度特征与价值原则的现实要求。这两个方面的要求,统一于实现社会主义现代化的历史任务之中。面对西方全球化所蕴涵的资本主义经济、政治和文化的制度与价值的传播和渗透,社会主义既要不断地努力借鉴其合理性成果完善自身,又要有效地抵御其负面影响,其复杂性和困难程度可以想见。这种矛盾状况要求中国共产党人必须发挥出更大的主观能动性才能很好地承担。国家主权和社会主义之间蕴涵着深刻的一致性。彻底的民族独立和解放,是中国人民当初选择社会主义的重要缘由。问题的关键就在于,如果不能有效地维护和完善社会主义的制度特征与价值目标,国家主权和国家安全也会不可避免地受到影响。而资本的统治一旦确立,社会主义的现代化也最终将成为泡影。正是在这个意义上,邓小平反复强调,坚持社会主义,是中国一个很重要的问题。

四、参与经济全球化时期的中国社会(2001 年至今)

新世纪最为突出的特点是中国主动参与经济全球化。2001 年底,中华人民共和国加入世界贸易组织。为了加入世界贸易组织,中国政府承

---

① [美]克里斯托弗·鲁道夫:《全球化时代的国家主权和领土边界》,载《国际研究评论》2005 年第 1 期。

诺要通过改革减少国有制成分在整个社会经济中的比例,进一步减少政府对社会经济的计划调节,向世界贸易组织已有成员国的经济结构靠拢,逐步融入世界经济之中。这一事件无疑将对中国社会形态的变化方向发生重要的影响。可以把这一事件作为对 2001 年至今中国社会形态变化进行分析的起点。

1. 生产关系状况

与加入世界贸易组织时的承诺相一致,2002 年 11 月中国共产党十六大的政治报告、2003 年 10 月中国共产党十六届三中全会通过的《中共中央关于完善社会主义市场经济体制若干问题的决定》(以下简称《决定》)和 2007 年 10 月中国共产党十七大报告都提出了相应的目标,这可以作为对生产关系变化进行分析的重要依据。中国共产党十六大报告提出了在必须毫不动摇地巩固和发展公有制经济的同时,必须毫不动摇地鼓励、支持和引导非公有制经济发展。要放宽国内民间资本的市场准入领域,在投融资、税收、土地使用和对外贸易等方面采取措施,实现各种经济成分公平竞争。①《决定》则进一步提出,要大力发展和积极引导非公有制经济。政府将清理和修订限制非公有制经济发展的法律法规和政策,消除体制性障碍。放宽市场准入,允许非公有资本进入法律法规未禁入的基础设施、公用事业及其他行业和领域。非公有制企业在投融资、税收、土地使用和对外贸易等方面,与公有企业享受同等待遇。支持非公有制中小企业的发展,鼓励有条件的私有企业做强做大。② 中国共产党十七大报告在重申"两个毫不动摇"的基础上,提出要"坚持平等保护物权,形成各种所有制经济平等竞争、相互促进新格局","推进公平准入,改善融资条件,破除体制障碍,促进个体、私营经济和中小企业发

---

① 参见江泽民《全面建设小康社会 开创中国特色社会主义事业新局面(2002 年 11 月 8 日)》,人民出版社 2002 年版,第 26—27 页。
② 参见《光明日报》2003 年 10 月 22 日。

展。以现代产权制度为基础,发展混合所有制经济"。①

上述举措是在中国所有制结构业已发生重大变化,个体、私营经济业已成为国民经济的重要组成部分的基础上提出的。这意味着,个体、私营等经济成分获得比前 20 年更为优越和广阔的发展空间。有关统计资料表明,这一时期个体和私营经济获得了快速发展。截至 2002 年底,全国私营企业 243.5 万户,投资者 622.8 万人,雇工 2786.5 万人,注册资本 24 756.2 亿元,私企户数最多的 6 个省是:江苏、广东、浙江、上海、山东、北京,共占全国户数的 55%。② 截至 2003 年 5 月底,全国私营企业 262.5 万户,注册资本 26 571.10 亿元;个体工商户 2282.79 万户,注册资金 3925.30 亿元。③ 截至 2007 年 6 月底,我国实有私营企业达到 520.5 万户,比上年增加 22.4 万户,增长 4.5%;私营企业注册资本(金)持续增长,达 8.3 万亿元,比上年增加 7252.8 亿元,增长 9.5%。就各省的私营企业实有户数来看,最多的是江苏 63.9 万户,其次为广东 58 万户、上海 49.5 万户、浙江 43.1 万户、山东 37.1 万户,以上五省实有私营企业之和占全国私营企业总户数的 48.4%。个体工商业稳定发展,资金数额增长尤为迅速。个体工商业继续保持上年的增长势头,全国实有个体工商户 2621.4 万户,资金数额 7034.7 亿元。④ 截至 2010 年 3 月,全国实有私营企业 755 万户,从业人员 8698 万人,注册资本 153 234 亿元,与上年同期相比分别增长 13.75%、11.19%和 26.9%;实有个体工商户 3229 万户,从业人员 6536 万人,资金数额 11 403 亿元,同比增长 9.56%、12.51%和 25.19%。

私有制经济成分比例的上升,除了由于它们在发展生产、增加就业等方面发挥了积极作用,受到执政党鼓励、支持和引导之外,另一个重要原因是,相当多数的国有企业改革并没有取得良好的预期效果。面对越

---

① 参见《中国共产党第十七次全国代表大会文件汇编》,人民出版社 2007 年版,第 25 页。
② 根据北京市社会科学院戴建中研究员提供的资料。
③ 参见《光明日报》2003 年 7 月 28 日。
④ 参见《中华工商时报》2007 年 8 月 21 日。

来越大的就业压力和经济增长的目标,政府不得不求助于各种私有制经济。大量中小国有和集体企业的改革因此演变为由公转私的产权替代。

在经济全球化的背景下,作为私有制经济重要一翼的外资经济,随着执政党和政府的政策调整,也呈现出不断发展的势头。截至 2003 年 5 月,全国共有外商投资企业 212 702 户,注册资本金 563 825 亿美元。[①] 根据对世界贸易组织的承诺,政府为外国投资者进一步开放更多的工业领域,据报道,到 2003 年 3 月,允许外国投资者投资的部门从原来的 186 个已增加到 262 个,由国家监控的部门数量从原来的 112 个减少到 75 个。[②] 在对外贸易方面,外资企业已经占中国进出口总额的半壁江山,其中 2000 年出口占 47.9%,进口占 52.1%。[③] 最新资料表明,截至 2007 年底,全国实有外商投资企业 28.62 万户,实有投资总额 2.11 万亿美元,注册资本 1.16 万亿美元,外商投资企业户均注册资本达到 403.67 万美元。其中一个显著的特点是,外商独资企业比例不断增大,全国实有外商独资企业 17.96 万户,占实有户数的 62.73%。[④] 截至 2011 年 6 月底,中国实有外商投资企业达到 44.59 万户。

党的十六大报告继续主张大力发展国有资本、集体资本和私有资本共同参股的混合所有制经济,实现投资主体多元化,使股份制成为公有制主要的所谓"实现形式"。据国家统计局对全国 4371 家重点企业的跟踪调查,截至 2001 年底,这些重点企业中已经有 3322 家实行了公司制改造,改造面为 76%。[⑤] 这表明,目前全国最重要的国有企业,大部分已改为股份制企业,国有经济成分只不过是股份制、混合所有制企业的组成部分而已。在股份制改造过程中,出现了大量化公为私、侵吞国有资产的现象。这种现象使国有经济在整个社会经济中的比例进一步降低。

---

① 参见《光明日报》2003 年 7 月 28 日。
② 参见《参考消息》2003 年 3 月 16 日。
③ 参见刘昌黎《论中国世界工厂及其对策》,载《中国工业经济》2002 年第 10 期。
④ 参见《中国工商报》2008 年 3 月 7 日。
⑤ 参见《人民日报》2003 年 11 月 17 日。

中共十七大报告提出要进一步深化国有企业公司制股份制改革,健全现代企业制度,优化国有经济布局和结构,增强国有企业的经济活力、控制力、影响力。

外国资本进一步扩大对国有企业产权变革的参与程度。执政党和政府作出的相关决策是,"向外资开放许多国有企业,允许外资经营或入股","通过多种方式利用中长期国外投资,把利用外资与国内经济结构调整、国有企业改组改造结合起来,鼓励跨国公司投资农业、制造业和高新技术产业。"①事实上,其直接目的则是希望通过这种形式扭转这些国有企业严重亏损的局面,创造就业岗位,减轻国家财政的负担,让国家银行逐渐摆脱呆账和坏账的困扰。

在农村生产关系方面,上述两个文件和党的十七大报告都强调要长期稳定并不断完善以家庭承包经营为基础、统分结合的双层经营体制,依法保障农民对土地承包经营的各项权利,并强调农户在承包期内可依法、自愿、有偿流转土地承包经营权,以逐步发展适度规模经营。这种规模经营,既可能是建立在劳动者集体所有制基础上的,也可能是建立在私有制基础上的。从目前的实际效果看,土地流转并未导致出现劳动者集体所有制的规模经营,却为大量私人农场主的出现创造了可能性。另一方面,由于农民集体土地所有权的具体归属不清晰,造成一些地方滥征土地,导致很多农民失去了赖以生存的土地这种生产资料。由于现行征地制度征地范围过宽,对农民的补偿过低,对失地农民的安置也无法解决其后顾之忧和长远之计,不仅使失地农民的生活水平下降,也造成严重的社会问题。

2. 交换关系状况

改革开放以来交换关系领域改革的基本取向,是用市场替代计划,

---

① 江泽民:《全面建设小康社会 开创中国特色社会主义事业新局面(2002年11月8日)》,人民出版社2002年版,第29页。

重新恢复它对资源配置的基础性作用。生产关系领域公有制的相对萎缩和私有制的扩大，必然导致交换关系领域市场调节在广度和深度上的扩张。21世纪初，中国加入世界贸易组织时，市场作为资源配置基础性手段的地位事实上已经成为定局。

中共十六大报告提出健全统一、开放、竞争、有序的现代市场体系的战略目标。《决定》在提出以强化市场的统一性为重要任务的同时，强调要加快建设全国统一的市场体系。由此，政府将通过大力推进市场对内对外开放，加快生产要素价格市场化，发展电子商务、连锁经营、物流配送等现代流通方式等措施，促进商品在全国范围自由流动和充分竞争。另外，资本和土地、劳动力等其他要素市场也将在政府的支持和鼓励下得到大力发展。随着政府重视程度的增加，市场秩序有可能逐步规范。随着市场在资源配置中的基础作用得到更大程度的发挥，以及政府对企业直接控制的放松，企业作为市场主体的活力将进一步增强。从上述两个文件关于宏观调控方面的内容来看，在市场调节生产的基础上，政府的宏观调控将得到改善，政府职能的转变也将进一步加快。十六大报告把促进经济增长、增加就业、稳定物价、保持国际收支平衡明确为宏观调控的主要目标。《决定》则要求进一步健全国家计划和财政、货币政策等相互配合的宏观调控体系；深化行政审批制度改革，切实把政府的经济管理职能转到主要为市场主体服务和创造良好发展环境上来；进一步确立企业的投资主体地位。

中共十六大以来，中国共产党进一步深化了对市场机制和宏观调控关系的认识。指出，在发展社会主义市场经济、推进现代化建设的过程中，自始至终要充分发挥市场配置资源的基础性作用，同时要根据不断变化的经济运行情况加强和改善宏观调控。发挥市场机制的作用，要注意克服市场本身的缺陷；加强和改善宏观调控，要自觉遵循市场经济规律。中共十七大报告提出要深化财税和金融体制改革，完善宏观调控体系，发挥国家发展规划、计划、产业政策在宏观调控中的导向作用，综合运用财政、货币政策，提高宏观调控水平。

3. 生产和生产力状况

2001 年,中国人民生活总体上实现了由温饱到小康的跨越。据有关资料,1978 年,中国的 GDP 总量只有 3645.2 亿元人民币,人均国内生产总值为 381 元人民币;2007 年,中国的 GDP 总量达到 24.66 万亿元,是 1978 年的 67.7 倍,中国此时已成为世界第四大经济体。2009 年,中国国内生产总值已经达到 4.9 万亿美元,跃居世界第三位,主要农产品和工业品产量都位居世界第一,进出口贸易总额达到 2.2 万亿美元,成为世界第一大货物出口国和第二大货物进口国,国家外汇储备达到近 2.4 万亿美元,粮食总产量从 3 亿吨增加到 5 亿多吨,成功解决了占世界近 1/5 人口的吃饭问题。同时要看到,中国有 13 亿人口,经济总量被这一巨大的人口数一除,人均国内生产总值只相当于法国的 1/12,仅排在世界第 99 位,人均国民总收入更是排在世界 100 位之后。现在实现的小康,还是低水平的、不全面的、发展很不平衡的小康,仍有 1.5 亿人每天生活费不足 1 美元,相当于法国人口总数的两倍多,还有 4000 多万农村人口没有解决温饱问题,有 2300 多万城镇人口靠领取最低生活费过日子。[①]

在未来 20 年不发生重大政治危机和经济危机的条件下,中国经济将保持快速增长,综合国力将进一步增强。中共十八大报告提出,2020 年要实现国内生产总值和城乡居民人均收入比 2010 年翻一番。据国家统计局公布的最终核实数,2010 年 GDP 现价总量为 401 513 亿元。据此计算,2020 年我国国内生产总值应达 803 026 亿元。这样,中国就将进入中等发达国家行列。预计 20 年后,新型工业化道路的成功实践,使经济结构实现战略调整,产业结构得到优化升级,形成以高新技术产业为先导、基础产业和制造业为支撑、服务业全面发展的产业格局。信息产业由于得到优先发展,应用信息技术将在经济和社会领域广泛使用。

---

① 参见吴邦国《充分认识中国发展的阶段性特征》,载《求是》2010 年第 19 期。

通讯、能源、交通等基础设施建设得到显著加强。播种机、联合收割机等农业机械化工具将越来越多地替代手工工具，成为农业生产的主要手段，城乡居民恩格尔系数将低于40％。①

需要特别指出的是，中国高新技术产业的发展步伐将进一步加快，许多领域的技术水平将位居世界前列。2003年10月15日，中国自行研制的神舟五号载人飞船把中国首位航天员成功送入太空并安全返回，中国已成为世界上第三个独立掌握载人航天技术的国家。从这一天到11月15日，中国航天科技集团公司一个月内连续进行了四次发射，成功地将一艘飞船和四颗卫星送入预定轨道。2005年10月12日，"神舟六号"飞船在酒泉卫星发射中心发射升空，费俊龙和聂海胜两名中国航天员被送入太空。2008年9月25日，中国成功实施了"神舟七号"载人航天飞行，航天员出舱进行太空行走。2011年11月1日和2012年6月16日，"神舟八号"、"神舟九号"飞船分别与"天宫一号"目标飞行器成功进行空间自动交会对接和载人空间自动交会对接。2013年6月11日，"神舟十号"与"天宫一号"成功进行空间自动和手动交会对接，并首次开展中国航天员太空授课活动。这预示着在21世纪的高科技竞争中，中国将拥有重要的一席之位。

尽管如此，由于自主研发能力有限，从总体上看，与科学技术强国相比，中国在生产力方面还保持一定的差距。这个情况将长期制约中国社会形态向共产主义发展。

4. 政治形态状况

改革开放以来，中国在行政体制改革、基层民主政治建设、法制建设等方面，都取得一定的成绩。如在行政体制改革方面。党的十六大以来，各级人民政府围绕国务院提出的建设"行为规范、运转协调、公正透

---

① 参见江泽民《全面建设小康社会　开创中国特色社会主义事业新局面(2002年11月8日)》，人民出版社2002年版，第29页；李君如《小康中国》，浙江人民出版社2003年版，第69页。

明、廉洁高效的行政管理体制"的目标,大力推进体制改革和制度创新。在加强行政立法、规范行政权力、改善行政执法、完善行政监督,建立审计制度,推进行政审批制度改革,加强市场监管、社会管理和公共服务,推行电子政务,建立专家咨询和评估制度、社会听证和公示制度,扩大公众对政府立法工作的参与程度等方面,做出了许多努力,采取了许多措施,取得了不少进展和成效,得到了群众的肯定和好评。但如果以社会主义民主的要求进行考量的话,实然与应然的距离仍然很大。在经济全球化的条件下,如果不能成功地扩大社会主义民主,就难以成功抵制西方发达国家民主制度对中国人民的吸引。

执政党所面临的课题是,一方面需要探索民主的实现形式——在这一过程中,不可避免地需要吸收和借鉴资本主义政治文明中的肯定成果,另一方面还要在经济基础发生重大变化的条件下,努力维持政治文明建设的社会主义属性。进入 21 世纪,中国共产党开始以社会主义文明的深刻视角,系统总结中国社会主义民主政治建设的实践经验。在 2003 年 2 月中共十六届二中全会上,胡锦涛指出:"推进政治文明建设,最根本的是要坚持党的领导、人民当家作主和依法治国的有机统一。这是我们推进政治文明建设必须遵循的基本方针,也是我国社会主义政治文明区别于资本主义政治文明的本质特征。"[①]这一重要论断的作出,不仅第一次明确了社会主义政治文明建设的基本方针,而且第一次概括出社会主义政治文明的本质特征。中国共产党由此进一步明确了不照搬西方政治发展模式,坚持走中国特色社会主义政治发展道路的决心。

中共十六大以来,中国共产党一方面强调深化政治体制改革必须坚持正确的政治方向,另一方面强化科学执政、民主执政和依法执政,民主和法治步伐在积极稳妥的推进之中。与此同时,各种社会思潮对于中国政治体制改革的影响始终未曾间断。中共十七大前后,一些人在"普世价值"的旗号下,将西方的民主模式作为中国政治体制改革的目标,试图

---

① 《十六大以来重要文献选编》(上),中央文献出版社 2005 年版,第 146 页。

影响中国政治体制改革的方向。面对西方民主模式的冲击，中国共产党明确提出了中国在民主标准问题上的价值观：衡量一个国家的政治制度是不是民主的，关键要看这个国家广大人民的意愿是否能得到充分反映，这个国家广大人民当家作主的权利是否能得到充分实现，这个国家广大人民的合法权益是否能得到充分保障。可以预见的是，西方和国内一些人会不断强化西方民主模式对于中国政治形态的影响。

5. 社会意识状况

由西方发达国家主导的经济全球化，要求在政治和社会意识领域的资本主义全球化。这种外部条件影响了中国内部社会意识的变化。就内部条件而言，虽然中国共产党在社会主义精神文明建设方面仍然在努力，但由于生产关系的进一步私有化，交换关系的进一步市场化，这一努力的收效在一定意义上仅仅局限在社会公德建设的成就上。一部分共产党的干部不但已经基本上丧失对共产主义、社会主义的信仰，而且其中一部分人已经变成期望实现资本主义的发起人或代表者。在私有化和市场化的物质存在面前，相当多数的青少年不仅基本上没有形成共产主义的思想意识，而且已经成为全球化条件下各种资本主义文化的拥护者和传播者。

随着经济基础的深刻变革，改革开放以来思想理论界的一个突出特征是，马克思主义在思想理论和实际生活领域的影响面临着弱化的趋势。有学者指出："今天我国意识形态建设面临的严峻形势就在于我国改革开放的伟大成就，未能充分有效地转化为对于社会主义的认同；思想理论界和学界，在许多重大的政治理论问题上还严重缺乏共识；主流意识形态的宣传力和导向力不强，而对于否定'四项基本原则'的各种思潮则缺乏有效的批判和抵制方式；归结起来，这就从根本上构成了对于社会主义制度合法性的动摇。"[1]与主导地位的削弱同时，马克思主义研

---

[1] 侯惠勤：《马克思的意识形态批判与当代中国》，中国社会科学出版社2010年版，第7页。

究阵地、队伍也严重萎缩。中国共产党对此有着比较清醒的认识,这一时期实施的马克思主义理论研究和建设工程是试图改善这一状况的努力。

社会存在决定社会意识。可以预见的是,随着生产关系的私有化和交换关系的市场化,随着中国在经济上与资本主义世界"接轨",如果没有有效的措施,资产阶级思想意识将会逐步扩大它在全社会的影响,无论在实际生活领域还是在思想理论领域,马克思主义都将被进一步边缘化。

6. 阶级结构状况

经过 30 多年的改革开放,以工人阶级、资产阶级和中间阶层为主要组成部分的现阶段中国社会阶级阶层结构框架已经基本形成,各阶级阶层之间的关系也基本定型。

这一社会阶级阶层结构基本固化并处于动态的相对稳定状态。当然,这并不是说各阶级阶层在数量上不会变化,也不是说社会流动已经完全停止,而只是对结构的稳固化的确认。执政党对各种私有制经济的鼓励、支持和引导,必然造成私营企业主阶层和雇佣劳动阶层人数的持续增加。据报道,从 1998 年到 2003 年,中国国有企业从业人员从 7100 万减少到 5000 万。其中大批职工转向私有制经济领域。① 在全球化的条件下,由于在土地、劳动力等资源方面的比较优势,越来越多的西方跨国公司将制造业转到中国,这将在缓解中国就业压力的同时,导致雇佣劳动阶层数量的进一步增加。而随着土地流转的进一步加速,职业农业劳动者阶层在社会阶级阶层结构中的比重将进一步降低。改革开放以来,中国失业人群的数量一直呈上升势头。2003 年中国农村富余劳动力约为 1.5 亿人,而每年进入城市劳动力市场的只有 1000 万人。②

就各阶级阶层在政治上的表现而言,资产阶级中的官僚资产者将进一步致力于化公为私财产的合法化。这样,该社会集团将必然进一步致

① 参见《光明日报》2003 年 8 月 25 日。
② 参见《参考消息》2003 年 11 月 17 日。

力于将改革拉向资本主义的方向。在这一方面,由于他们和私营企业主阶层的利益根本一致,存在形成同盟的可能性。同时,随着私营企业主阶层的经济力量不断强大,其政治参与的积极性也必然会进一步提升。有关资料表明,共有65名私营企业主当选2003年第十届全国政协委员,而1993年时只有20名私营企业主参加八届政协。作为中国最高立法机构的全国人大也在吸收更多的私营企业主。2985名全国人大代表中有55名私营企业主。[①] 在中国共产党倾斜政策的作用下,资产者在政协和人大中的比例远远高出他们在总人口中的比例。

各阶级阶层之间最为突出的矛盾主要表现为腐败官员与广大劳动群众之间的矛盾,以及私营企业内劳资之间的矛盾。需要强调指出的是,虽然中国社会劳资矛盾处于不断上升的趋势,但仍然将处于持续的非显著状态。这主要是由于大量过剩劳动力长期难以就业所造成的压力所致。由于雇佣劳动者在经济、社会和政治地位等方面持续处于整体性的弱势地位,虽然执政党和政府强调对雇佣劳动者合法权益的保护,但这一群体在很长一段时期内经济权益仍然难以得到有效的保障。[②] 工人阶级同资产阶级之间的矛盾,构成社会主义初级阶段中国社会长期存在的主要社会矛盾。

[①] 参见《参考消息》2003年3月5日。

[②] 据报道,目前,进城务工的农民工被拖欠工资的现象仍然比较严重,特别是在建筑、餐饮、制衣、制鞋等劳动密集型企业中尤为明显。发生欠薪的时间大多集中在元旦、春节前民工回家过年的时段。这一情况在建筑行业最为突出,据保守估计,欠薪建筑企业的比例超过50%。参见《人民日报》2003年11月10日。

第八章 改革开放条件下中国社会的内部结构与矛盾

　　尽管我们将中国社会主义制度的建立作为社会主义初级阶段的历史起点，但无论是社会主义初级阶段的理论探索还是社会主义初级阶段的实践探索，都集中而鲜明地体现在改革开放 30 多年的历史实践之中。经过 30 多年的改革开放，与社会主义初级阶段相联系的中国社会的一系列特征，逐步具体化明确化并呈现出相对稳定性的特征。正确认识和把握社会主义初级阶段这一中国社会主义发展的特殊历史阶段，关键是对"应然"与"实然"关系的把握。所谓"应然"，是中国共产党人将科学社会主义理论与中国具体实际相结合，从理论上概括出社会主义初级阶段的特殊要求以及与之相联系的具体特征。所谓"实然"，是经过改革开放的 30 多年实践所导致的中国社会的实际状态。一些有关中国社会论题的研究往往陷入"应然"和"实然"的认识混乱之中，或是两者之间的区别被淡化，或是两者之间的联系被模糊化，在整体上呈现出矛盾或分裂的倾向。理论研究和现实研究的一定程度的脱节，是一些结论难以具有现实说服力的一个重要原因。社会主义初级阶段诸多中国特色社会主义重大课题，不仅应该蕴涵对"应然"和"实然"各自的考察，更为重要的是应该蕴涵对"实然"和"应然"矛盾关系与解决途径的分析。因此，关于这一问题的研究，既不能简单地停留于实证研究之中，也不能简单地停留于社会主义初级阶段理论的论述之中,而是需要将"应然"与"实然"联系在一起考察,并在此基础上明确规范性研究的方向和解决问题的途径。

一、社会主义初级阶段的所有制结构及其内在矛盾

将公有制作为共产主义社会与资本主义社会具有决定意义的差别,不仅揭示了所有制因素是马克思主义创始人辨别不同社会形态的关键性工具,而且也昭示了无产阶级革命的根本目标。与初级形态的社会主义相适应的所有制结构,是改革开放以来我们党在探索中国特色社会主义道路过程中所努力解答的一个重要课题。以公有制为主体、多种所有制经济共同发展,作为我们党探索社会主义初级阶段基本经济制度问题所取得的理论成果,构成社会主义初级阶段经济形态的核心内容。在社会主义初级阶段,正确认识和处理公有制经济与私有制经济的关系,是坚持和巩固社会主义基本经济制度,完善社会主义市场经济,加快实现社会主义现代化的重大课题。

1. 公有制与社会主义:理论与历史

在马克思恩格斯看来,社会即联合起来的个人占有全部生产资料,是未来社会的具有起始意义的特征。这个特征构成马克思恩格斯从逻辑上预测未来社会其他特征的起点。① 换言之,如果没有这个特征,其他特征就无从谈起。共产主义社会就是马克思恩格斯根据这个特征而命名的。他们认为,这个特征是共产主义社会与资本主义社会"具有决定意义的差别"。恩格斯在 1890 年致奥·伯尼克的信中明确指出:未来社会"同现存制度的具有决定意义的差别当然在于,在实行全部生产资料公有制(先是单个国家实行)的基础上组织生产"②。在《社会主义从空想

---

① 参见李延明《马克思恩格斯的未来世界——科学共产主义原理》,安徽人民出版社 2006 年版,第 49 页。
② 《马克思恩格斯选集》第 4 卷,人民出版社 1995 年版,第 693 页。

到科学的发展》中,恩格斯具体描述了共产主义社会各个特征之间的逻辑关联,从中可以更为确切地判定所有制因素在这一逻辑链条中的起始性地位。他说:"无产阶级将取得公共权力,并且利用这个权力把脱离资产阶级掌握的社会生产资料变为公共财产。通过这个行动,无产阶级使生产资料摆脱了它们迄今具有的资本属性,使它们的社会性有充分的自由得以实现。从此按照预定计划进行的社会生产就成为可能的了。生产的发展使不同社会阶级的继续存在成为时代的错误。随着社会生产的无政府状态的消失,国家的政治权威也将消失。人终于成为自己的社会结合的主人,从而也就成为自然界的主人,成为自身的主人——自由的人。"①

马克思恩格斯所言的共产主义公有制,与历史上存在的各种形式的公有制有着根本不同。具体而言,这种形式的公有制有两个显著特点:其一,整个社会占有全部的生产资料;其二,这个社会由联合起来的个人组成。正确认识和把握共产主义公有制在未来社会中举足轻重的地位,具有十分重要的意义。一方面,将公有制作为共产主义社会与资本主义社会具有决定意义的差别,不仅揭示了所有制因素是马克思恩格斯辨别不同社会形态的关键性工具,而且也昭示了无产阶级革命的根本目标:消灭私有制。另一方面,这种决定意义的差别,也为今天在关于社会主义与资本主义以及社会主义与民主社会主义等种种所谓的社会主义相比较的问题上,确立了辨析和区别的根本原则。

对于像列宁和毛泽东这样的 20 世纪的社会主义实践者来说,所有制问题之所以成为建设社会主义首先考虑的问题,与他们对马克思恩格斯关于公有制与未来社会关系的认识密不可分。列宁明确指出:"只要还存在着市场经济,只要还保持着货币权力和资本力量,世界上任何法律都无法消灭不平等和剥削。只有建立起大规模的社会化的计划经济,

---

① 《马克思恩格斯选集》第 3 卷,人民出版社 1995 年版,第 759—760 页。

一切土地、工厂、工具都转归工人阶级所有，才可能消灭剥削。"①这是列宁从理论上对马克思的呼应。众所周知，在社会主义实践的初步尝试中，列宁经历了从战时共产主义政策到新经济政策的战略性迂回。虽然战时共产主义政策的推行具有很强的被动性，但在一定意义上可以认为，这是列宁在实践中对于马克思设想的一次直接呼应。新经济政策则是列宁在直接呼应的尝试受挫后所作出的间接呼应的战略性调整，其要义在于先为全面推行马克思的设想创造前提和条件，再行马克思设想的直接呼应。列宁在解释这一调整的理由时明确指出："我们要懂得，这是一种我们可以而且应当容许其存在、我们可以而且应当将之纳入一定范围的资本主义，因为这种资本主义是广大农民和私人资本所需要的，而私人资本做买卖应能满足农民的需要。必须让资本主义经济和资本主义流转能够像通常那样运行，因为这是人民所需要的，少了它就不能生活。"②

如果说列宁是从直接呼应转变为间接呼应的话，那么，毛泽东则经历了从间接呼应向直接呼应的转变。从中国的具体国情出发，毛泽东在新中国成立前和新中国成立初期并没有明确的直接呼应的实践。他在1945年中共七大上所作的《论联合政府》的报告中指出："中国一切政党的政策及其实践在中国人民中所表现的作用的好坏、大小，归根到底，看它对中国人民的生产力的发展是否有帮助及帮助之大小，看它是束缚生产力的，还是解放生产力的。"③在中共七届二中全会上他特别强调："在革命胜利以后一个相当长的时期内，还需要尽可能地利用城乡私人资本主义的积极性，以利于国民经济的向前发展"④。社会主义改造的发动，标志着毛泽东的直接呼应拉开了序幕。但事实上，即使到了中共八大，毛泽东在认识上仍然对于直接呼应有所保留。这一点可以从毛泽东对陈云的关于"主体—补充"的结构的认同和赞赏上得到验证。陈云在中

①《列宁全集》第13卷，人民出版社1987年版，第124页。
②《列宁选集》第4卷，人民出版社1995年版，第672页。
③《毛泽东选集》第3卷，人民出版社1991年版，第1079页。
④《毛泽东选集》第4卷，人民出版社1991年版，第1431页。

共八大上提出："我们的社会主义经济的情况将是这样：在工商业经营方面，国家经营和集体经营是工商业的主体，但是附有一定数量的个体经营。这种个体经营是国家经营和集体经营的补充。至于生产计划方面，全国工农业产品的主要部分是按照计划生产的，但是同时有一部分产品是按照市场变化而在国家计划许可范围内自由生产的。计划生产是工农业生产的主体，按照市场变化而在国家计划许可范围内的自由生产是计划生产的补充。因此，我国的市场，绝不会是资本主义的自由市场，而是社会主义的统一市场。"①陈云的这一思想在第二个五年计划的报告中得到了明确的反映。

但是，不久后发生的人民公社化运动，表明毛泽东已经全面而深入地着手于直接呼应的实践。这一实践，不仅集中表达了以毛泽东为主要代表的中国共产党人期望以生产关系的迅速提升达致生产力快速增长的主观愿望，也集中反映了他们当时在社会主义问题上的认知水平。就后者而言，既在一定程度上说明了他们对于马克思关于未来社会设想的前提条件和基本原则的忽略，也在一定程度上反映了他们对于解放生产力与发展生产力之间关系的片面理解。抛开当时的生产力条件的客观要求，片面强调"一大二公三纯"的公有制一统天下，在所有制结构上追求单一的公有化，忽视其他经济成分在当时生产力条件下存在和发展的合理性，"解放"就会转化为"破坏"，其结果只能是"欲速而不达"。正如有学者所分析的那样，"如果不急于消灭个体工商业经济和民族资本主义经济，只消灭封建主义和官僚资本主义经济，我国的经济发展会更快更好一些。"②

从对于列宁和毛泽东的社会主义认识和实践的历史考察中可以看出，两者既有一致性又有差异性。其一致性在于，从理论认识的呼应上，列宁和毛泽东都始终遵循了马克思关于公有制和社会主义一致性的基

---

① 《陈云文选》第 3 卷，人民出版社 1995 年版，第 13 页。
② 卫兴华：《新中国 60 年社会主义基本经济制度的形成与巩固》，载《红旗文稿》2009 年第 17 期。

本思想;其差异性在于,列宁和毛泽东的实践轨迹恰恰形成了鲜明的对比。世界上两个社会主义大国的 20 世纪社会主义探索历程的经验总结,是 21 世纪社会主义走向复兴需要深入思考的重大课题。这里,问题的关键在于对差异性的解读。两者的实践轨迹从正反两个方面说明了这样一个道理,即在经济文化相对落后的国家建设社会主义,受国内生产力发展水平的制约等因素的影响,私有制的消灭绝不能一蹴而就,而需要经历一个长期的历史过程。进而言之,社会主义的实践者既要清醒地认识到所有制问题的解决是关涉社会主义实践的起始性问题,也要清醒地认识到这一问题的解决必须与实际的生产力水平相联系,密切关注生产关系变革的生产力承受程度,以求正确地把握好解放生产力与发展生产力的辩证关系,从而促进生产关系与生产力的相互协调。

2. 社会主义初级阶段的所有制结构

改革是一场我们党主动发动的革命。1984 年 12 月召开的中共十二届三中全会通过的《中共中央关于经济体制改革的决定》指出:“我们改革经济体制,是在坚持社会主义制度的前提下,改革生产关系和上层建筑中不适应生产力发展的一系列相互联系的环节和方面。这种改革,是在党和政府的领导下有计划、有步骤、有秩序地进行的,是社会主义制度的自我完善和发展。”这一论断突出说明,改革开放以来包括所有制结构在内的重大变化都是在我们党的主动安排下实现的。当然,强调革命性的主要意旨是为了展示改革的坚定决心。这场革命并不是一种对原有制度的彻底破坏,而是“社会主义制度的自我完善和发展”,这一原则在生产关系的调整上表现得尤为明显。邓小平指出:“过去行之有效的东西,我们必须坚持,特别是根本制度,社会主义制度,社会主义公有制,那是不能动摇的。”[①]他反复强调:“一个公有制占主体,一个共同富裕,这是

---

① 《邓小平年谱(1975—1997)》(上),中央文献出版社 2004 年版,第 399 页。

我们所必须坚持的社会主义的根本原则。我们就是要坚决执行和实现这些社会主义的原则。从长远说,最终是过渡到共产主义。"①这可以看作邓小平在对社会主义认识上的继承性。在他看来,公有制经济的主体地位是实现共同富裕和避免两极分化的制度保障。他说:"社会主义的目的就是要全国人民共同富裕,不是两极分化。如果我们的政策导致两极分化,我们就失败了;如果产生了什么新的资产阶级,那我们就真是走了邪路了。"②"只要我国经济中公有制占主体地位,就可以避免两极分化。"③私营经济的发展是为了加强公有制经济,服务于社会主义,这是邓小平主张恢复和发展私有经济的初衷。他指出:"有计划地利用外资,发展一部分个体经济,都是服从于发展社会主义经济这个总要求的。"④"我们吸收外资,允许个体经济发展,不会影响以公有制经济为主体这一基本点。相反地,吸收外资也好,允许个体经济的存在和发展也好,归根到底,是要更有力地发展生产力,加强公有制经济。"⑤可见,在邓小平看来,恢复和发展私有经济只具有手段的意义。

调整和完善所有制结构,确立社会主义初级阶段的基本经济制度,构成改革开放以来我国经济体制改革的一个重大课题。以公有制为主体、多种所有制经济共同发展,是我们党探索社会主义初级阶段基本经济制度问题所取得的理论成果。1993 年 11 月中共十四届三中全会通过的《中共中央关于建立社会主义市场经济体制若干问题的决定》指出:为实现建立社会主义市场经济体制这个目标,"必须坚持以公有制为主体、多种经济成分共同发展的方针。"⑥中共十六大指出,要坚持和完善社会主义公有制为主体、多种所有制经济共同发展的基本经济制度,坚持国有经济的主导地位,毫不动摇地巩固和发展公有制经济,毫不动摇地鼓

①《邓小平文选》第 3 卷,人民出版社 1993 年版,第 111 页。
② 同上书第 3 卷,第 110—111 页。
③《邓小平年谱(1975—1997)》(下),中央文献出版社 2004 年版,第 1091 页。
④ 同上书(下),第 1078 页。
⑤ 同上书(下),第 1091 页。
⑥《十四大以来重要文献选编》(上),中央文献出版社 1996 年版,第 554 页。

励、支持和引导非公有制经济发展,使两者在社会主义现代化进程中相互促进,共同发展。在作出建立社会主义市场经济体制的决定十年之后,2003 年 10 月中共十六届三中全会通过的《中共中央关于完善社会主义市场经济体制若干问题的决定》指出:"进一步巩固和发展公有制经济,鼓励、支持和引导非公有制经济发展"①。2007 年 10 月 25 日,胡锦涛同志在中共十七大报告中指出:"坚持和完善公有制为主体、多种所有制经济共同发展的基本经济制度,毫不动摇地巩固和发展公有制经济,毫不动摇地鼓励、支持、引导非公有制经济发展,形成各种所有制经济平等竞争、相互促进新格局。"②中共十七届五中全会再次重申"要坚持和完善基本经济制度"。在社会主义初级阶段的所有制结构中,公有制的主体地位是这一经济结构的核心内容和特殊性所在;公有制与私有制并存竞争,共同发展,则反映了社会主义初级阶段所有制结构的一般性特征。有的学者使用"混合所有权制度"或"复合型所有权制度"③一词,所揭示的只是社会主义初级阶段基本经济制度的一般性特征,应该说只是一种表象的理解,并没有揭示出两者之间主辅关系这一内在的特殊性。

改革开放以来改革理论探索的过程和改革实践探索的过程具有一致性,并表现出阶段性特征。这一点在私有经济的恢复和发展的过程中表现得异常明显。促成这一经济因素成长的渐进性特征有意识形态方面支持的因素;同时,私有经济的恢复和壮大在客观上获得了公有制经济在管理、技术和资金方面的支持。由此,改革开放以来公有制经济和私有制经济之间事实上蕴涵着此消彼长的轨迹。经过 30 多年的调整,改革前单一公有制的所有制结构业已转变为以公有制为主体、多种所有制经济并存的所有制结构。根据国家统计局测算,从 1978 年到 2007年,我国公有制经济在国内生产总值中的比重由 94.7% 下降到 60% 左

---

① 《十六大以来重要文献选编》(上),中央文献出版社 2005 年版,第 466 页。
② 《中国共产党第十七次全国代表大会文件汇编》,人民出版社 2007 年版,第 25 页。
③ 郑永年:《国际发展格局中的中国模式》,载《中国社会科学》2009 年第 5 期。

右,非公有制经济比重由 5.3%上升到 40%左右。①

　　在社会主义初级阶段,所有制结构的深刻变化带来的经济持续快速增长,使一些人产生了这样的误解,即所有制问题似乎无关紧要。形成这种认识的原因是多方面的。长期以来,对于公有制,我们的宣传往往只停留在一般的抽象的认识上,其解释力和说服力未免就有些苍白,人们在实际生活中难以获得正确的感性认知。在所有制问题上的模糊认识,不仅没有正确把握公有制之于社会主义的经济意义,也严重忽略了公有制之于社会主义的政治和文化意义。经济意义意味着分配的公平,政治和文化意义意味着党的执政基础的巩固以及主人翁社会心理的维护。社会主义初级阶段是一个较长的历史阶段,深化对公有制与社会主义的一致性的认识具有特别重要的意义。一方面,历史实践已经证明,未来社会公有制的成熟状态是经济文化相对落后的社会主义中国的长远目标,社会主义初级阶段的中国应该探寻与这一特殊的历史阶段相适应的所有制结构。显然,容留和发展一定的私有制经济有利于社会主义初级阶段的社会主义的巩固和发展。另一方面,将社会主义初级阶段的所有制结构安排的现实合理性与未来合理性等同,削弱公有制之于社会主义的特殊意义,进而否定马克思关于未来社会设想的科学性,就可能丧失在社会主义初级阶段坚持社会主义道路的自觉性和坚定性。

3. 社会主义初级阶段所有制结构的内在矛盾

　　社会主义初级阶段经济结构的制度安排,使社会主义与资本主义之间的矛盾关系必然性地反映出来。在社会主义初级阶段,正确认识和处理公有制经济和私有制经济的关系,是坚持和巩固社会主义基本经济制度,完善社会主义市场经济,加快实现社会主义现代化的重大课题。换言之,正确认识和处理两个"毫不动摇"之间的关系,是社会主义初级阶

---

① 参见魏礼群《中国经济体制改革回顾与前瞻》,载《国家行政学院学报》2008 年第 5 期。

段巩固和完善社会主义的重大课题。

在社会主义初级阶段，坚持和巩固公有制经济的主体地位，蕴涵的意义丰富而深刻。包括国有经济在内的公有制经济，既是社会主义经济运行层面的需要，更是社会主义的制度性内容，它是社会主义经济制度的基础，也是整个社会主义制度的经济基础。[①] 如果没有"社会主义经济制度"这个"社会主义初级阶段基本经济制度"的核心，社会主义就成为了奢谈。公有制经济的主体地位，作为现阶段中国之所以称为社会主义国家的核心表征，是维系社会主义市场经济的前提和条件。因此，始终坚持公有制经济的主体地位，就成为在市场经济条件下坚持社会主义方向的关键。日共马克思主义经济学家不破哲三认为，改革开放以来的中国正在走的路是"一条前人未曾走过的路"。在他看来，由于历史条件的不同，列宁时代和今天的中国进入市场经济的途径有很大的不同，其中最大的不同就是社会主义与外国资本主义的关系。在市场经济条件下，"中国怎样坚持社会主义方向而不被资本主义所取代，它又应该怎样使社会主义的核心经济部分在市场经济中发挥作用来与资本主义竞争"，是不破哲三所着重思考的课题。他认为，如果要避免在市场经济中迷失社会主义方向，国家必须牢牢地"占据制高点"，即必须将工业和交通运输等方面的绝大部分控制在社会主义手中，以便它能确定社会主义经济发展的方向。

许多国外的研究者们注意到，在调整生产关系的过程中始终拒绝大规模私有化的改革思路，是中国改革开放以来获取经济增长和社会总体稳定的一个重要原因。乔万尼·阿里吉认为："确实，关键的改革并非私有化，而是让国有企业引入竞争机制，相互之间、与外国公司之间，特别是与大量新建的私有、半私有和集体所有制企业之间展开竞争。"同时，"中国政府在促进发展上的作用并未减退。相反，它在发展新产业、建立

---

① 参见卫兴华《新中国 60 年社会主义基本经济制度的形成与巩固》，载《红旗文稿》2009 年第 17 期。

新出口加工区,扩大和使高等教育现代化以及建设主要基础设施上投入了巨资,其力度与人均收入水平相当的任何一个国家相比都是空前的。"①丹尼尔·布罗姆利通过总结前社会主义国家在土地所有权和私有化方面的经验教训论证了如下观点,即中国经济之所以在过去几十年一直保持活力的原因之一就是,"农业土地由集体或村镇掌握,这为劳动力适应经济总体发展情况而随时离开或回到农业生产提供了内部手段"。他认为,"转型政策不能依靠意识形态来引导,而是要由谨慎分析和对实际发生的情况的具体评估来引导"②。在他看来,在土地所有权问题上拒绝大规模私有化,是中国经济快速发展和社会总体稳定的重要保障。伊万·塞勒尼则指出,中国之所以仍然是社会主义形态,最为明显的一点是,中国仍然是一党执政,而且以共产主义意识形态作为合法性来源。执政党在经济中扮演着关键性的角色,执政党决定着全国、地方和公司层级的政策,并且通过控制某些企业关键岗位的任命来发挥作用;私有产权在中国经济中的支配位置并不像许多西方评论家所认为的那么明显。③

　　目前,从国民经济总体来看,公有制经济仍然保持着主体地位,同时,在关系国计民生的关键性行业和支柱产业中,国有经济也居于支配地位,而且,在一些重要行业,国有经济以股份制经济形式通过控股等保持着相当的控制力。但是,也有研究表明,尽管改革开放以来我国公有资产的绝对量和公有制经济的增加值都在显著增加,其在社会总资产和社会增加值中的相对比重却在明显下降。而且,随着外商直接投资在我国的进一步发展,近年来业已凸显的外商"独资化"、外资

---

① [意]乔万尼·阿里吉:《亚当·斯密在北京:21 世纪的谱系》,路爱国、黄平、许安结译,社会科学文献出版社 2009 年版,第 359—360 页。

② Daniel W. Bromley, "Property Rights and Land in Ex-socialist States", in Peter Ho (eds.), *Developmental Dilemmas: Land Reform and Institutional Change in China*, London: Routledge, 2005.

③ 参见[美]伊万·塞勒尼《在中国想象另一种现代性——比较的视野》,载《中国社会科学内部文稿》2009 年第 5 期。

"控股化"趋势可能会进一步强化,其并购我国重要行业国有大中型企业的规模也可能会持续扩大。我国国有经济无论在数量、素质、分布和控制力等方面都将面临严峻的挑战。[1] 乔万尼·阿里吉也认为,竞争导致了国有企业在就业和生产方面所占比重急剧减少。公有制经济相对比重之所以呈现下降的趋势,其中一个重要原因是,在国有企业改制过程中,凝结着几十年工人阶级的心血和汗水的国有资产往往无端地进入了少数人的腰包之中。"化公为私"现象的屡屡发生,已经不是什么秘密,以至于有良心的经济学家大声呵斥:"不准再卖"。对于为什么卖,一些经济学家坚持认为,将国有企业出售给个人,尽管不是最优的,至少也是次优的解决问题的方案。如此振振有词的言外之意是别无选择。

改革开放以来,在所有制改革的问题上,"私有化"和"单一化"的两种错误倾向一直存在。"单一化"的错误在于,对于私有经济在社会主义初级阶段的两重性持片面的认识,只看到其剥削性的消极的一面,而没有看到其对促进我国生产力发展的积极作用的一面。但比较而言,"私有化"是现阶段主要的错误倾向。有人已经乐观地指出,再过 30 年,民营经济肯定是比今天更辉煌,其原因在于,"因为它更符合人类本性,符合已经被人类历史证明了的经济规律——规律是不可抗拒的"[2]。姑且不论私有制经济是不是符合人类本性——这不是本书着重讨论的话题——首先要讨论的问题在于,与私有经济的辉煌相伴随的是公有制经济的辉煌还是公有制经济的衰微? 私有化主张者的一个重要论调是,把国有经济笼统地指认为"垄断行业"、"垄断企业",要求国有经济退出关系国民经济命脉的重要行业和关键领域。其实,问题的关键不在于有没有控制和垄断,而在于谁来控制和垄断。一般说来,这些特殊部门和行业,由公有制企业经营要比私有制企业经营能更好地体现国家的战略利

---

[1] 参见郭飞《外商直接投资对中国经济的双重影响与对策》,载《马克思主义研究》2006 年第 6 期。

[2] 李义平:《民营经济的中国式进程》,载《读书》2010 年第 5 期。

益和社会公众利益。① 如果大规模私有化，必然导致公有制经济主体地位的丧失，也必然丧失维系市场经济社会主义性质的经济基础。江泽民曾一针见血地指出："把国有资产大量量化到个人，并最终集中到了少数人手中，那样，我们的国有资产就有被掏空的危险，我们的社会主义制度就会失去经济基础。那时，中国将会是一个什么样的局面？我们靠什么来坚持社会主义制度，靠什么来巩固人民的政权，靠什么来保证实现全体人民的共同富裕。"②

改革计划经济体制下形成的存在着诸多矛盾和弊端的国有企业组织形式，使之成为具有经营自主权的产权清晰的市场经济主体，是巩固社会主义初级阶段基本经济制度的一个重要内容，这一改革也取得了一系列积极的成效。随着生产力的发展和社会的进步，需要进一步探索国有企业的组织形式和公有产权的实现形式。而如何有效发挥公有制经济的社会主义属性，恐怕是正确认识和处理两个"毫不动摇"之间的关系，坚持和巩固社会主义初级阶段基本经济制度的又一个重大课题。之所以提出这个问题，是因为一些地方一些公有制企业在践行社会主义价值原则方面存在着许多值得深入探讨的课题。就其内部管理和经营而言，现代企业制度建立后，社会主义经济民主发展的状况如何？工人阶级作为企业主人翁的地位究竟得到多大程度的体现？就其经济状况而言，在不同行业的国有企业之间，收入差别的合理性也值得深度质疑。一些行业之间巨大的收入差别，不仅使收入较低的人们往往无法感受到社会主义的优越性，也为一些人诟病公有制经济制造了充分的借口。因此，必须让国有企业全面展现其公有制企业的属性，而不能让坚持公有制经济成为毫无实际意义的一句空话，更不能让公有制经济蜕变为官僚资本主义。在社会主义条件下，公有制企业不能仅仅从经济方面衡量它的存在意义，它应该有向全社会展现社会主义价值的基本任务。公有制

---

① 参见刘国光《巩固社会主义初级阶段的基本经济制度》，载《中国社会科学报》2011年1月25日。

②《人民日报》1999年7月1日。

经济既然是一种"归人民所有的社会主义经济",那么,围绕人民性的发挥,需要深入讨论和回答以下两个问题:一是公有制企业内部的经济民主的问题,也就是工人阶级如何在现代企业制度的框架内体现领导阶级的地位的问题。二是公有制企业剩余的全社会享有的问题,也就是如何缩小国有企业行业收入差距的问题。

二、社会主义初级阶段的政治发展道路及其双重挑战

超越资产阶级民主,建立真正的民主制,是马克思主义创始人的政治理想。20 世纪以来社会主义实践的历史轨迹中,有着这一艰辛探索印刻的曲折辙痕。与初级形态的社会主义相适应的政治发展道路,是改革开放以来我们党所努力解答的一个重要课题。党的领导、人民当家作主和依法治国三者有机统一,作为改革开放以来我们党探索社会主义初级阶段政治发展道路的重大成果,表明党对社会主义初级阶段社会主义政治文明建设规律的认识和把握已经趋于成熟。随着全球化的深入发展和改革开放的逐步深入,加快政治体制改革的呼声愈益走高。在这一背景下,深化对社会主义初级阶段政治发展道路的认识,具有特别重要的理论与实践意义。

1. 民主与社会主义:理论与历史

马克思主义创始人始终认为,民主是一个历史范畴。作为一种国家制度,民主是建立在一定经济基础之上的上层建筑,它从根本上服务于一定的经济基础。在阶级社会中,包括民主政治在内的任何国家形式,都不过是统治阶级各个个人借以实现其共同利益的政治形式。马克思和恩格斯指出,国家内部的一切斗争,民主政体、贵族政体和君主政体相互之间的斗争,争取选举权的斗争等,不过是一些虚幻的形式,在这些形式下进行着的实际上是各个不同阶级间的真正的斗争。

马克思恩格斯确认了资产阶级民主的历史进步意义。马克思认为,

资产阶级民主所实现的政治解放当然是一大进步。在迄今为止的世界范围内,它是人类解放的最后形式。但他们也同时指出,这一民主所实现的只是政治的解放而不是人类的解放。马克思指出:"这种所谓的人民主权,无非是君主国的有产阶级为了争取君主的权利而让各非有产阶级相信的骗局……穷人到处都在受苦,而不是在进行统治;劳动者在服从,而不是在指挥;小商人和小业主在劳动,而不是在发号施令;富人到处都由于金钱的影响而在进行统治,并且参加政权,担任官职。"①如果说马克思所揭示的是 19 世纪西方民主的实质的话,那么,爱因斯坦所揭示的则是 20 世纪西方民主的实质。他指出:"私人资本趋向于集中到少数人的手里……这些发展的结果造成私人资本的寡头政治,它的巨大权力甚至连民主组织起来的国家也无法有效地加以控制。事实的确如此,因为立法机构的成员是由政党选出来的,而这些政党要不是大部分经费是由私人资本家提供的,也是在其他方面受他们影响的,他们实际上就把立法机构和选民隔离开来了。结果是,人民的代表事实上不充分保护人民中无特权的那一部分人的利益。此外,在目前的条件下,私人资本家还必然直接或间接地控制情报和知识的主要来源(报纸、广播电台、教育)。因此,一个公民要达到客观的结论,并且理智地运用他的政治权利,那是极其困难的,在大多数场合下实在也完全不可能。"②以法律的平等抹煞对事实平等的追问,是西方民主难以超越的历史局限。

无产阶级民主正是以超越资产阶级民主为历史使命的。无产阶级专政国家实行民主制是马克思和恩格斯的一个基本观点。恩格斯指出:"无产阶级革命将建立民主的国家制度,从而直接或间接地建立无产阶级的政治统治。"③"工人革命的第一步就是使无产阶级上升为统治阶级,争得民主。"④"如果不立即利用民主作为手段实行进一步的、直接侵犯私

---

① 《马列著作编译资料》第 11 辑,人民出版社 1980 年版,第 58—59 页。
② 《爱因斯坦文集》第 3 卷,商务印书馆 1979 年版,第 272 页。
③ 《马克思恩格斯选集》第 1 卷,人民出版社 1995 年版,第 239 页。
④ 同上书第 1 卷,第 293 页。

有制和保障无产阶级生存的各种措施,那么,这种民主对于无产阶级就毫无用处。"①就此而言,无产阶级专政国家虽然是原来意义上的国家,但与资产阶级专政国家所根本不同的是,民主的主体已经不再是资产阶级而是工人阶级及其他劳动人民。马克思在分析第一个无产阶级的政权——巴黎公社——的经验时指出,这个新的真正民主的国家是"人民自己当自己的家"。这实际上提出了一个超越资产阶级自由主义民主的新的民主概念,即"无产阶级民主"的概念。无产阶级民主高于资产阶级民主的根本之处,并不主要在于民主实现形式的不同,而在于无产阶级作为"最大多数人"这一民主主体的不同。可以说,正是这个"多数"从根本上改变了"民主"的性质。② 无产阶级专政与资产阶级专政的主要区别之处,也不在于阶级压迫和阶级统治的性质上,而是压迫和统治的主体与客体发生了易位。③

对于无产阶级专政的形式,马克思也结合巴黎公社的经验予以了初步的说明。马克思指出,在资产阶级用来组织其统治的国家机构中,也有东西是工人阶级能利用来对这些机构本身作斗争的。马克思在批判1848年法国宪法时指出:"这部宪法的主要矛盾在于:它通过普选权给予了政治权力的那些阶级,即无产阶级、农民阶级和小资产者,正是它要永远保持其社会奴役地位的阶级。被它认可享受旧有社会权力的那个阶级,即资产阶级,却被它剥夺了这种权力的政治保证。资产阶级的政治统治被宪法硬塞进民主主义的框子里,而这个框子时时刻刻都在帮助敌对阶级的胜利,并危及资产阶级社会的基础本身。"④但是,在马克思看来,巴黎公社最重要的经验就是,"工人阶级不能简单地掌握现成的国家机器,并运用它来达到自己的目的"⑤。在他看来,"公社是由巴黎各区通

①《马克思恩格斯选集》第1卷,人民出版社1995年版,第239—240页。
② 参见郁建兴《马克思与自由主义民主》,载《哲学研究》2002年第3期。
③ 参见李延明《马克思恩格斯政治学说研究》,人民出版社2002年版,第238页。
④《马克思恩格斯选集》第1卷,人民出版社1995年版,第410页。
⑤《马克思恩格斯选集》第3卷,人民出版社1995年版,第52页。

过普选出的市政委员组成的。这些委员是负责任的,随时可以罢免。其中大多数自然都是工人或公认的工人阶级代表。公社是一个实干的而不是议会式的机构,它既是行政机关,同时也是立法机关。警察不再是中央政府的工具,他们立刻被免除了政治职能,而变为公社的负责任的、随时可以罢免的工作人员。所有其他各行政部门的官员也是一样。从公社委员起,自上而下一切公职人员,都只能领取相当于工人工资的报酬。"①显然,马克思确实在追求一种超越资产阶级民主的新的民主形式。需要指出的是,马克思对无产阶级民主的具体制度形式的设计,一方面必须结合巴黎公社革命的特定历史条件来获得准确的理解,另一方面,即使马克思十分称颂巴黎公社的具体制度形式,它们也不能代替后来的无产阶级专政国家的具体制度安排,无产阶级专政国家仍然十分需要结合本国国情,探讨无产阶级民主的实现形式的问题。②

列宁在十月革命后建立新型的无产阶级国家政权的实践中,继承了马克思的无产阶级民主思想。这一方面集中体现在对资本主义民主实质的认识上。他一针见血地指出:极少数人享受民主,富人享受民主,——这就是资本主义社会的民主制度。另一方面集中体现在对无产阶级民主实质的分析上。列宁认为,在无产阶级专政的条件下,将第一次提供人民享受的、大多数人享受的民主。在工人阶级政党领导下,广大人民群众真正平等、普遍地参与管理和监督国家事务,是民主发展过程中"具有全世界历史意义的一大进步"。但是,无产阶级民主的实践从起步起就注定了是一个复杂而艰难的历史过程。列宁对此的感触无疑最为深刻。普遍吸收所有劳动者管理国家虽然在理论上已经解决,但在实践中却颇费思量。列宁承认:"这是十分艰巨的任务。社会主义不是少数人——一个党所能实现的。只有千百万人学会亲自做这件事的时候,社会主义才能实现。"③实际上,20 世纪以来无产阶级民主实践过程

①《马克思恩格斯选集》第 3 卷,人民出版社 1995 年版,第 55 页。
② 参见郁建兴《马克思国家理论与现时代》,东方出版中心 2007 年版,第 146—147 页。
③《列宁全集》第 27 卷,人民出版社 1958 年版,第 123 页。

中的各种问题在列宁时期已经基本显露,列宁等党的领导人敏锐地察觉到权力集中、官僚主义、腐败等问题的出现和发展,布哈林指出,工人群众文化上的落后有可能使它的先进阶层偏离阶级基础,从而导致一个"新阶级"的形成。列宁清醒地认识到,如果不进行有系统的顽强的斗争来改善国家机关,那我们一定会在社会主义的基础还没有建成以前灭亡。他在晚年的一系列著述中对于如何完善无产阶级民主进行了初步的探索,试图对政治制度进行一系列的变动。但是,由于"斯大林的思想并没有在列宁的基础上进一步发展和提高,而是出现反方向运动,有一种'滑坡'的倾向"。从实践的角度看,20世纪社会主义民主实践的历史教训与它的名字密切关联。

和马克思、列宁一样,毛泽东对于无产阶级民主的实质也有着深刻的把握。他指出:我们不能把人民的权利问题理解为人民只能在某些人的管理下面享受劳动、教育、社会保险等权利,而劳动者管理国家,管理军队,管理各种企业,管理文化教育的权利,实际上,这是社会主义制度下劳动者最大的权利,最根本的权利。对于无产阶级民主初步实践中存在的问题,他也有着深刻的觉察。在他看来,官僚主义和命令主义,在我们的党和政府,不但在目前是一个大问题,就是在一个很长的时期内还将是一个大问题。"文化大革命"虽然立意于解决这个大问题,但最终酿成中国社会主义民主政治建设过程中的重大挫折。

2. 社会主义初级阶段中国政治发展道路的本质特征

改革开放以来,我们党深刻总结了"文化大革命"的历史教训,邓小平指出:"没有民主就没有社会主义,就没有社会主义现代化。"这是新的历史条件下我们党探索社会主义民主政治的逻辑起点,由此开始了建设社会主义民主的新航程。历史经验深刻总结的首要收获是,为了保障人民民主,必须加强法制。邓小平指出:"必须使民主制度化、法律化。使这种制度和法律不因领导人的改变而改变,不因领导人的看法和注意力的改变而改变。"在突出强调民主的同时,把民主与法制紧密结合起来,这是邓小平对中国特色社会主义民主理论的重大贡献,为我们党深化对社会主义初级阶段民主政治建设规律的认识提供了重要的思想指导。

随着社会主义市场经济体制的逐步建立,1997年中共十五大在坚持邓小平关于民主制度化、法律化思想的基础上,提出"依法治国,建设社会主义法治国家"的基本方略。依法治国方略的提出,可谓我们党在领导方式和执政方式上的重大转变,表明我们党对社会主义初级阶段民主政治建设规律的认识有了新的进展。依法治国方略提出后,江泽民针对一些人的错误理解首先从依法治国的角度阐发了党的领导、人民当家作主和依法治国三者之间的关系。他指出:"依法治国,要贯彻两个原则:一是必须坚持党的领导和社会主义方向,二是必须保证广大人民群众充分行使民主权利。"①世纪之交,国际国内形势发生了一系列重大而深刻的变化。从苏东剧变、世界社会主义遭受严重挫折的历史教训中,从西方资本主义国家加紧对我国实施西化、分化的政治图谋中,从一些发展中国家盲目照搬西方政治模式导致社会动荡的改革实践中,我们党进一步体察到党的领导作为社会主义民主政治建设的核心和关键地位的意义,江泽民又从党的领导的角度阐发了三者之间的关系:"推进社会主义民主政治建设,必须处理好党的领导、发扬民主、依法办事的关系。党的领导是关键,发扬民主是基础,依法办事是保证,绝不能把三者割裂开来、对立起来。""以为发扬民主、强调法制就不需要党的领导,这是错误的。"②

进入21世纪,我们党开始以社会主义政治文明的深刻视角,从坚持社会主义民主政治建设正确方向的战略高度,系统总结中国社会主义政治文明建设的实践经验。2002年5月31日,江泽民在中央党校省部级干部进修班毕业典礼上的讲话中指出:"党的领导、人民当家作主和依法治国的统一性,是社会主义民主政治的重要优势。发展社会主义民主政

---

① 《江泽民论有中国特色社会主义(专题摘编)》,中央文献出版社2002年版,第328页。
② 同上书,第301页。

治,最根本的是要坚持党的领导、人民当家作主和依法治国的有机结合和辩证统一。"①中共十六大在第一次明确提出了"社会主义政治文明"概念的同时,指出:发展社会主义民主政治,建设社会主义政治文明,最根本的是要把坚持党的领导、人民当家作主和依法治国有机统一起来。

在2003年2月中共十六届二中全会上,胡锦涛指出:"推进政治文明建设,最根本的是要坚持党的领导、人民当家作主和依法治国的有机统一。这是我们推进政治文明建设必须遵循的基本方针,也是我国社会主义政治文明区别于资本主义政治文明的本质特征。"②这一重要论断的作出,不仅第一次明确了社会主义政治文明建设的基本方针,而且第一次概括出社会主义政治文明的本质特征。中国共产党领导中国人民将马克思主义民主理论与中国具体实际相结合,经过50多年的探索和实践,以"三统一"的提出为标志,成功地开辟出一条符合中国特色社会主义事业发展要求、充分体现全国各族人民根本意愿和根本利益、蕴涵着民主的社会主义属性与民族性和时代性有机统一的政治发展道路。

"四个有利于",是以胡锦涛为总书记的党中央立足于社会主义初级阶段的具体实际提出的社会主义民主政治建设的根本原则。胡锦涛指出:"有利于增强党和国家的活力,有利于调动人民群众的积极性、主动性、创造性,有利于维护国家统一、民族团结和社会稳定,有利于促进经济发展和社会全面进步,是我们推进政治体制改革、发展社会主义民主政治必须遵循的原则,也是保证党和国家长治久安、切实维护最广大人民的根本利益必须遵循的原则,任何时候都不能动摇。"③对于"四个有利于"与"三统一"的一致性,胡锦涛有着深刻阐述:"我们坚持党的领导,实行民主集中制,充分发扬民主,大力推进法治,既能够充分反映广大人民群众的要求,使政治生活充满活力,又能够保持全国的集中统一,提高工

---

① 《江泽民论有中国特色社会主义(专题摘编)》,中央文献出版社2002年版,第304页。
② 《十六大以来重要文献选编》(上),中央文献出版社2005年版,第146页。
③ 《十六大以来重要文献选编》(中),中央文献出版社2006年版,第231页。

作效率,保持社会政治稳定。"①"三统一"和"四个有利于"的提出,表明中国共产党和中国人民对社会主义政治文明建设规律的认识和把握已经趋于成熟。

中国特色社会主义政治发展道路的本质特征和建设原则,是中国共产党人将马克思主义民主观与中国的社会主义初级阶段具体实际相结合的产物,反映为社会主义初级阶段政治发展道路的规律。这一探索的经验和启示主要在于。其一,社会主义民主政治建设必须从我国的国情出发。胡锦涛指出,中国的社会主义民主政治,之所以是最适合中国国情的民主政治,是最能够把中国 13 亿人民的意志和力量凝聚起来共同奋斗的民主政治,关键在于它植根于中华民族几千年赖以生存和发展的广阔沃土,产生于中国共产党和中国人民为争取民族独立和国家富强而进行的伟大实践。② 其二,社会主义民主政治建设必须坚持走自己的路。胡锦涛指出:"我们党和人民选择的政治发展道路,是党领导人民经过长期探索和实践而开辟出来的,是一条符合中国特色社会主义事业发展要求的政治发展道路,也是一条充分体现全国各族人民根本意愿和根本利益的政治发展道路,我们要始终不渝地走下去。"③

3. 社会主义初级阶段中国政治发展道路的争论焦点

对于以"三统一"为本质特征的社会主义初级阶段政治发展道路,争论的焦点在中国共产党的领导这个问题上。有人指出,迄今为止,虽然政治领域的改革取得了一些进展,但还远远谈不到民主化,跟民主不沾边。在党可以对政府发号施令的情况下,党实际上起着第一政府的作用,而政府成为党支配之下的第二政府。改革现有的党政体制,就是确立一元的政治体制、独立的政府体制,也就是党退出国家政权机构的体

---

① 《十六大以来重要文献选编》(上),中央文献出版社 2005 年版,第 147 页。
② 参见《十六大以来重要文献选编》(中),中央文献出版社 2006 年版,第 231 页。
③ 参见《十六大以来重要文献选编》(上),中央文献出版社 2005 年版,第 147 页。

制。具体地说,就是撤消政权系统中的党组织。如果党不是这样去领导改革,革体制性障碍的命,那么,体制性障碍就要反过来革党的命。言之凿凿,似有道理。其实,中国共产党作为社会主义初级阶段民主政治基本结构的基础性组成部分有着历史和现实的双重合理性。

党的执政地位的历史合理性是不容质疑的。这是历史的必然,人民的选择。在处于半殖民地半封建社会形态下的中国,人口众多、经济文化比较落后且发展极不平衡,人民利益的广泛性、多样性和实现人民利益的复杂性、艰巨性,都要求一个能够集中反映人民共同意志的政治核心,来团结、凝聚和带领人民逐步实现人民民主。历史事实业已说明,只有中国共产党才能担当起并完成这一重大的历史任务。在20世纪波澜壮阔的中国历史中,中国共产党人前仆后继、浴血奋战,领导中国人民彻底推翻了帝国主义、封建主义和官僚资本主义三座大山,中国人民第一次成为国家和自己命运的主人。新中国建立后,中国共产党领导全国人民迅速建立起社会主义的经济基础和具有中国特色的社会主义政治制度,广大劳动群众在经济上、政治上获得了从未享有过的平等地位和权利。在几十年社会主义建设过程中,其间确曾经历了不少挫折和失误,但社会主义政治、经济、文化和社会事业的不断发展却是一个不争的事实。不容辩驳的是,中国人民当家作主,是中国人民在中国共产党领导下经过坚苦卓绝的革命斗争实现的;中国的社会主义民主政治制度,是中国共产党领导中国人民创建的;中国的社会主义民主政治制度的完善和发展,是在中国共产党领导下进行的。所有这一切都雄辩地证明,没有中国共产党,就没有新中国,也就没有人民民主。

有的人认为,即使共产党的领导有历史合理性,但其现实合理性是值得质疑的。理解共产党执政的现实合理性,需要基于以下三个方面的分析:

首先,应该基于社会主义初级阶段社会主义民主政治建构的高度,认识"党的领导是关键"的特殊意义。在马克思主义看来,共产党的领导是一个历史范畴。对于党的领导和人民当家作主之间的关系而言,前者始终只具有手段性的意义。随着社会主义的不断完善,共产党最终会失去存在的必要性而自动退出历史舞台。但是,在社会主义初级阶段,我们虽然建立了社会主义国家,但是这个国家还是原来意义上的国家,共产党的领导仍然存在着必要性。这个必要性在于,在这个特殊的历史阶段,共产党必须带领人民尽快发展生产力,并致力于真正的民主制度的建立,为消解权力体系创造条件。概括而言,中国共产党承担着带领人民创建一个高于资本主义民主即社会主义民主的历史任务。这个历史任务的特殊性,决定了以无产阶级先锋队为性质和以全心全意为人民服务为宗旨的共产党执政的合理性,这是基于马克思主义民主理论对共产党执政合理性的论证。

其次,改革开放以来的伟大成就证明了中国共产党执政调动广大人民群众的积极性、主动性、创造性的巨大能力。新世纪新阶段,中国共产党正带领全国人民在新的历史起点上为开创中国特色社会主义事业新局面而奋斗。十六大至今,我国圆飞天梦想,修青藏铁路,办奥运盛会,展世博风采,经济总量跃居世界第二,好事连连;妥善防治"非典",全力抗击汶川特大地震灾害,有力应对国际金融危机冲击、保持经济平稳较快发展,成功闯过一道道关口。可以认为,在现阶段的中国,还没有哪个政党能够拥有如此巨大的号召力和凝聚力,能够取得如此辉煌的业绩。正如有学者所指出的,如果一定要从"合法性"角度论述民主问题,中国的"合法性"与当代西方社会人们意识中的那种程序性的"合法性"有很大差别。在中国,最大的"合法性"就是实现富国强民,就是实现社会主义现代化和中华民族的伟大复兴! 今天谁能得到绝大多数中国人民的拥护,谁就有"合法性"。①

最后,在全球化深入发展和改革开放加快推进的关键时期,坚持共产党的领导是保持社会稳定、促进社会发展的重要条件。在这个特殊的

---

① 参见房宁《民主政治十论:中国特色社会主义民主理论与实践的若干重大问题》,中国社会科学出版社 2007 年版,第 112 页。

历史时期,如何推进国家的建构成为至关重要的问题。苏共垮台的历史已经证明,"民主化"是一剂毒药。戈尔巴乔夫反思道,我给中国朋友的忠告是:不要搞什么"民主化",那样不会有好结果! 千万不要让局势混乱,稳定是第一位的。谈到苏共垮台,他说,我深深体会到,改革时期,加强党对国家和改革进程的领导,是所有问题的重中之重。在这里,我想通过我们的惨痛失误来提醒中国朋友:如果党失去对社会和改革的领导,就会出现混乱,那将是非常危险的。我们在没有做好准备的情况下,使苏联社会大开放。在残酷的国际竞争下,国内工业受到了致命打击。极少数人一夜暴富,敛财数额之巨仅次于美国的大亨,而赤贫的人数却超过了苏联时期。① 由此,改革的方向决不是削弱党的领导的问题,而是如何在新的历史条件下加强和改善党的领导的问题。

当然,党的执政地位不是与生俱来的,也不是一劳永逸的。历史合理性和现实合理性并不能构成未来合理性的核心论据。概括而言,中国共产党执政的未来合理性有两个前提性的条件:一是在社会主义初级阶段,必须坚持以公有制和按劳分配为主体、多种所有制经济和多种分配方式并存和共同发展的基本经济制度,从根本上确保中国的民主不受资本的操纵,而是以工人、农民和其他劳动群众为主体的人民的民主。当前,大量普通工人和农民经济地位的逐步边缘化,已经不能简单地从经济的视角来考量。从政治的视角看,贫富差距逐步拉大这一变化的实质是工人阶级和农民阶级从理论上作为社会主义国家领导力量和依靠力量的政治地位在现实政治生活中的严重滑落,由此导致作为工人阶级执政党的中国共产党的阶级基础和群众基础的逐步削弱。如何巩固党的阶级基础和群众基础,是党维护和巩固执政地位不容回避的一个重大课题。二是中国共产党必须始终保持工人阶级先锋队的性质和全心全意为人民服务的宗旨,始终保持先进性。只有这样,共产党才能始终真正

---

① 参见李慎明主编《2006 年:世界社会主义跟踪研究报告》,社会科学文献出版社 2007 年版,第 269 页。

代表全体人民,才具有领导和带领人民前进的政治资格,才能切实保障广大人民群众的国家主人翁地位并不断实现和发展广大人民群众的民主权利。毋庸讳言,当前党内出现的腐败现象对党的先进性已经构成了极大的影响。如何有效地抑制腐败,进一步增强党在人民群众中的信任程度,是党维护和巩固执政地位不容回避的另一个重大课题。

4. 社会主义初级阶段中国民主政治建设的双重挑战

20 世纪社会主义民主实践的长期性和曲折性表明,如何创造出一种体现马克思设想又能高于西方资产阶级民主的无产阶级民主,对于无产阶级执政党而言,是一个艰巨而繁重的历史任务。虽然尽可以从多个角度来理解民主,但至少有两个层面值得展开分析:一是民主的社会属性即民主的实质的问题;二是民主的实现形式的问题。从新中国成立以来特别是改革开放以来民主政治建设的实践看,社会主义初级阶段的民主政治建设将长期面临着两个问题的挑战。

（1）民主政治建设方向上的挑战

承认民主是一个历史的范畴,就必须承认在民主问题上至少有着资产阶级民主、无产阶级民主与马克思设想的未来社会中的真正的民主制的区分,这种区分所对应的分别是人类社会的资本主义、资本主义向共产主义过渡和共产主义这三个历史阶段。提出民主的社会主义属性的问题,首先需要辨析的是它与其他社会属性的民主的根本区别。这个问题主要反映的是民主的阶级性问题。从民主主体而言,社会主义民主是工人阶级和广大劳动人民当家作主。正如列宁所言:社会主义对资本主义的替代,"最明显地表现出一种转变:从资产阶级的民主转变为无产阶级的民主,从压迫者的民主转变为被压迫阶级的民主,从国家这个对一定阶级实行镇压的'特殊力量'转变为由大多数人——工人和农民用共同的力量来镇压压迫者"①。

---

① 《列宁选集》第 3 卷,人民出版社 1995 年版,第 148 页。

毫无疑问,中国所确立的是社会主义民主的建设目标。邓小平说过,没有民主,就没有社会主义。这句话一方面强调了民主对于社会主义的特殊意义,另一方面也涉及了中国民主建设的方向问题,蕴涵着对民主建构方向的说明和要求。胡锦涛指出:"纵观人类政治文明发展史,任何一种类型的政治文明都有鲜明的阶级性。我们要建设的是社会主义政治文明,这是由我国的社会主义性质决定的。"①处于社会主义初级阶段的中国的民主建构必须始终受到社会主义的规范,反映为社会主义初级阶段中国民主政治建设的一般要求。

在西方资本主导的全球化条件下,在社会主义初级阶段经济和社会结构的作用下,当前中国社会事实上存在着民主的社会属性趋于淡化的现象,这种淡化的现象具体反映了在民主建构问题上的不同的阶级立场,其实质表现为资本主义民主的价值倾向。如有学者认为,"中国特色社会主义的民主道路"这种提法虽然仍有价值,但稍显遗憾的是,在世界经济一体化快速发展、政治上共性东西越来越多、管理制度上常常相互借鉴的情况下,如果总凸显"社会主义"个性,难免显得不"与时俱进"。特别是它体现政治意识形态的一面,可能还会体现出阶级性烙印的影响,从而使民主的共性要求受到影响。这一论述存在着值得深入讨论的空间,将"社会主义"指认为"个性"就值得深度质疑。如果只把国情作为解释与西方资本主义国家不同的民主发展道路的理由的话,那么,不仅不能完整地揭示出中国特色的民主道路的本质特征,而且也会因过多强调国情的特殊性而在民主问题上授人以柄。因此,当我们使用"中国特色的民主道路"的概念时,其全称自然应是"中国特色社会主义民主政治道路"。

民主的社会主义属性决定了,任何民主形式的创新都必须基于工人阶级与劳动人民的民主愿望和诉求,并由此构成一个不可逾越的界限。马克思主义经典作家对于社会主义民主之于资本主义民主的优越性的

①《十六大以来重要文献选编》(上),中央文献出版社2005年版,第146页。

理论阐述,我们确已耳熟能详,但社会主义民主优越于资本主义民主的理论表达在今天之所以缺乏足够的现实说服力,最重要的原因恐怕并不在于人们对资本主义民主的向往,而在于现实生活中的民主与社会主义理论中的民主之间仍然存在着不小的差距,广大人民群众当家作主的愿望和热情并没有得到实际的满足,社会主义民主优越性的发挥仍然存在着很大的提升空间。这实际上提出了社会主义民主形式的探索,必须以作为人民群众主干的工人阶级和劳动人民的实际需要为出发点和落脚点的重大课题。

(2) 民主政治建设形式上的挑战

民主是一个从内容和形式都具有历史性的概念,是普遍性与特殊性的具体的历史的统一。正如有学者指出的:"在现代世界发展中越来越凸显的普遍性因素,如自由、民主、法制、公正等,不是哪个民族和国家的'专利',而是世界各个民族和国家的共同财富。各个民族和国家都以不同的形式参与了这些'普遍性因素'的形成过程,虽然西方国家曾在这一过程中起过主导作用。因此,不能把当代世界各个民族和国家都在不同层面上认同这些'普遍性因素',简单地视为西方文化的扩散和普及过程。同时,所谓'普遍性因素'也不是永恒的。在其历史发展过程中,这些因素从内容到形式会不断地被改变,以适应时代和世界各个民族和国家发展的需要。"①无产阶级民主担负着超越资产阶级民主的历史任务,这种超越性不仅表现在民主主体的变换方面,也表现在民主形式的创新方面,是从实质到形式的双重超越。

社会主义初级阶段中国民主形式的选择,不仅要受到社会主义社会属性的基本规定,而且要受到中国的历史、国情和现实任务的共同作用,就后者而言,反映为社会主义初级阶段的特殊要求。不同的政治制度,"不仅仅是一个不完全现代化的问题,相反,它涉及一个世界社会中相关

---

① 叶险明:《确立历史评价科学性的理论基础的三个重要逻辑环节》,载《哲学研究》2008 年第 4 期。

的制度和历史特殊性,以及在它们不同的时期和形势中的转型"①。有学者认为:"一个国家选择什么样的民主道路,从根本上讲,取决于这个国家的历史、国情和国际环境,这是决定一个国家走什么样的民主道路的三个最重要的客观因素。"②这位学者还指出,历史条件不同、面临的任务不同、所处的国际环境不同,民主的实现形式就会有所不同。民主一定是"国产"的好,不宜搞引进和仿造。可见,在社会主义初级阶段,在资本仍然处于强势的历史条件下,对"一个国家实行什么样的政治制度必须与这个国家的国情和性质相适应"的原则的坚持,决不是一个无关紧要的问题,必须始终基于这两个方面统一思考和探索中国民主形式的问题。

在当今中国,仅仅强调民主的普遍性并和西方紧密联系在一起讨论民主的形式,这种民主形式的"西方中心论"立场未免有失公正。有学者指出,事实上,一些西方学者也不得不承认"三权分立"的局限性。曾任美国国会参议员的富布莱特在讲到美国"三权分立"的问题时就说过:"我们的政治体制今天运转起来非常不灵。……在民主党控制国会而总统是共和党人时,宪法规定的行政和立法之间的内在抗衡就要大大加剧。……国会常常不能就预算达成一致意见,也不能有效地削减财政赤字……这在很大程度上要归咎于我们政府权力分立体制所固有的行政和立法之间的抗衡。"③其实,西方向包括中国在内的发展中国家推销西方民主模式是资本主导的全球化的一种具体表现。亨廷顿鲜明地揭示了这一点:"西方,特别是一贯富有使命感的美国,认为非西方国家的人民应当认同西方的民主、自由市场、权利有限的政府、人权、个人主义和法制的价值观念,并将这些价值观念纳入他们的体制。然而,在其他文

---

① Bob Jessop, "A regulationist and state-theoretical analysis", in Richard Boyd and Tak-Wing Ngo(ed.), *Asian States: Beyond the Developmental Perspective*, Routledge-Curzon, 2005, p. 1.

② 房宁:《民主政治十论:中国特色社会主义民主理论与实践的若干重大问题》,中国社会科学出版社 2007 年版,第 1 页。

③ 〔美〕威廉·富布莱特:《帝国的代价》,王焱等编,世界知识出版社 1991 年版,第 42 页。

明中,赞同和提倡这些价值的人只是少数,大部分非西方国家的人民对于它们的占主导地位的态度或是普遍怀疑,或是强烈反对。西方人眼中的普世主义,对非西方来说就是帝国主义。"①在这方面,俄罗斯的发言对于中国来说富有启发意义。俄罗斯总统普京指出:"20 世纪 90 年代的经验雄辩地证明,只是将外国课本上的抽象模式和公式简单地照搬到我国,我国的改革不付出巨大的代价就能取得真正的成功是不可能的。机械地照搬照抄别国的经验是不会取得成功的。"②

民主政治建设的中国形式的探索必须奉行自主性的立场。当然,这种自主性立场必须基于民主的普遍性与特殊性的统一,正确对待西方民主的积极成果而不是采取简单排斥的态度。当前西方民主模式之所以在当下的中国拥有一定的社会基础,不仅说明民主形式的供给仍然存在着不足,而且也反映了民主形式与民主目的的不一致性,存在着一定程度的矛盾。如果说前者提出了丰富民主形式的要求的话,那么,后者则提出了检讨民主形式的要求。这两个方面都存在着进一步探索的空间。

三、社会主义初级阶段的社会意识状况与文化建设的三重矛盾

马克思主义认为,未来社会对资本主义的替代是全面性的,它不仅仅包括经济关系的质的转变,也包括思想观念体系的质的转变。20 世纪的社会主义历史实践表明,经济文化相对落后国家建设社会主义文化是一个艰巨复杂的历史过程。价值观多元差异并存,各种社会思潮相互激荡,社会主义理想信仰严重弱化,我国社会意识领域出现的这三个方面的重大变化,构成社会主义初级阶段文化建设的现实背景。在这一特殊的历史阶段,在强调文化建设在满足广大人民群众不断增长的文化需要的同时,突出以文化的反作用巩固和完善社会主义的意义,具有重要而

---

① 〔美〕塞缪尔·亨廷顿:《文明的冲突与世界秩序的重建》,周琪等译,新华出版社 1998 年版,第 199—200 页。
② 〔俄〕《普京文集》,中国社会科学出版社 2002 年版,第 6 页。

深远的意义。

1. 文化与社会主义:理论与历史

　　文化从来都不是一种孤立的现象,唯物史观认为,它与经济存在着千丝万缕的联系,呈现出历史性和阶级性的特性。每个时代的人们总是"自觉地或不自觉地,归根到底总是从他们阶级地位所依据的实际关系中——从他们进行生产和交换的经济关系中",获得自己的思想道德和文化观念的。① 马克思指出,要研究精神生产和物质生产之间的联系,首先必须把这种物质生产本身不是当作一般范畴来考察,而是从一定的历史的形式来考察。例如,与资本主义生产方式相适应的精神生产,就和与中世纪生产方式相适应的精神生产不同。"如果物质生产本身不从它的特殊的历史的形式来看,那就不可能理解与它相适应的精神生产的特征以及这两种生产的相互作用。从而也就不能超出庸俗的见解。"②他还特别强调:"一个阶级是社会上占统治地位的物质力量,同时也是社会上占统治地位的精神力量。支配着物质生产资料的阶级,同时也支配着精神生产的资料"③。

　　在马克思看来,未来社会对资本主义的替代是全面性的,它不仅仅包括经济关系的质的转变——诚然,这是最为关键的转变,这一替代的过程理所当然地包括思想观念体系的质的转变。当马克思和恩格斯在《共产党宣言》中提出"共产主义革命就是同传统的所有制关系实行最彻底的决裂;毫不奇怪,它在自己的发展进程中要同传统的观念实行最彻底的决裂"④这一重要命题时,思想观念的解放作为与"消灭私有制"同样重大的历史任务同样地赋予了无产阶级。倍倍尔就曾急迫地表达了这一愿望:"目睹资本主义条件下种种丑恶现象,目睹宗教唯灵论和金钱拜

---

① 参见《马克思恩格斯选集》第3卷,人民出版社1995年版,第434页。
②《马克思恩格斯全集》第26卷(I),人民出版社1973年版,第296页。
③《马克思恩格斯选集》第1卷,人民出版社1995年版,第98页。
④ 同上书第1卷,第293页。

物教对群众的腐蚀,我们痛心疾首。我们多么渴望有朝一日在社会主义制度下逐步地、全面地、系统地实现我们的思想道德信念和核心价值"①,当然,这种替代并不能消除文化的民族性和继承性这两个一般特性。不同民族往往有着不同的文化,文化的多样性与民族的多样性密不可分。人们所承继的全部历史的基础不仅包括生产力的因素,也包括文化的因素。因此,任何文化的变迁都不是重新创造一切,而是改造,人总是从已有的思想资料中寻找构建与新社会制度相适应的文化形态的元素,这就决定了任何社会的文化都摆脱不了传统。②

雷蒙德·威廉斯认为:"马克思主义者给予文化一种很高的价值。"③这一点不仅可以从马克思的思想观点中得到充分的验证,也可以从列宁、毛泽东的社会主义探索中获得可靠的论据。对于经济文化相对落后的国家而言,无产阶级革命取得胜利后的首要任务自然在于提高生产力的总量,为社会主义构筑物质基础,但是,倘若因此忽视文化建设的重大意义,那对社会主义的理解就过于片面而幼稚。列宁深刻认识到俄国无产阶级夺取政权后文化教育工作和发展生产力的同等重要性。对于"文化革命"④的意义,列宁明确指出:我们对社会主义的整个看法发生了根本转变,主要就表现在"从前我们是把重心放在政治斗争、革命、夺取政权等等方面",而现在则"转到和平的'文化'组织工作上去了"。在他看来,实现了文化革命,俄国就能成为完全社会主义的国家了。社会主义文化自然不是在空地中产生的,它首先需要正确认识和处理自身与资本主义文化和封建文化的关系的问题。诚如列宁所言:"无产阶级文化应当是人类在资本主义社会、地主社会和官僚社会压迫下创造出来的全部知识合乎规律的发展。""只有确切地了解人类全部发展过程所创造的文

---

① 转引自韦建桦《社会主义核心价值体系的历史内涵、科学精神、创新品格》,载《光明日报》2007年12月4日。
② 参见陈先达《当代中国文化研究中的一个重大问题》,载《中国人民大学学报》2009年第6期。
③ [英]雷蒙德·威廉斯:《文化与社会》,吴松江、张文定译,北京大学出版社1991年版,第350页。
④ 在列宁看来,这个文化革命包括"纯粹文化"和"物质"两个方面内容。参见《列宁选集》第4卷,人民出版社1995年版,第774页。

化,只有对这种文化加以改造,才能建设无产阶级的文化,没有这样的认识,我们就不能完成这项任务。"①"我们不能设想,除了建立在庞大的资本主义文化所获得的一切经验教训的基础上的社会主义,还有别的什么社会主义。"②列宁不仅从整体性的视角认识到文化建设之于社会主义建设的重要价值,明确了社会主义文化建设的基本原则,更为重要的是,他在实践中也清醒地认识到在经济文化相对落后的社会主义国家建构社会主义先进文化的长期性和复杂性。对于那些过多地、过于轻率地侈谈什么"无产阶级文化"的人,列宁提醒道:"因为在开始的时候,我们能够有真正的资产阶级文化也就够了,在开始的时候,我们能够抛掉资产阶级制度以前的糟糕之极的文化,即官僚或农奴制等等的文化也就不错了。"③

在对文化的特性和文化建设之于社会主义的意义的认识上,毛泽东表现出与马克思和列宁高度的一致性。在他看来,一定的文化是一定社会的政治和经济在观念形态上的反映,又给予伟大影响和作用于一定社会的政治和经济;而经济是基础,政治则是经济的集中表现。而文化从来都不是一种超阶级的存在。"在现在世界上,一切文化或文学艺术都是属于一定的阶级,属于一定的政治路线的。为艺术的艺术,超阶级的艺术,和政治并行或互相独立的艺术,实际上是不存在的。"④毛泽东认为:"文化是不可少的,任何社会没有文化就建设不起来。封建社会有封建文化,封建文化是宣传封建主义的道理。资本主义社会也有资本主义文化,资本主义社会如果没有文化,也没法建立起来。"⑤在中华民族的一个新社会和新国家中,自然"不但有新政治、新经济,而且有新文化。这就是说,我们不但要把一个政治上受压迫、经济上受剥削的中国,变为一

---

①《列宁选集》第 4 卷,人民出版社 1995 年版,第 285 页。
②《列宁全集》第 34 卷,人民出版社 1985 年版,第 252 页。
③《列宁选集》第 4 卷,人民出版社 1995 年版,第 784 页。
④《毛泽东选集》第 3 卷,人民出版社 1991 年版,第 865 页。
⑤《毛泽东文集》第 3 卷,人民出版社 1993 年版,第 110 页。

个政治上自由和经济上繁荣的中国,而且要把一个被旧文化统治因而愚昧落后的中国,变为一个被新文化统治因而文明先进的中国。"①在他看来,自从中国人学会了马克思列宁主义以后,中国人在精神上就由被动转入主动。从这时起,近代世界历史上那种看不起中国人、看不起中国文化的时代应当完结了。伟大的胜利的中国人民解放战争和人民大革命,已经复兴了并正在复兴着伟大的中国人民的文化。"这种中国人民的文化,就其精神方面来说,已经超过了整个资本主义的世界。"②这些重要论述无疑是对马克思主义文化观的忠实继承和准确阐发。

在《关于正确处理人民内部矛盾的问题》一文中,毛泽东提出要团结全国各族人民进行一场新的战争——向自然界开战,发展我们的经济,发展我们的文化,使全体人民比较顺利地走过目前的过渡时期,巩固我们的新制度,建设我们的新国家。③ 由此也拉开了全面开展社会主义文化建设的序幕。概括而言,在建设社会主义新文化方面,毛泽东的贡献主要表现在两个方面:一是提出了文化建设的基本思路。在他看来,建设社会主义文化,要学习外国的文化艺术,研究中国的文化艺术,洋为中用,古为今用,创造出"有社会主义的内容"、"有独特的民族风格的"、"中国自己的"思想文化。这一重要论述,不仅揭示了社会主义文化建构的基本思路,也第一次为中国特色的社会主义文化进行了总体性设计。二是指出了社会主义文化建设的长期性和复杂性。在他看来:"我国社会主义和资本主义之间在意识形态方面谁胜谁负的斗争,还需要一个相当长的时间才能解决。"④新中国社会主义文化建设的实际成效,单从社会风气的变化就可感知。正如邓小平所指出的:"我们建国以后的十多年中,由于党和政府的正确领导,社会风气是健康的。在党的教育下成长起来的青少年,绝大多数怀抱崇高理想,热爱社会主义祖国,积极响应党

①《毛泽东选集》第 2 卷,人民出版社 1991 年版,第 663 页。
②《毛泽东选集》第 4 卷,人民出版社 1991 年版,第 1516 页。
③ 参见《毛泽东文集》第 7 卷,人民出版社 1999 年版,第 216 页。
④《毛泽东文集》第 7 卷,人民出版社 1999 年版,第 231 页。

和政府的号召,捍卫人民利益,维护社会秩序,处处表现良好的献身精神和守纪律精神。"①而十年"文化大革命"的错误发动,反映出毛泽东对文化相对独立性的极端性理解,致使包括社会主义文化建设在内的社会主义建设事业遭受了重大挫折。

2. 社会主义初级阶段社会意识领域的基本特征

改革开放 30 多年来,在生产力获得举世瞩目的持续而快速增长的同时,我国社会各个领域均发生了重大而深刻的变化,标识出这场社会变革的深度和广度。社会意识领域出现的三个方面的重大变化,构成社会主义初级阶段文化建设的现实背景。

（1）价值观多元差异并存

改革开放以来,我国经济社会结构的深刻变迁在推动利益共同体的解体进程的同时,也触发了价值观共同体的解体进程。价值观作为人们的文化积淀和生活实践的产物,是人们的利益、需要等在心理、思想和行为取向上的反映,具有鲜明的主体性。② 换言之,任何价值观都只能是一定主体的价值观。社会经济成分的多样化、社会组织形式的多样化、物质利益和分配形式的多样化以及就业方式的多样化,不仅造就了多元的价值观主体,也催生和促成了当代中国人价值观念的深刻变革和多元态势,创造出价值观多元化的生存空间。20 世纪 80 年代既是一个充满希望和梦想的年代,也是一个各种价值观生成并跃动的年代。经过 30 多年改革开放的精神洗礼,社会意识领域价值观多元化现象业已成为一种经验性的事实。

多元导致差异。在社会主义初级阶段,差异性不仅反映在经济利益的层面,也反映在价值观念的层面。社会学家在研究社会分层时发现,

---

① 《邓小平文选》第 2 卷,人民出版社 1994 年版,第 177 页。
② 参见李景源、孙伟平《价值观和价值导向论要》,载《湖南科技大学学报(社会科学版)》2007 年第 4 期。

各个阶级阶层的人的思想观念都会在改革开放所导致的社会经济变动中发生变化和分化。比如,在拥护改革开放和对改革开放的方向发生根本质疑这个基本问题的分歧上,人们已经划分成不同的群体意识、不同的社会态度、不同的思潮派别和不同的行动取向。这种分野所涉及的社会阶层认同,常常因改革开放进程中不断出现的新的焦点问题而发生重组。[①] 当公有制经济为主体和多种所有制经济共同发展为主要内容的基本经济制度与社会主义市场经济体制被确立为与社会主义初级阶段相适应的生产关系和交换关系,社会意识领域价值观的差异性也就由此获得了这个特殊历史阶段的现实合理性。并且,经过多次分化和重组,多元的价值观主体已经呈现出相对的稳定性。就此而言,改革的某些举措从最初的主动性普遍认同到主动性部分认同的重大变化,并不是一种反常的现象。正如有论者所认为的,"在这样一个社会中,各种利益诉求的表达将会成为一种常规性的社会现象"[②]。

　　价值观多元化所带来的社会效果具有两重性。一方面,价值观的多元化有利于推动建立和完善社会主义市场经济的思想观念的解放,改革开放的历史进程充分证明了这一点。没有思想解放大潮的激烈涌荡,就不可能有中国特色社会主义事业的快速推进,这是积极性的一面。另一方面,价值观的多元化也导致社会主义价值观边缘化和全社会价值观念的混乱和失序。对于多元价值观现实性的承认,并非意味着对每一种价值观都是正确的和合理的承认。"在这种变化中,主要是有利于促进社会主义市场经济发展和完善的思想观念的解放,但也潜藏着价值观念和道德滑坡的危机以及某些社会问题。"[③]基于社会主义价值立场,不能不承认的一个客观事实是,社会主义价值观边缘化的状况正在强化。在当前和今后相当长的一个历史时期内,由社会主义初级阶段经济结构和社会结构的稳定化趋势所决定,各个社会阶级阶层的不同价值取向进一步

---

① 参见李培林等《社会冲突与阶级意识》,社会科学文献出版社 2005 年版,第 33 页。
② 孙立平:《构建以权利为基础的制度安排》,载《南方周末》2004 年 1 月 1 日。
③ 陈先达:《论传统文化研究中的一个重要问题》,载《哲学研究》2010 年第 2 期。

稳固化和显性化,价值观多元化趋势进一步强化。如果说价值观多元化在改革开放初期主要地体现为积极意义的话,那么,随着改革开放的逐步深入,社会贫富差距进一步拉大,物质主义的强势进一步凸显,价值观多元化的消极性影响正在逐步强化。随着价值矛盾的日益普遍化,价值观的多元差异并存开始有向多元对立冲突的方向转化的趋势。

(2)各种社会思潮相互激荡

任何一种社会思潮的形成和兴起,都拥有一定的理论基础和思想文化根基,并脱离不了一定的国际国内社会条件。革命或改革的年代,往往是社会思潮生成和活跃的年代。改革开放以来,陆续登上中国社会舞台的多种多样的社会思潮,作为改革开放这场巨大的社会变革在人们思想观念深处的反映,是社会意识领域深刻变化的真实写照。这些相互激荡的社会思潮,参与了改革开放以来中国社会思想变迁的历史进程,折射出中国改革开放丰富复杂的历史轨迹,构成社会主义初级阶段社会意识领域的特殊景观。

至于改革开放以来中国社会究竟有哪些主要社会思潮,在不同学者的视野中有认识上的差别。有的学者认为,改革开放以来,真正能在中国社会形成广泛影响、构成社会思潮的思想意识并不很多,其中,自由主义、民族主义和"新左派"最具影响,是值得人们关注的三大社会思潮。[1]有的学者则从与马克思主义具有对立性质的角度,认为经济领域的新自由主义思潮、政治思想领域的民主社会主义思潮、价值观领域的"普世价值"以及历史虚无主义,是进入 20 世纪 90 年代以来的主要社会思潮。[2]还有的学者从解构启蒙的角度,认为当代中国有国家主义、古典主义和多元现代性等三种主要思潮。[3] 其中,民主社会主义思潮、新自由主义思潮、历史虚无主义思潮和政治儒学思潮,是影响现阶段中国社会的几种

---

[1] 参见房宁《社会主义是一种和谐》,中国社会科学出版社 2007 年版,第 409 页。

[2] 参见本刊记者《20 世纪 90 年代以来反马克思主义的几种主要社会思潮——访中国社会科学院马克思主义研究院特聘研究员周新城教授》,载《马克思主义研究》2010 年第 5 期。

[3] 参见许纪霖《矛盾体——〈另一种理想主义〉自序》,载《东吴学术》2010 年第 1 期。

主要社会思潮。

　　如果从历史分期的角度看,改革开放以来中国社会思潮的发展变化,大体上可以以 20 世纪 90 年代初期邓小平南方谈话为界划分为两个历史阶段。中共十四大以后随着社会主义市场经济体制的建立,一些社会思潮拥有了相比前一个历史阶段更为雄厚和稳固的经济基础与社会基础,并逐渐趋于成熟。当下中国社会比较活跃的每一种社会思潮,一般都拥有自己的一批思想精英,都有其核心人物,并且一般都拥有自己的组织机构和相对稳定的话语平台。进入新世纪以来,各种社会思潮的组织化程度逐步提升,对政治体制改革的介入程度也在逐步加深。香港《星岛日报》2007 年 9 月 6 日发表的一篇文章指出,进入新世纪以来,大量“民间智库”参与到诸多公共事件和社会热点中,发表意见,发挥影响力。目前较有影响的“民间智库”有上海法律与经济研究所、天则经济研究所、世界与中国研究所、北京思源社会科学研究中心、九鼎公共事务研究所、北京大军经济观察研究中心等,在修改宪法等重大公共决策活动中崭露头角。这些“智库”聚集了一批所谓“公共知识分子”,其中不乏一些思潮的核心人物。这篇文章还认为,这些人如果与特殊利益阶层结合,则政治势力的意味更为明显。各种社会思潮的迅猛发展,不仅表现为广大干部群众的政治态度分野越来越为鲜明,也表现为知识分子队伍的分化更加严重。

　　(3) 社会主义理想信仰严重弱化

　　改革开放 30 多年来,随着党的“一个中心、两个基本点”的基本路线的确立和巩固,社会意识领域出现了从计划经济时期意识形态的过度强化向市场经济条件下意识形态淡化趋势的转变,社会实际生活自觉或不自觉地反映出去意识形态化的特征。正是在这一转变过程中,出现了对物质主义、享乐主义和个人主义的认同不断提升的趋势。美国《基督教科学箴言报》2006 年 2 月 19 日发表的一篇文章引用中国问题专家劳伦斯·布拉姆的话说:“中国已从意识形态主宰一切、不存在任何物质主义的状态,转变为物质至上、不讲人格思想意识和价值观的状态。人们有所期望成为了普遍现象。现在大家谈论的是'用什么品牌'。"

就其实质而言,意识形态淡化的过程伴随着共产主义信仰和理想消解的过程。事实上,改革开放以来,仅仅用了30多年时间,我国社会就基本完成了从理想旗帜高扬到物质主义盛行的重大转换。中国社会科学院院长陈奎元在2010年7月发表的一篇文章中指出:"中华民族的文明传统,新中国成立以后培育的以破私立公、为人民服务为特征的革命传统,是我国宝贵的精神财富,是中华民族屹立于世界民族之林并引以为自豪的精神优势。现在时过境迁,这两个传统究竟还有多大分量?""在这些方面,优良传统的影响依稀可见,同时也存在严重的不良倾向。各种信息提示我们,信仰不明,道德沦落,文化低俗的气氛正在弥漫,对中华民族的复兴造成严重的困扰。"①许多人在追逐充裕的物质生活的过程中渐渐淡忘了关于人生理想信仰的话题,"一切向钱看"成为了多数人内心深处的最高追求。正如马克思恩格斯所指出的:在"没有信仰的状态,精神上会感到空虚,他对真理、理性和大自然必然感到失望"②。相当一部分知识分子从改革开放初期积极的参与和高涨的热情蜕变为对于现实政治和意识形态的漠不关心,呈现出所谓"精神疲劳"的现象,集体回归到个体的现实生活之中。一系列"恶搞"的文化现象的背后无疑是理想的放逐和精神家园的荒芜,当大学教育的功利主义甚嚣尘上时,工具理性大行其道就显得不足为怪了。

在改革开放和发展社会主义市场经济的条件下,社会主义理想信仰的弱化具有一定的历史必然性。既然解放和发展生产力是社会主义初级阶段的根本任务,那么,生产关系和交换关系的重大调整与对外开放,就成为完成这一根本任务的现实选择。这一现实选择所带来的深刻的社会变化是,社会民众在基本生存方式上出现了高度的市民社

---

① 陈奎元:《抓住时代机遇复兴中华文明　开创人文社会科学理论研究新局面》,载《中国社会科学报》2010年8月10日。
② 《马克思恩格斯全集》第1卷,人民出版社1956年版,第648页。

会化的特征,虽然就其性质而言这一特征不同于马克思所言的市民社会。这一特征的核心表现是,随着财富的发展,也就是随着新的力量和不断扩大的个人交往的发展,那些成为共同体的基础的经济条件,那些与共同体相适应的共同体各不同组成部分的政治关系,以理想的方式来对共同体进行直观的意识形态和个人的性格、观点等,都产生了走向弱化的趋势。[1]

总体看来,改革开放以来中国社会意识领域出现这三大特征,具有一定的必然性,反映为社会主义初级阶段思想观念领域的实然状态。对于社会意识领域的这些变化,既要看到其积极性的一面,也不能忽视其消极性的一面。正如有学者所指出的:"在这种变化中,主要是有利于促进社会主义市场经济发展和完善的思想观念的解放,但也潜藏着价值观念和道德滑坡的危机以及某些社会问题。""我国精神文化领域中出现的消极现象是一种代价,但不是无足轻重的代价。"[2]正确认识和把握当前社会意识领域变化的消极性一面,需要基于社会主义初级阶段文化建设的目标要求和应然状态,努力按照目标要求推进社会主义文化建设,以逐渐克服社会主义初级阶段社会意识领域应然和实然之间的矛盾。

3. 社会主义初级阶段文化建设的双重使命与三大矛盾

推动社会主义先进文化的繁荣和发展,以满足广大人民群众不断增长的文化需要,是社会主义初级阶段文化建设的一重使命,反映了社会主义建设的一般性要求。当解放和发展生产力成为社会主义初级阶段的根本任务时,邓小平并没有因此忽视这一特殊历史阶段社会主义文化建设的重要性。1980 年 12 月邓小平指出:"我们要建设的社会主义国家,不但要有高度的物质文明,而且要有高度的精神文明。所谓精神文

---

[1] 参见《马克思恩格斯全集》第 30 卷,人民出版社 1995 年版,第 539 页。
[2] 陈先达:《论传统文化研究中的一个重要问题》,载《哲学研究》2010 年第 2 期。

明,不但是指教育、科学、文化(这是完全必要的),而且是指共产主义的思想、理想、信念、道德、纪律、革命的立场和原则,人与人之间的同志式关系,等等。"①党的十二大报告指出:"我们在建设高度物质文明的同时,一定要努力建设高度的社会主义精神文明。这是建设社会主义的一个战略方针问题。社会主义的历史经验和我国当前的现实情况都告诉我们,是否坚持这样的方针,将关系到社会主义的兴衰和成败。"②在新的历史条件下对社会主义文化建设重要性的强调,其首要意义在于避免这样一个可能性,即由于对经济建设的重视导致对文化建设的忽视。不容否认的是,改革开放以来,经济文化发展不平衡的现象一直不同程度地存在。以经济发展水平较高的广东为例:文化发展和经济发展一条腿短、一条腿长的特征十分明显,并且,文化发展地域不平衡现象严重。广东近七成的文化经济总量、文化企业、文化产品进出口、文化投资在珠江三角洲地区,山区和东西两翼地区的文化设施建设总体上远远滞后于珠江三角洲地区。由此导致了"一个不相称、两个不相适应",即广东的文化事业与广东经济大省的地位不相称,与广东经济社会发展的要求不相适应,与广东人民群众日益增长的文化需求不相适应。③

推动社会主义先进文化的繁荣和发展,以文化的反作用巩固和完善社会主义,是社会主义初级阶段文化建设的另一重使命,反映了社会主义建设的特殊性要求。对于这一特殊使命,我们党在改革开放之初就已经有十分明确的认识。之所以将建设社会主义精神文明提到了重要位置,说明我们党充分认识到在改革开放条件下加强文化建设的特殊意义:"一般地说,物质文明建设要求加强精神文明建设;特殊地说,商品经济的发展,新时期改革开放的客观环境,更迫切要求加强精神文明建

---

① 《邓小平文选》第 2 卷,人民出版社 1994 年版,第 367 页。
② 《十三大以来重要文献选编》(上),人民出版社 1991 年版,第 367 页。
③ 参见赵剑英、吴波《建设文化大省　促进广东的科学发展与和谐发展》,载《马克思主义研究》2007 年第 8 期。

设。"①在社会主义初级阶段,在改革开放和发展社会主义市场经济的历史条件下,社会意识领域出现的与社会主义价值相背离的变化,具有现实必然性。正如江泽民同志指出的:"我们要清醒地看到,在改革开放的条件下,资本主义的腐朽思想文化必然会乘机而入,同我国历史上遗留下来的剥削阶级腐朽思想文化影响相结合,滋长拜金主义、极端个人主义和腐朽生活方式等消极现象,对人们正确的理想、信念和价值观产生冲击,也会侵蚀我们的干部和党员队伍,甚至毁掉一些意志薄弱者。"②社会意识领域的一系列变化,决定了文化反作用的意义更为突出。这也就意味着,社会主义初级阶段的文化建设具有了服务和匡正的双重功能。匡正和批判具有一致性,匡正是在批判基础上的匡正,体现出一种建构的立场。可以说,社会主义初级阶段社会意识领域的客观实际,决定了社会主义文化匡正的现实性,这是保证在获得资本主义肯定性文明成果的同时,推动社会主义制度的巩固和完善的根本途径。

概括而言,由社会主义初级阶段的具体实际所决定,社会主义初级阶段的文化建设将长期面临以下三个方面的矛盾。对于这三个方面矛盾的克服和解决,构成社会主义文化建设的现实任务。

第一,社会主义文化与西方文化和民族传统文化之间的矛盾。文化的民族特性是在历史发展中不断积累和建构起来的。任何一个民族的文化都具有继承性,社会主义文化也不例外。在社会主义初级阶段,正确认识和处理好社会主义文化与民族传统文化的关系,是建设社会主义文化的前提性任务。毛泽东说过:我们信奉马克思主义是正确的思想方法,这并不意味着我们忽视中国文化遗产。中国历史留给我们的东西中有很多好东西,这是千真万确的。我们必须把这些遗产变为自己的东西。对于西方文化的态度也应持辩证分析的态度。经济文化相对落后的国家走上社会主义道路后,承担着一个吸收和借鉴资本主义一切肯定

① 胡绳主编:《中国共产党的七十年》,中共党史出版社 1991 年版,第 518—519 页。
② 江泽民:《论党的建设》,中央文献出版社 2001 年版,第 167 页。

性文明成果的历史任务,其中当然包括西方思想文化领域的肯定性文明成果。在对待这两种文化方面,社会主义初级阶段更应把握好扬弃的原则。无论对于传统文化还是对于西方文化,吸收都不是不加甄别地照单全收,在社会主义文化建设上始终蕴涵着一个吸收和批判的双重关系问题。

第二,文化的意识形态属性与商品属性之间的矛盾。在社会主义初级阶段,无论是意识形态属性还是商品属性,都是文化产品的客观属性。改革开放的历史进程虽然自 20 世纪 70 年代末启动,但中国社会的实质性变革是在中共十四大以后。社会主义市场经济体制目标的确立,是这一变革启动的标志。由此带来文化领域的深刻变革是:文化部门在生存方式和社会功能方面都发生了深刻的变化。在生存方式方面,文化部门开始从消费性行业向生产性行业转化。这种精神产品的生产和物质产品的生产相比,具有自身的特殊性,即生产的产品不是物质,而是文化。这种精神产品对人们的物质需求、政治需求和精神需求都会产生深刻的影响。在社会功能方面,文化部门从党和政府的思想、政策宣传的单一功能向宣传和商品的双重功能转化。后者的强化必然导致意识形态性的相对弱化。应该看到,当前消费文化的崛起在某种程度上已经遮蔽或替代了社会主义文化的根本立意。如何正确把握好意识形态性功能的发挥,是这一特殊阶段的一项艰巨而复杂的课题。

第三,主流意识形态与各种社会思潮之间的矛盾。改革开放到今天,社会意识领域的矛盾性已经是经验性事实。一方面,马克思主义仍然是中国共产党和社会主义中国的指导思想,仍然在社会意识领域占据着主导地位,同时,改革开放以来马克思主义中国化的理论创新步伐不断加快,中国特色社会主义理论体系作为马克思主义中国化的最新成果,正在努力转化为全国各族人民团结奋斗的共同思想基础;但是,另一方面,正如前文所述,诸如民主社会主义、历史虚无主义、新自由主义等社会思潮相互激荡的社会现象,也在时时提醒着坚持和巩固马克思主义指导地位始终面临着严峻的挑战。据《人民论坛》2010 年 3 月刊登的"未来 10 年 10 大挑战"的特别策划,经过对 8128 人的问卷调查结果显示,"主流价值观边缘化危机"被选出,成为我国未来十年的十大挑战之一。①在西方主导的全球化条件下,社会主义意识形态的防守性可能是现实的社会主义国家的一般性特征,这就决定了主流意识形态主动性引领的努力必然是一个长期而复杂的历史过程。

四、社会主义初级阶段的社会阶级阶层结构及其内在矛盾

社会主义初级阶段阶级阶层结构和关系研究,是现阶段中国社会一个敏感而又复杂的重大课题。大量的相关研究成果表明,方法论问题是这一课题研究的前提性问题。在马克思的阶级分析方法和韦伯的社会分层研究这两种不同的研究方法的选择上,很长一个时期后者成为主导的研究范式。新世纪以来,这种情况发生了一定的变化,越来越多的社会学学者倾向于承认马克思的阶级分析方法的现实价值:"尽管分层研究目前是中国社会不平等研究的主导范式,但事实表明,由于其固有的理论局限,它难以对中国社会不平等演变过程中的新问题做出令人满意的回答,如果不重新引入阶级分析视角,有关研究将缺乏足够的洞察力和前瞻性。""因为阶级分析冲突论立场比分层研究的功能论立场更贴近当前中国社会冲突日趋严峻的形势,更符合当前中国社会的需要。"②事实上,方法的选择并不主要取决于现实社会关系的变动程度,而是取决于对两种不同研究范式的科学性的判明。

---

① 被选出来作为我国未来十年的 10 大挑战依次为:1.腐败问题突破民众承受底线;2.分配不公激化社会矛盾;3.基层干群冲突;4.高房价与低收入矛盾;5.诚信危机,道德失范;6.民主政治改革低于公众预期;7.环境危机凸显;8.人口老龄化矛盾凸显,老无所依,老无所养;9.大学毕业生就业更加困难,诱发不稳定因素;10.主流价值观边缘化危机。
② 冯仕政:《重返阶级分析?——论中国社会不平等研究的范式转换》,载《社会学研究》2008 年第 5 期。

1. 阶级研究的两个理论问题

(1) 阶级的两个属性

尽管"阶级"一词已经被深深地烙上了马克思主义的印记,并被普遍地认为是马克思主义的核心概念,但关于"阶级"一词的使用和阶级问题的研究,马克思确实并非首开先河。马克思在 1852 年 3 月 5 日致约·魏德迈的信中坦率地承认了这一点:"至于讲到我,无论是发现现代社会中有阶级存在或发现各阶级间的斗争,都不是我的功劳。在我以前很久,资产阶级历史编纂学家就已经叙述过阶级斗争的历史发展,资产阶级的经济学家也已经对各个阶级作过经济上的分析。"①但是,毫无疑问,在关于阶级问题的研究上,马克思也确实实现了重大的理论突破。他指出,关于阶级,"我所加上的新内容就是证明了下列几点:(1) 阶级的存在仅仅同生产的发展的一定历史阶段相联系;(2) 阶级斗争必然导致无产阶级专政;(3) 这个专政不过是达到消灭一切阶级和进入无阶级社会的过渡。"②马克思在这封信中所提出的三个重要论断,不仅准确揭示了马克思主义阶级理论的核心内容,而且也明确展示了马克思主义阶级理论的基本框架。

在马克思恩格斯看来,阶级首先是一个经济范畴。恩格斯指出:"唯物主义历史观从下述原理出发:生产以及随生产而来的产品交换是一切社会制度的基础;在每个历史地出现的社会中,产品分配以及和它相伴随的社会之划分为阶级或等级,是由生产什么、怎样生产以及怎样交换产品来决定的。"③他们强调,社会阶级在任何时候都是生产关系和交换关系的产物,一句话,都是自己时代的经济关系的产物。在马克思主义

---

① 《马克思恩格斯选集》第 4 卷,人民出版社 1995 年版,第 547 页。
② 同上。
③ 《马克思恩格斯选集》第 3 卷,人民出版社 1995 年版,第 740—741 页。

看来,探究阶级产生的根源,如果撇开经济的因素,就注定会走向误区。阶级不仅是一个经济范畴,而且是一个历史范畴,后者以前者为基础。人类之所以分裂为阶级,同生产力的状况密切相关。阶级的存在仅仅同生产发展的一定历史阶段相联系,这是马克思阶级观的一个重要思想。换言之,阶级既不是从来就有的,也不是一种永恒的存在。它在生产力发展的一定阶段上产生,又因生产力的充分发展而消失。

阶级的存在决定了阶级矛盾和阶级斗争的客观性。正如马克思恩格斯所言,自原始社会解体以来,人类社会的历史就是阶级斗争的历史。一切历史上的斗争,无论是在政治、宗教、哲学的领域中进行的,还是在其他意识形态领域中进行的,实际上只是或多或少地表现了各社会阶级的斗争。人类社会正是在阶级斗争的过程中向前发展的。他们的这一观点将阶级斗争对于人类社会历史发展的作用提升到前所未有的高度,构成马克思阶级观的一个重要思想。虽然从原始社会解体以来就有阶级斗争,但人类社会只是到了资本主义阶段,阶级斗争才获得了最充分的展现。在马克思恩格斯看来,现代工业的进步促使资本和劳动之间的阶级对立更发展、扩大和深化。资本主义条件下生产力的社会化与生产资料的私人占有制之间的矛盾,赋予无产阶级一种特殊的历史使命,即通过社会主义革命和无产阶级专政,达到解放和发展生产力,与私有制和私有观念彻底决裂,直至最终消灭阶级,实现无阶级的共产主义社会的目的。可见,在马克思恩格斯所设想的未来社会中,没有阶级存在的空间,更谈不上阶级斗争的存在。

(2) 阶级分析方法与社会分层方法的区别

在西方社会,马克思的阶级分析与韦伯的社会分层一直是关于社会结构研究的两种具有显著差异的经典性研究范式,并且这两种研究范式之争被简单地归结为马克思与韦伯之争。

第一,历史观。马克思认为:"至今的一切社会的历史都是在阶级对立中运动的,而这种对立在不同的时代具有不同的形式。""不管阶级对立具有什么样的形式,社会上一部分人对另一部分人的剥削却是过去各个世纪所共有的事实。"①就社会分成统治者和被统治者、剥削者和被剥削者,阶级分析与分层研究都承认这一事实,但在历史观上却存在着根本性的差异。马克思坚持唯物史观的科学态度,认为这种不平等并不是一种永恒不变的现象。他通过对资本主义社会结构所作出的经济分析,不仅揭示了资本主义社会阶级矛盾的根源和实质,而且揭示了资本主义社会必然为共产主义社会替代的历史趋势。在马克思看来,资本和阶级都是一种历史性现象,阶级现象将随资本剥削雇佣劳动关系的消亡而终结。阶层分析则认为,社会不平等是满足社会整体需要的一种结构形式,社会结构整体的需要从根本上决定着社会不平等的形成及其内在逻辑。因此,任何社会都不可能消除社会不平等现象。社会分成地位和功能不同的若干阶层不仅是不可避免的,而且对于社会整体良性运转以及每一社会个体都是有益的。韦伯曾明言,社会不平等是社会确保最重要的职位由最合格的人来承担的一种无意识发展起来的手段。

第二,分层标准。无论对于阶级分析还是分层分析而言,划分标准问题始终是一个关键性的问题。在马克思看来,一个社会的社会结构是由其经济结构决定的。他从经济结构出发来确认社会结构,进而从经济结构的历史性推导出社会结构的历史性。因此,阶级分析首先引入人们与生产资料的关系,作为讨论社会分层的基础和前提,由此决定了阶级分析必然首先从经济因素出发来进行阶级的划分,这是阶级分析与分层研究的根本分歧所在。正如赖特所指出的:"对于韦伯主义者,阶级结构的概念不一定要联系生产方式;相反,分层的范畴同市场社会相联系。"②同时,马克思寻求的是对阶级对立的深层本质的揭示,因此阶级分析关注的重点在于性质的判定,分层研究则重点关注于量的差异。当然,强调阶级分析在划分标准问题上的一元论只是明确经济因素具有基础性

---

① 《马克思恩格斯选集》第 1 卷,人民出版社 1995 年版,第 292 页。
② 转引自[美]罗纳德·H. 奇尔科特《比较政治经济学理论》,高铦、高戈译,社会科学文献出版社 2001 年版,第 108 页。

意义而不是唯一的因素,认为马克思主义阶级分析是一元决定论是从"归根到底"的意义上而言的。

第三,实践价值。当马克思宣告"哲学家们只是用不同的方式解释世界,问题在于改变世界"时,他的理论中几乎每一个基本观点也就具有了解释世界和改变世界的两重性特征,而"改变世界"无疑是其特殊性所在。在马克思看来,基本阶级之间的斗争不可避免。工人阶级和资产阶级之间的斗争,决定着资本主义社会的经济、政治和社会生活的发展方向。倘若从功能的角度看,阶级分析在许多人看来明确地是指向革命斗争的。这不能不说是一个客观事实。因为对于工人阶级而言,马克思主义阶级理论的革命性意义不言而明。与之相比,韦伯的理论则导向"一致和议价的共同基础"。历史的事实是,在马克思主义阶级理论诞生之前,虽然也存在着阶级斗争,但这种斗争往往处于自发状态,达不到整体的阶级斗争的水平。马克思主义阶级理论作为无产阶级自卫同时也是向资产阶级发动进攻的思想武器,在100多年来国际共产主义运动的历史进程中的实践可谓淋漓尽致。与之截然相反的是,分层研究则主张社会成员可以依靠个人才干和努力,通过学习训练、专业和谋生方式的变化,升迁为更高社会地位群体中的成员。

2. 社会主义初级阶段阶级阶层结构的三大变化

阶级和阶级差别的彻底消失,是一个包含着创造一系列社会历史条件的漫长历史过程。虽然阶级将在未来社会中消亡,但在社会主义初级阶段,它仍然是一个客观存在的社会现象。

从国际条件看,经济全球化和政治多极化下的当今世界依然是一个阶级对立的世界,这是现实的社会主义生存的外部环境。有西方学者指出,抽象的资本和劳动的对立仍然是全球化时代资本主义的主要对立形式:"全球资本积累的现代阶段继续在特定的国家和社会之间以及国内产生社会和政治的分裂,这些分裂呈现为一种阶级形式。"①在被有的学者认为是马克思主义国家理论在新世纪复兴的《历史唯物主义与全球化》论文集中,全球化时代的阶级政治是其中一个主要理论关怀点。作者们明确解释道,因为阶级斗争依然是我们无可选择和无法逃避的生存条件。② 虽然西方世界依然是阶级社会,阶级的话语却处于边缘化境地。西方主流派的人文社会科学并不都回避"阶级"字样,"阶级"一词仍然被广泛使用着,正如美国马萨诸塞大学经济学教授理查德·沃尔夫所指出的,部分原因在于阶级概念的源远流长,即使对历史不甚了解的人在当代社会批评中也会使用阶级概念。但在西方,"阶级"一词往往只是作为"社会群体"的代名词,其中所揭示的资本与劳动对立的实质已经被模糊化。无论是提出"阶级死亡论"还是"阶级淡化论"的结论,其论证依据和实质都离开了资本与劳动的对立关系。这是资本主义意识形态迷雾遮盖的效用。

从国内看,社会主义正处于并将长期处于初级形态,这一判断是具体分析现阶段中国社会阶级阶层结构的根本依据。当我国现实的生产力发展水平决定了私有制经济还将有一个长时期的存在时,就不仅需要承认阶级现象仍然是一种客观的现实存在,而且需要承认中国还是一个具有自身特定阶级结构和关系的国家,任何否认我国存在阶级差别和矛盾的理论尝试都只是一厢情愿而已。从唯物史观出发,社会结构的变化是直接由经济结构的变化决定的。改革开放以来我国经济结构的变化决定了我国社会结构的变化。一般说来,大规模的社会变革总会涉及两个相关的过程,一是体制或某些制度的变革,二是社会力量构成的变化。③ 改革开放以来中国经济结构的巨大变化导致现阶段中国社会结构

---

① Alejandro Colas, "The Class Politics of Globalization", in Mark Rupert and Hazel Smith (eds.), *Historical Materialism and Globalization*, Routledge, 2002, p. 191.

② 参见郁建兴《马克思国家理论与现时代》,东方出版中心 2007 年版,第 13 页。

③ 参见孙立平《转型与断裂:改革以来中国社会结构的变迁》,清华大学出版社 2004 年版,第85 页。

发生了重大的变化,原有的工人、农民与干部、知识分子"两阶级、两阶层"的比较简单的社会结构发生了重大而深刻的复杂变化。总体上说,以下三个方面比较集中地反映了改革开放以来我国社会阶级阶层结构变化的深度和广度。

现阶段中国社会阶级阶层结构的重大变化首先在于私营企业主的重新出现和迅猛发展,正是这一变化集中反映了中国改革开放引发的经济社会结构转型的实质,勾勒出现阶段中国社会阶级阶层结构的基本格局。改革开放以来,私营企业主在经历了再生恢复阶段(1979—1992)和快速发展阶段(1992—2001)两个历史阶段后,逐步进入成熟期。恩格斯曾深刻地论述道:"一种历史因素一旦被其他的、归根到底是经济的原因造成了,它也就起作用,就能够对它的环境,甚至对产生它的原因发生反作用。"[1]私营企业主群体发展到今天,不仅拥有了强大的经济力量,而且已经能够通过影响执政党政策和国家法律来实现与维护经济利益,这是该群体趋于成熟稳定的集中体现和显著标志。正是由此出发,可以得出一个明确的结论,当下中国的情形,"不是阶级的死亡,反而是阶级的成长和定型的时期。"[2]十几年前,由中国社会科学院社会学所李培林教授主编的《中国新时期阶级阶层报告》一书曾指出,一个社会主义国家最为疑虑的,恐怕还是资本积累的趋势是否会造成一个占有大量财富和生产资料的、具有独立政治利益要求的"阶级"。现在看来,无论是否还存在疑虑,这个"阶级"业已成为了活生生的事实。

围绕私营企业主的社会属性,在改革开放以来相当长的一个历史时期里,学术界存在着争论,具体表现为对于马克思主义阶级划分标准的不同认识。一种观点认为,阶级首先是一个经济范畴,因此,占有不占有生产资料的经济因素应该是基础性的划分标准;另一种观点认为,阶级形成的标志应该是意识到自己的利益并组织起来。与之相联系,前者认

---

① 《马克思恩格斯选集》第 4 卷,人民出版社 1995 年版,第 728 页。
② 李强:《社会分层十讲》,社会科学文献出版社 2008 年版,第 280 页。

为改革开放以来再生的私营企业主已经是一个阶级,后者则认为私营企业主还不能构成一个阶级。

就阶级的形成问题,马克思有两段经典的论述。在《哲学的贫困》一文中马克思指出:"经济条件首先把大批的居民变成工人。资本的统治为这批人创造了同等的地位和共同的利害关系。所以,这批人对资本说来已经形成一个阶级,但还不是自为的阶级。在斗争中,这批人逐渐团结起来,形成一个自为的阶级。他们所维护的利益变成阶级的利益。"① 在《路易·波拿巴的雾月十八日》一文中马克思指出:"数百万家庭的经济条件使他们的生活方式、利益和教育程度与其他阶级的生活方式、利益和教育程度各不相同并互相敌对,就这一点而言,他们是一个阶级。而各个小农彼此间只存在地域的联系,他们利益的同一性并不使他们彼此间形成共同关系,形成全国性的联系,形成政治组织,他们又不是一个阶级。"②这两段经典论述被争论的各方作为论证自己观点的核心论据。事实上,马克思的这些论述是关于"自在"的阶级和"自为"的阶级之间关系的经典性论述,描述的是一个阶级从形成到成熟的发展过程。对于这一论述,固然不应将两者割裂开来,但也不应以后者否定前者。在马克思主义看来,当一个阶级处于自在状态时,它已经是一个客观存在的阶级,为了保护和发展共同利益的阶级意识一般总会通过行动,并往往总是首先通过其在价值理念和政治诉求上的代表或代言人表现出来。

应该看到,改革开放以来,"阶级"一词的忌用,除了对阶级的含义在理解上的不同使然外,一些人还担心使用这个词会首先联想到让人心悸的"以阶级斗争为纲"的岁月也是重要原因。出于这种顾虑完全可以理解。问题的关键在于,在对历史上这种"左"的错误加以否定的同时,不能将之归因于阶级概念的使用,更不能无视改革开放以来一些新的阶级形成的客观事实。

---

①《马克思恩格斯选集》第 1 卷,人民出版社 1972 年版,第 159 页。
②《马克思恩格斯选集》第 1 卷,人民出版社 1995 年版,第 677 页。

　　与之相对应的是现阶段中国社会雇佣劳动阶级的出现和扩大。其中,雇佣工人处于雇佣劳动阶级的底层,该阶层一般具有以下两个特征:一是雇工劳动时间长,劳动条件差。例如,在私有化最彻底的温州,只有不到企业总数1％的国有、集体企业执行劳动时间规定比较好。大量中小企业严重超时劳动较为突出,日劳动时间在12小时以上的企业比较普遍,星期天很少休息,这种情况在制革、电器、编织、成衣等劳动密集型企业更为严重。二是工资收入少,社会保障水平低。在2004年中共中央统战部与全国工商联的调查中,只有33.4％的被调查企业参加医疗保险,仅38.7％的企业参加养老保险,16.6％的企业参加失业保险,而且这些企业并不是为全部长年雇佣的工人投保,仅仅是为很少量职工(一般是企业想长期雇佣的技术工人,或者是企业主的近亲、亲戚等)投保。事实上,参加医疗保险的雇工仅占被调查企业全年雇佣工人总数的14.5％,参加养老保险的为22.7％,参加失业保险的为6.0％,比例相当低。[①] 虽然各级政府近些年来不断提升了对雇佣劳动群体权益的保障水平,但深圳"富士康"的接连跳,作为劳动对资本的消极抵抗行为,从一个侧面反映了现阶段中国雇佣劳动阶级的劣势地位。

　　现阶段中国社会阶级阶层结构的重大变化还深刻地表现在,一些"党政领导机关的干部、公有企业的管理者、手中掌握着一定人、财、物管理权的人物",或"利用手中的权力,通过扶持代理人的办法经商赚大钱,想做'官员兼资本家'";或"以权谋私,利用职权索贿受贿,大搞权钱交易,同社会上资产者(如私营企业主)建立了斩不断的利益关系"。这种现象在苏联解体、东欧剧变前夕屡见不鲜。我国理论界总结为权利转换论,认为在"体制转型"过程中,把持重要岗位的企业经理和政府官员能通过非正式渠道,利用其有利位置,在过渡期的种种模糊和混乱中,将自

---

① 参见戴建中《协调劳动关系是非公有制企业健康发展的重要内容》,载《中国党政干部论坛》2005年第4期。

己对国家财产的管理权在很大程度上变成所有权。他们利用所掌握的社会资源,在私有化过程中大获其利,其机会要比其他阶层多得多。[①] 进入新世纪以来,以"官商一体"为典型特征的大案要案的屡屡曝光,证明了官僚资产者这个群体已经不再是毛泽东时期的虚构,而成为一种活生生的客观实在。

从应然的角度考察,在社会主义初级阶段,包括私营企业主阶级和雇佣劳动阶级在内的若干新的社会群体,属于社会主义初级阶段阶级阶层结构的合法性组成部分。官僚资产者这个群体显然并不属于社会主义初级阶段阶级阶层结构的合法性部分。但从实然的角度看,这个群体作为一种特殊的存在,表现出现阶段中国社会阶级阶层结构的复杂性,他们和不法私营企业主群体一起,集中反映了社会主义初级阶段阶级阶层结构的"应然"和"实然"的矛盾。

3. 两类矛盾和两大课题

改革开放以来中国社会阶级阶层结构的深刻变化,是由总体性社会向分化性社会的转变。这种转变从质的层面看已经基本完成,并且社会阶级阶层关系状况的丰富性和复杂性也标识出这一转变的深刻程度。一个社会的变迁,总是伴随一系列的结构性调整与创新。这个过程也总会不可避免地带来一系列的矛盾和冲突,这就是社会学概念中的"结构紧张"的内涵。有学者认为,当下中国社会的"结构紧张"表现为因社会的结构分化速度快于制度规范的整合速度而形成的结构要素之间的紧张与脱节,使不同利益群体之间由于政策与制度安排的变化而产生不满,因而引发矛盾与冲突的状态。[②] 对于这一观点,综合相关学者的研究成果,需要补充说明以下几点:第一,两极对立是当下中国社会"结构紧

---

① 参见[美]阿考斯·罗纳塔斯《昔日风云人物还是今日弄潮儿吗?》,载《国外社会学》1994 年第 5 期。

② 参见李汉林、魏钦恭、张彦《社会变迁过程中的结构紧张》,载《中国社会科学》2010 年第 2 期。

张"的核心表征。有学者认为,一个典型的表现是,政治精英、经济精英和文化精英形成利益联盟,从而绝对地占有了社会的经济资源、政治资源和文化资源,导致大多数劳动者边缘化,形成鲜明的两极对立的态势。这一特征被有的社会学家称为"社会结构的断裂"①。第二,整合相对滞后并不能被简单归结为"结构紧张"的主要原因。分化与整合不同步,整合明显相对滞后,确实是造成中国社会矛盾和冲突大量增加的重要原因,但并不是唯一的原因。有学者认为,探寻当下中国社会矛盾和冲突形成的原因,至少还包括在社会分化过程中出现了诸如官僚资产者以及作为领导阶级的工人阶级的经济和政治地位从整体上滑落等因素。第三,"结构紧张"更为深刻地反映为社会主义初级阶段阶级阶层关系应然和实然的矛盾。就一般性而言,社会主义初级阶段的制度设计和改革实践决定了当下中国社会阶级矛盾和冲突出现的必然性。就特殊性而言,有学者认为,当下中国社会的阶级矛盾和冲突无论在规模上还是在内容上都反映出与社会主义初级阶段应然性要求的显著差异,因此,这种"结构紧张"更为深刻地反映为社会主义初级阶段阶级阶层关系应然和实然的矛盾。

当下中国社会的矛盾和冲突具有两类不同的性质。一种是对抗性矛盾即敌我矛盾。邓小平在改革开放之初就指出:"社会主义社会中的阶级斗争是一个客观存在,不应该缩小,也不应该扩大。实践证明,无论缩小或者夸大,两者都要犯严重的错误。""我们必须看到,在社会主义社会,仍然有反革命分子,有敌特分子,有各种破坏社会主义秩序的刑事犯罪分子和其他坏分子,有贪污盗窃、投机倒把的新剥削分子,并且这种现象在长时期内不可能完全消灭。"②正是基于上述分析,他强调:"阶级斗争虽然已经不是我们社会中的主要矛盾,但是它确实仍然存在,不可小看。如果不及时地、有区别地给以坚决处理,而听任上述种种不同性质

① 孙立平:《转型与断裂:改革以来中国社会结构的变迁》,清华大学出版社 2004 年版,第 109 页。
② 《邓小平文选》第 2 卷,人民出版社 1994 年版,第 169 页。

的问题蔓延汇合起来,就会对安定团结的局面造成很大的危害。"①邓小平上述所使用的"阶级斗争"一词,指的是"敌我矛盾",他所强调的是对抗性的社会矛盾在社会主义初级阶段是一个长期性的现象。当下广大人民群众同有腐败行为的党政机关官员、有腐败行为的国有企业管理者以及不法私营企业主的矛盾,就属于这一类矛盾。

另一种是非对抗性矛盾即人民内部矛盾。人民内部矛盾正随着改革开放的逐步深入发展起来,其中不仅有阶级之间的矛盾,也有同一阶级内部的矛盾,最为主要的表现形式是劳资矛盾和干群矛盾。就前者而言,私营经济作为社会主义初级阶段经济结构一个组成部分的客观事实,注定了劳资矛盾作为社会主义初级阶段的一个主要社会矛盾的长期存在。在现阶段中国社会,由于劳动力大量剩余,大量劳动后备军正等待进入市场供资本选择,因此雇工并不具备多少讨价还价的条件。换言之,在资本与劳动这一对矛盾中,劳动处于绝对劣势。劳资矛盾事实上已经成为今天中国重大的社会问题。中国社会科学院社会学所 2002—2004 年间就社会矛盾所做的调查显示,城市居民认识到,当今社会冲突中以劳资矛盾为最甚,而在不同所有制企业的劳资矛盾中又以私营企业为最甚。就后者而言,从当前党的队伍现状看,虽然从总体上承认我们党的大多数党员在改革开放和现代化建设中能够发挥先锋模范作用,但必须看到,相当一批党员干部共产主义理想信念淡忘,宗旨意识淡化,组织纪律淡薄,思想空虚,意志衰退,抵御不住拜金主义、享乐主义、极端个人主义的诱惑;有些地方和部门存在极其严重的形式主义、官僚主义作风和弄虚作假、铺张浪费行为以及各种消极腐败现象。直接的后果是,与经济体制改革带来的物质文明"蛋糕"的逐渐扩大形成鲜明对比的是,干群矛盾也大量地显露出来。

总体上说,在社会主义初级阶段,大量的社会矛盾表现为人民内部的矛盾。对于社会主义初级阶段阶级矛盾和冲突的认识和处理,始终需

---

① 《邓小平文选》第 2 卷,人民出版社 1994 年版,第 370 页。

要坚持辩证的态度。这种态度要求，一方面要承认当下中国社会阶级矛盾和冲突发生的客观性，另一方面又不能简单地归为必然性。马克思当年在批评蒲鲁东的客观主义分析方法时指出：如果把政变的全部结局认为是法国社会发展的合乎规律的和不可抗拒的产物，结果将对这次政变所作的历史的说明变成了为政变主人公的历史辩护，那么，"这样，他就陷入了我们的那些所谓客观历史编纂学家所犯的错误"①。因此，要进一步重视"结构紧张"的特殊性研究，逐步缓解现阶段中国社会阶级阶层结构"应然"与"实然"的矛盾。社会主义初级阶段阶级阶层关系的应然状态，至少对执政党提出以下两个方面的明确要求：一是应始终站在劳动的立场，在劳动和资本的矛盾关系中努力维护劳动的权益；二是应逐步完善社会主义市场经济体制，努力抑制官僚资产者的生成空间。通过以上两个方面的努力，达成以下与社会主义初级阶段相适应的社会阶级阶层关系："一是相对均衡的利益分配结构，一是合理的社会成员构成结构"②。

中共十六大以来，以胡锦涛为总书记的党中央对于这两大课题都有积极的应对。意大利社会学家乔万尼·阿里吉敏锐地注意到了这一点。他指出，在改革的过程中，各类剥夺性积累成为巨大财富的基础，而剥夺则包括挪用公共财产、侵吞国家资金和出售土地使用权。然而，这种金钱和权力的获得是否已导致资产阶级的形成，而且更重要的是，如果它已形成的话，这一阶级是否已成功占据了中国经济和社会的制高点，这一切均不明朗。在他看来，在前一时期对两个问题的回答看上去相当可信。但目前似乎出现了逆转，尽管评估其方向的时间段相对较短。其中有迹象可循的是新领导人政策的调整和对社会问题的更大关注，而且包

---

① 《马克思恩格斯选集》第 1 卷，人民出版社 1995 年版，第 580 页。
② 王伟光：《正确处理人民内部矛盾，构建社会主义和谐社会》，载《北大马克思主义论丛》2010 年卷。

括眼下的反腐败斗争。① 显然,正确认识和处理社会主义初级阶段阶级阶层结构关系,是马克思主义执政党始终面临的重大现实课题,社会主义初级阶段的长期性决定了解决这个问题的艰巨性和复杂性。

---

① [意]乔万尼·阿里吉:《亚当·斯密在北京:21世纪的谱系》,路爱国、黄平、许安结译,社会科学文献出版社2009年版,第372页。

第九章　中国道路与中国社会形态变化趋势

　　中共十八大报告指出：道路关乎党的命脉，关乎国家前途、民族命运、人民幸福。在中国这样一个经济文化十分落后的国家探索民族复兴道路，是极为艰巨的任务。在新的历史起点上，中国道路的探索和完善与社会主义的未来休戚相关。关于中国道路、中国模式或中国经验的问题之所以吸引了国内外学者如此众多关注的目光，并不仅仅是由雷默提出的"北京共识"所引发和推动，而是中国改革开放行进了多年之后的自然结果。因此，国内外对中国模式的热烈讨论不是一个偶然性事件。随着对中国模式所蕴涵的更为深刻的话题以及相关问题的研究的逐步深入，随着一系列争论性问题的逐步展开，中国模式研究的重大理论意义和实践意义也进一步清晰。不难看出，这一讨论蕴涵着的核心是"中国向何处去"的重大课题。无论是中国模式内涵的问题还是中国模式社会属性的课题以及对于中国问题的认识，都是基于这个课题而展开的。21 世纪中国社会主义的前途，为一切关心社会主义命运的人们所关注。中国有不可推卸的责任为社会主义在 21 世纪的伟大复兴贡献自己的一份力量。

一、中国特色社会主义道路的内涵与实质

　　经过 30 多年改革开放的艰辛探索，中国的社会主义现代化建设取

得了巨大的成功。中共十七大报告指出:"改革开放以来我们取得一切成绩和进步的根本原因,归结起来就是:开辟了中国特色社会主义道路,形成了中国特色社会主义理论体系。高举中国特色社会主义伟大旗帜,最根本的就是要坚持这条道路和这个理论体系。"①在新的历史起点上,我们党提出这一重要论断,不仅说明了中国特色社会主义道路的正确性已成为全党共识,而且表明我们党对中国特色社会主义道路的规律性认识已基本成熟。

1. 中国特色社会主义道路的多维解读

中共十七大报告在阐述中国特色社会主义道路时指出:"中国特色社会主义道路,就是在中国共产党领导下,立足基本国情,以经济建设为中心,坚持四项基本原则,坚持改革开放,解放和发展社会生产力,巩固和完善社会主义制度,建设社会主义市场经济、社会主义民主政治、社会主义先进文化、社会主义和谐社会,建设富强民主文明和谐的社会主义现代化国家。"②这是我们党第一次对中国特色社会主义道路的科学内涵作出集中概括。理解和把握中国特色社会主义道路的科学内涵,有多重视角和方法。制度层面、体制层面、价值目标层面和实践纲领层面,构成解读中国特色社会主义道路的四个维度。

第一,制度层面的中国特色社会主义道路。邓小平认为,中国的社会主义"处在初级阶段,是初级阶段的社会主义"③。这里的"初级阶段"不仅蕴涵有对中国社会主义在人类社会发展阶段上所处的历史方位的判定,而且也蕴涵有对中国社会主义与马克思设想的未来社会的差异性的判定。邓小平在1987年4月会见香港特别行政区基本法起草委员会委员时指出:"我们搞的是有中国特色的社会主义,所以才制定'一国两

---

① 《中国共产党第十七次全国代表大会文件汇编》,人民出版社2007年版,第10—11页。
② 同上书,第11页。
③ 《邓小平文选》第3卷,人民出版社1993年版,第252页。

制'的政策,才可以允许两种制度存在。"①"我们的社会主义制度是有中国特色的社会主义制度,这个特色,很重要的一个内容就是对香港、澳门、台湾问题的处理,就是'一国两制'。这是个新事物。这个新事物不是美国提出来的,不是日本提出来的,不是欧洲提出来的,也不是苏联提出来的,而是中国提出来的,这就叫做中国特色。"②中国特色社会主义道路的制度规定与社会主义初级阶段相一致。社会主义初级阶段这个最大的实际,是社会主义具有"中国特色"的重要原因。制度性差异是多方面的,除了上述"一个国家、两种制度"外,在所有制结构方面,中国特色社会主义实行的是以公有制为主体、多种所有制经济共同发展的基本经济制度;等等。

第二,体制层面的中国特色社会主义道路。邓小平认为,改革主要是指在坚持社会主义基本制度的基础上改变束缚社会主义优越性发挥的体制。1979年11月,邓小平在接见美国《大不列颠百科全书》副总编吉布尼时就指出:"说市场经济只存在于资本主义社会,只有资本主义的市场经济,这肯定是不正确的,社会主义为什么不可以搞市场经济,这个不能说是资本主义。我们是计划经济为主,也结合市场经济,但这是社会主义的市场经济。""市场经济不能说只是资本主义的。市场经济,在封建社会时期就有了萌芽。社会主义也可以搞市场经济。"③改革开放以来的数次理论论争都或多或少与此相关。30多年体制改革的核心,是从社会主义计划经济体制向社会主义市场经济体制的转变,通过交换关系的重大变革推动社会生产力的快速发展。从交换关系的角度看,改革开放的过程,就是社会主义市场经济体制逐步建立和完善的过程。

第三,价值层面的中国特色社会主义道路。邓小平指出:"我们现在所干的事业,就是努力把中国变成一个现代化的社会主义国家。"④这一

---

① 《邓小平文选》第3卷,人民出版社1993年版,第217页。
② 同上书第3卷,第218页。
③ 《邓小平文选》第2卷,人民出版社1994年版,第236页。
④ 《邓小平文选》第3卷,人民出版社1993年版,第259页。

重要论断蕴涵着中国特色社会主义道路的双重价值目标,即党的十七大报告中在阐述中国特色社会主义道路科学内涵时提出的"解放和发展社会生产力"与"巩固和完善社会主义制度"这两个方面的内容。从某种意义上说,自中国走上社会主义道路起,几代中国共产党人所着重思考的就是如何正确发挥主观能动性,走上现代化和社会主义辩证互动的良性发展道路。新中国成立以来社会主义现代化建设过程中所遭遇的成就与挫折都与此紧密相关。无论是实现现代化的价值目标还是巩固和完善社会主义的价值目标,中国特色社会主义道路的立足点都不应是其中的任何一个,也绝非是两者的简单相加,而应立足于这两个方面相统一的基础。换言之,思考其中任何一个方面,都必须基于两个方面的内在统一。

第四,实践纲领层面的中国特色社会主义道路。这个实践纲领就是以邓小平为主要代表的中国共产党人制定的"一个中心、两个基本点"的基本路线。中共十一届三中全会是在新的历史条件下党的基本路线形成的历史起点。我们党果断地抛弃了"以阶级斗争为纲"的方针,作出了把全党工作的重点转移到经济建设上来的重大决策,实现了政治路线的拨乱反正。中共十三大第一次明确地将"以经济建设为中心,坚持四项基本原则,坚持改革开放"确立为党在社会主义初级阶段的基本路线。正是基本路线的战略转变,才开启了中国特色社会主义道路探索的新的历史航程。中共十七大报告对党的基本路线作了进一步的深刻阐述:"以经济建设为中心是兴国之要,是我们党、我们国家兴旺发达和长治久安的根本要求;四项基本原则是立国之本,是我们党、我们国家生存发展的政治基石;改革开放是强国之路,是我们党、我们国家发展进步的活力源泉。"①可以认为,基本路线框定了中国特色社会主义道路的基本轨迹。坚持走中国特色社会主义道路,需要始终坚持把以经济建设为中心同四项基本原则、改革开放这两个基本点统一于中国特色社会主义的伟大

①《中国共产党第十七次全国代表大会文件汇编》,人民出版社 2007 年版,第 16 页。

实践。

　　中共十八大报告在阐述中国特色社会主义道路时指出："中国特色社会主义道路，就是在中国共产党领导下，立足基本国情，以经济建设为中心，坚持四项基本原则，坚持改革开放，解放和发展社会生产力，建设社会主义市场经济、社会主义民主政治、社会主义先进文化、社会主义和谐社会、社会主义生态文明，促进人的全面发展，逐步实现全体人民共同富裕，建设富强民主文明和谐的社会主义现代化国家。""中国特色社会主义道路是实现途径，中国特色社会主义理论体系是行动指南，中国特色社会主义制度是根本保障，三者统一于中国特色社会主义伟大实践，这是党领导人民在建设社会主义长期实践中形成的最鲜明特色。"这一重要论述不仅对中国特色社会主义道路作出了全面系统的概括，还阐明了中国特色社会主义道路、中国特色社会主义理论体系和中国特色社会主义制度三者之间的内在逻辑，构成在新的历史起点上理解和把握中国特色社会主义道路的思想资源。

2. 中国特色社会主义道路的普遍性与特殊性

　　改革开放以来，以邓小平为主要代表的中国共产党人在探索中国现代化道路的过程中始终强调的是自身道路的特殊性。邓小平当初使用"中国特色社会主义"这一概念，着眼点就在于突出中国社会主义现代化道路的特殊性。基于我们党对 30 年社会主义建设经验的总结和对我国社会主义建设规律的认识，邓小平认为，过去搞革命，要适合中国情况，走毛泽东开辟的农村包围城市的道路。现在搞建设，也要适合中国情况，走出一条中国式的现代化道路。在中共十二大的开幕词中，邓小平郑重声明："把马克思主义的普遍真理同我国的具体实际结合起来，走自己的道路，建设有中国特色的社会主义，这就是我们总结长期历史经验得出的基本结论。"①可见，没有对特殊性的一贯强调，就不可能有中国特

---

① 《邓小平文选》第 3 卷，人民出版社 1993 年版，第 3 页。

色的社会主义实践,也就谈不上我们今天正在热烈讨论着的中国道路或中国模式的话题。

围绕这一特殊性的理解,改革开放以来一直存在着两种不同的错误倾向:一种是脱离普遍的特殊主义和经验主义,将这种特殊性推至极致就成为绝对的特殊论,中国模式于是成为了与普遍性毫不相干的东西;一种是陷入抽象的普遍主义的泥沼,将西方模式奉为圭臬,顶礼膜拜,而将中国模式定性为"特殊主义"。中国特色社会主义道路的哲学把握,既要反对抽象地站在普遍主义立场,也要反对抽象地站在特殊主义立场,而必须坚持具体普遍论,主张普遍与特殊具体的历史的统一。① 实际上,历史的经验业已证明,当今的全球化进程更是明白无误地阐明:任何一种具有活力、具有生命力、具有生长空间的发展模式,都一方面包含着特定地域特定国度所特有的文化、传统、环境、资源、人口等国情条件所形成的特质和特色;另一方面包含着在应对发展难题、应答人类生存和社会进步问题、解决社会组织和制度安排等方面所形成的具有普遍性的文化价值和意义。②

"特色"这个概念当然首先意味着是一种特殊性,但对特殊性的确认并不排斥普遍性。事实上,如果承认存在着一条中国特色社会主义道路,那么它就应该承认其蕴涵有普遍性的价值和意义。邓小平早就表明了这一点:"现在我们干的是中国几千年来从未干过的事。这场改革不仅影响中国,而且会影响世界。"③"我们的改革不仅在中国,而且在国际范围内也是一种试验,我们相信会成功。如果成功了,可以对世界上的社会主义事业和不发达国家的发展提供某些经验。"④西方人提出"中国模式"或"北京共识",也说明中国道路有某种普遍意义。美国卡特中心中国项目主任、佐治亚帕里米特学院刘亚伟教授在讨论中国模式问题时

---

① 参见本报记者《中国特色研究范式:内涵、特征与实质——李景源访谈》,载《中国社会科学院院报》2008 年 5 月 8 日。

② 参见艾昕《中国模式的理论诉求——衣俊卿教授专访》,载《中国社会科学报》2009 年 7 月 31 日。

③《邓小平文选》第 3 卷,人民出版社 1993 年版,第 118 页。

④ 同上书第 3 卷,第 135 页。

认为,"中国模式"在发展中国家可能魅力无穷,但对发达国家来说,它的价值有限。不论这一观点是否正确,但确实反映了西方学者对中国模式所蕴涵的普遍性意义的高度关注。

在确认中国特色社会主义道路是普遍性和特殊性的统一的基础上,是对这一普遍性的正确解读。应该看到,如何理解这一普遍性,构成各种思想观点的分水岭,表现为各种思想观点的原则分歧。中国道路的普遍性,从指导思想来说是马克思主义而不是别的什么主义,从社会形态的角度来看是社会主义而不是资本主义,中国道路所要承载的是巩固和完善社会主义的历史使命。邓小平在 20 世纪 80 年代曾经说过:"我们要用发展生产力和科学技术的实践,用精神文明、物质文明建设的实践,证明社会主义制度优于资本主义制度,让发达资本主义国家的人民认识到社会主义确实比资本主义好"[1]。到 21 世纪中叶,中国基本实现社会主义现代化,"这不但是给占世界总人口四分之三的第三世界走出了一条路,更重要的是向人类表明,社会主义是必由之路,社会主义优于资本主义。"[2]社会主义是对资本主义的扬弃,是一种高于资本主义的社会形态,而不是如一些人所言的脱离了人类文明大道的歧途。有学者指出,"中国经验"的本质内容不是别的,正是这种新型社会主义的不断成长壮大;我们要建立的新社会,正是这种新型的、和谐的社会主义社会。那么,这种新型社会主义主要表现在两个方面:第一,它是一种利用资本主义一切可以利用的东西、逐步取得对于资本主义的相对优势的社会主义。第二,它又是一种在自己的实践中不断探索社会正义、不断追求社会和谐、不断进行制度创新,并不断致力于逐步把公平正义贯彻到社会结构和社会制度各个方面的社会主义。显然,那种将社会主义视为特殊性的观点,并没有正确把握中国模式的实质。[3]

中国特色社会主义道路蕴涵的普遍性和特殊性的统一,反映的是一

---

[1]《邓小平年谱(1975—1997)》(下),中央文献出版社 2004 年版,第 1255 页。
[2]《邓小平文选》第 3 卷,人民出版社 1993 年版,第 225 页。
[3] 参见郑杭生《社会学视野下的"中国经验"》,载《光明日报》2009 年 12 月 3 日。

种结合论和一种创新论。这种结合,是马克思主义的一般理论和中国具体实际的结合;这种创新,反映为结合基础上的新的理论创造。中共十七大用"十个结合"集中概括中国改革开放的历史经验,即把坚持马克思主义基本原理同推进马克思主义中国化结合起来,把坚持四项基本原则同坚持改革开放结合起来,把尊重人民首创精神同加强和改善党的领导结合起来,把坚持社会主义基本制度同发展社会主义市场经济结合起来,把推动经济基础变革同推动上层建筑改革结合起来,把发展社会生产力同提高全民族文明素质结合起来,把提高效率同促进社会公平结合起来,把坚持独立自主同参与经济全球化结合起来,把促进改革发展同保持社会稳定结合起来,把推进中国特色社会主义伟大事业同推进党的建设新的伟大工程结合起来。可以说,正是这"十个结合",集中体现了马克思主义在当代中国的理论创新,为像中国这样的经济文化落后的社会主义国家建设社会主义、巩固和发展社会主义开辟了正确的道路。

3. 中国特色社会主义道路的实质

中国特色社会主义道路的实质是现代性的内在超越。有学者把现代性的内在超越解释为,"正视现代性的内在矛盾,并通过矛盾的合理解决,以求现代性的正常发展,使之更有利于人类与社会的进步。"[①]这种超越基于对资本主义现代性的反思之上。马克思对资本主义现代性的内在矛盾进行了深刻的揭示:"在我们这个时代,每一种事物好像都包含有自己的反面。我们看到,机器具有减少人类劳动和使劳动更有成效的神奇力量,然而却引起了饥饿和过度的疲劳。财富的新源泉,由于某种奇怪的、不可思议的魔力而变成贫困的源泉。技术的胜利,似乎是以道德的败坏为代价换来的。随着人类愈益控制自然,个人却似乎愈益成为别人的奴隶或自身的卑劣行为的努力。甚至科学的纯洁光辉仿佛也只能

---

① 丰子义:《发展的反思与探索——马克思社会发展理论的当代阐释》,中国人民大学出版社2006年版,第141页。

在愚昧无知的黑暗背景上闪耀。我们的一切发现和进步，似乎是使物质力量成为有智慧的生命，而人的生命则化为愚钝的物质力量。"①以往人类历史上任何一个时代都不能想象的工业和科学的力量同人与人、人与自然之间的畸形关系，两者并行不悖地统一于资本主义生产的全部过程之中。中国选择社会主义道路蕴涵着这样一个基础性的立意，即通过社会主义制度缩短和减轻现代化进程中的苦痛而享受现代化的肯定性文明成果。

换言之，中国特色社会主义道路所承担的是一种建构新的现代性的历史使命。这种新的现代性的根本意旨，有学者指出是一种"反现代的现代性"。它既受到现代性的制约，又试图冲破现代性的逻辑。② 从辩证法的高度来理解中国特色社会主义，基本立意在于"利用资本本身来消灭资本"③。需要清醒地认识到，新的现代性的建构是一个长期的历史过程。中国今天进行现代化建设的特殊背景和复杂程度是显而易见的：中国的现代化并非起自于一个完整意义的资本主义，并非依托充分的社会主义条件，以至于至今我们在同一个空间内仍可以同时发现前现代性、现代性和后现代性的表征，历时性的特征获得了共时性的存在。同时，随着经济全球化的深入发展，在资本正以其巨大的力量将越来越多的国家和民族纳入其统治的条件下，无疑也大大增加了中国社会主义现代化的实践难度。强调依托现实的社会主义的条件避免现代性的困境和危机，虽然不意味着现代性问题全面复现的必然性，但也并不意味着已经彻底根除了现代性危机出现的可能性。由此，新的现代性的建构必将是一个长期的、复杂的历史过程。当然，强调现代性内在超越的长期性和复杂性，只是意味着对困难和挑战的清醒估计，而不是意味着放弃或躲避。当邓小平向全党发出建设有中国特色社会主义的战略号召时，他已经昭示，中国的现代化发展道路决不能成为西方现代化老路的"翻版"，

①《马克思恩格斯选集》第 1 卷，人民出版社 1995 年版，第 775 页。
② 参见周志强、肖寒《中国现代性的历史反思——汪晖访谈录》，载《中国图书评论》2007 年第 3 期。
③《马克思恩格斯全集》第 46 卷（上），人民出版社 1979 年版，第 394 页。

重新经历西方现代化的一切苦痛。

　　双重超越是实现现代性内在超越的根本要求。第一重超越的对象是苏联模式。邓小平指出："我们的现代化建设，必须从中国的实际出发。无论是革命还是建设，都要注意学习和借鉴外国经验。但是，照抄照搬外国经验、别国模式，从来不能得到成功。这方面我们有过不少教训。"①这里的"外国经验、别国模式"所明确指向的就是苏联搞社会主义的模式。就此而言，中国特色社会主义道路探索的首要目标是摆脱苏联发展模式的影响，探求适合中国国情的现代化模式。邓小平的主要立意即在于此："我们过去照搬苏联搞社会主义的模式，带来很多问题。我们很早就发现了，但没有解决好。我们现在要解决好这个问题，我们要建设的是具有中国自己特色的社会主义。"②但对中国特色社会主义道路超越性的把握还不能仅仅停留于这个层面，因为中国的现代化已经完全摒弃了资本主义现代化的道路选择。换言之，在现代化道路的选择上，社会主义而非资本主义才是中国道路的底色。改革开放以来邓小平关于现代化社会主义属性的强调，是他对中国道路后一重超越的提醒和告诫。在努力克服苏联模式的弊端，探索中国自己的现代化道路的过程中，邓小平要求时时警惕西方现代化模式的侵袭，避免滑入西方现代化的陷阱。他反复强调："我们搞四个现代化建设，人们常常忘记是什么样的现代化，是社会主义现代化。这就是我们今天做的事。"③"我们干四个现代化，人们都说好，但有些人脑子里的四化同我们脑子里的四化不同。我们脑子里的四化是社会主义的四化。他们只讲四化，不讲社会主义。这就忘记了事物的本质，也就离开了中国的发展道路。"④邓小平讲过："我们既不能照搬西方资本主义国家的做法，也不能照搬其他社会主义

①《邓小平文选》第 3 卷，人民出版社 1993 年版，第 2—3 页。
② 同上书第 3 卷，第 261 页。
③ 同上书第 3 卷，第 173 页。
④ 同上书第 3 卷，第 204 页。

国家的做法,更不能丢掉我们制度的优越性"①这句重要论断可以视为对中国道路双重超越的集中表达。

二、中国模式的概念与属性辨析

1. 中国模式讨论的缘起

2004 年 5 月 7 日,美国《时代》周刊高级编辑、美国著名投资银行高盛公司资深顾问、清华大学教授乔舒亚·库伯·雷默(Joshua Cooper Romo)在伦敦《金融时报》上首次提出了"北京共识"。同年 5 月 11 日,英国著名思想库伦敦外交政策中心发表了他的题为《北京共识》的论文。该论文发表后,世界各大主流媒体随之展开了对"中国模式"的广泛讨论。中国道路或中国模式也好,中国经验或中国特色也罢,拘泥或纠缠于概念的使用并不是最为重要的。首先需要认真对待和回答的,应该是概括和总结改革开放以来中国现代化实践经验的必要性的问题。如果要判定这些概念提出的首要意义,恐怕正在于此。这一问题的研究之所以近几年来渐趋高潮,有着以下几个方面的深刻原因。

改革开放以来中国经济的持续快速发展,是一个谁也不能否认的基本事实。这一点是我们今天讨论中国道路问题的实践基础,并由此也决定了在中国道路问题上的肯定性评价的前提。任何一个不带政治或文化偏见的人,将 30 多年前的中国与 30 年多后的中国加以比较,都不能不感叹在这短短 30 多年间中国社会所发生的巨大变化,也都不能不感受到中国这片古老的东方土地上所洋溢着的勃勃生机。与此同时,另一个谁也不能否认的基本事实是,改革开放以来中国在取得巨大成就的同时,也存在着一系列深层次的矛盾和问题。可以认为,中国成就和中国问题共同构成了国内外学者探讨和分析中国最近 30 多年来所走过的道路的内在动力。

----

①《邓小平文选》第 3 卷,人民出版社 1993 年版,第 256 页。

更为重要的是,中国在这短短 30 多年时间里的确探索出了一种富有自身特色的现代化模式。伴随着改革开放的逐步深入,中国探索出的一些现代化具体实践形式逐渐趋于定型化,并因由经济发展的巨大成就具有了肯定性的意义。几乎所有对中国模式研究有兴趣的学者都不约而同地承认,改革开放以来形成的中国发展模式,没有照搬任何现成的模式,它既不同于计划经济时期的发展模式,也不同于西方资本主义的发展模式。在 2007 年召开的中共十七大上,胡锦涛明确宣称,改革开放以来我们取得一切成绩和进步的根本原因,归结起来就是:开辟了中国特色社会主义道路,形成了中国特色社会主义理论体系。他在这次大会上对中国改革开放的基本经验作了全面而深入的概括,提出了"十个结合"的重要论断,并在纪念中共十一届三中全会召开 30 周年大会上的讲话中对这"十个结合"作了进一步深入的阐发。无疑,我们党对于一个十几亿人口的发展中大国摆脱贫困、加快实现现代化、巩固和发展社会主义的宝贵经验进行主动性概括和系统性总结,为深化对中国道路、中国模式和中国经验的认识提供了重要的思想资源。

对改革开放 30 多年历史进程稍有了解的人都清楚,道路问题始终是一个伴随中国改革开放的争论性话题。与关于中国道路、中国模式和中国经验的肯定性阐释相联系的,是关于中国未来道路问题的激烈争论。进入新世纪以来,民主社会主义和"普世价值"论等多种社会思潮都明确表达了影响中国道路方向的政治意图,这也是作为执政党的中国共产党在十七大报告中郑重声明高举中国特色社会主义伟大旗帜的重要原因。应该承认,中国道路问题的讨论,不可避免地要面对"中国向何处去"的提问。正如有学者指出的,对"中国模式"的界定,首先取决于对中国未来发展道路的认识。必须在思想上澄清,中国在未来追求的仍然是西方现代的物质生活方式,而"中国模式"仅仅是达到这一目标的手段,还是中国模式本身就与西方式的物质主义不相容。只有在这个问题得到根本解决的前提下,对"中国模式"的探讨才有望在逻辑上实现彻底的一贯。① 关于中国未来道路方向的争论,也是中国道路问题成为焦点问题的重要依据。

从国际的视角看,改革开放以来中国成就的取得也吸引了国外各种各样审视和分析的目光,从而凸现了中国现代化道路的比较意义。"所谓'世界其余国家的崛起'并不仅仅牵扯到经济和政治权力,还牵扯到各种思想与模式在全球范围内的竞争。"②如果说中国模式对于发展中国家来说更多的是发展经验问题,那么对西方国家尤其是美国来说则更多是一种价值问题。对很多西方人来说,中国模式就是对西方价值的挑战和竞争。③ 刘亚伟教授就认为,中国的崛起已经让美国人惴惴不安,而把中国的崛起上升为一种理论更让很多美国人忧心忡忡。"中国模式"可能最让美国人担心的一点是,它是不是意味着中美永远不会是一股道上跑的车。可见,无论是"中国崩溃论"还是"中国威胁论",无论是善意的赞扬还是妖魔化的唱衰,所依据的因素大都与中国发展道路的基本理念有关。确实,要以"北京共识"取代"华盛顿共识"的讨论起源于西方,并非中国。但"北京共识"提出的一个重要意义,正如阿里夫·德里克所说的,"雷默先生的贡献在于把它同中国发展模式联系在一起"。就此而言,雷默提出的"北京共识"无论是不是一个陷阱,毕竟创造了国内外深入研究中国模式的一个契机。在这一背景下,全面系统地陈述自己的发展理念,让包括西方在内的世界了解中国和理解中国,对于中国自身未来的发展无疑具有特殊的意义。

2. 中国模式概念辨析

虽然使用哪一个概念无关紧要,而且一些学者对于诸如中国道路、

---

① 参见唐士其《中国道路"模式"化了吗?》,载北京大学中国与世界研究中心《研究报告》2010 年第 2 期。
② [美]南希·伯索尔、弗朗西斯·福山:《后"华盛顿共识"——危机之后的发展》,载《参考消息》2011 年 4 月 5 日。
③ 参见郑永年《国际发展格局中的中国模式》,载《中国社会科学》2009 年第 5 期。

中国模式或中国经验等概念并没有严格地加以区分而是简单混用,但我们还是需要面对诸如"北京共识"、"中国道路"、"中国模式"、"中国经验"和"中国特色"等概念的辨析任务。因为在一些学者那里,不同概念的使用确实在一定程度上反映了不同的立意和出发点,同时也涉及对内涵的不同理解和把握。比如,有的学者不主张使用"共识"的概念,因为"共识"的基本意义是广泛认可的或一致同意的解决方案,而"模式"指的是一系列带有明显特征的发展战略、制度和理念。① 有的学者也不主张使用"中国模式"的概念,认为我们的体制还没有完全定型,还要继续探索。而讲"模式",有定型之嫌。② 有的学者对此反驳道,如果是这样,那我们只能得出这样两点结论:一是当今世界没有任何模式,因为我们今天学术界和媒体所说的各种模式均处在变动、发展之中,都面临着挑战;二是如果只有完全定型的才能称之为"模式",那等于说"模式"必定是僵化的,这显然是不对的。③ 我们还看到,即使使用同一个概念,不同学者的理解也有所不同。比如,有的学者认为,讲中国道路,其实所指的就是"中国特色社会主义道路"④;有的学者将对中国发展道路的分析放在了鸦片战争以来160多年的历史框架之中。⑤ 有的学者则认为,中国道路是近代120年来,中国沦为半殖民地半封建社会后,历经旧民主主义革命、新民主主义革命到社会主义革命、建设和改革,探索在一个十几亿人口的发展中大国,如何实现民族解放、摆脱贫困,加快实现现代化,巩固和发展社会主义的道路。⑥

但从总体上而言,"中国模式"一词的使用频率和认同度相对较高。在有的学者看来,"模式"一词的使用首先就是用来说明自己发展道路的

① 参见俞可平《全球化背景下的"中国模式"及其基本特征》,载《红旗文稿》2005年第19期。
② 参见李君如《对"中国道路"的几点看法》,载《北京日报》2009年11月16日。
③ 参见秦宣《"中国模式"之概念辨析》,载《前线》2010年第2期。
④ 参见朱佳木《新中国两个30年与中国特色社会主义道路》,载《当代中国史研究》2009年第5期。
⑤ 参见夏春涛《近一个多世纪中国的发展道路及其启示》,载《马克思主义研究》2006年第9期。
⑥ 参见王庆五《中国道路、中国模式与中国经验》,载《江苏行政学院学报》2009年第3期。

特殊性,是对其特殊性的界定。① 有的学者认为,对"中国模式"的总结,是因为"模式为现实提供定义,为比较提供知识,为未来提供指南"。更为重要的是,在他看来,善于总结概括自己发展经验的国家才有"梦想"、有希望、有方向。肯定中国的进步,发现中国进步的"法宝",并指出眼下危机的原因,是总结中国模式的动力。针对一些人关于"中国模式"并不是由中国人而首先是由一些别有用心的外国人提出来的,意在遏制中国的进一步发展因而不宜使用等观点的质疑,有的学者指出,早在20世纪80年代,邓小平就一再提到中国模式,强调各国都要独立思考,寻找适合自己实际情况的发展模式。中国模式并没有什么神秘可言,它所指的,无非就是中国共产党领导中国人民独立思考,反复探索所找到的适合中国具体情况的发展道路和发展模式,无非就是指的为实现中国革命、建设、改革的战略目标所作抉择、所走道路、所用方法。② 有的学者认为,"模式"是一个内涵十分丰富的概念,从社会发展意义上使用"中国模式"这个概念并不存在任何疑义。因此完全没有必要回避"中国模式"这个概念,完全可以使用"中国模式"这个概念来概括中国的发展道路和发展经验。③

　　对"模式"一词的趋于认同并非无足轻重。"模式"话语所形成的共识确实意味着:第一,"模式"一词的使用,蕴涵着一种对中国模式业已基本定型和基本成熟的判断。第二,"模式"一词的使用,也蕴涵着对这一模式的肯定性认定。第三,由于"模式"还具有把某种特定的"方式"作为可以在世界上其他国家和地区推广或供其效法的"样板"的含义,因此,虽然探索中国模式的"着眼点不仅不是、而且恰恰是反对苏联大国沙文主义给苏联模式自封样板和示范,而主张各国要独立自主地寻找适合本国情况的发展道路和发展模式"④,但确实意味着这一模式蕴涵着为其他国家和地区提供借鉴和启示意义的内容。对诸如中国道路、中国模式、

① 参见周弘《全球化背景下"中国道路"的世界意义》,载《中国社会科学》2009年第5期。
② 参见徐崇温《关于如何理解中国模式的若干问题》,载《马克思主义研究》2010年第2期。
③ 参见秦宣《"中国模式"之概念辨析》,载《前线》2010年第2期。
④ 参见徐崇温《关于如何理解中国模式的若干问题》,载《马克思主义研究》2010年第2期。

中国经验和中国特色等概念作一致性理解的前提在于进行外延的框定。在这方面,已经有许多学者作出了努力。如有的学者认为,"中国模式"是在改革开放新时期逐步形成和发展起来的。从这个意义上讲,"中国模式"可以概括为中国特色社会主义的"道路"、"理论体系"、"发展实践"共同构成的社会发展模式。① 有的学者认为,"中国模式"实质上就是中国作为一个发展中国家在全球化背景下实现社会现代化的一种战略选择,它是中国在改革开放过程中逐渐发展起来的一整套应对全球化挑战的发展战略和治理模式。② 改革开放以来、中国社会主义现代化建设、发展模式,可以认为是对中国模式的外延进行框定的三个基本范畴。

3. 中国模式与社会主义

随着中国模式研究的深入,究竟应不应该对中国模式作社会属性的追问逐渐浮出水面。换言之,现代化模式是不是一个与社会属性相联系的概念,成了一个绕不开的话题。在这个问题上,至少需要面对两种不同的看法:一种是,在一些学者看来,两者之间的联系并不存在,而且将两者联系在一起不仅没有必要,也毫无意义。中国模式就是中国模式,没有必要冠以"社会主义"的字样。这种有意或无意忽略中国模式的社会属性的看法,其实是将发展模式归结为与社会属性无关的问题。另一种是,在认可中国模式现实合理性的同时,将这一模式视为了西方同道。在他们看来,之所以标出"社会主义"的字样,实际上是"挂羊头卖狗肉"而已。显然,与前者相比,后者并不回避有关社会属性的话题,只不过作了另一种解读。

是不是应该进行社会属性的判定,究竟应该作哪一种社会属性的判定,可能是关于中国模式的研究所必须面对的最为关键的问题,也是一个正确认识和把握中国模式的方法论问题。美国学者阿里夫·德里克

---

① 参见秦宣《"中国模式"之概念辨析》,载《前线》2010 年第 2 期。
② 参见俞可平《全球化背景下的"中国模式"及其基本特征》,载《红旗文稿》2005 年第 19 期。

的一席话是对上述两个问题的集中回答。他说："北京共识"或者中国模式中最重要的内容，不是中国文化的副产品而应该是社会主义的遗产，中国国内或国际上有人试图消灭这一遗产。"北京共识"或中国发展模式都能在所谓的"有中国特色的社会主义"那里找到其渊源。① 美国学者罗兹曼认为："本土因素和外来因素都会对一个国家现代化的发展道路产生影响"②，而这两种因素的相互联系构成了他考察中国现代化道路的重要论题之一。罗兹曼在这里只是从一个层面说明了中国发展模式的特殊性。虽然现代化道路的多样性与历史和国情固然不可分，并不可避免地会受到外来因素的影响，但这些因素与社会属性的因素相比不具有基础性意义。恰是社会属性的因素从根本上改变了现代化道路的形态。就此而言，我们需要从两个层面而非一个层面来认识和把握中国的现代化道路，并依托这一基础探讨这条道路与西方现代化道路的区别和联系。

毫无疑义，对于像中国这样的社会主义国家来说，探索出一条与自己的社会制度和具体国情相适应的现代化道路，是当前和今后相当长历史时期的一项重要任务。当然，这首先需要以历史的辩证的态度对待西方的现代化道路。社会主义现代化道路自然不可能违背现代化的一般规律，即中国的现代化道路是在西方原有现代化道路基础上的一种发展，但我们必须在此基础之上全面澄清社会主义现代化道路与资本主义现代化道路的本质区别。其中核心的一点是，社会主义现代化并不在于是不是注重发展生产力，而在于是不是以牺牲人本身的发展为代价来发展生产。仅仅强调前者决不是一般的疏漏，而是核心价值的偏移。现代化的"社会主义"属性决定了中国的现代化无论在实现方式上还是在历史任务上都应该发生根本性的变化。一般而言，就其实现方式而言，社

---

① 参见［美］阿里夫·德里克《中国发展道路的反思：不应抛弃社会主义革命的历史遗产》，载《当代世界与社会主义》2005 年第 5 期。

② ［美］吉尔伯特·罗兹曼主编：《中国的现代化》，国家社会科学基金"比较现代化"课题组译，江苏人民出版社 2003 年版，第 4 页。

会主义现代化要求在现代化过程中有效限制和克服人与自然、人与社会的关系的严重扭曲以及各种社会公害的普遍流行等资本主义现代化过程中出现的灾难,在现代化的每一个阶段,社会各阶层的每一个成员都能在不同程度上普遍享受到现代化所实现的文明成果,而不是以部分社会阶层眼前和长远利益的相对丧失为前提。就其历史任务而言,与资本主义现代化所不同的是,绝非是向"人对物的依赖关系的转化",而是向每个人全面而自由的发展转化。现代化从它起步起就必须担当起实现超越目标的历史任务。①

　　基于社会主义的语境对于中国模式的考察,可以得出以下三个结论。第一,中国模式是中国共产党人将马克思主义的普遍性与中国的特殊性相结合,从社会主义初级阶段的具体实际出发,按照邓小平的话说"主要是根据自己的实际情况和自己的条件",探索中国自己的社会主义现代化道路的成果。坚持马克思主义的时代性、民族性和实践性的统一,既是中国模式确立起来的唯一途径,也是进一步完善中国模式的根本方法。第二,中国模式所要承担的历史使命,就是使经济文化相对落后的中国迅速实现社会主义现代化。按照邓小平的话说是"我们现在所干的事业,就是努力把中国变成一个现代化的社会主义国家"。第三,中国模式所要解决的主要问题,是"试图将市场经济与社会主义理想相结合的一场有世界历史意义的创新实践"②。按照邓小平的话说是"社会主义也可以搞市场经济"③。

4. 中国模式的基本内涵

　　雷默认为,"北京共识"的主要含义是:坚决进行革新和试验,积极维护国家边境和利益,目标是在保持独立的同时实现增长。瑞士日内瓦大

---

① 参见叶险明《对马克思现代化观的一种读解》,载《哲学研究》2000 年第 2 期。
② 林春:《承前启后的中国模式》,载《读书》2006 年第 4 期。
③ 《邓小平文选》第 2 卷,人民出版社 1994 年版,第 236 页。

学当代亚洲中心研究员张维为则认为，"中国模式"是指"重大的经济改革和较小规模的政治改革"的有机结合，是"以一直总循序渐进、摸索和积累的方式，从易到难进行改革，并吸取中外一切积极的思想和经验"的改革和发展模式。印度的中国问题专家认为，"中国模式"就是在经济上制定适合本国国情的对外开放政策，趋利避害，与全球化的潮流齐头并进；在外交上与邻为善、稳固周边；在政治上稳步推进适合国情的民主改革；在军事上则在实现国防现代化的同时，将大量原本投入到军事领域的宝贵资源转为民用。而在美国俄勒冈大学教授阿里夫·德里克（Arif Dirlik）看来，一些人用改革开放以来取得的成绩质疑革命时期的社会主义的政策是不正确的。事实上，恰是民族经济的一体化、自主发展、政治和经济的主权以及社会平等这些主题奠定了中国自主地走向全球化的经济、社会和政治基础。① 这些学者对"中国模式"的解读基于不同视角而获得了不同的认识，这些不同的认识都有助于深化关于中国模式基本规定的研究。

基于社会主义语境，可以作出中国模式共有三个层次内涵的结论。

第一个层次是中国特色社会主义的价值理念。显然，当我们将中国特色社会主义作为中国模式的核心理念时，事实上已经蕴涵着一种性质上的判定，即我们所讲的中国模式是社会主义的一般性要求和中国国情的特殊性共同决定的产物。中国在探索自己发展道路过程中所形成的价值理念，是中国模式在西方国家的影响之所以扩大的主要原因。而西方一些人之所以不愿意使用"中国特色社会主义"的概念，就是认为它具有浓厚的意识形态色彩。如果使用这个概念，就等于把中国取得的成绩归因于中国坚持走社会主义道路，承认了所谓"社会主义失败论"和"历史终结论"的荒谬。

第二个层次是社会主义初级阶段的基本制度和体制。以党的领导、

---

① 参见俞可平、黄平等主编《中国模式与北京共识——超越华盛顿共识》，社会科学文献出版社2006年版，第89页。

人民当家作主和依法治国有机统一为本质特征的社会主义初级阶段的政治制度,公有制经济为主体、多种所有制经济共同发展的社会主义初级阶段的基本经济制度和社会主义市场经济体制,以社会主义核心价值体系为主要内容的社会主义初级阶段的文化制度,共同构成了中国模式的制度和体制性内容。

第三个层次是中国特色社会主义的实践纲领和改革发展的战略策略。"一个中心、两个基本点"的社会主义初级阶段基本路线以及"渐进式"等关于改革的方法和经验层面的总结与概括,就属于这个层次的内容。如有的学者认为,中国发展模式具有以下几个方面的特点:在处理稳定、改革和发展三者的关系方面,中国找到了平衡点;中国现代化进程的指导方针非常务实,即集中精力满足人民最迫切的需求,首先就是消除贫困,并在这个领域取得了显著的成绩;不断地试验、不断地总结与汲取自己和别人的经验教训、不断地进行大胆而又谨慎的制度创新;拒绝"休克疗法",推行渐进改革。确立了比较正确的优先顺序。[①] 应该看到,许多国外学者对于中国模式的认识主要集中在这个层面之上。

中国模式三个层次的内容是一个有机统一的整体,任何片面的认识都不能完整准确地把握中国模式的科学内涵。我们需要在整体性的视野中认识和把握中国模式的内涵,而不能作割裂或分立式的理解。不难看出,即使停留在改革经验这个层面上来认识中国模式的内涵,也不仅不排斥经济基础和上层建筑的作用,而且以之为基础。

三、中国模式与新中国两个 30 年

中国模式的研究者们几乎不约而同地认识到,正确认识新中国成立以来两个 30 年的关系即前 30 年和后 30 年的关系,是在探讨中国模式时另一个绕不开的课题,这也涉及正确认识和把握中国模式的又一个方法

---

① 参见张维为《关于中国发展模式的思考》,载《学习时报》2009 年 7 月 8 日。

论问题。因为如何看待这两个 30 年的关系,已经超越了对前 30 年和后 30 年各自的历史评价的问题,直接关乎对中国模式内涵的认识。

在这个问题上,有学者概括了两个方面的倾向。他认为,如果把改革论述仅仅局限于"后 79",不仅人为地割裂了新中国前 30 年(1949—1979)和后 30 年(1979 年至今)的历史连续性,而且这种论述往往隐含着把二者完全对立起来的强烈倾向,这就是很多人在强调中国经济改革高度成功的时候,总是首先隐含着一个对新中国前 30 年的否定,似乎只有全面否定前 30 年才能够解释后 30 年中国的改革成功。而另一方面,我们在近年来也看到另一种日益强大的论述,这就是在批评目前改革出现的种种问题时,许多论者往往走向用毛泽东时代来否定邓小平时代的改革,即用新中国的前 30 年来否定其后 30 年。近年来中国社会内部有关改革的种种争论,已经使得新中国前 30 年和后 30 年的关系问题变得分外突出。[①] 按照前者的观点,将新中国的前 30 年历史与改革开放以来 30 年联系起来考察,只具有对立性比较的意义。在他们的视野中,新中国的前 30 年是失败,是中国现代化过程中走过的一段弯路。由此推理出的一个结论是,中国模式与前 30 年无关。如果说有关系的话,也只具备反面教材的意义。进而言之,后 30 年从失败走向成功是因为"补课"和"接轨",是因为走上了"普适"的西方道路。与这种判断相一致的是,中国未来唯一正确的发展道路就是进一步"走向世界",直白地说就是全面西方化。而按照后者的观点,中国特色的社会主义实际上就是中国特色的资本主义,中国改革至今其实已经走上了邪路,中国未来的正确道路是对毛泽东时代道路的整体性复归。

上述种种论调在提醒我们,对于中国模式的认识和把握,必须基于对新中国两个 30 年的关系的整体性视野。否则,中国模式的讨论和研究就会不可避免地进入误区。胡绳在《中国共产党的七十年》一书中对改革开放 13 年和新中国前 29 年的关系发表过重要的评论:"近十三年

---

① 参见甘阳《中国道路:三十年与六十年》,载《读书》2007 年第 6 期。

是和前二十九年分不开的。如果没有前二十九年的成就为基础,就不可能有近十三年的更高的成就。更重要的是,如果没有前二十九年的经验,就不可能在十一届三中全会后走上正确的道路。"①这一方法论告诉我们,虽然中国模式所标识的是改革开放的经验,但如果不理解改革开放前30年的历史,就难以理解改革开放30年的成就,也就难以理解前30年的曲折探索与后30年的成功实践的内在关联。

基于整体性的视野,在新中国60年的历史框架中科学评价前30年的历史,是认识和把握中国模式的重要前提。中国模式虽然形成于改革开放时期,但探索应该上溯至毛泽东时代。历史的事实是,以毛泽东为主要代表的中国共产党人,就对中国自己的社会主义建设道路和模式进行过富有创新性的理论探索和实践探索。正是毛泽东最先提出了摆脱苏联模式的影响,进行马克思主义与中国建设的具体实际"第二次结合"的重大课题。在全面开始社会主义建设的开端,毛泽东就指出:"特别值得注意的是,最近苏联方面暴露了他们在建设社会主义过程中的一些缺点和错误,他们走过的弯路,你还想走?过去我们就是鉴于他们的经验教训,少走了一些弯路,现在当然更要引以为戒。"②他强调:"把马克思列宁主义的基本原理同我国革命和建设的具体实际结合起来,制定我们的路线、方针、政策。民主革命时期,我们走过一段弯路,吃了大亏之后才成功地实现了这种结合,取得了革命的胜利。现在是社会主义革命和建设时期,我们要进行第二次结合,找出在中国进行社会主义革命和建设的正确道路。"③在当时的历史条件下,毛泽东指出,学习苏联要用脑筋想一下,学那些和我国情况相适合的东西,即吸取对我们有益的经验,我们需要的是这样一种态度。④《论十大关系》可以被视为积极探索中国自己的发展道路和发展模式的初步成果。毛泽东十分明确地说明了其中的

---

① 胡绳主编:《中国共产党的七十年》,中共党史出版社1991年版,第563页。
② 《毛泽东文集》第7卷,人民出版社1999年版,第23页。
③ 转引自吴冷西《忆毛泽东》,新华出版社1995年版,第9页。
④ 参见《毛泽东文集》第7卷,人民出版社1999年版,第241—242页。

立意："十大关系的基本观点,就是同苏联作比较。除了苏联办法之外,是否可以找到别的办法,比苏联、东欧各国搞得更快更好。"①一些西方学者也注意到了中国探索自己的发展道路和发展模式的努力,有的学者指出,20世纪50年代中期,"中国本来也有可能严格按苏联的榜样,逐渐地建设社会主义"。但毛泽东摒弃了苏联的道路,"使中国走上了另一条新路"②。费正清敏锐地认识到,"'大跃进'不是一个偶然事件,而是一种模式的一部分"③。

对新中国前30年的历史实践,需要采取历史的、辩证的科学态度,正确评价以毛泽东为主要代表的中国共产党人领导全党和全国人民进行社会主义建设艰辛探索的功过与是非。全盘否定或全盘肯定的简单评判,都会陷入形而上学的认识误区。对于这30年,一方面,应该看到,以毛泽东为主要代表的中国共产党人在探索中国自己的社会主义现代化的道路上付出了艰辛努力和巨大牺牲。玛蒂亚·森(1998年获诺贝尔经济学奖)在论述中国和印度的发展区别时,经常强调印度不如中国的地方,一个是没有很好的基础教育系统,另一个是没有基层医疗卫生系统——而中国的这两大基础是在毛泽东时代打下的,否则这30年中国经济不可能有这么大的飞跃。胡锦涛在中共十七大报告中明确指出:"改革开放伟大事业,是在以毛泽东同志为核心的党的第一代中央领导集体创立毛泽东思想,带领全党全国各族人民建立新中国、取得社会主义革命和建设伟大成就以及艰辛探索社会主义建设规律取得宝贵经验的基础上进行的。新民主主义革命的胜利,社会主义基本制度的建立,为当代中国一切发展进步奠定了根本政治前提和制度基础。"④肯定性的方面是评价这一段历史的主要方面,但这恰恰也是被一些人所严重忽略

---

① 逄先知、金冲及主编:《毛泽东传(1949—1976)》(上),中央文献出版社2003年版,第484页。
② [美]吉尔伯特·罗兹曼:《中国的现代化》,国家社会科学基金"比较现代化"课题组译,江苏人民出版社2003年版,第440页。
③ [美]费正清:《伟大的中国革命(1800—1985)》,刘尊棋译,世界知识出版社2000年版,第353页。
④《中国共产党第十七次全国代表大会文件汇编》,人民出版社2007年版,第7页。

或质疑的方面。另一方面,也需要承认,这一历史时期的探索始终没有摆脱苏联模式的框架,中国自己的社会主义现代化道路并没有探索成功,其中的一些弊端仍然存在,严重妨碍了社会主义优越性的发挥,留下了许多值得深刻反思和总结的经验教训。不承认这一点,就谈不上邓小平对超越苏联模式的新的探索。正如他所说:"我们过去照搬苏联搞社会主义的模式,带来很多问题。我们很早就发现了,但没有解决好。我们现在要解决好这个问题,我们要建设的是具有中国自己特色的社会主义。"①

正如有学者概括的:"毛泽东在对中国社会主义建设道路的理论与实践上的探索过程中,所积累的关于中国社会主义建设探索的历史经验,是中国特色社会主义道路的实践前提,所提出的关于中国社会主义建设规律的理论成果,是中国特色社会主义理论体系的理论准备。"②这一历史时期的理论与实践的双重探索,为中国特色社会主义道路的开创提供了物质基础、理论基础和经验基础。中国模式固然是改革开放以来我们党探索中国自己的社会主义现代化道路的创新成果,但它决非横空出世。它并不是一个超历史的抽象存在,而是内在地包含着前 30 年的种种因子,其中的核心内容正是社会主义的价值理念和社会主义的基本制度。阿里夫·德里克提醒着那些对中国经验感兴趣的人们:吸引外部观察者的那些方面并不是新自由主义经济的产物而是社会主义革命的遗产。民族经济的一体化、自主发展、政治和经济的主权以及社会平等这些主题的历史和中国革命的历史一样悠久,是社会主义革命时期提出的。正如有学者所指出的,改革开放 30 年虽然在许多方面超越了前 30 年,但这种超越并没有离开社会主义的轨道。它既没有改变社会主义社会的基本制度和中国共产党对国家的领导,也没有改变马克思主义在意识形态领域的指导地位、执政党为人民服务的宗旨和共产主义的奋斗目标。相反,它在党和国家的基本理论、政治体制、经济体制、意识形态工

---

① 《邓小平文选》第 3 卷,人民出版社 1993 年版,第 261 页。
② 王伟光:《中国特色社会主义道路的艰辛探索和成功开创》,载《红旗文稿》2009 年第 18 期。

作和国际战略等方面,与前 30 年之间具有基本的一致性和连续性。正是这种一致性和连续性,使两个 30 年内在地联系在一起,成为一个完整的整体。①

这种继承性也证明了后 30 年中国道路不是对前 30 年道路的一种改弦易辙。形成于改革开放时期的中国模式是继承性和创新性的统一,是新中国两个 30 年探索的理论结晶。有意或无意将两者对立或者割裂开来,必然会造成我们在认识和把握中国模式上出现严重的偏差。无视这一模式的历史渊源和继承性因素,一味将其中的基本内涵全部视为创新的产物,这样做的结果并不能赋予中国模式以更多的光荣。恰恰相反,如果忽视了继承性,既难以为中国模式的社会主义属性正名,也难以获得完善和巩固社会主义的机会与可能。具体而言,两者之间的内在关联主要体现在社会主义道路的价值目标、基本制度上。创新如果缺乏这一依托,就可能距离社会主义越来越远。当然,中国模式的创新性是显而易见的。不能正确看待这一模式的创新性因素,就难以客观地对待前 30 年存在的问题。忽视了创新性的一面,就无法理解改革开放以来中国共产党人开启新的探索的历史必然性,也无法获得改革开放以来中国取得巨大成就的原因和根据。具体而言,制度和体制在社会主义框架内与社会主义初级阶段相联系作出的适应性让步、实践纲领的战略调整以及改革的方式和策略等无疑都是创新性的方面,正是这些因素成为中国模式超越性的具体表征。

四、中国问题与科学发展观

对于作为改革开放以来我们党探索中国社会主义现代化道路创新成果的中国模式的研究,还需要遵循的一个重要方法是将中国模式的讨论置于中国成就与中国问题这两个因素共同构成的语境之中。不能孤

---

① 参见朱佳木《新中国两个 30 年与中国特色社会主义道路》,载《当代中国史研究》2009 年第 5 期。

立地看待中国成就和中国问题这两个方面的任何一个方面,片面性的立场必然难以正确地说明我们的成就和我们的问题,也难以对中国模式形成正确的评价。因此,当我们郑重强调中国模式仍然处于探索过程之中时,一方面是明确这个模式还远非十全十美,需要进一步完善。更为重要的是,当我们郑重强调这一点时,还必须承认仍然面对着一系列需要破解的重大课题。概括而言,讨论中国模式,需要基于成就和问题的统一。这也就意味着,对于中国模式的研究需要超越肯定性阐释的意义框架,应该基于应然和实然的统一。

1. 中国成就与中国问题

经济持续快速发展是改革开放以来最显著的成就,社会生产力水平的迅速提高是中国特色社会主义道路正确性的最显著标志。据国家统计局 2010 年初公布的最新数据,2009 年中国 GDP 为人民币 335 353 亿元,按照 2009 年人民币兑美元年平均汇率中间价 6.831 计算,约为 49 092.81 亿美元。继 2009 年中国超过德国成为世界第一大出口国后,中国的经济总量在 2010 年超过日本,位居世界第二。有关资料还表明,1978 年,中国的财政收入是 1132 亿元人民币,2007 年超过 5.13 万亿元,是 1978 年的 45.3 倍。1978 年,中国城镇居民人均可支配收入仅有 343 元人民币,2007 年达到 13 786 元;1978 年,农村居民人均纯收入只有 134 元,2007 年达到 4140 元。1978 年,中国恢复高考后有 40 万大学生走进大学,2007 年中国普通高等教育本科生和研究生规模达到 1144 万人,中、高等职业教育在校生分别达到 2000 万人和 861 万人。1978 年,中国私人轿车几乎等于零,至 2007 年末,中国私人轿车保有量达到 1522 万辆。1978 年,中国农村贫困人口有 2.5 亿人,目前减少到不足 2000 万人。粮食、棉花、肉类、钢铁、煤炭、化肥、水泥等一大批主要农产品和工业品产量居世界首位。[①] 总体而言,中国在经济建设、政治建设、

---

① 参见王伟光《中国改革开放与中国发展道路》,载《马克思主义研究》2008 年第 5 期。

文化建设和社会建设等方面取得了举世瞩目的巨大成就,拥有了比较雄厚的物质基础,具备了进一步发展的良好条件。

经济结构和社会结构的巨大变化也反映了改革作为中国第二次革命的深刻程度。有研究表明,从私营经济占 GDP 的比重看,2005 年,内资私营经济在 GDP 中的比重约为 50%,外商和港澳台经济比重约为 15%,两者相加占 65%左右。从企业数量看,2004 年私营企业法人单位 198.2 万个,占全国企业法人单位数的 61%,加上个人资本占第一大比例的其他企业,如股份合作制、联营企业、其他有限责任公司、其他内资企业,比重达 72%,加上外商投资企业,则超过了 80%。另外,还有个体经营户多达 3921.6 万户。从资本总量看,全国企业法人中的个人实收资本为 5.1 万亿元,占全国企业实收资本的 28%,集体资本为 1.4 万亿元,外商及港澳台资本为 2.9 万亿元,三者总和为 9.4 万亿元,超过 8.7 万亿元的国家资本,占全部企业法人实收资本的 51.9%。另外,个体经营户所拥有的固定资产原价总额超过 16 万亿元。① 经济结构和社会结构具有内在的一致性,改革开放以来,随着经济结构的深刻变化,原有的"两阶级一阶层"的社会结构发生了深刻变动,私营企业主阶层、个体工商户阶层等新的社会阶层恢复和发展起来,成为现阶段中国社会结构的重要组成部分。

不断滋长的中国问题正是和社会生产力的巨大增长以及经济社会结构的深刻变动一起进入新的世纪的,这是无法回避的一个社会现实。应该清醒地看到,在短短 30 多年时间里,中国就由一个平均主义盛行的国家成长为世界上贫富分化最大的国家之一。有外电指出,目前中国的基尼系数已达 0.57。在 2011 年 9 月 7 日公布的胡润富豪榜上,2011 年中国财富在 10 亿美元以上的富豪有 271 名,而 2009 年为 129 名。仅仅两年时间,财富在 10 亿美元以上的富豪人群就翻了一番。目前中国亿

---

① 参见中华全国工商业联合会课题组《中国民营经济的三大历史性变化》,载《经济理论与经济管理》2007 年第 3 期。

万富豪人数居世界第二,仅次于美国的 400 多名。① 30 多年的改革验证了这样的一个道理,即经济增长的成果并不一定自发地赋予社会各阶级阶层成员,在经过改革开放初期社会各阶级阶层共享改革成果的短暂蜜月之后,全社会目睹了发展成果在社会各阶级阶层成员中不合理分配的形成和发展。有社会学者研究的结果表明,当前的问题不仅仅体现在收入差距扩大上,而且体现在更广泛的利益分化上。20 世纪 90 年代中期以后,利益分配格局实际上出现了明显的两极化趋势。这一时期,向下流动和向上流动的可能性都变得异常明显。"如代内向上流动率从 20 世纪 80 年代的 18.7% 上升到 1990 年到 2001 年的 30.5%,净增了 11.8 个百分点;同期代内向下流动率从 11.5% 增加到 23.6%,净增了 11.1%。"②大规模的国有企业和乡镇企业改制、城镇建设等,制造了 3000 多万下岗工人、5000 多万失地农民,而他们中间的绝大部分成为向下流动的主力。美国约翰·霍普金斯大学国际问题高级研究院中国项目主任戴维·兰普顿对于中国问题有一个非常典型的说明:"中国领导人实际上需要管理四个中国,即:非常富裕的中国,比较富裕的中国,不太穷的中国以及非常穷的中国。"③

与悬殊的贫富差距相联系的,是当前中国社会道德体系的严重危机和人与自然关系的日趋紧张。新加坡一位学者认为,GDP 主义产生的 GDP 可以估算④,但没有任何办法来估算 GDP 主义的社会成本。很多人已经明白 GDP 主义所产生的一系列负面的社会效果,例如收入分配不公平、社会分化、劳工权利得不到保障、环境恶化等。但最大的社会成

---

① 参见《外媒解读中国亿万富豪创记录》,载《参考消息》2011 年 9 月 9 日。
② 王春光:《快速转型时期的利益分化与社会矛盾》,载《江苏社会科学》2007 年第 2 期。
③〔美〕戴维·兰普顿:《中国模式为何吸引世界目光》,载《参考消息》2008 年 8 月 25 日。
④ 由于统计口径、方法的缘故,我们的增加值统计中,相当一部分并没有形成真正的国民财富,反而是国民的负资产。如众多的政绩工程、豆腐渣工程固然对 GDP 的增长做出了贡献,但却是社会财富的浪费。参见马宇《GDP 数字背后潜藏的制度危机》,载《中国与世界观察》2010 年第 1 期。

本莫过于社会道德体系的解体了。[①] 有关资料表明,1949 年以来,中国还从来没有面临今天这样严重的环境危机:全国大面积土质退化,沙化总面积为 174 万平方公里,占全国土地面积近两成,并以每年 3400 平方公里的速度扩展。20 世纪 90 年代,由于环境污染造成的损失估计为每年将近 2000 亿元甚至将近 3000 亿元,在国民生产总值中的比重估计为 3% 到将近 7% 不等,这就抵消了相当一部分经济增长的实际成就。[②] 改革开放以来 GDP 的增长确实令世界瞩目,也确实标志着我国现代化建设取得了重大成就。但如果进行深层次考察的话,20 多年来我国经济的高增长,部分是靠资本投入、消耗资源来驱动的。1 单位(千克石油当量)能源消耗在我国仅仅创造不到 0.7 美元 GDP,世界平均为 3.2 美元,日本已经达到 10.5 美元。[③] 与社会贫富差距相比较,社会道德和人与自然关系的重建,应该是中国问题更为深刻的内容。原因很简单,这些问题中任何一个问题的解决,都不是单凭主观而能迅速改善的,需要更长时间的努力。

2. 中国问题的辩证分析

倒是应验了邓小平的一句话:"发展起来以后的问题不比不发展时少。"[④]如何正确认识问题产生的原因是解决问题的前提,它决定了中国模式下一步探索的方向。在这个方面不能不注意到,对于同样的一个问题,因由不同的立场所得出的关于问题的原因和解决问题的方案可能有较大差异甚至根本对立。比如,有的学者将产生这些问题的根源,指向现行的政治体制改革与经济体制改革相比的相对滞后,并最终指向执政的中国共产党,认为解决问题的根本方法在于取消中国共产党的领导。这种分析问题原因的思路和提出的解决问题的方法值得深度质疑。这

---

① 参见《参考消息》2010 年 1 月 6 日。
② 参见滕藤、郑玉歆《可持续发展的理念、制度与政策》,社会科学文献出版社 2004 年版,第 54 页。
③ 参见《光明日报》2004 年 3 月 29 日。
④《邓小平年谱(1975—1997)》(下),中央文献出版社 2004 年版,第 1364 页。

同时也提出一个重要问题,在强调问题意识的重要性的同时,还需要强调问题意识的形成必须基于马克思主义的真理观和价值观的统一。只有基于马克思主义的立场、观点和方法,做到事实判断和价值判断的统一,才能确立起作为有效改造世界前提的真正的"问题意识",也才有可能获得完善中国模式的正确途径。

分析中国问题首先应该将之与社会主义初级阶段这个最大的实际联系起来考察。由此承认其产生具有客观性的一面。应该看到,中国是在资本主义有了一定发展但在广度和深度上未充分展开的条件下进入社会主义的,既拥有深厚的封建积淀,也缺乏西方资本主义的物质基础。在相当长的一个历史时期内,作为社会形态的社会主义仍然显现出较强的不完善性,反映为初级形态的社会主义。特殊的历史阶段和特殊的历史任务使得中国问题的出现和发展具有了不可避免性的一面。但是,对于改革开放以来中国道路的探索,不能忽视其主观性失误的一面。发展生产力的根本任务在一定程度上造成了对人的全面发展的要求的忽视。更为重要的是,在全球化的条件下,中国在探索社会主义发展道路的过程中也更容易受到西方资本主导的发展方式的影响。有学者具体指出,在 20 世纪 90 年代,各级领导人似乎有意无意地接受了新自由主义经济学家鼓吹的"下溢理论":只要经济持续增长,所有人最终都会受益,其他一切问题都迟早会迎刃而解。在"效率优先、兼顾公平"的指导思想下,为了追求尽可能高的经济增长速度,他们宁愿牺牲公平、就业、职工权益、公共卫生、医疗保障、生态环境、国防建设等,结果带来了一系列严重的问题。[①] 中国模式与中国问题并非毫不相干。正如有学者指出的,现代性问题以如此尖锐的形式出现,除了现代化本身应负其咎,恐怕还应考虑到现行的经济发展模式的不尽合理等因素。[②] 而大量社会问题沉淀并全面暴露出来,也反映了"中国没能充分利用后发优势,有效借鉴其他

---

① 参见王绍光《坚守方向,探索道路:中国社会主义实践六十年》,载《中国社会科学》2009 年第 5 期。

② 参见王锐生《现代性、马克思的人的理论和科学发展观》,载《学术研究》2005 年第 10 期。

国家和地区的经验教训，及时将社会政策放到一个应有的位置，因而未能有效地避免一些本来可以避免付出的成本"①。

在一定意义上，改革开放 30 多年的历史过程是中国开放国门向西方学习和借鉴的过程。在这一历史过程中，一些人似乎逐渐习惯了学生的心态，这种心态至少忽视了中国现代化实现方式和历史任务的超越性，忽视了学习和借鉴的选择性与交往主体的平等性。罗素的一席话蕴涵着一种提醒："不同文明之间的接触在过去常被证明是人类进步的里程碑。希腊向埃及学习，阿拉伯向罗马帝国学习，中世纪的欧洲向阿拉伯学习，文艺复兴的欧洲向拜占庭学习。在许多这样的例子中，学生被证明比老师更为优秀。这一次，如果我们把中国看作学生，也许又该是这种情形了。其实，我们要向中国人学习的东西和他们要向我们学习的东西一样多……如果我们将中国看作我们的学生，而不是相反，那仅仅是因为我们是不可教育。"②不能辩证地看待西方道路，是一种缺乏足够自信的表现。这种缺失不仅使我们难以发现自身成功的根据，也难以发现自身问题的根因。事实上，邓小平所强调的双重超越中，对苏联模式的超越已经深入人心，但后一重超越却存在着被忽视的危险。中国不能在革除苏联发展模式弊端的同时，滑向资本的逻辑，蜕变为资本主义的发展模式。如果说改革开放相当长一个时期超越的对象主要在于苏联模式的话，那么，在改革开放行进了 30 多年后的今天，在继续克服苏联模式弊端的同时，如何小心翼翼地减少和避开西方模式的侵扰，则成为完善中国模式的重点。

如果只看到中国模式所带来的成就而无视中国问题固然片面，而如果不着眼于它的成就即主导性方面而过分强调中国问题，则更失之片面。我们在承认中国问题的同时，并不是内在地包含着一种对中国模式加以否定的企图。"在当代中国的历史进程中，我们社会的确出现某些

---

① 吴忠民：《论和谐社会建设的基本内容》，载《中共中央党校学报》2007 年第 2 期。
② 清华大学思想文化研究所编：《世界名人论中国文化》，湖北人民出版社 1991 年版，第 449 页。

与西方现代化进程中类似现象。历史中任何类似现象在完全不同条件不同时代不同制度下可以具有不同内涵和意义。"①但从很大程度上可以说,对中国问题的认识和解决确实关涉中国模式的未来。新世纪新阶段以来,中国问题促使人们进一步深化对中国模式的反思,也推动着我们党不断作出完善中国模式的努力。有学者分析指出,2002年底召开的中共十六大试图重新解释"效率优先、兼顾公平"的含意,使用了"初次分配注重效率,再分配注重公平"的提法。到中共十七大的标准提法已变为"初次分配和再分配都要处理好效率和公平的关系,再分配更加注重公平"。从2002年起,中国政府还开始致力于建立健全覆盖城乡全体居民的社会服务和保障体系(包括免费九年义务教育,最低生活保障,基本养老、基本医疗、失业、工伤、生育保险制度等),其进展速度超过以往任何时期,充实了邓小平有关"共同富裕"的理念。"没有一个坚持社会主义方向的政府,没有一个以公有制为主体的基本经济制度,在短短几年内出现这样历史性的'大转型'是难以想象的;这种'大转型'本身也构成中国探索社会主义道路的重要步骤。"②当然,这也是中国模式不断完善的唯一正途。

3. 科学发展观与中国模式

问题指引着中国模式的前途,规范着中国模式的方向。尽管当下中国所面临的需要解决的重大现实问题很多,有的学者列出了清单③,但从根本上说,正确认识和处理发展生产力与巩固和完善社会主义的关系是

---

① 陈先达:《论传统文化研究中的又一个重要问题》,载《哲学研究》2010年第2期。
② 王绍光:《大转型:1980年代以来中国的双向运动》,载《中国社会科学》2008年第1期。
③ 黄平认为,经过近30年的高速增长,现在的关键,一是保持好这个增长势头,但是要挑战增长方式,走可持续之路;二是解决好社会公正问题,使越来越多的社会阶层和人民大众都能享受发展之果和改革之实;三是树立起新的意识形态领导地位,使人们对最基本的政治伦理秩序发自内心的认同和在行动上自觉自愿地遵从。在他看来,中国如果能在这条道路上走下去,那么,不论是叫它"中国道路"、"中国实践",还是叫"中国经验"、"中国模式",都是不为过的。

完善中国模式的理论主轴。有学者为此提出了"两个不能动摇":"从根本上说,发展和完善社会主义制度最终要靠生产力和科学技术的巨大发展,这一点是不能动摇的。而只有不断发展和完善社会主义制度才能在越来越大的程度上避免或消除发达国家工业化和现代化过程中所出现的普遍异化,这一点也是不能动摇的。"①问题的关键在于如何把握和处理好两者的张力。就此而言,深入探索社会主义与市场经济的结合应该是完善中国模式的核心课题。改革开放以来社会主义与市场经济的理论探索和实践探索虽然不断趋于深入,但社会主义与市场经济的对话还远远没有结束。日本《选择》周刊2009年6月号一篇题为《中国须抑制贪婪的市场主义》的文章认为,市场主义巨大成就的一个后果就是把社会主义进一步逼入了死角。共同富裕、社会福利、保护弱势群体等社会主义社会的目标被抛到了脑后。中国已经成为了可以与美国比肩的世界上贫富差距最大的国家。这种认为社会主义已渐式微的论点虽然带有某种意识形态的偏见,但所反映的事实并非完全的虚构。有学者指出:"号称社会主义的中国全面市场化,成为世界上贫富差异最大的国家之一。当中国的廉价的出口产品在西方许多地方遭到某些工人和学生团体抵制(与反倾销无关),而'中国制造'被扭曲为血汗工厂的代称时;当骇人听闻的工伤数字、矿难内幕、因工资拖欠而被迫自杀或杀人的劳工遭遇、污染景象及地方政府与开发商勾结强拆民宅强占土地等事件一再被国际媒体报道时,'北京共识'或'中国模式'即成自欺欺人的奢谈。"②我们尽可以不完全认同他们的基本观点,但对于其中所包含的问题却不能视若无睹。可以认为,在探索完善中国模式的未来征程中,没有什么课题能显得比社会主义与市场经济的结合更为重要了。

科学发展观,是党的十六大以来以胡锦涛同志为总书记的党中央,立足于社会主义初级阶段基本国情,总结我国发展实践,借鉴国外发展

---

① 叶险明:《"知识经济"批判》,人民出版社2007年版,第223页。

② 俞可平、黄平等主编:《中国模式与北京共识——超越华盛顿共识》,社会科学文献出版社2006年版,第245—250页。

经验,适应新的发展要求提出来的。就其所蕴涵的一般性而言,无论在发展本质、发展目的还是在发展所依托的制度和体制方面,科学发展观都以所蕴涵的鲜明的社会主义价值属性和社会主义制度特征与西方发展观从根本上区别开来,是对西方发展观的历史性超越。正如胡锦涛同志所强调的,遵循人类社会发展规律并依照马克思主义价值观建立起来的社会主义制度,其本质就是要求经济社会和自然环境的全面、协调、可持续发展并为之提供切实的制度保障。科学发展观强调的"以人为本",是蕴涵社会主义发展主体、发展动力、发展目的的总体性概念。它所明确的是社会主义的发展一定要充分尊重人民群众作为发展主体的历史地位,人民群众是发展的根本动力,人民的利益是一切工作的出发点和落脚点,不断满足人民群众的多方面需求和促进人的全面发展是我们追求的最高目标。作为社会主义发展观的一次新概括和新总结,科学发展观坚持以人为本与尊重社会发展规律相统一,坚持以经济建设为中心与社会全面发展相统一,坚持人的发展与尊重自然相统一,开拓了马克思主义发展观的新境界。可以认为,科学发展观在什么是发展、为什么发展、怎样发展,发展为了谁、发展依靠谁、发展成果由谁享有等重大问题上所取得的丰硕理论成果,使我们党对发展问题的认识达到了新的高度,是解决中国问题和完善中国模式必须长期坚持的指导思想。这一新的理论创造,也标志着人类一种崭新发展模式的创立,昭示了人类发展的新途径,是中国共产党人和中国人民对人类进步事业作出的重大贡献。

五、中国社会形态的变化趋势

运用马克思主义立场、观点和方法,以整体性的视野对影响中国社会形态变化的内外基础性因素加以辩证分析和把握,无疑是中国社会形态变化趋势分析的基础性工作。

选择社会主义市场经济体制并主动参与全球化的历史进程,以加速社会生产力的发展,巩固和完善社会主义,是中国在全球化的条件下实现社会主义现代化的新尝试。从外部条件看,在经济全球化的条件下,基于意识形态和国家利益的双重判断,西方资本主义国家同社会主义中国的合作性和斗争性这两个方面始终交织在一起,这是对未来较长一段时期内中国与西方关系的基本判断。就合作性的一面而言,西方对我国的资源、市场和劳动力有着实际的需求,而中国对西方的资本、科学技术等也存在着实际需求。就斗争性的一面而言,既有社会制度不同的原因,又有不同民族国家之间争夺国际竞争优势地位的原因。随着苏联东欧由社会主义国家变成资本主义国家,随着中国主动改革开放,因社会制度不同而斗争的因素已经逐渐下降并趋于隐性化,而民族国家之间优势地位竞争的因素正逐渐上升并显性化,成为中国同西方发达国家斗争的主要因素。总体的判断是,在全球化的条件下,为了维护自身的特殊利益,西方资本主义国家在经济上必然力图维持自己在全世界的"中心"地位,力图把作为竞争对手的中国继续压在"外围"地位。中国之所以主动参与全球化的历史进程,是希望通过学习先进的西方科学技术和利用西方资本,来达到迅速提升综合国力以向"中心"地位挪动的目的。这一矛盾关系构成中国社会形态预测的现实背景。

从内部条件看,这种新尝试是以中国的社会主义作出一定程度的调整为条件的。从理论上而言,这种适应性的调整显然有着明确的底限。所谓"适应",暗含着对现实国情和世情的双重适应,蕴涵着"让步"的意味。应该看到,这种适应性的调整又与社会主义制度的自我发展和完善的历史任务共时存在,这就意味着调整有着不可逾越的制度底限。一旦丧失了适应性调整的制度底限,就意味着加速社会生产力的发展与巩固和完善社会主义这两个历史任务之间存在着割裂的危险,其结果必将是既丧失实现现代化的可能性,也丧失巩固和完善社会主义的可能性,中国特色社会主义道路的双重价值目标也就难以达成。因此,今后相当长的一段时期内,我们将始终面临着如何正确把握两者之间张力的问题。这一矛盾关系构成中国社会形态预测的内在根据。

1. 社会形态变化的可能性

极端乐观的态度和极端悲观的态度都是不可取的,这是因为中国的情况确实始终有着十分鲜明的特殊性。这种特殊性只有深入中国历史和文化的深处细细研磨,才有可能获得微弱的可以为预测性研究提供帮助的资源。由此只能审慎地提出,21世纪中国社会的发展前景面临着两种可能性。

一种可能性是在社会主义初级形态的基础上向社会主义更高阶段稳步前行。与中国一些学者对于中国社会主义未来的忧虑形成鲜明对比的是,一些西方学者表达了乐观的态度。关于中国私有经济的恢复和壮大,他们认为其对中国特色社会主义是有益而无害的。如美国芝加哥洛约拉大学哲学系大卫·施韦卡特教授认为,中国是在没有资产阶级的情况下进入改革的,"这是一个有十分重要意义的客观事实。不仅不存在一个可能阻碍大幅度结构变化的有产阶级,而且,其生存得到允许、其发展受到鼓励的形成中的资产阶级往往比长期占支配地位的资产阶级更加倾向于作为积极意义的资本家(即作为企业家的资本家)而发挥作用,因此一般来说对社会更加有益。"①2003年,一位叫布鲁斯·迪克逊的美国学者写了一本书,在这本书里他一反西方传统的政治理论,即私有化和经济现代化即使不能直接也将间接促进民主化进程的观点,提出在中国的独特情况下,私营企业主融入中共只会加强现行政权的力量,而不是促进其自由化。之所以如此,迪克逊认为,是因为中共已经认识到,在中国经济和社会已发生巨变的背景下,私营企业主对其形成潜在威胁。因此制订了两条策略以求应对:其一,新设了一些商业性协会(business associations)以谋求达到在当局和私营企业主之间建立某种沟通机制的目的。这些协会大多数由党政官员主持。其二,修改党章,

---

① 转引自俞可平、黄平等主编《中国模式与北京共识——超越华盛顿共识》,社会科学文献出版社2006年版,第89页。

吸收私营企业主入党。迪克逊称之为红色资本家。目前私营企业主是不会去尝试利用自己的力量影响当局的,他们会选择更加深入地融入到现行体制中去。中国的私营企业主们喜欢一个良好的秩序甚于喜欢民主。美国运营业资产长话公司的共同创始人及前总裁、《纽约时报》等多家报刊的撰稿人彼得·巴恩斯,在2007年10月为其《资本主义3.0——讨回公共权益之指南》一书中文版序言中写道:"较之美国,中国有两个优势:其一,中国加入自由市场游戏的时间较美国短,尽可吸取我们的经验教训;其二,中国政府尚未像美国那样已被强大的私有企业所垄断。这意味着,中国可能有机会为其经济发展另辟蹊径,从而在享有市场经济的要义精髓的同时,避免资本主义的弊端。"

上述论述赋予我们这样的启示,中国特色社会主义若想健康地成长,有两个方面是决不能忽视的:其一,坚持社会主义市场经济改革方向,积极探索将社会主义和市场经济相结合的有效途径,努力消除市场经济的弊端;其二,必须坚定不移地坚持和完善社会主义初级阶段基本经济制度,严格杜绝党内形成既得利益集团。由此,我们应该在解决中国问题和完善中国模式的目标框架中,进一步深刻认识中共十六大以来以胡锦涛为总书记的党中央提出的科学发展观的重大现实意义和深远历史意义。正如有学者总结的,科学发展观的提出,表明了我们党"认识到了这些问题产生的原因,找到了解决的根本方法,使我们在探索市场经济条件下搞社会主义的道路上向前迈了一大步"①。

黄宗智先生的"悖论社会"②一词的确给了我们很多乐观,但从理论上并不完全排除另一种可能性,即参与全球化的主观动机最终导致"溶入"全球化的客观结果。转型社会学认为:"前社会主义国家在从社会主义到资本主义的转型中呈现出不同的轨迹,在转型的时候,它们并没有趋向于一种资本主义的模式,在一些重要的方面它们是互不相同的,甚

① 冷溶:《科学发展观的创立及其重大意义》,载《马克思主义研究》2006年第8期。
② 黄宗智:《认识中国——走向从实践出发的社会科学》,载《中国社会科学》2005年第1期。

至不同于被我们称之为的现代资本主义体系。可以认为，它们正在走向新的尚未被认识的资本主义前景。因此，我们这些研究后共产主义的资本主义的人，可以揭示出世界资本主义大家庭中这些新的成员。"①如果最终达成这一逻辑的话，中国在放弃社会主义目标，最终纳入资本主义的轨道的同时，中国模式的实质也就换取了另外一个模样。

经过30多年改革洗礼之后，很多人越来越为清晰地感受到自己与社会主义越来越为遥远的距离。显然，社会主义不是一种空洞的口号，它与逐渐拉大的贫富差距、残酷的剥削与压榨不能画上等号。画饼并不能充饥，仅仅赋予共同富裕的远景显然也难以为那些生活在穷的一极的人们所接受。一些人抛弃了意识形态，以蛋糕做大的实用主义的态度作为分析中国社会发展前景的基本立场，这是一种纯粹的自欺欺人。事实上，任何意义上的实用主义态度都最终不可避免地会遭遇意识形态的拷问。换言之，实用主义最终难以逃脱是社会主义还是资本主义的追问。另一些人则有意扭曲了意识形态的诉求，试图将中国彻底地纳入资本的轨道。正如有学者所深刻揭示的："我们的历史使命是从资本主义走向社会主义，而不是从社会主义走向资本主义。劳动阶级用十多年灵与肉的磨难破读了某些显学时论尤其是作为大资本喉舌的主流经济学的密码：反复指责现实社会主义离开人类文明大道'自己另搞一套'，无非是要把中国特色社会主义扭向中国特色资本主义，用对资本特权的粉饰去取代对劳动解放的探究。"②思想观念解放的呼吁只是表达一种社会主义探索的自主性诉求，而不是为资本主义大行其道开辟道路，更不必然性地伴随着信仰、理想和道德的殉葬。对这种可能性加以拒斥无疑是社会主义中国的重要历史任务。

中国的未来具有不确定性，这是一些学者在预测中国未来前景上所

---

① 郑杭生、杨敏：《当代中国社会转型的实质：新型社会主义——对新布达佩斯学派中国版的学术剖析》，载《中国社会科学内刊》2007年第2期。
② 李登贵、刘奔：《从方法论的高度反思现实——评阮纪正先生的〈中国：探究一个辩证的社会存在〉》，载《哲学研究》2004年第9期。

持有的谨慎态度。有学者认为,尽管中国在过去的 1/4 世纪中已经享有了巨大的成功,但它面对的是一个不确定的未来。李侃如就认为,在中国面对着未来的时候,邓小平释放出来的力量在继续推动着中国前进,但是却具有很大的不确定性和危险性,其结果依然很不清楚,以致无法进行很有把握的预测。在他看来,这种不确定性来自于中国现状中的矛盾。其中,"大量党的干部自身已经不再认真地看待共产主义。这个国家甚至已经不具有与列宁主义政党体制相联系的严密的组织和机械服从的外表了。"①"党本身是一个缺乏精神的组织。没有一种催人奋进的意识形态来激发其成员胜任于公共服务并忍受个人牺牲。腐败已经深深地渗入了党的组织。"②面对极其严重的国内国际挑战,"领导层如何应对这些挑战将决定中国的实际未来,弄不好可能会与当前趋势所预示的光明的未来前景相反。"③可以看出,虽然面临着诸多挑战,这种对中国未来持不确定性的看法,主要依据来自于对中国共产党的现状与中国现行政治体制的判断和把握。由此,中国共产党克服不确定性的主要任务在于,努力解决在改革开放和社会主义市场经济深入发展的条件下重塑共产主义理想信仰并着力推进党内民主的问题。

2. 中国道路与世界社会主义的未来

苏联解体、东欧剧变之后,世界社会主义陷入了空前的低潮。资本主义似乎已经无可替代,历史终结论甚嚣尘上,标志着人类理想的暂时放逐。美国马克思主义者詹姆逊(Fredric Jameson)认为:"在当前的语境中,'现代性'这一个令人困惑的术语,恰恰是作为对于某种缺失的遮盖而被运用着,这种缺失指的是在社会主义丧失了人们的信任之后,不存在任何伟大的集体性的社会理想或目的。因为资本主义本身是没有

---

① [美]李侃如:《治理中国:从革命到改革》,胡国成、赵梅译,中国社会科学出版社 2010 年版,第 332 页。
② 同上书,第 356 页。
③ 同上书,第 340 页。

社会目的的。宣扬'现代性'一词,以取代'资本主义',使政客、政府与政治科学家们得以混淆是非,面对如此可怕的缺失而依然可以蒙混过关。"①齐泽克是这样描述的:"正如弗雷德里克·詹姆逊极具洞察力地论及的那样,再也没有人严肃认真地考虑可能用什么来取代资本主义了,就好像即使在全球性生态灾难的境况下,自由资本主义也仍然是一个注定存在下去的'实在'。"②2008年金融危机爆发后,连一些西方学者也承认,本次世界经济危机凸显了资本主义制度内在的不稳定性,美国式资本主义已经从神坛上跌落下来,但值得深思的是,"本次经济危机发生时,并没有出现任何激烈地否定资本主义的现象,即便在发展中国家也是如此。2009年初,正当全球金融恐慌处于最严重的时刻,没有任何发展中大国的领导人不再信奉自由贸易或全球资本主义制度。相反地,却是地位稳固的西方民主国家强调了过度依赖以市场为导向的全球化的风险,呼吁加强对全球金融业的监管。"③

对于全世界向往平等和公正的人们来说,社会主义始终是一种比资本主义更好的选择。正如有学者所指出的,断定工业文明的历史代价是人和社会发展所必需经历的一种磨难,并不意味着人类在漫长的工业文明社会中只能消极地忍受着这种磨难,被动、消极地等待着解脱。马克思一方面把工业文明的历史代价,视为"既不能跳过也不能用法令取消的自然的发展阶段";另一方面,他又从世界历史的高度不断地探索使人类"缩短和减轻"这种磨难的具体途径。而减少这种"历史代价"的最根本的途径就是走社会主义发展道路。④ 因此,在当前世界社会主义运动仍然处于低潮的历史条件下,我们不能主动回避关于中国模式与社会主义未来的话题。应该看到,只有上升到这一高度,我们才能更充分地体

① [美]詹姆逊:《全球化与政治策略》,载《当代国外马克思主义评论》第2辑,复旦大学出版社2001年版,第282—286页。
② [斯]斯拉沃热·齐泽克等:《图绘意识形态》,方杰译,南京大学出版社2002年版,第1页。
③ [美]南希·伯索尔、弗朗西斯·福山:《后"华盛顿共识"——危机之后的发展》,载《参考消息》2011年4月5日。
④ 参见叶险明《"知识经济"批判》,人民出版社2007年版,第223页。

会探索和完善中国模式对于人类进步事业的重大意义。也只有上升到这一高度,我们才能更全面地检视完善和发展中国模式所需要面对的一系列重大问题,就此而言,世界社会主义的视角也为我们今天揭示自己的问题提供了一个分析框架。探索和完善中国模式的过程,也是一次高扬社会主义的理想性和价值性的旅行。社会主义不仅具有导向性的功能,而且赋予我们以超越资本的精神力量和勇气。正如有学者所认为的,历史经验告诉我们,建设社会主义最重要的不是有没有详尽的蓝图,而是有没有认清社会主义方向的视野? 有没有不相信历史已经终结的睿智? 有没有不折不挠地迈向社会主义未来的勇气? 有没有不断探索实现社会主义理想新途径的胆略?①

　　中国不仅没有任何理由放弃社会主义,而且理应在社会主义道路的探索上给包括全中国人民在内的世界人民以新的希望。对于具有世界历史眼光的邓小平来说,探索中国特色社会主义道路的意义,从来就不仅仅局限于中国自身。他指出:"现在我们干的是中国几千年来从未干过的事。这场改革不仅影响中国,而且会影响世界。"②"我们的改革不仅在中国,而且在世界范围内也是一种试验,我们相信会成功。如果成功了,可以对世界上的社会主义事业和不发达国家的发展提供某些经验。"③在新的历史起点上,中国共产党人高扬起中国特色社会主义的旗帜,向全世界人民昭告自己的理论创新成果,所显示的是一份自信,是一份社会主义的自信;所展示的是一个启示,一个关于人类未来选择的启示。正如有学者指出的:"中国如果成功,那一定是走了自己的路,在这条路当中一定有与自己的价值体系相当的制度安排。不是说中国有本事,而是因为中国规模太大了,要实现现代化,要适应这个规模,就一定要拿出与西方不同的解决问题的办法来。中国的崛起意味着会有一套

①　参见王绍光《坚守方向,探索道路:中国社会主义实践六十年》,载《中国社会科学》2009 年第
　　5 期。
②《邓小平文选》第 3 卷,人民出版社 1993 年版,第 118 页。
③　同上书第 3 卷,第 135 页。

不同于西方的现代化制度出来。从这个角度来讲,一个东方的巨型国家如果成功地实现了现代化,那就是走了一条不同于西方的道路。"①

中国道路的探索和完善肩负着亿万中国人民的期待,承载着中国社会主义的未来。2013年1月5日,在新进中央委员会的委员、候补委员学习贯彻中共十八大精神研讨班开班式上,习近平指出:"中国特色社会主义是社会主义而不是其他什么主义,科学社会主义基本原则不能丢,丢了就不是社会主义。一个国家实行什么样的主义,关键要看这个主义能否解决这个国家面临的历史性课题。"2013年3月17日,在十二届全国人大一次会议上的讲话中,习近平用了"来之不易"四个字感性地表达了对中国道路的尊重和敬畏。这与其说是对中国道路探索之艰辛历史的由衷感慨,倒不如说是对中国道路之未来方向的郑重表态,其实是向国内外再次释放出坚定不移走社会主义道路的政治信号。中华民族是一个具有非凡创造力的民族,我们这个民族既然创造了伟大的中华文明,也能够继续拓展和走好适合中国国情的发展道路。我们坚信,在以习近平同志为总书记的党中央的领导下,中国特色社会主义一定会赋予人类一个无比美好的未来。

---

① 金灿荣:《中国的复兴代表了亚洲崛起》,载《中国与世界观察》2010年第1期。

凤凰文库书目

一、马克思主义研究系列

《走进马克思》 孙伯鍨 张一兵 主编

《回到马克思:经济学语境中的哲学话语》 张一兵 著

《当代视野中的马克思》 任平 著

《回到列宁:关于"哲学笔记"的一种后文本学解读》 张一兵 著

《回到恩格斯:文本、理论和解读政治学》 胡大平 著

《国外毛泽东学研究》 尚庆飞 著

《重释历史唯物主义》 段忠桥 著

《资本主义理解史》(6卷) 张一兵 主编

《阶级、文化与民族传统:爱德华·P. 汤普森的历史唯物主义思想研究》 张亮 著

《形而上学的批判与拯救》 谢永康 著

《21世纪的马克思主义哲学创新:马克思主义哲学中国化与中国化马克思主义哲学》
   李景源 主编

《科学发展观与和谐社会建设》 李景源 吴元梁 主编

《科学发展观:现代性与哲学视域》 姜建成 著

《西方左翼论当代西方社会结构的演变》 周穗明 王玫 等著

《历史唯物主义的政治哲学向度》 张文喜 著

《信息时代的社会历史观》 孙伟平 著

《从斯密到马克思:经济哲学方法的历史性阐释》 唐正东 著

《构建和谐社会的政治哲学阐释》 欧阳英 著

《正义之后:马克思恩格斯正义观研究》 王广 著

《后马克思主义思想史》 [英]斯图亚特·西姆 著 吕增奎 陈红 译

《后马克思主义与文化研究:理论、政治与介入》 [英]保罗·鲍曼 著 黄晓武 译

《市民社会的乌托邦:马克思主义的社会历史哲学阐释》 王浩斌 著

《唯物史观与人的发展理论》 陈新夏 著

《西方马克思主义与苏联:1917年以来的批评理论和争论概览》 [荷]马歇尔·范·林登 著
   周穗明 译 翁寒松 校

《物与无:物化逻辑与虚无主义》 刘森林 著

二、政治学前沿系列

《公共性的再生产:多中心治理的合作机制建构》 孔繁斌 著

《合法性的争夺:政治记忆的多重刻写》 王海洲 著

《民主的不满:美国在寻求一种公共哲学》 [美]迈克尔·桑德尔 著 曾纪茂 译

《权力:一种激进的观点》 [英]斯蒂芬·卢克斯 著 彭斌 译

《正义与非正义战争:通过历史实例的道德论证》 [美]迈克尔·沃尔泽 著 任辉献 译

《自由主义与现代社会》 [英]理查德·贝拉米 著 毛兴贵 等译

《左与右:政治区分的意义》 [意]诺贝托·博比奥 著 陈高华 译

《自由主义中立性及其批评者》 [美]布鲁斯·阿克曼 等著 应奇 编

《公民身份与社会阶级》 [英]T. H. 马歇尔 等著 郭忠华 刘训练 编

《当代社会契约论》 [美]约翰·罗尔斯 等著 包利民 编

《马克思与诺齐克之间》 ［英］G. A. 柯亨 等著 吕增奎 编

《美德伦理与道德要求》 ［英］欧若拉·奥尼尔 等著 徐向东 编

《宪政与民主》 ［英］约瑟夫·拉兹 等著 佟德志 编

《自由多元主义的实践》 ［美］威廉·盖尔斯敦 著 佟德志 苏宝俊 译

《国家与市场：全球经济的兴起》 ［美］赫尔曼·M. 施瓦茨 著 徐佳 译

《税收政治学：一种比较的视角》 ［美］盖伊·彼得斯 著 郭为桂 黄宁莺 译

《控制国家：从古雅典至今的宪政史》 ［美］斯科特·戈登 著 应奇 陈丽微 孟军 李勇 译

《社会正义原则》 ［英］戴维·米勒 著 应奇 译

《现代政治意识形态》 ［澳］安德鲁·文森特 著 袁久红 译

《新社会主义》 ［加拿大］艾伦·伍德 著 尚庆飞 译

《政治的回归》 ［英］尚塔尔·墨菲 著 王恒 臧佩洪 译

《自由多元主义》 ［美］威廉·盖尔斯敦 著 佟德志 庞金友 译

《政治哲学导论》 ［英］亚当·斯威夫特 著 佘江涛 译

《重新思考自由主义》 ［英］理查德·贝拉米 著 王萍 傅广生 周春鹏 译

《自由主义的两张面孔》 ［英］约翰·格雷 著 顾爱彬 李瑞华 译

《自由主义与价值多元论》 ［英］乔治·克劳德 著 应奇 译

《帝国：全球化的政治秩序》 ［美］麦克尔·哈特 ［意］安东尼奥·奈格里 著 杨建国 范一亭 译

《反对自由主义》 ［美］约翰·凯克斯 著 应奇 译

《政治思想导读》 ［英］彼得·斯特克 大卫·韦戈尔 著 舒小昀 李霞 赵勇 译

《现代欧洲的战争与社会变迁：大转型再探》 ［英］桑德拉·哈尔珀琳 著 唐皇凤 武小凯 译

《道德原则与政治义务》 ［美］约翰·西蒙斯 著 郭为桂 李艳丽 译

《政治经济学理论》 ［美］詹姆斯·卡波拉索 戴维·莱文著 刘骥 等译

《民主国家的自主性》 ［英］埃里克·A. 诺德林格 著 孙荣飞 等译

《强社会与弱国家：第三世界的国家社会关系及国家能力》 ［英］乔·米格德尔 著 张长东 译

《驾驭经济：英国与法国国家干预的政治学》 ［美］彼得·霍尔 著 刘骥 刘娟凤 叶静 译

《社会契约论》 ［英］迈克尔·莱斯诺夫 著 刘训练 等译

《共和主义：一种关于自由与政府的理论》 ［澳］菲利普·佩蒂特 著 刘训练 译

《至上的美德：平等的理论与实践》 ［美］罗纳德·德沃金 著 冯克利 译

《原则问题》 ［美］罗纳德·德沃金 著 张国清 译

《社会正义论》 ［英］布莱恩·巴利 著 曹海军 译

《马克思与西方政治思想传统》 ［美］汉娜·阿伦特 著 孙传钊 译

《作为公道的正义》 ［英］布莱恩·巴利 著 曹海军 允春喜 译

《古今自由主义》 ［美］列奥·施特劳斯 著 马志娟 译

《公平原则与政治义务》 ［美］乔治·格劳斯科 著 毛兴贵 译

《谁统治：一个美国城市的民主和权力》 ［美］罗伯特·A. 达尔 著 范春辉 等译

《论伦理精神》 张康之 著

《人权与帝国：世界主义的政治哲学》 ［英］科斯塔斯·杜兹纳 著 辛亨复 译

《阐释和社会批判》 ［美］迈克尔·沃尔泽 著 任辉献 段鸣玉 译

《全球时代的民族国家：吉登斯讲演录》 ［英］安东尼·吉登斯 著 郭忠华 编

《当代政治哲学名著导读》 应奇 主编

《拉克劳与墨菲：激进民主想象》 ［美］安娜·M. 史密斯 著 付琼 译

《英国新左派思想家》 张亮 编

《第一代英国新左派》 ［英］迈克尔·肯尼 著 李永新 陈剑 译

《转向帝国:英法帝国自由主义的兴起》 [美]珍妮弗·皮茨 著　金毅 许鸿艳 译

《论战争》 [美]迈克尔·沃尔泽 著　任辉献 段鸣玉 译

《现代性的谱系》 张凤阳 著

《近代中国民主观念之生成与流变:一项观念史的考察》 闫小波 著

《阿伦特与现代性的挑战》 [美]塞瑞娜·潘琳 著　张云龙 译

《政治人:政治的社会基础》 [美]西摩·马丁·李普塞特 著　郭为桂 林娜 译

《社会中的国家:国家与社会如何相互改变与相互构成》 [美]乔尔·S.米格代尔 著　李杨 郭
　　一聪 译　张长东 校

《伦理、文化与社会主义:英国新左派早期思想读本》 张亮 熊婴 编

三、纯粹哲学系列

《哲学作为创造性的智慧:叶秀山西方哲学论集(1998—2002)》 叶秀山 著

《真理与自由:康德哲学的存在论阐释》 黄裕生 著

《走向精神科学之路:狄尔泰哲学思想研究》 谢地坤 著

《从胡塞尔到德里达》 尚杰 著

《海德格尔与存在论历史的解构:〈现象学的基本问题〉引论》 宋继杰 著

《康德的信仰:康德的自由、自然和上帝理念批判》 赵广明 著

《宗教与哲学的相遇:奥古斯丁与托马斯·阿奎那的基督教哲学研究》 黄裕生 著

《理念与神:柏拉图的理念思想及其神学意义》 赵广明 著

《时间性:自身与他者——从胡塞尔、海德格尔到列维纳斯》 王恒 著

《意志及其解脱之路:叔本华哲学思想研究》 黄文前 著

《真理之光:费希特与海德格尔论 SEIN》 李文堂 著

《归隐之路:20 世纪法国哲学的踪迹》 尚杰 著

《胡塞尔直观概念的起源:以意向性为线索的早期文本研究》 陈志远 著

《幽灵之舞:德里达与现象学》 方向红 著

《形而上学与社会希望:罗蒂哲学研究》 陈亚军 著

《福柯的主体解构之旅:从知识考古学到"人之死"》 刘永谋 著

《中西智慧的贯通:叶秀山中国哲学文化论集》 叶秀山 著

《学与思的轮回:叶秀山 2003—2007 年最新论文集》 叶秀山 著

《返回爱与自由的生活世界:纯粹民间文学关键词的哲学阐释》 户晓辉 著

《心的秩序:一种现象学心学研究的可能性》 倪梁康 著

《生命与信仰:克尔凯郭尔假名写作时期基督教哲学思想研究》 王齐 著

《时间与永恒:论海德格尔哲学中的时间问题》 黄裕生 著

《道路之思:海德格尔的"存在论差异"思想》 张柯 著

《启蒙与自由:叶秀山论康德》 叶秀山 著

《自由、心灵与时间:奥古斯丁心灵转向问题的文本学研究》 张荣 著

《回归原创之思:"象思维"视野下的中国智慧》 王树人 著

四、宗教研究系列

《汉译佛教经典哲学研究》(上、下卷) 杜继文 著

《中国佛教通史》(15 卷) 赖永海 主编

《中国禅宗通史》 杜继文 魏道儒 著

《佛教史》 杜继文 主编

《道教史》 卿希泰 唐大潮 著

《基督教史》 王美秀 段琦 等著

《伊斯兰教史》 金宜久 主编

《中国律宗通史》 王建光 著

《中国唯识宗通史》 杨维中 著

《中国净土宗通史》 陈扬炯 著

《中国天台宗通史》 潘桂明 吴忠伟 著

《中国三论宗通史》 董群 著

《中国华严宗通史》 魏道儒 著

《中国佛教思想史稿》(3卷) 潘桂明 著

《禅与老庄》 徐小跃 著

《中国佛性论》 赖永海 著

《禅宗早期思想的形成与发展》 洪修平 著

《基督教思想史》 [美]胡斯都·L.冈察雷斯 著 陈泽民 孙汉书 司徒桐 莫如喜 陆俊杰 译

《圣经历史哲学》(上下卷) 赵敦华 著

《禅宗早期思想的形成与发展》 洪修平 著

《如来藏与中国佛教》 杨维中 著

五、人文与社会系列

《环境与历史:美国和南非驯化自然的比较》 [美]威廉·贝纳特 彼得·科茨 著 包茂红 译

《阿伦特为什么重要》 [美]伊丽莎白·扬-布鲁尔 著 刘北成 刘小鸥 译

《现代性的哲学话语》 [德]于尔根·哈贝马斯 著 曹卫东 等译

《追寻美德:伦理理论研究》 [美]A.麦金太尔 著 宋继杰 译

《现代社会中的法律》 [美]R.M.昂格尔 著 吴玉章 周汉华 译

《知识分子与大众:文学知识界的傲慢与偏见,1880—1939》 [英]约翰·凯里 著 吴庆宏 译

《自我的根源:现代认同的形成》 [加拿大]查尔斯·泰勒 著 韩震 等译

《社会行动的结构》 [美]塔尔科特·帕森斯 著 张明德 夏遇南 彭刚 译

《文化的解释》 [美]克利福德·格尔茨 著 韩莉 译

《以色列与启示:秩序与历史(卷1)》 [美]埃里克·沃格林 著 霍伟岸 叶颖 译

《城邦的世界:秩序与历史(卷2)》 [美]埃里克·沃格林 著 陈周旺 译

《战争与和平的权利:从格劳秀斯到康德的政治思想与国际秩序》 [美]理查德·塔克 著 罗炯 等译

《人类与自然世界:1500—1800年间英国观念的变化》 [英]基思·托马斯 著 宋丽丽 译

《男性气概》 [美]哈维·C.曼斯菲尔德 著 刘玮 译

《黑格尔》 [加拿大]查尔斯·泰勒 著 张国清 朱进东 译

《社会理论和社会结构》 [美]罗伯特·K.默顿 著 唐少杰 齐心 等译

《个体的社会》 [德]诺贝特·埃利亚斯 著 翟三江 陆兴华 译

《象征交换与死亡》 [法]让·波德里亚 著 车槿山 译

《实践感》 [法]皮埃尔·布迪厄 著 蒋梓骅 译

《关于马基雅维里的思考》 [美]利奥·施特劳斯 著 申彤 译

《正义诸领域:为多元主义与平等一辩》 [美]迈克尔·沃尔泽 著 褚松燕 译

《传统的发明》 [英]E.霍布斯鲍姆 T.兰格 著 顾杭 庞冠群 译

《元史学:十九世纪欧洲的历史想象》 [美]海登·怀特 著 陈新 译

《卢梭问题》 [德]恩斯特·卡西勒 著 王春华 译

《自足语义学:为语义最简论和言语行为多元论辩护》 [挪威]赫尔曼·开普兰
  [美]厄尼·利珀尔 著 周允程 译

《历史主义的兴起》 [德]弗里德里希·梅尼克 著 陆月宏 译

《权威的概念》 [法]亚历山大·科耶夫 著 姜志辉 译

六、海外中国研究系列

《帝国的隐喻:中国民间宗教》 [英]王斯福 著 赵旭东 译

《王弼〈老子注〉研究》 [德]瓦格纳 著 杨立华 译

《章学诚思想与生平研究》 [美]倪德卫 著 杨立华 译

《中国与达尔文》 [美]詹姆斯·里夫 著 钟永强 译

《千年末世之乱:1813年八卦教起义》 [美]韩书瑞 著 陈仲丹 译

《中华帝国后期的欲望与小说叙述》 黄卫总 著 张蕴爽 译

《私人领域的变形:唐宋诗词中的园林与玩好》 [美]王晓山 著 文韬 译

《六朝精神史研究》 [日]吉川忠夫 著 王启发 译

《中国社会史》 [法]谢和耐 著 黄建华 黄迅余 译

《大分流:欧洲、中国及现代世界经济的发展》 [美]彭慕兰 著 史建云 译

《近代中国的知识分子与文明》 [日]佐藤慎一 著 刘岳兵 译

《转变的中国:历史变迁与欧洲经验的局限》 [美]王国斌 著 李伯重 连玲玲 译

《中国近代思维的挫折》 [日]岛田虔次 著 甘万萍 译

《为权力祈祷》 [加拿大]卜正民 著 张华 译

《洪业:清朝开国史》 [美]魏斐德 著 陈苏镇 薄小莹 译

《儒教与道教》 [德]马克斯·韦伯 著 洪天富 译

《革命与历史:中国马克思主义历史学的起源,1919—1937》 [美]德里克 著 翁贺凯 译

《中华帝国的法律》 [美]D. 布朗 等著 朱勇 译

《文化、权力与国家》 [美]杜赞奇 著 王福明 译

《中国的亚洲内陆边疆》 [美]拉铁摩尔 著 唐晓峰 译

《古代中国的思想世界》 [美]史华兹 著 程钢 译 刘东 校

《中国近代经济史研究:明末海关财政与通商口岸市场圈》 [日]滨下武志 著 高淑娟 孙彬 译

《中国美学问题》 [美]苏源熙 著 卞东坡 译 张强强 朱霞欢 校

《翻译的传说:构建中国新女性形象》 胡缨 著 龙瑜宬 彭珊珊 译

《〈诗经〉原意研究》 [日]家井真 著 陆越 译

《缠足:"金莲崇拜"盛极而衰的演变》 [美]高彦颐 著 苗延威 译

《从民族国家中拯救历史:民族主义话语与中国现代史研究》 [美]杜赞奇 著 王宪明 高继美
  李海燕 李点 译

《传统中国日常生活中的协商:中古契约研究》 [美]韩森 著 鲁西奇 译

《欧几里得在中国:汉译〈几何原本〉的源流与影响》 [荷]安国风 著 纪志刚 郑诚 郑方磊 译

《毁灭的种子:二战及战后的国民党中国》 [美]易劳逸 著 王建朗 王贤知 贾维 译

《理解农民中国:社会科学哲学的案例研究》 [美]李丹 著 张天虹 张胜波 译

《18世纪的中国社会》 [美]韩书瑞 罗有枝 著 陈仲丹 译

《开放的帝国:1600年的中国历史》 [美]韩森 著 梁侃 邹劲风 译

《中国人的幸福观》 [德]鲍吾刚 著 严蓓雯 韩雪临 伍德祖 译

《明代乡村纠纷与秩序》 [日]中岛乐章 著 郭万平 高飞 译

《朱熹的思维世界》 [美]田浩 著

《礼物、关系学与国家:中国人际关系与主体建构》 杨美慧 著 赵旭东 孙珉 译 张跃宏 校

《美国的中国形象:1931—1949》 [美]克里斯托弗·杰斯普森 著 姜智芹 译

《清代内河水运史研究》 [日]松浦章 著 董科 译

《中国的经济革命:20世纪的乡村工业》 [日]顾琳 著 王玉茹 张玮 李进霞 译

《明清时代东亚海域的文化交流》 [日]松浦章 著 郑洁西 译

《皇帝和祖宗:华南的国家与宗族》 科大卫 著 卜永坚 译

《中国善书研究》 [日]酒井忠夫 著 刘岳兵 何莺莺 孙雪梅 译

《大萧条时期的中国:市场、国家与世界经济》 [日]城山智子 著 孟凡礼 尚国敏 译

《虎、米、丝、泥:帝制晚期华南的环境与经济》 [美]马立博 著 王玉茹 译

《矢志不渝:明清时期的贞女现象》 [美]卢苇菁 著 秦立彦 译

《山东叛乱:1774年的王伦起义》 [美]韩书瑞 著 刘平 唐雁超 译

《一江黑水:中国未来的环境挑战》 [美]易明 著 姜智芹 译

《施剑翘复仇案:民国时期公众同情的兴起与影响》 [美]林郁沁 著 陈湘静 译

《工程国家:民国时期(1927－1937)的淮河治理及国家建设》 [美]戴维·艾伦·佩兹 著
　姜智芹 译

《西学东渐与中国事情》 [日]增田涉 著 周启乾 译

《铁泪图:19世纪中国对于饥馑的文化反应》 [美]艾志端 著 曹曦 译

《危险的边疆:游牧帝国与中国》 [美]巴菲尔德 著 袁剑 译

《华北的暴力与恐慌:义和团运动前夕基督教传播和社会冲突》 [德]狄德满 著 崔华杰 译

《历史宝筏:过去、西方与中国的妇女问题》 [美]季家珍 著 杨可 译

《姐妹们与陌生人:上海棉纱厂女工,1919—1949》 [美]艾米莉·洪尼格 著 韩慈 译

《银线:19世纪的世界与中国》 林满红 著 詹庆华 林满红 译

《寻求中国民主》 [澳]冯兆基 著 刘悦斌 徐硙 著

《中国乡村的基督教:1860—1900江西省的冲突与适应》 [美]史维东 著 吴薇 译

《认知变异:反思人类心智的统一性与多样性》 [英]G.E.R.劳埃德 著 池志培 译

《假想的满大人:同情、现代性与中国疼痛》 [美]韩瑞 著 袁剑 译

《男性特质论:中国的社会与性别》 [澳]雷金庆 著 [澳]刘婷 译

《中国的捐纳制度与社会》 伍跃 著

《文书行政的汉帝国》 [日]富谷至 著 刘恒武 孔李波 译

《城市里的陌生人:中国流动人口的空间、权力与社会网络的重构》 [美]张骊 著 袁长庚 译

《重读中国女性生命故事》 游鉴明 胡缨 季家珍 主编

《跨太平洋位移:20世纪美国文学中的民族志、翻译和文本间旅行》 黄运特 著 陈倩 译

七、历史研究系列

《中国近代通史》(10卷) 张海鹏 主编

《极端的年代》 [英]艾瑞克·霍布斯鲍姆 著 马凡 等译

《漫长的20世纪》 [意]杰奥瓦尼·阿瑞基 著 姚乃强 译

《在传统与变革之间:英国文化模式溯源》 钱乘旦 陈晓律 著

《世界现代化历程》(10卷) 钱乘旦 主编

《近代以来日本的中国观》(6卷) 杨栋梁 主编

《中华民族凝聚力的形成与发展》 卢勋 杨保隆 等著

《明治维新》 [英]威廉·G.比斯利 著 张光 汤金旭 译

《在垂死皇帝的王国:世纪末的日本》 [美]诺玛·菲尔德 著　曾霞 译

《戊戌政变的台前幕后》 马勇 著

《战后东北亚主要国家间领土纠纷与国际关系研究》 李凡 著

八、当代思想前沿系列

《世纪末的维也纳》 [美]卡尔·休斯克 著　李锋 译

《莎士比亚的政治》 [美]阿兰·布鲁姆 哈瑞·雅法 著　潘望 译

《邪恶》 [英]玛丽·米奇利 著　陆月宏 译

《知识分子都到哪里去了:对抗 21 世纪的庸人主义》 [英]弗兰克·富里迪 著　戴从容 译

《资本主义文化矛盾》 [美]丹尼尔·贝尔 著　严蓓雯 译

《流动的恐惧》 [英]齐格蒙特·鲍曼 著　谷蕾 杨超 等译

《流动的生活》 [英]齐格蒙特·鲍曼 著　徐朝友 译

《流动的时代:生活于充满不确定性的年代》 [英]齐格蒙特·鲍曼 著　谷蕾 武媛媛 译

《未来的形而上学》 [美]爱莲心 著　余日昌 译

《感受与形式》 [美]苏珊·朗格 著　高艳萍 译

《资本主义及其经济学:一种批判的历史》 [美]道格拉斯·多德 著　熊婴 译　刘思云 校

九、教育理论研究系列

《教育研究方法导论》 [美]梅雷迪斯·D.高尔等 著　许庆豫等 译

《教育基础》 [美]阿伦·奥恩斯坦 著　杨树兵等 译

《教育伦理学》 贾馥茗 著

《认知心理学》 [美]罗伯特·L.索尔索 著　何华等 译

《现代心理学史》 [美]杜安·P.舒尔茨 著　叶浩生等 译

《学校法学》 [美]米歇尔·W.拉莫特 著　许庆豫 译

十、艺术理论研究系列

《另类准则:直面 20 世纪艺术》 [美]列奥·施坦伯格 著　沈语冰 刘凡 谷光曙 译

《弗莱艺术批评文选》 [英]罗杰·弗莱 著　沈语冰 译

《当代艺术的主题:1980 年以后的视觉艺术》 [美]简·罗伯森 克雷格·迈克丹尼尔 著　匡挠 译

《艺术与物性:论文与评论集》 [美]迈克尔·弗雷德 著　张晓剑 沈语冰 译

《现代生活的画像:马奈及其追随者艺术中的巴黎》 [英]T.J.克拉克 著　沈语冰 诸葛沂 译

《自我与图像》 [英]艾美利亚·琼斯 著　刘凡 谷光曙 译

《艺术社会学》 [英]维多利亚·D.亚历山大 著　章浩 沈杨 译

十一、中国经济问题研究系列

《中国经济的现代化:制度变革与结构转型》 肖耿 著

《世界经济复苏与中国的作用》 [英]傅晓岚 编　蔡悦等 译

《中国未来十年的改革之路》 《比较》研究室 编